Bernd Heinrichs

Transfersysteme zur Hochleistungskommunikation

Mit 109 Abbildungen und 32 Tabellen

Springer-Verlag

Berlin Heidelberg New York
London Paris Tokyo
Hong Kong Barcelona
Budapest

Diplom-Informatiker
Bernd Heinrichs
Kreuzstraße 16
52525 Waldfeucht/Schöndorf

Von der Mathematisch-Naturwissenschaftlichen Fakultät der Rheinisch-Westfälischen Technischen Hochschule Aachen genehmigte Dissertation zur Erlangung des akademischen Grades eines Doktors der Naturwissenschaften

Referent: Universitätsprofessor Dr. Otto Spaniol
Korreferent: Universitätsprofessor Dr. Wolfgang Effelsberg
Tag der mündlichen Prüfung: 10. Juni 1994
D 82 (Diss. RWTH Aachen)

ISBN-13: 978-3-540-58351-6   e-ISBN-13: 978-3-642-79204-5
DOI: 10.1007/ 978-3-642-79204-5

CIP-Aufnahme beantragt

Satz: Reproduktionsfähige Vorlage vom Autor
SPIN 10475639   33/3140 – 5 4 3 2 1 0 – Gedruckt auf säurefreiem Papier

VORWORT

Fast vier Jahre, nachdem mir im September 1990 von Prof. Spaniol, dem Inhaber des Lehrstuhls für Informatik IV und damit meinem Doktorvater, die Stelle eines wissenschaftlichen Mitarbeiters angeboten wurde, versuche ich nun, das Vorwort zu meiner Dissertation zu schreiben. Dies fällt mir sehr schwer, da eine solch große Anzahl Menschen direkt oder indirekt zum Entstehen dieser Arbeit beigetragen hat, daß es nicht möglich ist, sich bei allen persönlich zu bedanken. Ich möchte mich daher zuallererst bei all meinen Kolleg(inn)en von I4, bei befreundeten Wissenschaftlern aus Mannheim und Karlsruhe sowie bei meiner Familie und bei vielen Freunden, die mir während der entscheidenden Phasen die Daumen gedrückt haben, bedanken.

Ohne meinen Doktorvater wäre die Arbeit nicht in dieser Form möglich gewesen. Prof. Spaniol hat mir insbesondere während der Anfangsphase meiner Promotion eine Vielzahl richtungsweisender Tips gegeben und mich später durch seine Kritik oftmals allzu enthusiastische Ideen überdenken lassen. Er stand mir jederzeit mit Rat und Tat zur Seite und hat mir vieles beigebracht, das über das rein Fachliche hinausgeht.

Herrn Prof. Effelsberg von der Universität Mannheim möchte ich für die Übernahme des Korreferats und für wertvolle Tips zur Überarbeitung der Dissertation danken. Sein Einfluß auf diese Arbeit begann bereits zu einem wesentlich früheren Zeitpunkt. Während verschiedener wissenschaftlicher Fachgespräche und Tagungen hatte ich die Gelegenheit, mit seiner inhaltlichen Kritik an meinen Vorträgen konfrontiert zu werden und daraus zu lernen.

Bevor ich mich nun bei einigen Kollegen speziell bedanke, möchte ich allen anderen sagen, daß ich die Zeit bei I4 genossen habe und ich nur schweren Herzens den Lehrstuhl verlassen habe. Besonders danken möchte ich Kai Jakobs. Ich denke gerne an viele interessante, aber auch anstrengende Dienstreisen und die wertvolle Zusammenarbeit zurück, die in mehreren gemeinsamen Publikationen mündete. Sein Büro war außerdem der Zufluchtsort in Situationen, in denen die Lust zum Arbeiten gleich Null war.

Neben Kai möchte ich meinen Bürokollegen Michael Rupprecht und Andreas Fasbender ein Dankeschön sagen. Mit Michael habe ich die ersten beiden Jahre eine Vielzahl fachlicher Auseinandersetzungen gehabt, die nicht unerheblichen Einfluß auf die Thematik meiner Arbeit hatten. Andreas war der optimale Bürokollege während der heißen Schreibphase. Bis auf gelegentliche "Nuke Snake-" Einsätze konnte man vor Stille die Blätter meiner verwelkten Pflanze fallen hören.

Ganz besonders danken möchte ich Raschid Karabek und Katja Keimer. Beide haben so manche Arbeiten für mich erledigt, die mich ohne ihre Hilfe ein paar Monate mehr beschäftigt hätten. Außerdem haben die beiden wertvollen inhaltlichen Input zu dieser Dissertation geliefert.

Für unermüdliches Korrekturlesen danke ich neben vielen Kollegen meiner Schwester, die trotz des für sie nur halbwegs interessanten Inhalts mit größter Sorgfalt sprachliche Mängel aufdeckte.

Mein größtes Dankeschön gilt meiner Frau, die mir das Erarbeiten der vorliegenden Dissertation in vielen, vielen Stunden ermöglichte. Sie hat es immer wieder geschafft, mich in der viel zu geringen Zahl verbleibender Stunden, Transfersysteme Transfersysteme sein zu lassen.

Schöndorf, den 31. August 1994   Bernd Heinrichs

INHALTSVERZEICHNIS

1 Einleitung

1.1 Motivation und Problemstellung

Verteilte Multimedia-Anwendungen, z.B. Video-Konferenzen oder Systeme zur Unterstützung von Gruppenarbeit, finden eine immer weitere Verbreitung. Der sinnvolle Einsatz derartiger Anwendungen setzt ein Kommunikationssystem voraus, das in der Lage ist, den hohen Leistungs- und Funktionalitätsanforderungen gerecht zu werden.

Aufgrund dieser vielseitigen und dynamischen Anforderungen ist ein Redesign des unterliegenden Transportsystems unumgänglich. Transportsysteme umfassen sowohl die physikalischen Übertragungsmedien als auch die darauf aufsetzenden Medienzugangs-, Sicherungs-, Vermittlungs- und Transportprotokolle [ISO92a]. Die von den Anwendungen angeforderte Dienstqualität (QUALITY OF SERVICE, QOS) ist nicht nur auf die Garantie von Leistungskenngrößen wie z.B. Durchsatz, Verzögerung, Jitter, Bitfehler- oder Paketverlustrate beschränkt, sondern verlangt zusätzlich eine vielseitige und dynamisch adaptierbare Funktionalität. Zu den funktionalen Anforderungen gehören u.a.

- die Semantik des QOS-Konzepts, das vom Tranportsystem bereitgestellt werden soll,
  - *"Best-effort" -Dienst ohne Überwachung der erbrachten Dienstqualität*
  - *verbindlicher Dienst für die Dauer einer Verbindung ohne Option auf Neuverhandlung*
  - *Dienst mit ständiger Kontrolle der Dienstqualität und mit der Option, die Dienstqualität adaptiv einzustellen oder evtl. neu auszuhandeln*
- die Auswahl der Verbindungsart (beeinflußt durch die Wahl des QOS-Konzepts),
  - *verbindungsloser Dienst (Punkt-zu-Punkt/Mehrpunkt)*
  - *transaktionsorientierter Dienst (Punkt-zu-Punkt/Mehrpunkt)*
  - *schneller verbindungsorientierter Dienst (Punkt-zu-Punkt/Mehrpunkt)*
- die Auswahl von Sicherheitsmechanismen (Verschlüsselung/Zugangsberechtigung),
- die Reservierung von Ressourcen (z.B. Pufferplatz oder CPU-Zeit),

- die Festlegung unterschiedlicher Multicast-Semantiken, die aufgrund ihres Zuverlässig-keitsgrades (0-, 1-, ...k-, ..., komplett zuverlässig) unterschieden werden können,

- die Synchronisierung der Datenübertragung zwischen Quelle und Senke (Intramedia-Synchronisierung),

- die Synchronisierung zwischen verschiedenen Medien (Intermedia-Synchronisierung z.B. zwischen Audio und Video) sowie

- die Art des Verbindungsaufbaus (implizit oder basierend auf Handshakes).

Es genügt somit nicht, "leistungsstarke" Protokolle und Dienste bereitzustellen. Vielmehr müssen die Protokolle entsprechend den Anforderungen der Anwendungen konfiguriert und verschiedene Dienste ausgewählt werden können. Diese Konfigurierbarkeit soll nicht nur während des Verbindungsaufbaus möglich sein, sondern auch eine Adaption der Protokoll-parameter aktiver Kommunikationsverbindungen gestatten. Während einige Anwendungen eine garantierte minimale Bandbreite für die gesamte Dauer einer Ende-zu-Ende-Verbindung bean-spruchen, aber eine Reduzierung der Dienstqualität bzgl. Paketverlust und Verzögerungszeit tolerieren, fordern andere Anwendungen eine absolut zuverlässige Übertragung ihrer Daten, sind aber nicht sehr zeitkritisch. Derzeitige Transportsysteme bieten weder das dazu nötige Dienstkonzept noch die Möglichkeit zur dynamischen Konfigurierung und Adaption.

Eine Analyse der Semantik und Leistung von *Transfersystemen*, also von Vermittlungs- und Transportprotokollen [Mine89], zeigt, daß das Leistungs- und Funktionalitätsdefizit in diesem Bereich zu suchen ist. In dieser Arbeit wird erläutert, daß die Gründe nicht nur die unzurei-chende Kooperation der Protokollschichten, ineffiziente und statische Protokollmechanismen sowie fehlende Vielfalt des Dienstangebots sind, sondern auch die häufig nicht optimalen Implementierungen.

Zusätzlich zu den neuen Anwendungen ergeben sich Anforderungen an die Transfersysteme durch die enorme Vielzahl von Hochgeschwindigkeitsnetzen und Medienzugangsverfahren, die Übertragungsbandbreiten bis in den Gigabitbereich bei gleichzeitig niedrigen Bitfehlerraten anbieten. Die zukünftige Kommunikationsinfrastruktur wird nicht durch ein einzelnes Netzkon-zept dominiert werden, sondern wird auf Netzen mit unterschiedlichster Ausdehnung, Kanal-kapazität, Bitfehlerwahrscheinlichkeit, Medienzugangsverfahren und Dienstangebot basieren. Relevante Beispiele für solche Netze sind z.B. FDDI und FDDI II [FDDI89, DaMS92, DaMS94] mit jeweils 100 Mbit/s, DQDB [DQDB90] mit 45 und 150 Mbit/s, ATM [Pryc91] mit 155 Mbit/s und 622 Mbit/s, HIPPI [HIPP92] mit 800 Mbit/s bzw. 1.6 Gbit/s, CRMA II [As 91, As 92] sowie Metaring [CiOf91] im Gigabitbereich. Der SONET-Standard [BaCh89] defi-niert sogar Datenraten im Multigigabitbereich. Mit der gewünschten Interoperabilität von Anwendungen entstehen Leistungs- und Funktionalitätsengpässe aufgrund der Kopplung der unterschiedlichen Netztypen: Z.B. sind effiziente Transferprotokollmechanismen zur Fehler-, Fluß- und Überlastkontrolle in einer derart heterogenen Umgebung weit schwieriger zu reali-sieren als auf homogenen lokalen Netzen. Zuverlässige und leistungsstarke Multicast-Mechanismen müssen erst für Weitverkehrsumgebungen entwickelt werden; die garantierte schnelle Weiterleitung von zeitsensitiven Daten wird durch eine zusätzliche Komplexität der Zwischensysteme (Bridges, Router, Gateways) erkauft.

Eine weitere Motivation für die Beschäftigung mit Transfersystemen ergibt sich aus dem Vergleich der Medienzugangszeit eines Hochgeschwindigkeitsnetzes mit der Protokollverarbeitungszeit auf einer leistungsstarken Workstation. Die große Diskrepanz zwischen diesen beiden Komponenten eines Kommunikationssystems symbolisiert den Rückstand der Protokollverarbeitung auf die Übertragungstechnologie: Die theoretisch mögliche Medienzugangszeit einer 1 GByte-Informationsmenge beträgt auf einem Gigabitnetz ca. 10 Sekunden. Wird diese Zeit mit der ausschließlich für Kopieroperationen beim Sender einer Nachricht verbrauchten Zeit verglichen, so wird deutlich, wie geringfügig der Anteil der Medienzugangszeit an der Ende-zu-Ende-Verzögerungszeit ist: Eine HP9000/730 benötigt bei optimaler Konfigurierung von Anwendungs- und Betriebssystem-Puffern für zweimaliges Kopieren inklusive Prüfsummenberechnung eine Zeit von ca. 46 ns je Byte, wovon die Prüfsummenberechnung ca. 7.6 ns je Byte in Anspruch nimmt. Diese Workstation erreicht somit ohne Berücksichtigung sonstiger Protokollverarbeitung eine Maximalkapazität von 176 Mbit/s. Hieraus resultiert eine Verarbeitungszeit von ca. 46 Sekunden.

Die obigen Darstellungen werden relativiert, wenn die Übertragung kürzerer Nachrichten betrachtet wird und physikalische Signallaufzeiten berücksichtigt werden. Im Zuge der weltweit voranschreitenden Vernetzung entwickelt sich hier folgender Problembereich ([Klei92, MeSe92]). Für die Durchquerung der USA muß z.B. eine Signallaufzeit von ca. 15 ms (allein für die physikalische Ausbreitung des Signals) angenommen werden. Dieser Wert ist um Größenordnungen höher als die Medienzugangszeit, die auf Gigabit-Übertragungsmedien bei kurzer Nachrichtenlänge im Mikrosekunden-Bereich liegt. So ist z.B. die Signallaufzeit für eine 1 KByte lange Nachricht 1500 mal länger als die Medienzugangszeit. In der Realität kommen zur puren physikalischen Signallaufzeit die zumeist nichtdeterministischen Bearbeitungszeiten in den zu passierenden Zwischenknoten und den Endsystemen hinzu. Somit müssen Verfahren zur Reduzierung der Ende-zu-Ende-Latenzzeiten und zur Garantie maximaler Zeitschranken entwickelt werden. Beispielsweise kann durch eine effiziente Implementierung (Vermeiden unnötiger Kopieroperationen, etc.), durch Einsatz von Pipelining und ähnlichen Parallelisierungstechniken die physikalische Signallaufzeit vor der Anwendung verborgen werden. Zusätzlich sollten die eingesetzten Transfersysteme und Betriebssystemroutinen über Mechanismen verfügen, welche die von vielen Anwendungen gewünschten Dienstqualitäten (wie z.B. kurze Übertragungsdauer, hoher Durchsatz, geringe Fehlerrate, hohe Zuverlässigkeit und Adaptivität) unterstützen.

Zur Unterstützung der von Anwenderseite geforderten Dienstvielfalt und zum Schließen der aufgrund der Kopplung heterogener Netze entstehenden Protokollücken müssen zukünftige Protokollarchitekturen ein weit breiteres Dienste-Spektrum abdecken als sie es bisher können.

Zur Realisierung dieser *vielseitigen* und *leistungsstarken* Kommunikationssysteme sind verschiedene Ansätze möglich. Die folgende Abbildung 1.1 zeigt eine Zusammenstellung ausgewählter Arbeiten aus dem Hochleistungskommunikationssektor. Obwohl nicht alle Arbeiten in bestimmte Rubriken gesteckt werden können, ist hier eine Einteilung in protokoll- und implementierungsspezifische Arbeiten vorgenommen worden.

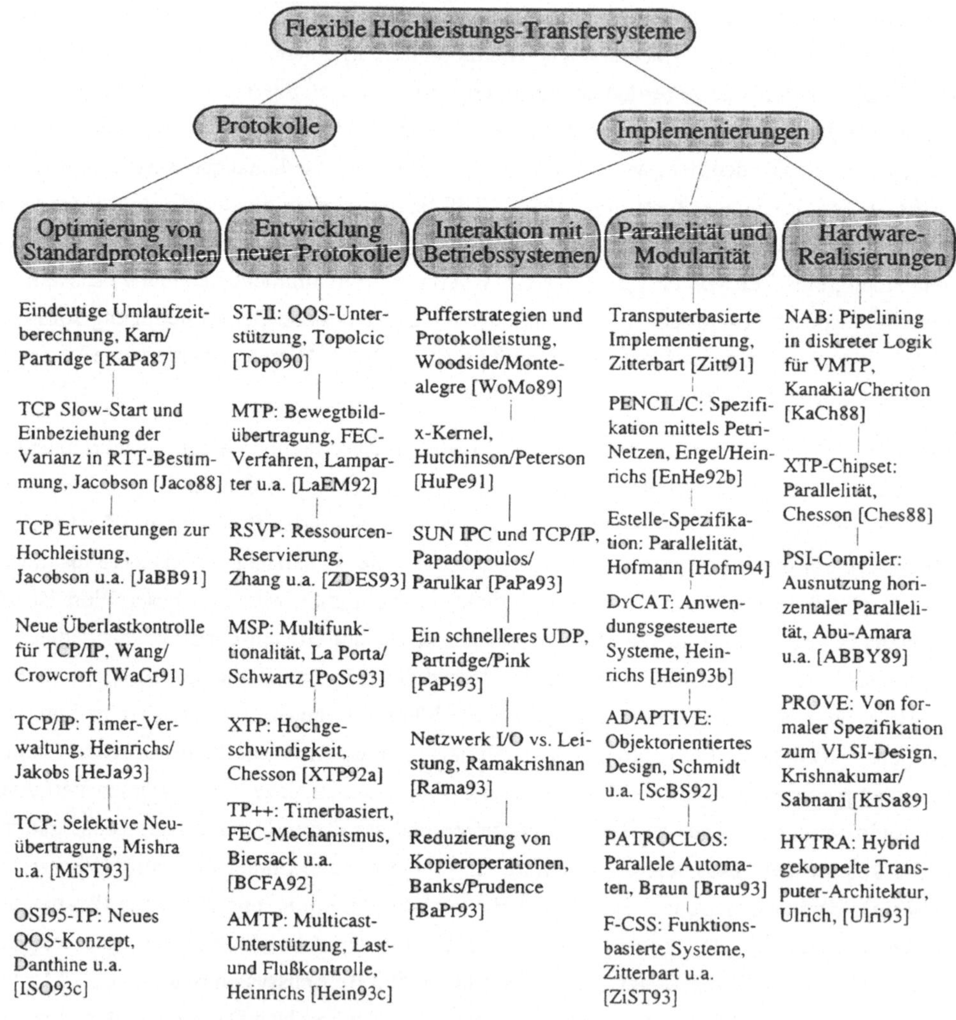

Abb. 1.1: Flexible Hochleistungs-Transfersysteme

Die vorliegende Arbeit setzt sich neben der Architektur eines neuen Transferprotokolls für verteilte Multimedia-Anwendungen und heterogene Netze, das speziell Mechanismen zur Mehrpunkt-Kommunikation, Fluß- und Überlastkontrolle, Realzeit-Kommunikation sowie Dienstqualitäts-Unterstützung bereitstellt, mit der Implementierung entsprechender Protokolle auseinander und schlägt Optimierungen vor. Die Zweiseitigkeit der Arbeit spiegelt die Tatsache wider, daß komplexe Kommunikationssysteme weder durch die ausschließliche Optimierung der Protokoll-Architektur noch durch den alleinigen Einsatz effizienter Implementierungsmechanismen in ausreichendem Maße verbessert werden können.

1.2 Vorgehensweise

Die detaillierte Analyse der beiden für die derzeitige Situation der Hochleistungskommunikation verantwortlichen Technologien, verteilte Multimediasysteme und Hochgeschwindigkeitsnetze, hat zur Konzentration der Arbeit auf ausgewählte Schwerpunktbereiche zur Optimierung von Kommunikationsprotokollen, insbesondere von Transfersystemen, geführt. Ergebnisse dieser Anforderungsanalyse werden in **Kapitel 2** beschrieben. Zu den Schwerpunktbereichen gehören insbesondere die in **Kapitel 3** angegebenen Dienste zur Mehrpunkt-Kommunikation, zur Fluß- und Überlastkontrolle sowie zur Erbringung einer angeforderten Dienstqualität. Eine garantierte Dienstqualität muß nicht durch Integration teurer Reservierungs- und Zugangskontrollverfahren in Zwischensystemen (Router) erkauft, sondern kann in den meisten Fällen durch effiziente Bedienstrategien erreicht werden. U.a. wird das Fluß- und Überlastkontrollverfahren *Fast Fair Tri-S* eingeführt, das sowohl eine Reduzierung der Durchsatzoszillation einzelner Verbindungen als auch der solchen Verfahren inhärenten Unfairneß bewirkt.

Kapitel 4 enthält neben der Untersuchung und Optimierung interner Kernel-Implementierungen Ergebnisse zur Ausnutzung protokollinhärenter Modularität, die mittels funktionaler Dekomposition auf Basis höherer Petri-Netze [Rupp93] extrahiert wird. Die Dekomposition von Protokollen [HeRu92, Conr92, Asaa92, Ghan93] ist der wesentliche Bestandteil der im Rahmen des DFG-Projektes PIKOM "Parallelität in Kommunikationsprotokollen" konzipierten DYCAT- (*Dynamically Configurable & Adaptive Transport System*) Entwicklungsumgebung [Hein93a,b]. Die erstellten Petri-Netz-Konstrukte werden zum einen als Grundlage für die parallele Implementierung von Protokollen [Enge93] und zum anderen für den Aufbau der flexiblen Kommunikationsarchitektur DYCAT eingesetzt (vgl. Kapitel 7). DYCAT bietet den Anwendern die in vielen Protokollen vorhandene Orthogonalität zwischen dem zu erbringenden Dienst und den möglichen Protokollmechanismen an.

In **Kapitel 5** werden Leistungsbewertungen zu Mechanismen und Optimierungen der in den Kapiteln 2 und 3 identifizierten Schwerpunktthemen vorgestellt. Die neuen und verbesserten Protokollmechanismen werden zur Realisierung der im Kapitel 6 spezifizierten Dienste des Transferprotokolls AMTP (*Adaptive Multicast Transfer Protocol*) eingesetzt. Neben den meisten der vorgestellten Protokollmechanismen sind bereits kommunikations-unterstützende Funktionalitäten wie Timer-Handling und Interaktionen mit dem Betriebssystem mittels der DYCAT-Entwicklungsumgebung formal spezifiziert worden [Conr92, Hein93c] und werden daher in dieser Arbeit nicht detaillierter erläutert.

Da zur objektiven Leistungsbewertung die realitätsnahe Modellierung von Lasten nötig ist, ist im Rahmen dieser Arbeit die Entwicklung von Modellen für Audio-, Video- und Datenquellen durchgeführt worden [HeKa93b, Kara93]. Dazu ist u.a. ein Sprachaktivitäts-Erkennungssystem für digitale Audiodaten entwickelt worden, das es gestattet, Aktiv- und Passiv-Phasen von Sprachsequenzen zu detektieren. Die resultierenden Histogramme zur Verteilung von Paketlängen und Phasenverweilzeiten werden approximiert, um sie mathematischen Analyseverfahren zugänglich zu machen. Die Approximationsgüte wird durch Signifikanztests überprüft.

Die Ergebnisse aus Kapitel 5 fließen in die Spezifikation des zur Unterstützung verteilter Anwendungen entwickelten AMTP-Protokolls ein [AMTP93]. Vor allem beeinflussen sie jedoch die Spezifikation des in **Kapitel 6** vorgestellten vielfältigen AMTP-Dienstkonzeptes. Die Dienste basieren auf der Erweiterung der in [ISO 93b,c] angegebenen Punkt-zu-Punkt-Dienste auf Mehrpunkt-Szenarien. Charakteristisch ist die Einteilung der Dienste in *Primär-* und *Sekundär*dienste. Dieses neuartige Konzept bringt eine im Vergleich zu vollständig konfigurierbaren Systemen beschleunigte Konfigurierung und entbindet die beteiligten Protokollinstanzen vom oftmals unnötigen und langwierigen Aushandeln des adäquaten Dienstes.

An den Anfang der AMTP-Protokollentwicklung ist bewußt neben die Analyse einzelner Protokollmechanismen die detaillierte Spezifikation der Dienste gestellt worden, da dadurch zum einen die Anwendungsentwicklung erleichtert und zum anderen eine Zielvorgabe für das Protokolldesign geschaffen wird. Um den Rahmen der Arbeit nicht zu sprengen, werden ausschließlich das Dienstangebot und die Syntax des Protokolls detailliert beschrieben, während auf eine genaue Erläuterung der Protokollmechanismen verzichtet wird. Zudem sind die zur Spezifikation des Protokolls nötigen Untersuchungen zur Realisierung eines empfänger-gesteuerten "Subdienstkonzeptes" noch nicht abgeschlossen. Das Subdienst-Konzept ermöglicht Empfängern mit unterschiedlichen Dienst-Anforderungen, eine gemeinsame Gruppe zu bilden, ohne daß leistungsstarke Empfänger auf ihre angeforderte Dienstqualität verzichten müssen.

Das abschließende **Kapitel 7** beschreibt die Integration von konfigurierbaren Protokollen, wie AMTP, in die flexible und modulare Kommunikations-Architektur DYCAT. Es wird ein neuartiges Konzept zur Beschreibung und Umsetzung von Dienstqualitätsanforderungen vorgestellt, das es ermöglicht, die mittels der DYCAT-Entwicklungsumgebung erstellten konfigurierbaren Protokolle und die zur Diensterbringung notwendigen Mechanismen zur Bearbeitung der Pakete in den Zwischenknoten (Scheduling, Routing) mit den nötigen Informationen zu versorgen.

2 ZWISCHEN MULTIMEDIA UND HOCHGESCHWINDIGKEIT

Die Entwicklung in der Tele- und Datenkommunikation ist charakterisiert durch zwei Schlagworte: "Multimedia" und "Hochgeschwindigkeit". Neue Anwendungen und Netze erfordern die Bereitstellung verbesserter und neuer Dienste, die hauptsächlich durch Vermittlungs-, Transport-, Kommunikationssteuerungs- und Darstellungsebenenprotokolle erbracht werden müssen. Die folgende Abbildung 2.1 verdeutlicht die derzeitige Situation. Der in den Ebenen 3 bis 6 gemäß ISO/OSI-Referenzmodell vorliegende Engpaß ist nicht nur leistungsbezogen, sondern auch funktional zu verstehen.

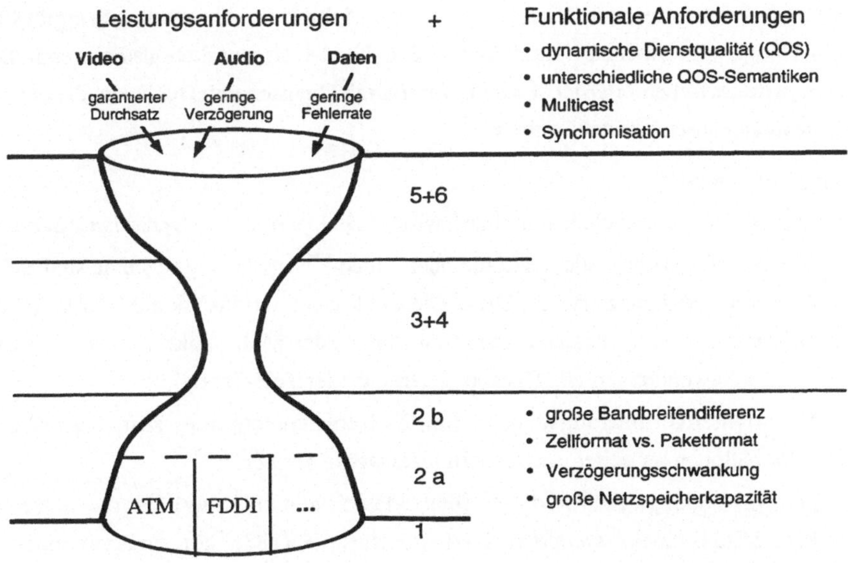

Abb. 2.1: Zwischen Multimedia und Hochgeschwindigkeit

Die Abbildung zeigt, daß die einzelnen zu übertragenden Medien (Video, Audio, Daten) vom Kommunikationssystem jeweils die Bereitstellung unterschiedlicher Dienste verlangen. Die derzeitigen Protokolle der OSI- und Internet-Welt sind jedoch ausschließlich dazu in der Lage, einen fehlerfreien, aber ineffizienten Punkt-zu-Punkt-Dienst anzubieten. Sämtliche Realzeitanforderungen oder Durchsatzanforderungen können allerdings nicht durch einen einzelnen Dienst abgedeckt werden. Es fehlt nicht nur das passende Protokoll, sondern genauso die Fähigkeit der Anwender, ihre Anforderungen zu spezifizieren. Einen Lösungsansatz bietet Kapitel 7 mit der Vorstellung der "DYCAT-Architektur".

2.1 Multimedia

Talking about multimedia is a lot like talking about love. Everybody agrees that it´s a good thing, everybody wants it, wants to participate in it, but everybody has a different idea about what "it" really is.

Georgia McCabe [Vaug93]

Nach [Stei93] ist ein *Multimedia-System* gekennzeichnet durch die rechnergesteuerte und integrierte Erzeugung, Speicherung, Darstellung und Manipulation von Informationen und deren Austausch zwischen Kommunikationspartnern. Multimedia-Informationen müssen sowohl kontinuierliche (Video, Audio) als auch diskrete (Text, Grafik) Bestandteile aufweisen. Besitzt der Anwender die Möglichkeit, den Empfang und die Darstellung der Informationen zu kontrollieren, so spricht man von *interaktiven Multimedia-Systemen* [Vaug93].

Eine kommunikationsorientierte Klassifizierung von Multimedia-Anwendungen ergibt sich aus der in [CCIT90a] angegebenen Einteilung von Breitband-Kommunikationsdiensten in Dienstklassen. Es wird zwischen *interaktiven* und *Verteilungs*-Diensten unterschieden, die den möglichen Anwendungen bereitgestellt werden.

- *Interaktive Dienste*
  - Dienste mit Realzeitcharakter ohne Zwischenspeicherung (*Conversational Services*):
    Videokonferenzen, Videotelefonie oder Video-Überwachungssysteme sind Beispiele für Conversational Services. Diese Dienste können unidirektional oder bidirektional angeboten werden, besitzen Punkt-zu-Punkt oder Mehrpunkt-Semantik und unterstützen Anwendungen wie Distance Learning oder Tele-Shopping.
  - Nachrichtenvermittlungsdienste mit Zwischenspeicherung zum Austausch von Informationen zwischen Anwendern (*Messaging Services*):
    Die Anwendung, die von dieser Dienstklasse unterstützt wird, ist die elektronische Post. Mittels eines erweiterten X.400-Dienstes [CCIT88a] können Anwendungen wie Multimedia-Mail realisiert werden.

- Anfragedienste, die dem Anwender das Abrufen von gespeicherten Informationen zu jeder Zeit ermöglichen (*Consultation Services*):

  Ein renommierter Dienst aus diesem Bereich ist der Videotex-Dienst. Anwendungen, die damit realisiert werden können, sind Tele-Shopping und Medizinische Bildübertragung.

- *Verteilungs-Dienste*

  - Verteilungs-Dienste ohne Kontrolle durch den Empfänger:

    Zu dieser Dienstklasse gehören sämtliche Funk- und Fernseh-Übermittlungstechniken sowie Dienste zur Verteilung von Dokumenten (Elektronische Zeitung). Der Informationsfluß wird durch einen zentralen Sender gesteuert. Beginn, Ende und Reihenfolge der Informationen sind nicht durch den Anwender einstellbar.

  - Verteilungs-Dienste mit Kontrolle durch den Empfänger:

    Distance Learning ist eine Anwendung, die diese Dienstform benötigt. Der Anwender kann in fast beliebiger Form auf die Informationsbereiche zugreifen, die für ihn von Interesse sind.

2.1.1 Charakterisierung

Nach der Illustration verschiedener Multimedia-Dienste und -Anwendungen wird in den nächsten Unterkapiteln die Sprach- und Videodatenübertragung genauer betrachtet. Da in dieser Arbeit Kommunikationsdienste zur adäquaten Unterstützung von zeitsensitiven Sprach- und Videodaten entwickelt und untersucht werden, sind die im folgenden beschriebenen Codierungsmethoden und die resultierenden Datenübertragungsraten [Kara93] von großem Interesse.

2.1.1.1 Sprachdaten

Sprachdaten sind ein möglicher Bestandteil von Multimediadokumenten. Zudem stellt Sprache in Kombination mit Video- und Bilddatenübertragung eine wichtige Komponente in vielen Multimedia-Anwendungen dar (z.B. Videokonferenz, Cooperative Work). Die zugrundeliegenden Signale sind zeit- und wertkontinuierlich. Um aus einem solchen Signal einen digitalen Zahlenstrom zu gewinnen, müssen sowohl der Wertebereich als auch die zeitliche Auflösung in diskrete Bereiche überführt werden. Diese Abbildung und die Repräsentation der einzelnen Werte durch Zahlen bezeichnet man als Digitalisierungs- bzw. Codierungsverfahren.

Um ein kontinuierliches Sprachsignal in einen zeit- und wertdiskreten Datenstrom umzuwandeln, werden dem Signal zu regelmäßigen Zeitpunkten Abtastwerte (engl. Samples) entnommen, die anschließend einer Quantisierung unterzogen und somit einem diskreten Wert zugeordnet werden. Werden diese Werte daraufhin binär codiert, so spricht man von PCM-Codierung (*Pulse Code Modulation*).

Die Anzahl der Quantisierungsstufen entscheidet über die Güte der Codierung. Je mehr Bits zur Codierung eines Samples zur Verfügung stehen, desto genauer kann die Näherung an das analoge Signal werden. Neben der Quantisierung beeinflußt die Abtastfrequenz die Güte des codierten Signals. Aufgrund zu niedriger Abtastfrequenz können Störsignale entstehen, die im ursprünglichen Signal nicht enthalten waren.

Beim digitalen Telefon wird eine Abtastrate von 8000 Hz eingesetzt. Zusammen mit einer Codierung der einzelnen Abtastwerte durch 8 Bit genügt dies den Ansprüchen der Sprachübertragung in Telefonqualität [CCIT88d]. Es ergibt sich somit eine für die Übertragung notwendige Datenrate von 64 kbit/s. Für die Übertragung von Tonsignalen in CD-Qualität wird eine Abtastrate von 44.1 kHz und eine Quantisierung mit 16 Bit eingesetzt. Für Stereosignale ergibt sich für die Übertragung eine Datenrate von ca. 1.4 Mbit/s. Soll eine entsprechende Audiosequenz mit einer Minute Dauer gespeichert werden, so benötigt man einen Speicherplatz von ca. 10.6 MByte.

Eine Möglichkeit zur Reduzierung der benötigten Raten stellen Differenz-PCM-Verfahren (DPCM - *Differential Pulse Code Modulation*) dar. Dabei werden die statistischen Bindungen zwischen benachbarten Abtastwerten berücksichtigt und somit nur wenige Bit, welche die Differenz zwischen dem aktuellen und dem vorherigen Abtastwert angeben, übertragen. Besitzen diese Verfahren eine feste Änderungsgröße, so liefern sie zumeist nur unzureichende Ergebnisse. Ist diese Größe zu klein, ist DPCM nicht reaktionsschnell genug, bei zu großem Änderungswert ist die Reaktion zu stark.

Eine Verbesserung stellen adaptive Differenz-PCM-Verfahren (ADPCM - *Adaptive Differential Pulse Code Modulation*) dar. Hierbei wird die Änderungsgröße zur Beschreibung der Diskrepanz zwischen Abtastwert und Referenzwert adaptiv angepaßt [SuTa89].

In jüngster Zeit wurden weitere Verfahren (LP - *Linear Prediction* - Verfahren) entwickelt, die eine Übertragung von Audiosignalen mit noch geringeren Datenraten (2.4 - 16 kbit/s) ermöglichen. Während bei (A)DPCM-Verfahren die Beziehung zwischen aufeinanderfolgenden Abtastwerten ausgenutzt wird, nutzen diese Verfahren die Tatsache, daß aufeinanderfolgende Abtastfolgen i.a. nur geringe Veränderungen aufweisen. Solche Verfahren benötigen zunächst die Aufzeichnung einer gewissen Menge an Abtastwerten, um Aussagen über das periodische Verhalten dieser Werte zu gewinnen. Dementsprechend müssen Vorlaufverzögerungen von bis zu 60 ms einkalkuliert werden. Daher und da diese Verfahren einen größeren Rechenaufwand beinhalten, sind sie zur Zeit nur begrenzt für Echtzeitanwendungen geeignet. Aus diesem Grund und da eine ausführliche Beschreibung dieser Verfahren den Rahmen dieser Übersicht sprengen würde, wird hier auf eine eingehende Betrachtung verzichtet. Für eine weitergehende Beschreibung sei unter anderem auf [Yong91] verwiesen.

Die folgende Tabelle 2.1 faßt die Quantisierungtiefe, die Abtastfrequenz sowie die notwendige
Datenrate einiger normierter Verfahren zusammen. Bei der Berechnung der benötigten Datenraten für die beiden Defakto-Standards für CD und DAT-Abspielung wird von Stereo-Signalen
ausgegangen.

Norm	Verfahren	Quantisierung	Abtastrate	Datenrate
CCITT G.711	PCM	8 Bit	8 kHz	64 kbit/s
CCITT G.721	ADPCM	8 Bit	8 kHz	32 kbit/s
CCITT G.723	ADPCM	8 Bit	8 kHz	24 kbit/s
CCITT G.722	ADPCM	14 Bit	16 kHz	64 kbit/s
CCITT G.728	LD-CELP	-	-	16 kbit/s
Compact Disk	PCM	16 Bit	44.1 kHz	1,411 Mbit/s
DAT (Digital Audio Tape)	PCM PCM	16 Bit 16 Bit	32 kHz 48 kHz	1 Mbit/s 1,536 Mbit/s

Tabelle 2.1: Normen für Audio-Übertragung bzw. Speicherung

Da sich Sprachsequenzen aus einer Abfolge von aktiven Phasen und passiven Stillephasen
zusammensetzen, versucht man, mittels Sprachaktivitäts-Erkennung die Übertragung von
Stillephasen zu vermeiden und damit die zu übertragende Datenmenge zu reduzieren. Bereits in
den 50er Jahren hatten Telefongesellschaften die Idee, Stillephasen von Telefongesprächen zu
nutzen. Bei einem normalen Telefongespräch benötigt jeder der beiden Teilnehmer seinen
Kommunikationskanal zu weniger als der Hälfte der Zeit. Zusätzlich legt ein Teilnehmer, wie in
Abbildung 2.2 angedeutet, Pausen zwischen Phrasen, Wörtern oder gar einzelnen Silben ein.
Diese Pausen sind dadurch gekennzeichnet, daß der Signalpegel unter einen gewissen Schwellwert fällt. Unterhalb dieses Wertes ist das Signal für den Zuhörer nicht mehr registrierbar.

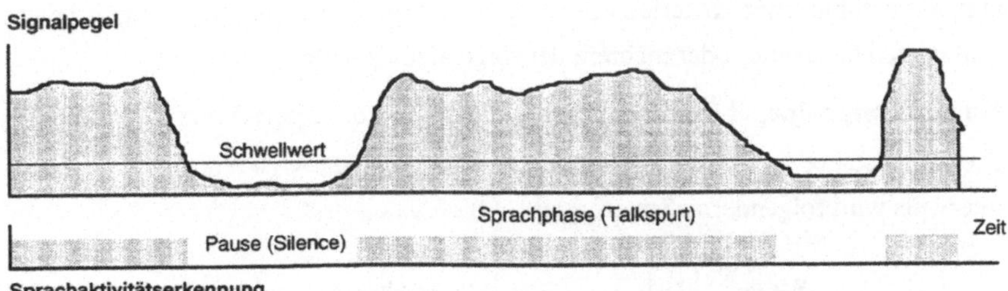

Abb. 2.2: Prinzip der Sprachaktivitätserkennung

Mit der Einführung digitaler Telekommunikationsnetze und zur optimalen Ausnutzung teurer physikalischer Verbindungen wie Tiefseekabel und Satellitenstrecken haben sprachaktivitäts-erkennende Systeme an Bedeutung gewonnen, da sie bei Einsatz von statistischem Multiplexen mehr Verbindungen zulassen, als Kanäle vorhanden sind (TASI [BuFr59], DSI [LyPM74]).

Die sich bei der Sprachaktivitäts-Erkennung ergebenden Aktiv-/Passiv-Phasen sind in vielen Studien analysiert worden. Beispielhaft seien hier die grundlegenden Arbeiten von Paul Brady [Brad65, Brad68] angeführt. Darin wurde ein sehr komplexes Sprachmodell entwickelt, das vielen nachfolgenden Arbeiten als Ausgangspunkt gedient hat. Brady ermittelte u.a. durch-schnittliche Längen und Verteilungen von Sprachzuständen ("Sprachphase eines Sprechers", "Stillephase eines Sprechers", "beide Teilnehmer sprechen gleichzeitig" oder "keiner der beiden Teilnehmer spricht") während Telefongesprächen.

Im folgenden wird die Funktionsweise von Sprachaktivitäts-Erkennungssystemen kurz erläu-tert und auf einige Schwierigkeiten bei der Übertragung der Ergebnisse auf Audio-Kommu-nikation in paketvermittelnden Systemen eingegangen.

Brady verwendete bei seinen Analysen ein analoges Spracherkennungssystem: Das Audio-signal wird gleichgerichtet und ungefiltert an einen Schwellwertschalter geleitet. Dieser wird gesetzt, wenn der Schwellwert überschritten wird. Der Zustand des Schalters wird alle 5 ms abgefragt, aufgezeichnet und anschließend zurückgesetzt. Die Schaltung liefert eine Folge von Nullen (*Silence*) und Einsen (*Talkspurts*), die den jeweiligen Aktivitätszustand des Sprach-signals beschreiben. Alle Talkspurts, die kürzer als 15 ms sind, werden ignoriert, um Impuls-störungen auszuschalten. Folgen von Nullen, die kürzer als 200 ms sind, werden durch Einsen ersetzt, um kurzzeitige Unterbrechungen zu eliminieren.

Bei modernen digitalen Telekommunikationssystemen mit Sprachaktivitätserkennung erfolgt die Unterscheidung von Stille, Hintergrundrauschen und Sprache in algorithmischer Form. Das analoge Signal wird gefiltert und digitalisiert. Der sich ergebende Strom von Abtastwerten (Samples) S wird in Intervalle (Frames) fester Länge k eingeteilt. Typischerweise liegt die Zeitdauer dieser Intervalle bei 5 ms, was bei einer Abtastrate von 8 kHz und einer Auflösung von 8 Bits pro Abtastwert einer Intervall-Länge von k = 40 Bytes entspricht. Für jedes Intervall wird anhand verschiedener Kriterien ermittelt, ob es Sprache enthält oder nicht. Die meisten Verfahren nutzen dazu eines oder mehrere der folgenden Charakteristika:

- **Kurzzeit-Signalpegel** (Short-Time Signal Magnitude, Short-Time Signal Energy):
  Die Signalstärke (gemessene Spannung am Eingang des A/D-Wandlers) innerhalb eines Intervalls wird folgendermaßen ermittelt:

$$a = \frac{1}{k} \sum_{j=1}^{k} | S_j | \qquad \text{mit } S_j : \text{j-ter Abtastwert im aktuellen Abtastintervall}$$

Überschreitet **a** einen bestimmten Wert, wird das Intervall einem Talkspurt zugerechnet. Mit diesem Kriterium lassen sich stimmhafte Laute (Vokale, Nasale) zuverlässig erkennen, da sie einen hohen Signalpegel liefern. Zischlaute, die einen hohen Rauschanteil enthalten, werden jedoch durch die für die Digitalisierung unumgängliche Tiefpaßfilterung zum Teil soweit abgesenkt, daß sie sich durch dieses Kriterium nicht zuverlässig vom Hintergrundrauschen unterscheiden lassen.

- **Variation des Kurzzeit-Signalpegels**:

  Da der Kurzzeit-Signalpegel von Sprachsignalen im Gegensatz zum Leitungsrauschen Schwankungen unterliegt, läßt sich die Pegeldifferenz jeweils aufeinanderfolgender Intervalle zur Detektion von Talkspurts heranziehen. Überschreitet diese Differenz einen gewissen Schwellwert, wird von einem Sprachsignal ausgegangen. Zu bedenken ist jedoch, daß auch kurze Störgeräuschspitzen zu Signalpegelschwankungen und somit zu einem unerwünschten Ansprechen des Systems führen.

- **Nulldurchgangsrate** (Zero-Crossing Rate):

  Bei diesem Verfahren wird die Anzahl von Nulldurchgängen des Signals innerhalb eines Intervalls gemessen. Die Nulldurchgangsrate ist für stimmhafte Laute niedrig. Stimmlose Sprachbestandteile enthalten jedoch hohe Frequenzanteile, so daß hier häufig Nulldurchgänge erwartet werden können. Etwas niedriger liegt die typische Nulldurchgangsrate des Leitungsrauschens [Grub82]. Die Unterscheidung zwischen stimmlosen Lauten und Hintergrundrauschen ist jedoch von der Qualität der Audioelektronik und der Intensität und Färbung des Leitungsrauschens abhängig.

Da Audiosignale starke Pegel-Schwankungen aufweisen, sollten für auf Schwellwerten basierende Kriterien zwei Schwellwerte, ein oberer und ein unterer, definiert werden (s. Abbildung 2.3).

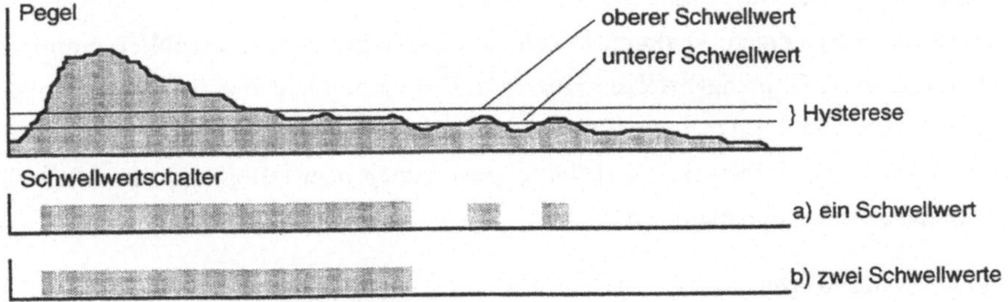

Abb. 2.3: Schwellwertschalter mit Hysterese

Der obere Schwellwert gibt dabei die Einschaltschwelle an; der um einen gewissen Betrag (Hysterese) unter diesem liegende untere Schwellwert die Ausschaltschwelle. Dieser Mechanismus verhindert bei Signalen, deren Pegel ständig im Bereich einer der beiden Schwellwerte liegt, ein mehrfaches Ansprechen (Flattern). Problematisch bei der Realisierung von zuverlässigen und effektiven Sprachaktivitäts-Erkennungssystemen ist die Bestimmung der einzelnen Schwellwerte. Sind sie zu niedrig, spricht das System zu häufig auf Störsignale an. Zu hohe Schwellwerte führen zur Verminderung der Sprachverständlichkeit. Insbesondere am Anfang und am Ende eines Talkspurts liegende Sprachanteile, die eine geringere Lautstärke aufweisen, werden abgeschnitten (*Front-End-/Back-End-Clipping*). Möglichkeiten zur Reduzierung dieser Effekte stellen neben der optimalen Wahl der Schwellwerte *Fill-In-* und *Hangover*-Verfahren dar. Beim Fill-In werden, wie in Abbildung 2.4 angedeutet, Pausen, die eine bestimmte Länge unterschreiten, eleminiert. D.h., es werden für eine gewisse Zeit weitere Audio-Pakete übertragen, obwohl eine Pause erkannt wurde. Beim Hangover wird der Sendekanal eine bestimmte Zeit nach Abschluß eines Talkspurts offengehalten.

Abb. 2.4: Hangover und Fill-In

Fill-In läßt sich aufgrund des Realzeitcharakters telekommunikativer Anwendungen nur für sehr kurze Pausen einsetzen, da erst beim Beginn des nachfolgenden Talkspurts oder nach dem Verstreichen der Fill-In-Zeit entschieden werden kann, ob weitere Pakete übertragen werden sollen oder nicht. Dies bedingt eine Verzögerung der Ausgabe der Audiosignale auf den Kommunikationskanal, die bei Realzeitkommunikation nur sehr klein sein darf [Grub82].

Bei modernen digitalen Kommunikationssystemen treten Störsignale, die zu einem unerwünschten Ansprechen des Sprachaktivitäts-Erkennungssystems führen, weitaus seltener auf als bei analogen Systemen. Dadurch lassen sich die Schwellwerte erheblich empfindlicher einstellen und somit Clipping-Effekte reduzieren. Dies ermöglicht eine drastische Senkung der Hangoverzeiten [Yats82]. Dadurch bedingt treten allerdings vermehrt kurze Pausen zwischen Phrasen, Worten und Silben (z.B. bei Stoppkonsonanten oder stimmlosen Lauten) während der Sprachphase eines Sprechers auf.

2.1.1.2 Videodaten

Bei der Untersuchung von Videodatenströmen muß unterschieden werden, ob es sich um *fernseh-* oder *rechnerbasierte Video*-Anwendungen handelt. TV-Video basiert auf analoger Technologie sowie Standards zur Verteilung und Darstellung von Bildern. Computer-Video basiert auf digitaler Technologie. Im Speicher von Grafikadaptern in Rechensystemen befinden sich die aktuell auf dem Bildschirm dargestellten grafischen Informationen im sogenannten *Bitmap*-Format, d.h. jedem Bildpunkt ist eine Anzahl von Bits im Videospeicher zugeordnet, die dessen Farbe bzw. Helligkeit angibt. Derzeit vermischen sich beide Video-Technologien durch die Einführung von *HDTV* (*High Definition TeleVision*).

Zur Übertragung und Speicherung sind zwei verschiedene Prinzipien der Codierung von Videoinformationen zu unterscheiden. Zum einen besteht die Möglichkeit, Videodaten unkomprimiert und somit mit fester Rate zu übertragen. Doch die ausschließliche Übertragung eines "10-Sekunden-Full-Size-/Full-Motion-Video-Clips" verlangt bereits die Übertragung einer sehr großen Datenmenge in kürzester Zeit. Full-Size-/Full-Motion-Video würde eine Datenrate von ca. 30 Mbit/s beanspruchen [Vaug93]. Dies ist mehr als heutige primitive Multimedia-Stationen (wie Apple Macintosh und PC) verarbeiten können. Der *NuBus* eines Macintosh ist z.B. in der Lage, mit einer Transferrate von ca. 13 Mbit/s zu übertragen. Dies ist nicht einmal die Hälfte des verlangten Durchsatzes.

Eine Übertragung mit fester Datenrate ist ebenfalls durch Einsatz von Kompressionsverfahren realisierbar. Bei diesen Verfahren wird der Kompressionsfaktor (und somit die Bildqualität) derart variiert, daß der resultierende Datenstrom eine feste Rate annimmt. Diese Art von Videodatenströmen bezeichnet man als CBR-Video (*Constant-Bit-Rate*). Die Nachteile von CBR-Video sind offensichtlich: Die Bandbreite muß so gewählt werden, daß bei der maximal zu erwartenden Änderung zwischen aufeinanderfolgenden Bildern der für die Einhaltung der Bandbreite notwendige Kompressionsfaktor nur so groß wird, daß der resultierende Qualitätsverlust durch die Komprimierung in einem erträglichen Rahmen bleibt. Insgesamt führt dies dazu, daß bei wenig dynamischen Bildsequenzen die Bildqualität besser als notwendig ist, da der Kompressionsfaktor zur Ausnutzung der Bandbreite sehr niedrig gewählt werden kann, während bei (den i.a. wichtigeren) Bildsequenzen mit viel Bewegung die Bildqualität stark abnimmt.

Anders verhält es sich bei VBR-Video (*Variable-Bit-Rate*). Hier werden Kompressionsverfahren mit konstantem Kompressionsfaktor verwendet. Dies führt dazu, daß für jedes Einzelbild der Videosequenz unterschiedliche Datenmengen (bei gleichbleibender Bildqualität) entstehen. Die Größe dieser Datenblöcke ist dabei abhängig von den Unterschieden des Bildinhalts zwischen dem vorhergehenden und dem momentan zu übertragenden Einzelbild (*Interframe-Coding*).

Der **MPEG**-Standard (*Moving Picture Experts Group* [ISO 92c, LeGa91]) erfreut sich in diesem Bereich immer größerer Beliebtheit. Der zugrundeliegende Codierungs-Algorithmus wurde zunächst zur Speicherung komprimierter Video-Sequenzen entwickelt, unterstützt aber auch die Codierung und Übertragung von Audio-Sequenzen. MPEG basiert auf einer Kombination von *Inter*- und *Intraframe-Codierung*. Bei der *Intraframe-Codierung* wird die Tatsache ausgenutzt, daß benachbarte Bildpunkte in der Regel nur geringe Farb- und Helligkeitsunterschiede aufweisen. Ähnlich wie bei DPCM-Verfahren für Audiosignale wird hier die benötigte

Bandbreite dadurch reduziert, daß anstelle der vollständigen Farbinformationen eines Bildpunkts nur die Unterschiede zu benachbarten Punkten übertragen werden. Mittels *Interframe*-Codierung werden Ähnlichkeiten aufeinanderfolgender Einzelbilder für die Komprimierung ausgenutzt. Insbesondere bei Videosequenzen ohne Filmschnitte und Kameraschwenks, wie sie in Kommunikationsanwendungen zu erwarten sind (z.B. Videokonferenz), bleiben große Teile des Bildinhalts aufeinanderfolgender Einzelbilder gleich. Diese Redundanzen beinhalten ein großes Komprimierungspotential.

Der von einem MPEG-Codierer erzeugte Verkehr ist abhängig von zwei Parametern, dem Verhältnis N der Anzahl von Interframes zu Intraframes, und dem Skalierungsparameter q für die Quantisierung der Signale. Da die Codierung der Intraframes unabhängig von vorhergehenden Frames ist, bestimmt der Quotient N die Robustheit der Codierung. Je kleiner N, desto robuster ist die Codierung, da die Rückwärtsabhängigkeit verringert wird. Der Parameter q dient der Einstellung der Qualität des Videos. Je mehr Quantisierungsstufen, desto höher wird die Qualität des Videos. MPEG erlaubt die Übertragung von Informationen mit einer Datenrate von bis zu 1.2 bzw. 1.5 Mbit/s. Damit ist z.B. die Übertragung von "Full-Motion-Farb-Filmen" in CD-Qualität bei 30 Bildern pro Sekunde möglich. MPEG komprimiert das zugrundeliegende Bildmaterial um einen Faktor 50, bevor eine Verschlechterung der Qualität eintritt. Prinzipiell möglich sind sogar Kompressionsfaktoren um 200.

Im Gegensatz zum MPEG-Standard basiert der **JPEG**-Standard (*Joint Photographic Experts Group*, [ISO 92d, PeMi93]) auf der ausschließlichen Codierung von Einzelbildern. Ein Bild wird in (8 x 8)-Pixel-Flächen zerlegt, die dann mathematisch beschrieben werden. Die binäre Beschreibung beansprucht weit weniger als 64 Bits. Kompressionsfaktoren bis 20 werden erreicht und resultieren ab einer Größe von 10 in einer merklichen Verschlechterung der Bildqualität.

Für Kommunikationssysteme, die in der Lage sind, Bandbreite dynamisch zu vergeben, wie z.B. paketvermittelnde Netze, sind VBR-Video-Codierungsverfahren vorzuziehen. Die Modellierung entsprechender Videodatenströme ist allerdings offensichtlich weitaus schwieriger als bei CBR-Quellen (s. Kapitel 5.2).

VBR-Datenströme lassen sich durch zwei wichtige Kenngrößen charakterisieren. Die erste Kenngröße ist die Autokorrelationsfunktion [NoFO89]. Sie stellt ein Maß für die Veränderungen zwischen aufeinanderfolgenden Einzelbildern und somit für das zeitliche Verhalten der Größen der codierten Einzelbilder (*Framegrößen*) dar. Für Datenströme mit konstanter Rate wie z.B. CBR-Video ist die Autokorrelation gleich 1. Neben dem zeitlichen Verhalten der codierten Einzelbilder spielen zum zweiten die Verteilung der Framegrößen bei der Codierung von Videoquellen sowie die DAR (*Deviation-to-Average Ratio*) und PAR (*Peak-to-Average Ratio*) eine Rolle. Letztere ist ein Maß für die Burstiness der Quelle.

Um die Autokorrelationswerte und die Blockgrößen-Verteilung zu ermitteln, sind Messungen an realen Systemen notwendig. Solche Messungen sind in mehreren Studien durchgeführt und beschrieben worden [KaVe89, NoFO89, VePi89, Ghan89, KMHY89, CGGP89, PaZa92, HeTL91]. Als nachteilig erweist sich bei vielen dieser Studien, daß verschiedene Kompressionsverfahren eingesetzt werden und daß das untersuchte Videomaterial weder aus realitätsnahen Anwendungen stammt, noch genügend umfangreich ist (häufig wenige Sekunden). Für die in dieser Arbeit durchgeführten Simulationen wurde auf die Arbeiten von Heyman et al. [HeTL91] zurückgegriffen, da diesen eine Telekonferenzanwendung zugrundeliegt, die ein passendes Szenario für eine Multimedia-Anwendung darstellt.

Eine genauere Diskussion der Funktionsweise der teilweise sehr komplexen Video-Kompressionsalgorithmen kann an dieser Stelle nicht erfolgen. Eine Übersicht über technische Aspekte der Komprimierung und die Arbeitsweise gebräuchlicher Verfahren findet sich in [Jaya92].

2.1.2 Anforderungen an Kommunikationssysteme

2.1.2.1 Garantierte Dienstqualität

Die *Dienstqualität* (engl. *Quality of Service, QOS*) entspricht nach [CCIT88e,f] "dem gemeinsam von verschiedenen Dienstleistungen erbrachten Effekt, dessen Güte und Nutzen vom Anwender beurteilt wird". Jeder Kommunikationsverbindung kann eine Liste von QOS-Parametern zugeordnet werden, die den Dienst zwischen den beteiligten Kommunikationsinstanzen beschreibt. Zu diesen Parametern können u.a. der geforderte Durchsatz, die Übertragungsverzögerung und die Fehlertoleranz (Bitfehler und Paketverluste) gehören. Falls möglich, wird über die zu erbringende Dienstqualität beim Verbindungsaufbau zwischen den beteiligten Kommunikationsinstanzen und dem Diensterbringer verhandelt. Kann die beim Verbindungsaufbau ausgehandelte Dienstqualität anschließend nicht mehr verändert werden, so spricht man nach [HeJM93] von einem *flexiblen* Kommunikationssystem. Flexible Protokollarchitekturen besitzen somit im Gegensatz zu *statischen* die Möglichkeit, während des Verbindungsaufbaus den Anforderungen entsprechend konfiguriert zu werden. Kann während der bereits laufenden Verbindung eine Neuverhandlung über die Dienstqualität durchgeführt werden, so spricht man von *adaptiven* Systemen.

Eine umfangreiche QOS-Parameterliste wird in der OSI-Transportdienst-Spezifikation [ISO 93h] vorgestellt. Neben der Anforderung einer fehlerfreien Übertragung können auch Durchsatzwerte und Verzögerungszeiten vom Anwender spezifiziert werden. Doch hier kann eigentlich nur von einem Wunsch nach einer gewissen Dienstqualität die Rede sein, denn weder das Protokoll selbst noch der unterliegende Netzwerkdienst sehen Verfahren zur Garantie der Dienstqualität vor. Vom Diensterbringer wird hier nur verlangt, daß er sein bestes gibt, um den Teilnehmer zufrieden zu stellen (engl. *Best Effort QOS*). Das OSI-Transportprotokoll ist nur ein Beispiel für die unzureichende Unterstützung eines geforderten Dienstes. Alternative Ansätze wie XTP [XTP 92a], VMTP [Cher88], HSTP [ISO 92e] oder das Vermittlungsprotokoll ST-II [Topo90] stellen kaum Verbesserungen dar, da auch hier keine Mechanismen zur Überwachung und Bereitstellung der geforderten Dienstqualität spezifiziert sind. Für AMTP (s. Kapitel 6) ist hingegen ein Dienst spezifiziert, der die Überwachung der Dienstqualität vorsieht und durch Einsatz einer der Telefonvermittlung nachempfundenen "Call Blocking-" Strategie die Beeinträchtigung aktiver Verbindungen minimiert.

Neue verteilte Anwendungen tolerieren unzuverlässige Dienste nicht. Jede der Anwendungen hat unterschiedliche QOS-Anforderungen und verlangt somit einen anderen Dienst. Einige Anwendungen benötigen einen garantierten Mindestdurchsatz oder die Einhaltung einer maximalen Verzögerung, während sie eine gewisse Paketverlustrate tolerieren. Andere Anwendungen verlangen eine zuverlässige Multicast-Übertragung ohne jeglichen Paketverlust.

Die Anzahl unterschiedlicher QOS-Konzepte entspricht derzeit ungefähr der Anzahl unterschiedlicher Protokolle. Mit [ISO 93f] ist jedoch ein Rahmenwerk gelungen, das für Punkt-zu-Punkt-Kommunikation ein ausreichendes QOS-Konzept spezifiziert und durchaus als Basisreferenz für neue Entwicklungen dienen kann. Das im Kapitel 6 vorgestellte AMTP-Protokoll basiert auf dem in [ISO 93f] für Punkt-zu-Punkt-Verbindungen spezifizierten QOS-Konzept und definiert dessen Erweiterung auf Multicast-Szenarien.

2.1.2.2   Gruppenkommunikation

Mehrpunkt-Kommunikation (Gruppenkommunikation) ist ein aktuelles Schlagwort im Bereich der Daten- und Telekommunikation. Unter diesem Begriff versteht man die enge Zusammenarbeit verschiedener Kommunikationsteilnehmer, Anwendungsprotokoll-Instanzen oder Prozesse zur Bereitstellung eines gemeinsamen Dienstes. *Mehrpunkt-Kommunikation* ist somit die allgemeinste Form der Datenübertragung: Ein oder mehrere Sender übertragen ihre Daten an eine beliebige Gruppe von Empfängern. Die zur Gruppenkommunikation eingesetzten Protokolle basieren neben den üblichen Punkt-zu-Mehrpunkt-Verbindungen, die als *Multicasting* bezeichnet werden, auf der Übertragung von Nachrichten einer Gruppe an einen Empfänger (auch *Concentration* genannt). Sonderfälle vom Multicasting sind Punkt-zu-Punkt-Kommunikation und Broadcasting; ein Sender überträgt an genau einen Empfänger bzw. an alle möglichen Empfänger (s. Abbildung 2.5). Die dritte und allgemeinste Kommunikationsform wird mittels *Mehrpunkt-zu-Mehrpunkt*-Verbindungen realisiert, wo anstelle eines Senders bzw. eines Empfängers Sender- bzw. Empfänger-Gruppen betrachtet werden. Die in Abbildung 2.5 skizzierten Pfeile symbolisieren die dominierende Datenübertragungsrichtung.

Es existiert eine Vielzahl von Anwendungen, die diese grundlegende Kommunikationssemantik benötigt, aber insbesondere in "Store-and-Forward-" Netzen im Weitverkehrsbereich nicht zur Verfügung gestellt bekommt. Die weltweit zunehmende Vernetzung erfordert jedoch die Ausweitung der Mehrpunkt-Kommunikation von lokalen Umgebungen auf Weitverkehrsnetze, was die Lösung einer Vielzahl von Problemen wie Adressierung, Routing, Intra- bzw. Intermedia-Synchronisation, Zuverlässigkeits- und Fehlerkontrolle, etc. erschwert, aber voraussetzt.

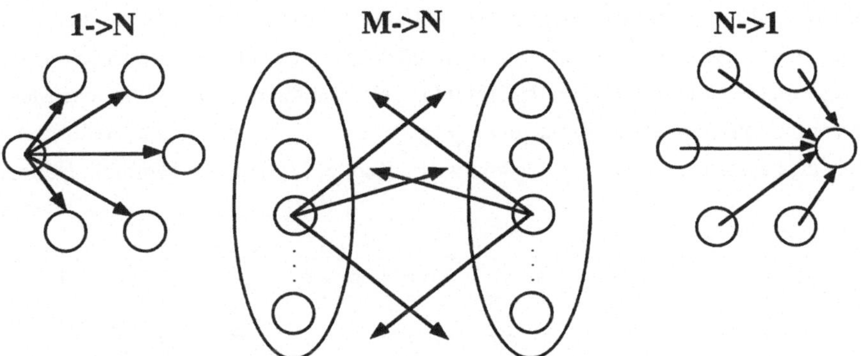

Abb. 2.5: Mehrpunktverbindungs-Szenarien

Viele lokale Netzwerke, wie z.B. einfache und gefaltete Busse (Ethernet, Token-Bus, DQDB) oder Ring-Topologien (FDDI), sowie die entsprechenden Medienzugangsprotokolle besitzen inhärente Broadcast-Eigenschaft. Kommunikationsprotokolle der Ebenen 3 bis 5 verbergen z.Z. jedoch diese nützlichen Dienste vor den Anwendungen. Ein Multicast-Dienst wird durch das ineffiziente Senden von n aufeinanderfolgenden identischen Punkt-zu-Punkt-Nachrichten und durch das anschließende Warten auf n Quittungen realisiert. Es wäre vorteilhaft, die vorhandene Funktionalität der unteren Ebenen zu nutzen, um eine zuverlässige und effiziente Gruppenkommunikation zu ermöglichen.

Zur Realisierung einer funktionsfähigen Gruppenkommunikation ist somit die Bereitstellung einer Architektur notwendig, die *ebenen-übergreifend* Mehrpunkt-Kommunikation mit einem gegenüber dem ISO/OSI-Referenzmodell abgeschwächten Abstraktionsprinzip unterstützt. Unter Abstraktion wird die Nichtberücksichtigung von Signalen verstanden, die zwischen Protokollen unterschiedlicher Ebenen gemäß ISO/OSI-Referenzmodell ausgetauscht werden. Konzepte und Technologien zur Realisierung von Gruppenkommunikation beeinflussen demzufolge sowohl die Anwendungssoftware, als auch die unterliegenden Verteilten Systeme, Kommunikationsprotokolle und Übertragungssysteme.

Neben eindeutiger Sicherungs- und Vermittlungsebenen-Funktionalität (Informationsverteilung, Routing, Adressierung) werden Transportebenen-Funktionen zur Ende-zu-Ende-Fluß- und Fehlerkontrolle, Transferebenen-Funktionen (empfängergesteuerte QOS-Unterstützung, Bedienstrategien, Zugangskontrolle aufgrund von Anwendungsanforderungen, Ratenkontrolle) sowie Gruppenmanagement- und Synchronisationsfunktionen (oberhalb Ebene 4 gemäß ISO/ OSI-Referenzmodell) benötigt. Jede der angegebenen Funktionalitäten kann auf verschiedene Arten realisiert werden oder zumindest unterschiedlich parametrisiert werden. Wird diese Multifunktionalität in ein einzelnes Protokoll [PoSc93] integriert, so entsteht ein aufgeblähtes, drei bis fünf Protokollebenen überdeckendes Protokoll, das nicht effizient zu implementieren ist. Der Lösungsweg, der in dieser Arbeit vorgeschlagen wird, ist die Konzeption einer *Mehrpunkt-Kommunikationsarchitektur*, die sich schwerpunktmäßig auf die Protokollebenen 3-5 des ISO/OSI-Referenzmodells erstreckt (s. Abbildung 2.6) und entsprechend dem modularen Aufbau feingranular implementiert ist. Die Architektur besteht aus verschiedenen *leichtgewichtigen* und *adaptiven* Bausteinen (in der Abbildung sind die für eine fortgeschrittene Mehrpunkt-Kommunikation relevanten Funktionen angegeben), die je nach den Bedürfnissen des Anwenders zusammengestellt werden können (s. Kapitel 7, [Hein93a, Hein93b, HeRe93]).

Einheitliche Dienstschnittstelle (Anforderungsspezifikation)		
Gruppenadreß-Verwaltung	Synchronisation	5
Adaptives Mehrpunkt-Transportprotokoll (empfängergesteuertes QOS-Konzept, Ende-zu-Ende-Fluß- und Überlastkontrolle)		4
Adressierung	Routing — Bedienstrategien	3

Abb. 2.6: Mehrpunkt-Kommunikationsarchitektur

Neben der Definition und Realisierung dieser vielseitigen Architektur ist die Spezifikation einer einheitlichen Dienst-Schnittstelle für den Zugang der Anwendungen ein Muß für die praktische Umsetzung dieses Konzepts. Der den Anwendungen angebotene Dienst besitzt nicht die gemäß ISO/OSI-Referenzmodell übliche statische Semantik, sondern unterstützt über die einheitliche Dienstschnittstelle die flexible Konfigurierung der Protokolle bzw. Protokollblöcke basierend auf Anwendungsanforderungen und Netzwerkzustand, vor und während einer Kommunikationsverbindung. Einfluß auf das in dieser Arbeit spezifizierte Dienstkonzept haben die im ESPRIT-Projekt OSI95 [ISO 93b,c] und im RACE-II-Projekt CIO [ISO 93f] definierten Dienste, die sich jedoch ausschließlich auf Punkt-zu-Punkt-Verbindungen beziehen (s. Kapitel 6.1). In Kapitel 7 dieser Arbeit werden das zugrundeliegende Architekturmodell **DYCAT** (**D**ynamically **C**onfigurable & **A**daptive **T**ransport System [Hein93a]), sowie die Konfigurierung und parallele Implementierung dedizierter Protokollprofile detaillierter beschrieben.

Stellvertretend für eine Vielzahl weiterer Anwendungen werden im folgenden einige Beispiele skizziert, die unterstützende Mechanismen zur Gruppenkommunikation benötigen. Ein Großteil der vorgestellten Anwendungen fällt unter die Bezeichnung Computerunterstützte Gemeinschaftsanwendungen (CSCW, Computer Supported Cooperative Work). CSCW ist als Motivation für eine Vielzahl von Entwicklungen im Bereich der Gruppenkommunikation zu sehen. CSCW-Anwendungen sind u.a. Joint Editing, Projekt-Management oder -Planung. Beim Joint Editing, der gemeinsamen Dokumentenverarbeitung, ist es z.B. erwünscht, gemeinsam ein Dokument (Katalog, Technischer Bericht, Schaltplan, Zeichnungen, etc.) zu bearbeiten, während die Teilnehmer sich unterhalten und sich auf dem Bildschirm sehen können.

Gruppenkommunikations-Anwendungen können nach [Palm93] in *asynchrone* und *synchrone* Anwendungen aufgeteilt werden. Bei asynchroner Kommunikation (Verteilungsdienste) müssen nicht sämtliche Gruppenmitglieder zur gleichen Zeit aktiv sein, während dies bei synchroner Kommunikation (Verteilte Simulation oder Interaktive Dienste wie Video-Konferenz) gewährleistet sein muß. Ebenso besitzen asynchrone Anwendungen keine Anforderungen bzgl. Diensterbringung innerhalb enger Zeitgrenzen. Somit erübrigt sich bei asynchronen Gruppenkommunikations-Anwendungen die Bereitstellung eines ausgereiften Dienstqualität-Konzepts, da keine gehobenen Ansprüche bzgl. der Garantie von Leistungskenngrößen (außer der Fehlerkontrolle) gestellt werden. In der folgenden Auflistung werden einige exemplarische Anwendungen skizziert, die vom unterliegenden Kommunikationssystem eine Mehrpunktsemantik benötigen und erwarten.

- ***Verteilte (Betriebs-) Systeme:***

  <u>Charakteristika:</u>

  Verteilte Systeme profitieren in besonderem Maße von der Bereitstellung eines Gruppenkommunikationsdienstes. Trotz einer erheblichen Qualitätssteigerung der Rechnertechnologie in den letzten Jahrzehnten können Ausfälle und Fehlverhalten von Rechnerkomponenten bzw. kompletten Systemen nicht ausgeschlossen werden. Es gibt jedoch Anwendungsgebiete, die eine hundertprozentige Verfügbarkeit und Korrektheit von Rechensystemen verlangen. Um einen solchen Dienst auch bei Ausfall bestimmter Komponenten zu gewährleisten, werden *fehlertolerante* Rechensysteme benötigt. Verteilte Systeme, bei denen mehrere Kommunikationssysteme miteinander kooperieren, um einen gemeinsamen Zweck zu erfüllen, bieten eine attraktive Möglichkeit, Fehlertoleranz zu realisieren. Dies ergibt sich aus der Vielzahl vorhandener Ressourcen, die zur Implementierung der notwendigen Redundanz eingesetzt wird. Anwendungen auf Verteilten Systemen, die vervielfachte Daten konsistent halten müssen [BiJo87], profitieren somit von einer funktionierenden Gruppenkommunikation. Der Einsatz von Gruppenkommunikation ist außerdem sinnvoll zum Aufbau und zur Verwaltung verteilter Datenbanken [TaKB92]. Verteilte Datenbanken sind eine spezielle Art Verteilter Systeme, wobei Kopien der gleichen Daten auf verschiedenen weit entfernten Systemen gehalten werden. Ein Problem stellt das simultane Aktualisieren der Datenbestände aller Systeme dar, auf denen Kopien der Daten lagern.

  <u>Anforderungen:</u>

  Die oben skizzierten Typen Verteilter Systeme, Verteilte Rechensysteme und Verteilte Datenbanken, stellen neben einer Vielzahl sich überdeckender auch voneinander unabhängige Anforderungen an die unterliegende Kommunikationsarchitektur. Während Verteilte Rechensysteme nur harte zeitliche Schranken zur Verteilung von Informationen zulassen, um dem lokalen Benutzer den Eindruck zu vermitteln, er würde auf seinem Arbeitsplatz arbeiten und nicht räumlich entfernte Rechenkapazität nutzen, ist die zeitliche Anforderung bei Datenbankzugriffen nicht ganz so strikt. Da für beide Anwendungen die Gruppensicht für sämtliche Stationen zu jedem Zeitpunkt konsistent sein muß, ist eine Synchronisation der Gruppenverwaltung nötig. Dies impliziert, daß jedes System die Nachrichten in der richtigen Reihenfolge erhält. Eine solche Forderung wird durch *atomares* Multicast oder Broadcast ([MiAn91, LaBr91, BiJo87]) realisiert. Die Eigenschaften eines atomaren Verteilungsprotokolls sind:

- Entweder erhalten alle Empfänger sämtliche Nachrichten, oder keiner der Empfänger erhält auch nur eine Nachricht.

- Sämtliche Nachrichten aller Sender werden bei allen Empfängern in der gleichen Reihenfolge abgeliefert.

- Jede Nachricht wird innerhalb vorgegebener Zeitschranken bei sämtlichen Empfängern abgeliefert.

- **Management von Routing-Informationen:**

  <u>Charakteristika und Anforderungen:</u>

  Router benötigen zur Bestimmung optimaler Wege zu jeder Zeit den Überblick über die aktuellen Leistungskenngrößen des Netzes. Dafür ist die Übermittlung von aktuellen Routing-Informationen bzw. Gruppenmitgliedschaften an eine Multicast-Adresse, die allen benachbarten Routern bekannt ist, eine notwendige Voraussetzung. Diese Informationen müssen zuverlässig und mit geringer Verzögerung übertragen werden. Dazu benötigen Internet-Protokolle wie IP, RIP (*Routing Information Protocol*, [Hedr88]) oder OSPF (*Open Shortest Path First*, [Moy 91]) die Unterstützung durch einen Multicast-Dienst, der zuverlässig und effizient die für das Routing notwendigen Informationen weiterleitet und abliefert. Als einer der ersten veröffentlichte Aguilar [Agui84] Ideen zum *Multi Destination Routing* im Internet. MOSPF (*Multicast Open Shortest Path First*, [Moy 93]) unterstützt IP mit einem Multicast-Dienst, der jedoch weder zuverlässig ist, noch irgendwelchen anderen Leistungsanforderungen genügt. MOSPF nutzt mittels der Bildung eines "minimal spannenden Baums" die Übereinstimmung der Pfade zu den einzelnen Empfangsstationen aus und verzweigt erst möglichst kurz vor den Zielstationen. Die Multicast-Bäume können je nach gewählter Metrik (Verzögerung, Durchsatz bzw. Zuverlässigkeit) unterschiedlich sein.

- **Netzwerkmanagement:**

  <u>Charakteristika:</u>

  Die Verteilung von umfangreichen Netzwerkmanagement-Reports (zur Konfigurierung von Stationen und Netzen) sowie kurzen, aber oftmals zeitkritischen Alarm-Meldungen (wie z.B. Hardwarefehler, Überlast, Speicherengpaß), profitiert von der Unterstützung durch Multicast-Protokolle. Netzwerk-Management-Ereignisse müssen an andere Netzwerke, System-Manager und Verwalter gesendet werden. Die Empfängergruppe ist bekannt und zumeist statisch. Derzeit verlassen sich Netzwerk-Manager dabei auf Kommunikationssysteme, die bei weitem nicht der Relevanz der zu übertragenden Daten gerecht werden.

Anforderungen:

Vollständige Zuverlässigkeit (s. Kapitel 3.1.1) ist bei der Übertragung von Management-Nachrichten ein Muß. Übertragungszeiten sollten insbesondere für Alarm-Meldungen so kurz wie möglich sein, abhängig natürlich von der gewählten Zuverlässigkeitsklasse und Priorität der Daten. In [ISO 91a] sind Alarm-Meldungen spezifiziert, die nur bei strikter Einhaltung von Zeitschranken als Netzwerk-Management-Funktionalität von Nutzen sind. Für Alarm-Meldungen ist zudem eine zeitgleiche Ablieferung bei den verschiedenen Empfängern vorteilhaft, damit die Reaktion dieser Stationen möglichst konsistent abläuft und keine Unfairness entsteht. Sollen Stationen z.B. aufgrund einer Überlastung bestimmter Netzkomponenten dazu gebracht werden, ihre Datenübertragungsrate und damit ihren Bandbreitenverbrauch zu reduzieren, sollte dies möglichst allen Stationen gleichzeitig übermittelt werden, damit nicht eine Station die Situation weiter ausnutzen kann.

Für die Übertragung von Netzwerkmanagement-Reports ist die zeitgleiche Ablieferung der Informationen nicht so kritisch. Ein größeres Problem stellen hier die zu übertragenden Datenmengen dar. Übertragungscharakteristiken besagen, daß Netzwerkmanagement-Reports üblicherweise zwischen 10 und 20 KByte Länge aufweisen und jeder Host im Mittel eine Übertragung pro Minute initiiert [Powe91].

- ***Verteilte Simulationen:***

Charakteristika:

Zur Leistungsbewertung von Rechensystemen können neben Messungen und mathematischen Analysen Simulationen eingesetzt werden (s. Kapitel 5.1). Simulationen basieren auf den Vorgaben eines abstrakten Modells, das weitaus detaillierter sein kann als für analytische Untersuchungen. Aufgrund der zunehmenden Komplexität der Simulationsmodelle reicht die Rechenleistung einer einzelnen Workstation in vielen Fällen nicht für eine zufriedenstellende Abarbeitung aus. Vielmehr muß hier versucht werden, durch Einsatz verteilter und paralleler Ansätze eine Effizienzsteigerung gegenüber sequentiellen Simulationstechniken zu erzielen [MaMe89].

Anforderungen:

Für einige Simulations-Ereignisse (Ereignisse, die von allgemeiner Relevanz sind) ist es nötig, sie an alle Simulationsteilnehmer zu übertragen, um einen konsistenten Überblick über die Simulation zu haben und weitere Aktionen bzw. Ereignisse folgen zu lassen. Für die Unterstützung einer solchen Anwendung sind daher *best-effort* oder *semi-zuverläs-*

sige Multicast-Dienste (vgl. Kapitel 3.1.1) unzureichend: Der Dienst sollte vielmehr zu jedem Empfänger reihenfolgeerhaltend, fehlerfrei und vollständig zuverlässig sein. Um eine Verteilte Simulation derart zu unterstützen, ist ein vollständig zuverlässiger N->N Dienst mit *totaler Ordnung* nötig. Totale Ordnung einer Mehrpunkt-Verbindung bedeutet, daß sämtliche aktiven Mitglieder einer Gruppe alle in Übertragung befindlichen Pakete in der gleichen Reihenfolge empfangen.

Eine andere Anforderung, die Verteilte Simulationen an das zugrundeliegende Kommunikationsnetz stellen, ist neben der Zuverlässigkeit die zu erbringende hohe Leistung. Lange Verzögerungen führen zu erheblichen Synchronisationsverzögerungen, die den Vorteil einer verteilten Ausführung eines Simulationsprogramms auf verschiedenen Rechnern abschwächen würden.

- ### *X.400-Mitteilungsdienste:*

  <u>Charakterisitika:</u>

  Die in [CCIT88a] definierten X.400-Mitteilungsdienste haben gegenüber den in [CCIT84] beschriebenen Diensten eine Erweiterung erhalten, die die grundlegende Unterstützung von Punkt-zu-Mehrpunkt-Kommunikation gewährleistet: die Möglichkeit des Einsatzes von Verteilerlisten. Mittels dieser Funktionalität ist ein Sender in der Lage, Meldungen an eine Gruppe von Empfängern zu senden. Dazu bedarf es nicht mehr der Auflistung sämtlicher Adressaten (direkte Adressierung), sondern des Einsatzes eben dieser Verteilerliste. Verteilerlisten können in Adreßverzeichnissen ("Directory Systems", [CCIT88b]) aufgeführt und durch "Message Transfer Agents" (MTA) zur Expansion der Adreßliste abgefragt werden. Jeder Verteilerliste ist eine Adresse zugeordnet, die den Expansionsort angibt, an dem die Mitteilung u.U. auf verschiedenen Übertragungswegen weitergeleitet wird. Diese Verteilerlisten können sowohl Adressen von Empfängern als auch Namen weiterer Verteilerlisten enthalten.

  <u>Anforderungen:</u>

  Dieser asynchrone Anwendungsdienst besitzt weder harte zeitliche Anforderungen (Verzögerung, Jitter), noch setzt er das Aktivsein der endgültigen Empfänger voraus. Diese Möglichkeit besteht allerdings erst, seitdem in [CCIT88] ein "Message Store" eingeführt worden ist, der zu jeder Zeit die ankommenden Nachrichten empfängt und die eigentliche Endstation entlastet. Aus Anwendersicht kann der unterliegende Kommunikationsdienst somit durchaus mittels einer Vielzahl nebenläufiger Punkt-zu-Punkt-Verbindungen anstelle einer effizienteren Multicast-Verbindung realisiert werden. Aus Netzwerksicht hingegen ist eine Multicastverbindung vorzuziehen, da die per "elektronischer Post" verschickten Daten durchaus ein sehr großes Datenvolumen aufweisen können.

  Das Hinzufügen weiterer Adressaten in eine Verteilerliste muß auf die unterliegende Multicastverbindung abgebildet werden; d.h., der eingesetzte Multicastalgorithmus sollte ein senderinitiiertes Hinzufügen weiterer Empfänger unterstützen. Dieses Hinzufügen ist nicht während der aktiven Kommunikation nötig, sondern kann getrennt davon erfolgen. Die Gruppenmitgliedschaft kann daher als statisch bezeichnet werden. Die Übertragung der Daten sollte möglichst fehlerfrei sein, was den Einsatz von Fehlerkontrollverfahren im Transportsystem nötig macht. Nicht autorisierten Teilnehmern sollte der Zugriff auf die Daten verwehrt werden.

- **Multimedia-Konferenzen:**

  Charakterisitika:

  Sämtliche Standardisierungsgremien haben erkannt, daß die Entwicklung eines funktionierenden Multimedia-Konferenzdienstes die Bereitstellung eines vollkommen neuen Standardwerkes erfordert. CCITT z.B. beschäftigt sich daher u.a. in den Study Groups (SGs) I, VII, VIII und XV mit der Standardisierung von Diensten, die in der Lage sind, Multimedia-Konferenzen mit Audio, Video, Bild, Daten und Kontroll-Funktionalität bereitzustellen. Die Netzwerk-Umgebungen, für die diese Dienste konzipiert sind, beschränken sich derzeit auf Schmalband-ISDN, X.25-basierte paketvermittelnde Netze, sowie lokale Netze. Die entsprechenden Dokumente sind in den T- und H-Empfehlungen erschienen. Die wichtigsten werden im folgenden erläutert:

  In der *T-Serie* spezifiziert T.124 (*Generic Conference Control*, GCC) Konferenz-Kontrollfunktionen zum Auf- und Abbau von Konferenzen sowie zur Bildung von Subkonferenzen. T.124 benötigt die in T.122 (*Multipoint Communication Services*, MCS) spezifizierte Funktionalität, die u.a. Dienste zum Multicasting auf Anwendungsebene beschreibt. T.123 definiert die in T.124 und T.122 genannten Anwendungsprotokolle.

  Die Empfehlungen der *H-Serie* beschäftigen sich vor allem mit der Beschreibung der auf den Kommunikationsebenen unterhalb der Anwendung zu erbringenden Dienste. H.221 definiert z.B. eine Rahmen-Struktur zum Multiplexen sowie Demultiplexen von Audio, Video und Daten auf Kanäle mit Bandbreiten zwischen 64 Kbit/s und 2 Mbit/s. Zusätzlich definiert H.221 eine "Inband-" Signalisierungsmethode zum Austausch von Informationen über die Konfiguration der Endsysteme, sowie einen Synchronisationsmechanismus zur zeitlichen Abstimmung zwischen verschiedenen Kommunikationskanälen. Die Realisierung eines Multiplexing-Verfahrens auf Kanälen mit höherer Bandbreite ist in Empfehlung H.261 spezifiziert.

  Für den Aufbau und das Management von Mehrpunkt-Verbindungen auf ATM-Basis wurde *CMAP* (*Connection Management Access Protocol*, [DeGB92]) entwickelt. Dienste für den Datentransport oder andere Dienste der Transportschicht wie Fehlererkennung und Neuübertragung sind nicht integriert. Vielmehr wird davon ausgegangen, daß ein entsprechendes Transportprotokoll existiert. CMAP gehört zur Klasse der ATM UNI- (*User Network Interface*) Signalisierungsprotokolle und stellt Dienste zur Verfügung, die es den Teilnehmern erlauben, Mehrpunktverbindungen einzurichten, aufzulösen und zu manipulieren. Manipulationen können z.B. Änderungen der Bandbreite einer Verbindung sein.

<u>Anforderungen:</u>

Sämtlichen Arten von Konferenzanwendungen muß eine Grundmenge von Diensten bereitgestellt werden, welche die unterschiedlichen Typen der Interaktion und Kommunikation, die in realen Konferenzen auftreten, unterstützt. Es sollte möglich sein, in eine bestehende Konferenz dynamisch neue Teilnehmer mit einzubeziehen oder sie auszuschließen. Ebenfalls von Nutzen sind Aktionen zur Bildung von Untergruppen bzw. zum Verbinden unterschiedlicher Gruppen. Audio- und Videosequenzen sollten nur kurze Verzögerungen mit möglichst geringer Varianz erfahren und über eine minimal verfügbare Bandbreite verfügen können. Lippensynchronisation sollte gewährleistet sein, wobei geringfügige Abweichungen zwischen Audio- und Videokanal vom Empfänger toleriert werden ($\leq$ 80 ms), wie Untersuchungen ergeben haben [StEn93].

Die Liste der skizzierten Anwendungen deckt in keiner Weise das komplette Spektrum der Anwendungen ab, die eine Multicast-Unterstützung von der unterliegenden Kommunikationsarchitektur verlangen. Die obigen Anwendungen wurden ausgewählt, da sie eine Vielzahl unterschiedlicher funktionaler Anforderungen sowie Leistungsanforderungen stellen und Dienste sämtlicher Schichten gemäß ISO/OSI-Referenzmodell in Anspruch nehmen.

Bzgl. der Leistungsparameter stellen die Anwender und Anwendungen die gleichen Anforderungen an die unterliegende Mehrpunkt-Kommunikationsarchitektur wie an herkömmliche Punkt-zu-Punkt-Kommunikationsszenarien (z.B. hohe Zuverlässigkeit, hoher Durchsatz, kurze Übertragungs- und Umlaufzeiten). Darüberhinaus müssen Multicastprotokolle eine Vielzahl zusätzlicher Anforderungen erfüllen, die insbesondere in heterogenen Weitverkehrsnetzen schwierig zu befriedigen sind.

Für Netze ohne inhärente Multicast-Eigenschaft müssen u.a. explizite Mechanismen zur Reduzierung unnötiger Duplikate, die bereits beim Sender oder in Zwischenknoten generiert werden, entwickelt werden. Das Ziel ist die Reduzierung des nötigen Verkehrs auf ein Niveau, das möglichst nah an das Optimum auf Netzen mit inhärenter Multicast-Fähigkeit heranreicht. Ein anderes Problem, das beim Design einer Mehrpunkt-Kommunikationsarchitektur gelöst werden muß, ist die Bereitstellung von Mechanismen zur Adreß-Zuweisung. Es wird vorgeschlagen ([XTP 92, BrZa93]), die *Adreßauswahl* nicht in das Transportsystem zu integrieren, sondern einer übergeordneten Instanz oder der Anwendung zu überlassen. Die Adreßverwaltung beschränkt sich jedoch nicht nur auf die Vergabe einer Adresse. Ebenso schwierig ist die Realisierung eines Mechanismus, der ein Multicast-Paket bei jeder zu einer Gruppe gehörenden Empfänger-Instanz abliefert. Erschwert wird diese Aufgabe dadurch, daß sich die *Gruppenmitgliedschaft* dynamisch ändern kann, somit die Gruppenadresse nicht immer die gleiche Empfängerschar anspricht. Ein weiteres Problem ist das Design eines geeigneten Multicast-*Routing-*

verfahrens. Eine Gruppenadresse muß auf eine oder mehrere Sicherungsebenen-Adressen abgebildet werden, die möglicherweise auf unterschiedlichen Netzen in unterschiedlichen Adreßformaten vorliegen. Das eingesetzte Routing-Protokoll sollte ein mehrfaches Kreisen der Nachrichten verhindern und die Anzahl der an eine Gruppe zu sendenden Pakete minimieren. Außerdem sollten Routing-Algorithmen in der Lage sein, ihre Tabellen dynamisch zu aktualisieren, da die Gruppenzugehörigkeit, wie bereits erwähnt, wechseln kann. Des weiteren erfordert die derzeit forcierte Verbreitung von Audio- und Videoanwendungen die Unterstützung von Punkt-zu-Punkt-Verbindungen und Mehrpunkt-Verbindungen mit Realzeit- und anderen Dienstqualitätsanforderungen. Bei der Betrachtung von Konzepten zur Unterstützung von QOS-Anforderungen durch Kommunikationsprotokolle (vgl. Kapitel 2.3, Transfersysteme) wird ersichtlich, wie weit man noch von realen Implementierungen entfernt ist.

2.1.2.3 Flußkontrolle

Um den Datenfluß zwischen Endstationen mit sehr unterschiedlichen Leistungsmerkmalen zu optimieren, werden Verfahren eingesetzt, die den Empfänger vor einer durch ihn nicht zu bewältigenden Paketflut und damit vor Pufferüberlauf bewahren. Im Gegensatz zur in Kapitel 2.2.2.2 beschriebenen Lastkontrolle dient die *Flußkontrolle* primär der Vermeidung der Überlastung des Empfängers durch den Sender und nicht der Optimierung des Datenflusses auf dem unterliegenden Netz. Es wird also zumeist eine Übereinkunft zwischen Sender und Empfänger getroffen, die unabhängig vom unterliegenden Kommunikationssystem ist. Es wäre jedoch stattdessen sinnvoll, eine engere Kopplung zwischen Verfahren zur Fluß- und Lastkontrolle anzustreben, wie es ansatzweise bereits in Protokollen wie XTP [XTP92a] angedacht ist und in AMTP (vgl. Kapitel 6) umgesetzt wird.

Prinzipiell wird zwischen zwei Ansätzen zur Flußkontrolle unterschieden: Auf der einen Seite existieren die *fensterbasierten* Flußkontrollverfahren, auf der anderen Seite die *ratenbasierten* Verfahren. Beim Einsatz von Fenstermechanismen werden Datenmengen spezifiziert, die der Sender ohne Erhalt einer Quittung übertragen darf. Die entsprechende Fenstergröße ist dabei zumeist in Abhängigkeit von der Größe der Empfangspuffer gewählt, so daß die Überlaufwahrscheinlichkeit Null oder gering ist. Das Verfahren kann *sender-* oder *empfängergesteuert* ablaufen. Somit kann je nach ausgewähltem Verfahren der Sender oder der Empfänger über den Zeitpunkt der Generierung von Quittungspaketen entscheiden. Aus den darin enthaltenen Informationen und aus dem Wissen über die von ihm bereits abgesendeten Daten kann der Sender sein aktuelles Flußfenster berechnen.

Basierend auf der Quittierungsstrategie des Empfängers können die fensterbasierten Flußkontrollverfahren weiter unterschieden werden. Bei der "*Sliding Window-*" Strategie generiert der Empfänger nach jedem empfangenen Paket ein entsprechendes Quittungspaket, das zu einer Verschiebung des Sendefensters führt. Bei der "*Pacing Window-*" Strategie werden ganze Paketblöcke mit einem Quittungspaket quittiert. Die "*Blast Window-*" Strategie verlangt die Quittung erst nach Übertragung des gesamten Sendefensters. Die Blast Window-Strategie resultiert somit in einem "*Stop & Wait-*" Verhalten, da der Sender auf die Quittierung durch den Empfänger warten muß. Wird die Quittierung durch ein im Vergleich zum Sendefenster kleineres Empfangsfenster angestoßen, so gelangt man zur Pacing Window-Methode. Sowohl die Sliding Window-Strategie als auch die Blast Window-Strategie sind somit Spezialfälle der Pacing Window-Strategie mit Empfangsfenstergröße 1 bzw. mit einer dem Sendefenster angepaßten Empfangsfenstergröße.

Im Gegensatz zu den fensterbasierten Flußkontrollmechanismen nimmt der Sender bei einer ratengesteuerten Übertragung keinen Einfluß auf die zu übertragende Datenmenge, sondern auf die Datenrate. Je nach Art des Protokolls (Transfer- oder Transportprotokoll) kann die Senderate in Abstimmung mit den möglichen Verarbeitungsgeschwindigkeiten der Empfänger und Zwischensysteme oder ausschließlich auf Ende-zu-Ende-Basis bestimmt werden. Ratenkontrolle hat somit zum Ziel, die beteiligten Zwischen- und Endsysteme vor zu schnell aufeinanderfolgenden Dateneinheiten zu bewahren, d.h. "Back-to-Back-" Übertragung der Pakete zu verhindern. Die Rate kann grundsätzlich auf zwei verschiedene Arten angegeben werden: Die beteiligten Stationen können sich auf eine Übertragungsrate und einen Wert einigen, der die maximale Anzahl aufeinanderfolgender Datenpakete angibt. Dadurch wird ein Sendemuster spezifiziert, das zu äquidistanten Zeitpunkten eine maximale Anzahl von Paketen so schnell wie möglich überträgt. Anstelle dieses Verfahrens können sich die beteiligten Stationen auch auf eine Zwischenpaket-Wartezeit einigen. Diese Größe gibt die minimale Zeitspanne nach dem Senden eines Pakets bis zum nächsten Absendezeitpunkt an. Ist die Paketgröße konstant, ist die zweite Methode ein Spezialfall des ersten Ratenkontroll-Verfahrens.

2.2 Hochgeschwindigkeitsnetze

Hochgeschwindigkeitsnetze repräsentieren eine Generation von Netzwerken, deren Eigenschaften nicht mit hohen Signallaufgeschwindigkeiten assoziiert werden dürfen, wie die Bezeichnung irrtümlich vermuten läßt. Zwar sind die reinen Bearbeitungszeiten in den Netzknoten stark reduziert, doch hat dies keineswegs zu einer Verkürzung der physikalischen Ausbreitungsgeschwindigkeiten bzw. von Ende-zu-Ende-Antwortzeiten geführt. Aufgrund der weltweit voranschreitenden Vernetzung haben sich vielmehr die Signallaufzeiten erheblich verlängert. Eine passendere Bezeichnung für diese Art von Netzen wäre "Hochleistungsnetze", da diese Übertragungssysteme primär durch ihre hohe Bandbreite charakterisiert sind.

Existierende und zukünftige Hochgeschwindigkeitsnetze bzw. Medienzugangsprotokolle bieten Übertragungsbandbreiten bis in den Gigabitbereich bei gleichzeitig niedrigen Bitfehlerraten an (wie z.B. FDDI und FDDI II [FDDI89, DaMS92, MaMe90, DaMS94] mit jeweils 100 Mbit/s, DQDB [DQDB90] mit 45 und 150 Mbit/s, HIPPI [HIPP92] mit 800 Mbit/s bzw. 1.6 Gbit/s, CRMA II [As 91, As 92] und Metaring [CiOf91] im Gigabitbereich). Der SONET-Standard [BaCh89] definiert Datenraten im Multigigabitbereich. ATM [CCIT90b] unterstützt gemäß der Synchronen Digitalen Hierarchie (SDH) Datenraten von 155 Mbit/s und 622 Mbit/s.

Deutlich zu erkennen ist die Tendenz hin zu asynchronen paketvermittelnden Netzen und die Distanzierung von synchronen Übertragungssystemen. Beim *Synchronen Transfer-Modus* (STM) erfolgt die Identifikation einzelner Kanäle innerhalb des gesamten Multiplexsignals durch Angabe der relativen zeitlichen Lage zu einer Zeitmarke, z.B. dem Beginn des Synchronrahmens. Bedingt durch die strenge Periodizität des Synchronrahmens ist die Bitrate eines Kanals konstant. Die STM-Vermittlung ist aus dem Schmalband-ISDN bekannt. Sie ist skalierbar und damit eigentlich für Breitbandsignale geeignet. Bei ausreichender Dimensionierung der Koppelnetze und Leitungen entsteht praktisch keine Blockierung. Es schien lange Zeit, daß sich die STM-Technik als zukünftige Vermittlungsstrategie für Breitbandnetze würde durchsetzen können. Doch einige Nachteile der STM-Technik verhindern das Durchsetzen dieser Strategie:

- Da die von zukünftigen Anwendungen produzierten Bitraten noch nicht bekannt sind und zumindest ein großes Spektrum ausfüllen werden, ist eine feste Zuteilung der Kanalbitraten wie bei STM nicht optimal.

- Aufgrund der festen Kanalbitraten ist STM eher für die Übermittlung kontinuierlicher Signale (Audio, CBR-Video) geeignet als für Datenkommunikation mit ihrem "Bursty Traffic" Verhalten.

Die STM-Technik bildet nach [Eber93] zwar künftig weltweit die Grundlage der Synchronen Digitalen Hierarchie (SDH) im öffentlichen Netz, für die Vermittlungstechnik, die sich auf die Transfersysteme auswirkt, spielt sie jedoch nur eine untergeordnete Rolle. Beeinflußt durch die Erfahrungen mit paketvermittelnden Netzen im lokalen Netzbereich, hat sich in den letzten Jahren ein Trend in Richtung paket- bzw. zellenorientierter Vermittlung durchgesetzt.

Da Transfersysteme aufgrund der auch in Zukunft existierenden heterogenen Netzlandschaft sowohl auf zellenbasierten als auch auf aus dem LAN-Bereich stammenden paketvermittelnden Netzen eingesetzt werden, wird im folgenden jeweils ein Repräsentant aus beiden Bereichen kurz vorgestellt: ATM als zellenbasiertes Netz für den lokalen und globalen Netzbereich sowie FDDI als Hochgeschwindigkeits-LAN. Im Vordergrund der Beschreibung steht die Skizzierung der angebotenen Dienste. Es wird auf die genaue Beschreibung des Medienzugangs und der einzelnen Stationskomponenten verzichtet, da zum einen eine Vielzahl spezieller Literatur existiert und zum anderen vor allem die angebotenen Dienste für die aufsetzenden Protokolle von Bedeutung sind.

Aufgrund der möglichen "kostengünstigen" Realisierung von FDDI mit Konzentratoren und Kupferkabeln besitzt dieser Hochgeschwindigkeits-Standard durchaus Potential für die Vernetzung von Workstations. FDDI könnte sich somit als ein möglicher Nachfolger des weiterhin dominierenden Ethernet und als eine mögliche Alternative zum derzeit diskutierten "Switched Ethernet" erweisen. Die kontinuierliche technische Entwicklung und steigende Netzanforderungen stimulieren aber schon jetzt die Entwicklung einer neuen Generation lokaler Netze. Sowohl die Verbreitung verteilter Rechensysteme und Anwendungen als auch die Einführung von Multimedia-Systemen stellen neue Anforderungen an die Netze. Gleichzeitig steigt der Bedarf, LANs lokal und global miteinander zu verbinden. Damit nehmen insbesondere die Marktchancen von ATM zu, da es gleichzeitig als LAN- wie auch als WAN-Lösung in Frage kommt und somit eine Netzkopplung erleichtern würde.

2.2.1 Charakterisierung und Beispiele

FDDI entstand zu Beginn der 80er Jahre im Rahmen der Arbeitsgruppe ANSI ASC X3T9.5. Die daraus resultierenden Standards beziehen sich auf die unteren beiden Ebenen des ISO/OSI-Referenzmodells. FDDI wurde ursprünglich als Back-End-Interface für die Hochgeschwindigkeitsübertragung zwischen Großrechnern und schnellen Massenspeichern geplant. Zur Zeit wird FDDI allerdings als Backbone-Netz für langsamere lokale Netze eingesetzt. Der Direktanschluß von schnellen Workstations ist mittlerweile ebenfalls möglich.

Als Dienste bietet FDDI sowohl eine *synchrone* wie auch eine *asynchrone* Übertragungsform an. Die meisten verfügbaren Produkte verfügen allerdings ausschließlich über den asynchronen Dienst.

Der synchrone Dienst besitzt die höhere Priorität. Die Datenpakete können mit fester Länge über Verbindungen mit reservierter Bandbreite übertragen werden. Dabei wird zusätzlich eine maximale Verzögerungsobergrenze garantiert. Anwendungen mit regelmäßigem Datenaufkommen und Realzeitanforderungen benutzen daher den synchronen Dienst zur Übertragung (falls vorhanden). Zur Verteilung der synchronen Bandbreite setzt FDDI ein Software-Paket ein, das die gesamte Management-Funktionalität des Medienzugangsprotokolls ausführt. Dieser SMT-Baustein (*Station Management*) koordiniert zudem die drei Hardware-Bestandteile eines FDDI-Netzwerk-Adapters, die Medienzugangseinheit (MAC), die Einheit zur Codierung und Decodierung der zu übertragenden Daten (PHY) sowie die Anbindung an das Glasfasernetz (PMD).

Der asynchrone Dienst läßt eine Übertragung von Datenpaketen variabler Länge zu. Dabei kann allerdings weder eine feste Bandbreite noch ein zeitlicher Zusammenhang zwischen Absendezeitpunkt und Empfang angegeben werden. *Isochrone* Daten können nur durch die Unterstützung von Protokollen höherer Ebenen gemäß ISO/OSI-Referenzmodell erfolgreich übertragen werden.

Der FDDI-Medienzugang wird durch Sendeberechtigungsmarken (Token) geregelt, die von Station zu Station weitergereicht werden. Das zur Vergabe und Verwaltung der Token eingesetzte Protokoll ist das sogenannte *Timed Token Rotation Protocol*. Das Einbehalten des Tokens und die damit verbundene alleinige Sendeberechtigung einer Station ist an verschiedene Regeln gebunden:

- Es werden zwei Token-Typen unterschieden, *restricted* und *unrestricted*. Auf *unrestricted* Token kann jede Station zugreifen. Dabei wird die für den asynchronen Verkehr verfügbare Bandbreite allen Stationen im Zeitschlitzverfahren zugeteilt. Über das *restricted*

Token hat jeweils nur eine kleine Anzahl von Stationen die Kontrolle. Ihnen wird die verfügbare asynchrone Bandbreite explizit zugeordnet, wobei jeder weitere mögliche asynchrone Verkehr unterbunden wird. Dadurch werden dialog-orientierte Übertragungen zwischen ausgewählten Stationen unterstützt.

- Durch zwei Timer werden der Zugriff auf das Token geregelt und Fehlerfälle entdeckt. Zum einen wird der *Token Rotation Timer* (*TRT*) eingesetzt, der die Zwischenankunftszeit zwischen vorhergehendem und aktuellem Token kontrolliert. Zum anderen wird im *Token Holding Timer* (*THT*) die Zeit summiert, in der das Senden von asynchronen Rahmen zulässig ist. Zusätzlich existiert eine Absolutzeit, die *Target Token Rotation Time* (*TTRT*), die die während der Ringinitialisierung ausgehandelte maximale Umlaufzeit eines Tokens speichert.

FDDI-II stellt eine Erweiterung von FDDI dar, welche die Übertragung *isochroner* Daten ermöglicht. Während FDDI dazu in der Lage ist, *maximale* Verzögerungszeiten für synchrone Übertragungen einzuhalten, kann mithilfe von FDDI-II [DaMS94] sogar eine konstante Verzögerungszeit garantiert werden.

Einer der Schlüsselfaktoren für den Erfolg von Breitband-ISDN wird die Unterstützung verteilter Anwendungen zur Übertragung von Multimedia-Daten in einer effizienten Form sein. **ATM** (Asynchronous Transfer Mode) ist der Standard, der vom CCITT für die Implementierung von breitbandigen Weitverkehrsnetzen zugrundegelegt wird. ATM basiert auf dem Multiplexen und Switchen von Paketen fester Größe, die ATM-Zellen genannt werden. ATM-Netze arbeiten mit Datenraten in der Größenordnung von 155 bzw. 622 Mbit/s. Die Attraktivität von ATM liegt insbesondere in den folgenden Merkmalen begründet:

- ATM besitzt ein großes Angebot unterschiedlicher Diensttypen, das ein breites Spektrum von verbindungslosen bis zu verbindungsorientierten Diensten abdeckt.
- ATM bietet ein weltweit einheitliches Standard-Interface.
- Das Architekturprinzip der virtuellen Pfade bietet die Möglichkeit, die Netzstruktrur flexibel zu gestalten.
- ATM erlaubt aufgrund des asynchronen Transfer-Modus die Realisierung flexibler Bandbreiten-Allokierung für einzelne bzw. mehrere Verkehrsquellen.
- Aufgrund des "absichtlichen Überbuchens" der Kapazitäten wird das statistische Multiplexen von Zellen möglich. Dazu müssen eine Vielzahl von Kontrollmechanismen eingesetzt werden: Bandbreiten-Allokierung, Puffer-Allokierung, Policing und Shaping, Service Scheduling, Selektives Verwerfen von Zellen, Ende-zu-Ende-Fenstermechanismen, Dynamisches Routing u.a..

Es würde den Rahmen dieser Arbeit sprengen, die obigen Kontrollmechanismen zu erklären. Stattdessen werden nur einige grundlegende Eigenschaften der ATM-Architektur erläutert. Die Basischarakteristika von ATM sind in verschiedenen CCITT-Empfehlungen spezifiziert [CCIT88g, CCIT91, CCIT92b,c,d,e].

Im Gegensatz zum synchronen Transfer-Modus (STM) basiert ATM auf der asynchronen Übertragung von Blöcken fester Länge (Zellen). Bei der asynchronen Multiplex-Technik wird die Zuordnung von Zellen zu Kanälen durch das Mitführen von Kanalkennzeichen (Virtual Channel Identifier, VCI) gewährleistet. Da aufeinanderfolgende belegte Zellen eines Kanals nicht periodisch, sondern asynchron übertragen werden, kann die Nutzbitrate eines Kanals variabel gehalten werden und ist durch die momentane Zellenrate bestimmt.

Zusätzlich zu den rein übertragungstechnischen Möglichkeiten bietet ATM mithilfe der _ATM Adaptation Layers_ (AAL) Funktionalität zur Paketisierung der Nutzerdaten in Zellen an. Die AALs stellen den Zugangspunkt der Transfersysteme auf ATM dar und repräsentieren somit den vom unterliegenden ATM-Netz bereitgestellten Dienst. Die Transferprotokoll-Dateneinheiten werden dabei in eine Form gebracht, die vom unterliegenden ATM-Übertragungssystem bearbeitet werden kann. Die Frage nach der Anzahl nötiger AALs ist bisher noch nicht beantwortet. Nach [Part94] befürworten einige Entwickler und Wissenschaftler das Weglassen der AALs, so daß jede Anwendung ihre eigene ATM-Verbindung aufbaut und ihre Zellen derart formatieren kann, wie es am geeignetsten erscheint. Ein solches Vorgehen behindert jedoch die Interoperabilität. Eine andere Gruppe befürwortet den Einsatz eines einzelnen AALs [EsPa91]. Trotz der dann gegebenen Interoperabilität wird eine flexible Diensterbringung durch eine hohe Komplexität dieses einzelnen AALs erkauft. Das CCITT hat sich für die Entwicklung verschiedener AALs entschieden. Basierend auf der Einteilung der vom Breitband-ISDN geforderten Dienste in

- Dienste mit konstanter Bitrate,
- Dienste mit variabler Bitrate,
- verbindungsorientierte Datenübertragungsdienste sowie
- verbindungslose Datenübertragungsdienste

wurden die unterschiedlichen AALs definiert. Derzeit werden fünf AALs unterschieden, wobei die AALs 3 und 4 aufgrund ihrer großen Ähnlichkeit zusammengefaßt worden sind und AAL 2 bisher nicht standardisiert worden ist.

AAL 1 realisiert einen verbindungsorientierten Dienst für zeitsensitive Daten mit konstanter Bitrate (z.B. PCM-Audio). Ein Byte der verfügbaren 48 Byte Nutzerdaten wird zur korrekten Reassemblierung der Zellen in Protokolldateneinheiten der höheren Ebenen eingesetzt. Die zeitliche Kontrolle basiert auf dem Einsatz von Zeitstempeln im Datenbereich.

AAL 2 realisiert einen verbindungsorientierten Dienst für zeitsensitive Daten mit variabler Bitrate (z.B. VBR-Video). Der AAL-Kopf enthält Sequenznummern und Kennzeichen darüber, ob die betreffende Zelle den Anfang oder das Ende einer Nachricht darstellt. Der AAL-Kopf beinhaltet zudem eine Längenangabe über die Anzahl Nutzerbytes in der Zelle und eine Prüfsumme.

AAL 3/4 realisiert sowohl einen verbindungsorientierten als auch einen verbindungslosen Dienst für zeitinsensitive Daten mit variabler Bitrate (z.B. Kopplung von LANs). Erheblicher Aufwand wird für die Fehlersicherung je Zelle getrieben. Der Anteil der Kontrollinformationen an der Gesamtlänge einer Zelle beträgt hier (inkl. ATM-Overhead) 17%. Zusätzlich werden pro Protokolldateneinheit 8 Byte Overhead-Informationen im Konvergenzlayer hinzugefügt.

AAL 5 reduziert den in AAL 3/4 durchgeführten Aufwand zur Fehlersicherung erheblich. AAL 5 realisiert einen verbindungsorientierten Dienst für Datenkommunikationsanwendungen wie File Transfer. Ausschließlich in der letzten zu einer Protokolldateneinheit gehörenden Zelle wird ein 8 Byte langer Trailer, der primär zur Fehlerbehandlung eingesetzt wird, zusätzlich zum ATM-Overhead hinzugefügt. Dadurch wird der Zellen-Overhead deutlich reduziert und die Bearbeitung der Zellen in den Endstationen erheblich vereinfacht [Keim94].

ATM kann als Kompromiß aus synchronem Transfer-Modus, Leitungsvermittlung und Paket-Transfer betrachtet werden. Die vom Netzwerk zur Verfügung gestellte Bandbreite kann effizient aufgeteilt werden. Verzögerung und Jitter, die durch die Bearbeitung in den Switches entstehen, sind sehr gering, da nur minimale Funktionalität in einem Switch gefordert ist. Andererseits stellt sich für ATM-basierte Netze die Frage, inwieweit Segmentlängen von 53 Byte für Gigabitmedien sinnvoll sind. Die vorteilhafte dynamische Bandbreitenzuteilung und die durch Multiplexing effizient nutzbare Bandbreite können auch mit größeren Segmentlängen erzielt werden. Der Bearbeitungsaufwand in Endsystemen und Vermittlungsknoten ist für derartig kleine Informationssegmente sehr hoch und könnte erheblich reduziert werden. Aufgrund einer tolerierbaren Ende-zu-Ende-Verzögerung von ca. 200 bis 500 ms für die meisten zeitsensitiven Anwendungen wäre durchaus die Generierung längerer Segmente in Erwägung zu ziehen, ohne auf die vorhandenen Vorteile kleiner Segmentlängen verzichten zu müssen.

Zahlreiche Hersteller, insbesondere aus dem Computer-Bereich, haben sich jedoch zur Unterstützung und Forcierung der internationalen Normung und zur Förderung von ATM-basierten Anwendungen bereits im ATM-Forum zusammengeschlossen. Dies ist eine wesentliche Voraussetzung für die praktische Realisierung von ATM-Komponenten und ATM-Netzen.

Da eine intensivere Diskussion über die weitere Entwicklung lokaler und globaler Hochgeschwindigkeitsnetze den Rahmen dieser Arbeit sprengt, sei hier auf [Part94] verwiesen, wo weitere Aspekte zu diesem Thema diskutiert werden.

2.2.2 Einfluß auf Kommunikationsprotokolle

2.2.2.1 Leistung

Während die Voraussetzungen, die zur Entwicklung von Transportprotokollen wie z.B. OSI TP4 oder TCP geführt haben, geringe Übertragungskapazitäten und fehleranfällige Übertragung waren, hat die technologische Entwicklung des letzten Jahrzehnts die dem Protokollentwurf zugrundeliegenden Prämissen vollständig verändert. Die Übertragungskapazitäten haben stärker zugenommen als die Prozessorleistung, und die Fehlerraten des Übertragungsmediums sind aufgrund des Einsatzes von Glasfaser erheblich verringert worden. Um höhere Leistung zu erzielen muß zunächst die Syntax der Protokolle, d.h. der Aufbau der Protokollköpfe, optimiert werden. Aus diesem Grund besitzen neue Protokolle im Gegensatz zu OSI TP4 und TCP ein fixes Format für den Nachrichtenkopf, wobei die einzelnen Felder auf Wortgrenzen beginnen und somit Zugriffs- und Verarbeitungszeit verringern.

Neben den zunehmenden Übertragungsbandbreiten hat sich aufgrund der weltweit voranschreitenden Vernetzung die Dauer der Signalumlaufzeiten vergrößert. Das Produkt dieser beiden Größen entspricht der Speicherkapazität des Übertragungssystems. Dieser Wert ist in den letzten Jahren extrem angestiegen und erfordert grundlegende Modifikationen der eingesetzten Transportprotokolle.

Go-Back-N-Fehlerbehebung führt zur Wiederübertragung von Datenmengen, die in der Größenordnung der Kanalspeicherkapazität liegen. Bei selektiver Neuübertragung geht die Effizienz bei steigender Übertragungskapazität nur unmerklich zurück.

Der TCP-Header ermöglicht eine maximale Fenstergröße von 64 KByte, da ein 16-Bit langes Feld zur Vereinbarung der Fenstergrößen bereitsteht. Da die Größe des Sendefensters die maximale Anzahl unquittierter, abgeschickter Daten bestimmt, läßt sich ein maximaler Durchsatz nur dann erreichen, wenn das Sendefenster die Größe der Kanalspeicherkapazität annimmt. Durch Einführen der "Window-Scale-Option" [JaBr88] erlauben zukünftige TCP-Implementierungen Fenstergrößen bis zu 1 GByte, was in neueren Protokollen bereits zum Standardangebot gehört.

Um einen kontinuierlichen Ablauf der Übertragung zu gewährleisten und die verfügbaren Übertragungskapazitäten in Anspruch nehmen zu können, müssen Sendefenster gewählt werden können, die größer sind als die Kanalspeicherkapazität. Andererseits kann ein erhöhtes Sendefenster zu einer Überlastung des Netzes führen, da mehr Daten mit maximaler Übertragungsrate auf das Netz geschickt werden als verarbeitet werden können. Alternative Methoden wie Ratenkontrolle sind hier mögliche Lösungen.

2.2.2.2   Überlastkontrolle

Da Hochgeschwindigkeitsnetze nicht als isoliert auftretende Netze betrachtet werden können, sondern als Backbone-Netze zur Kopplung verschiedener Netze mit niedrigerer Bandbreite und später auch als Netze mit direktem Zugang für den Endbenutzer eingesetzt werden, bildet sich eine heterogene Netzlandschaft, in der unterschiedlichste Netztypen mit unterschiedlichsten Leistungsmerkmalen (Kapazität, Medienzugangszeit, Fehlerraten) gekoppelt sind. Dieser Heterogenität wird derzeit durch ATM entgegengewirkt. Inwieweit ATM eine erfolgreiche oder vorteilhafte Entwicklung ist, werden die nächsten Jahre zeigen. Da ATM-Technologie derzeit sowohl im lokalen als auch im Weitverkehrsbereich untersucht und immens von der Industrie unterstützt wird, könnte es zu einer Dominanz dieses Netztyps in den nächsten Jahren kommen. Aber trotz dieser möglichen Dominanz einer einzelnen Netzwerktechnologie wird es in naher Zukunft keine Reduzierung der Bandbreiten-Differenz geben. Diese wird in den nächsten Jahren vielmehr weiter zunehmen, da der Lebenszyklus auch eines langsamen Netzes nicht unter 10 Jahre sinken wird. Zudem garantiert eine einheitliche Technologie wie ATM noch lange keine einheitliche Bandbreite. Die zunehmende Diskrepanz der Bandbreiten zwischen unterschiedlichen Übertragungsmedien (herkömmlicherweise zwischen mehreren Kbit/s und 1 Gbit/s) in heterogenen Netzen führt zu häufigen Paketverlusten in den Zwischensystemen (Router, Brücken und Gateways), die zur Kopplung der Netze eingesetzt werden. Daher müssen Protokollmechanismen entwickelt werden, die das Ziel haben, Überlastsituationen auf der Netzinfrastruktur zu vermeiden oder zumindest abzubauen. D.h., es wird versucht, die Zwischensysteme vor dem Überlaufen ihrer Empfangs- und/oder Sendepuffer zu bewahren. Diese Aufgabe fällt der *Last-* oder *Überlastkontrolle* zu. Sie basiert im wesentlichen auf der Kooperation zwischen Protokollen der Vermittlungs- und Transportebene.

Eine Überlast resultiert nicht nur aus der bereits erwähnten zunehmenden Diskrepanz der Bandbreiten der Übertragungsmedien, sondern hängt im wesentlichen ab vom ungünstigen Zusammenspiel der Fehler- und Flußkontrollmechanismen auf Transportebene und den Routing- und Bedienverfahren auf Vermittlungsebene, sowie von der dynamischen Variation der Dienstqualitäts-Anforderungen (insbesondere Durchsatzanforderungen) durch die Anwendungen.

Eine Überlast auf dem unterliegenden Netz zeichnet sich ab, wenn der Durchsatz einer Verbindung trotz einer höheren angebotenen Last stagniert, die Übertragungszeit (abgeleitet aus der Umlaufzeit bis zum Erhalt einer Quittung, was eine sehr ungenaue Abschätzung ist) dagegen erheblich zunimmt (vgl. Abbildung 2.7a,b). Wird diese Situation rechtzeitig erkannt, so kann mit *präventiven* Strategien versucht werden, den möglichen *Überlastkollaps* zu vermeiden. Der Überlastkollaps ist dann eingetreten, wenn die Durchsatzwerte trotz hoher angebotener Last gegen Null approximieren und die Übertragungszeiten extrem lang werden. Diese Situation kann zum Zusammenbruch von Endbenutzer-Verbindungen führen. Ohne Einsatz spezieller lastregulierender Algorithmen kann der Datendurchsatz nicht mehr erhöht werden. Diese nach einem bereits eingetretenen Überlastkollaps einsetzbaren lastregulierenden Maßnahmen haben dann jedoch nur noch *reaktiven* Charakter. Die reaktive Natur einer Vielzahl traditioneller Techniken zur Lastkontrolle ist für Hochgeschwindigkeitsnetze (insbesondere für Netze mit großem Produkt aus Bandbreite und Signallaufzeit) nur bedingt geeignet. Hier werden aufgrund der hohen Datenraten während der Zeitspanne zwischen dem Auftreten und dem Erkennen einer Überlastsituation sehr große Datenmengen übertragen, die aufgrund der Überlast mit hoher Wahrscheinlichkeit verworfen werden. Die folgende Abbildung 2.7 verdeutlicht zum einen die Abhängigkeit des Durchsatzes von der angebotenen Last und zum anderen die Abhängigkeit der oberhalb der Transportschicht gemessenen Ende-zu-Ende-Übertragungszeit von der Last.

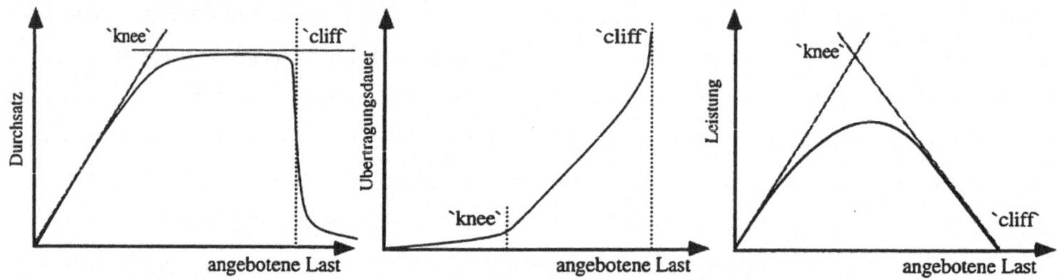

Abb. 2.7 a,b,c: Durchsatz/Last-Kurve, Übertragungsdauer/Last-Kurve, Leistung/Last-Kurve

Wird die Angebotslast über eine gewisse Größe (*`knee`*) hinaus erhöht, so sinkt die Gesamtleistung des Kommunikationssystems, die sich als Quotient aus Durchsatz und Übertragungszeit ergibt, stark ab (vgl. Abbildung 2.7c). Das Ziel der Überlastkontrolle ist somit gleichbedeutend mit der Maximierung des Verhältnisses zwischen Durchsatz und Übertragungszeit einer Kommunikationsverbindung. Da andere aktive Kommunikationsverbindungen den Grad der Überlast im Netz mit beeinflussen, muß eine wirksame Überlastkontrolle diese Verbindungen berücksichtigen. Als Lösungsansätze zur Reduzierung der Überlast-Kollapsgefahr existieren verschiedene Ansätze, die jeweils für spezielle Anwendungen und Netze ihre Vor- und Nachteile aufweisen [Jain90a,Jain90b]. Traditionelle Techniken zur Überlastkontrolle sind u.a.

- die **Reservierung von Ressourcen**; ein Ansatz der ausschließlich auf verbindungsorientierte Kommunikation beschränkt ist [Topo90, ZDES93]. Es werden z.B. Pufferbereiche in den zu durchlaufenden Zwischensystemen entsprechend der ausgewählten Flußfenstergröße reserviert. Eine Reservierung von Ressourcen beim Verbindungsaufbau ist nur sinnvoll bei langen, kontinuierlichen Sitzungen, während eine während der aktiven Verbindung durchgeführte Reservierung für kurzen "burstartigen" Verkehr geeignet ist. Die Technik der Reservierung beim Verbindungsaufbau führt zu einer unbefriedigenden Ausnutzung der verfügbaren Ressourcen, da die Ressourcen zumeist statisch den Verbindungen zugeordnet sind, unabhängig von der aktuellen Aktivität der Verbindung.

- Eine Alternative bieten Verfahren, die eng mit der **fensterbasierten Flußkontrolle** (s. Kapitel 2.1.2.3) gekoppelt sind. Es werden Ressourcen entsprechend dem Mittelwert der Fenstergrößen einer Verbindung reserviert. Dadurch werden die Teilnehmer mit einem kurzfristig hohen Bedarf jedoch sehr stark limitiert. Andererseits trägt eine Reservierung von Ressourcen basierend auf Spitzenwerten relativ wenig zur Überlastkontrolle bei.

- Des weiteren können **Alarmsignale (Choke-Pakete, Source Quench)** eingesetzt werden, um im Fall einer Überlast den Sender der Pakete aufzufordern, seine Last zu reduzieren (ICMP, [Post81b]). Da dieses oder ähnliche Verfahren erst einsetzen, wenn das Netz bereits in einer Überlastphase steckt, generieren sie zusätzlichen Verkehr genau dann, wenn eigentlich die Last reduziert werden soll. Zur Vermeidung zusätzlichen Verkehrs können jedoch auch Piggybacking-Alarmbits in Paketen gesetzt werden, die den Engpaß in Richtung Sender durchlaufen (Decbit [RaJa90], Random Early Detection FlJa93]). Der Indikator für das Generieren eines Alarmsignals kann eine hohe Auslastung der Puffer eines Zwischensystems sein, oder der nur geringe Durchsatz auf den abgehenden Leitungen.

- Im Gegensatz zu diesen drei Verfahren kann ein Zwischensystem auch lokal die Überlastsituation bereinigen, indem es **Pakete verwirft** (Random Drop, Drop Tail, Random Early Detection [FlJa93]). Diese Verfahren können nur für Verbindungen effizient eingesetzt werden, bei denen ein gewisser Informationsverlust unabhängig von der Codierung der Daten toleriert wird. Haben die Daten unterschiedliche Wichtigkeit oder darf nur eine bestimmte Anzahl aufeinanderfolgender Pakete verworfen werden, so entsteht aufgrund der notwendigen Interaktion mit höheren Ebenen eine unter Umständen erhebliche Beeinträchtigung der Nutzdatenübertragung.

- Eine weitere Alternative bietet der Einsatz von **Bedienstrategien** (z.B. *Fair Queueing* oder *Static Priorities*, vgl. [DeKS89] und Kapitel 5). Diese können eine gleichmäßige Bearbeitung der Pakete der unterschiedlichen Verbindungen realisieren oder auch prioritätengesteuert zwischen verschiedenen Verbindungen gewichtet sein. Zusätzlich kann die Abarbeitung der Pakete einer einzelnen Verbindung noch abgestuft sein, da Pakete unterschiedlicher Wichtigkeit zu einer Verbindung gehören können. Durch Bedienstrategien kann zwar die Überlast nicht verhindert werden. Die resultierenden Paketverluste können jedoch gezielter auf Verbindungen konzentriert werden, die die entsprechende Verlusttoleranz aufweisen.

Die Verfahren zur Überlastkontrolle können in Strategien mit *impliziter* und Strategien mit *expliziter* Meldung der Überlastsituation unterteilt werden. Bei Verfahren mit impliziter Meldung des Überlastzustands handelt es sich um Ansätze, die ausschließlich senderbasiert arbeiten, d.h. die Überlast wird aufgrund eines ablaufenden Quittungs-Timers festgestellt. Bei Verfahren mit expliziter Meldung werden entweder Alarmbits in Paketen gesetzt, die den Engpaß in Richtung Sender durchlaufen [RaJa88], oder spezielle Kontrollpakete generiert (wie die oben skizzierten Choke-Pakete).

Überlastkontrollverfahren können nach den folgenden Gütekriterien bewertet werden: Stabilität, Robustheit, Oszillation, Konvergenzgeschwindigkeit, Effizienz und Fairness.

Verfahren werden als *stabil* bezeichnet, falls sie auf vergleichsweise geringe Lastschwankungen nicht oder nur sehr zurückhaltend reagieren. Die *Robustheit* eines Verfahrens spiegelt sich in der Beeinträchtigung durch unkooperative Benutzer wider. Ein Verfahren ist umso robuster, je geringer die Beeinflussung durch nicht schemakonforme Benutzer ausfällt. Maßnahmen gegen sich absichtlich unfair verhaltende Benutzer können nicht in den Endsystemen getroffen werden, sondern gehören in den Verantwortungsbereich des Netzes. Hohe *Oszillation* des Durchsatzes und eine große Zahl periodischer Paket-Verluste sind Nachteile vieler Lastkontrollverfahren. Die Geschwindigkeit, mit der eine Strategie die aktiven Verbindungen bei gleichbleibenden Randbedingungen zum optimalen Arbeitspunkt (hoher Durchsatz, kurze Verzögerungszeiten) führt, bezeichnet man als *Konvergenzgeschwindigkeit* des Verfahrens. Zur *effizienten* Auslastung eines Hochgeschwindigkeitsnetzes (möglichst 100 % Nutzdatenübertragung, [Paru90]) sind sehr große Empfangspuffer notwendig. Die damit verbundenen großen Flußfenster führen jedoch häufig zur Überlastung von Zwischensystemen, was wiederum unnötige Paketverzögerungen, unnötige Paketneuübertragungen oder Paketverluste zur Folge hat. Die *Fairness* eines Verfahrens ist schwer feststellbar und realisierbar. Fairness muß nicht Gleichverteilung der vorhandenen Ressourcen an alle vorhandenen Verbindungen bedeuten. Diese Strategie würde zuviele Ressourcen vergeuden. Vielmehr müssen die Ressourcen den Anforderungen der Anwendungen entsprechend vergeben werden, wobei die Dominanz einzelner Verbindungen unterbunden werden muß.

Für den erfolgreichen Abbau von Überlast bzw. die Vermeidung von Überlast genügt nicht der Einsatz von Vermittlungs- und Transportprotokollen, vielmehr ist das Zusammenwirken verschiedener Algorithmen in Zwischen- und Endsystemen erforderlich. In verbindungslosen Transportdiensten kann beispielsweise mit Routing-Algorithmen dafür gesorgt werden, daß Datenpakete über andere als die gerade überlasteten Pfade zum Empfänger geleitet werden. In diesem Zusammenhang sei auf die von der ISO eingeführte *Management Information Base (MIB)* hingewiesen. Daten bzgl. Leitungsauslastung, mögliche Wegewahl usw. können in ihr gesammelt werden und den Kommunikationspartnern zur Verfügung gestellt werden. Hieraus ergeben sich jedoch Probleme wegen veralteter Datenbestände und zentraler Datenhaltung, die hier nicht weiter betrachtet werden.

Protokolle der OSI-Verbindungsebene tragen ebenfalls zum Überlastabbau bei, z.B. eignet sich *Backpressure* [Jain90a] zur Beseitigung kurzzeitiger Engpässe. In Ebene fünf und höheren Ebenen sollten verschiedene Aktionen angestoßen werden, wenn eine Transportverbindung der gewünschten Qualität nicht aufgebaut oder aufrechterhalten werden kann (z.B. durch selbständige Minderung der Dienstqualitätsanforderungen oder Information der initiierenden Anwendung). Solche Ansätze zur Modifikation der Leistungs- und Funktionalitätsanforderungen von Anwendungen an ihre unterliegenden Kommunikationsverbindungen werden in Kapitel 7 bei der Beschreibung der flexiblen Kommunikationsarchitektur DYCAT vorgestellt.

In Kapitel 3.2 werden unterschiedliche Ansätze zur Fluß- und Überlastkontrolle vorgestellt und in Kapitel 5.3 werden entsprechende Leistungsbewertungen durchgeführt.

2.3 Transfersysteme

Jedes Transfersystem besitzt Basisfunktionalitäten, die gemäß OSI-Vermittlungs- (Netzwerk-) und OSI-Transportebene erbracht werden. Sind die beiden Protokolle gemeinsam aktiv, d.h., das Transportprotokoll oberhalb des Vermittlungsprotokolls, so stellt die Transportdienst-Schnittstelle den Zugang des Benutzers zum System dar (z.B. OSI TP, TCP, UDP, NETBLT, VMTP, TP++, RTP), während bei einem Verschmelzen der beiden ursprünglichen Schichten in ein Protokoll von der Transferdienst-Schnittstelle die Rede ist (z.B. XTP, PATROCLOS, AMTP). Wie die folgende Abbildung 2.8a zeigt, besteht bei einem Transfersystem, das aus separatem Vermittlungsprotokoll und Transportprotokoll zusammengesetzt ist, i.a. nicht die Möglichkeit, die in der Übertragung befindlichen Daten gemäß der vom Transportdienst-Benutzer spezifizierten Dienstanforderungen in den zu durchquerenden Zwischensystemen zu bearbeiten. Dies resultiert aus der in den meisten Fällen nur unzureichenden Zusammenarbeit zwischen Vermittlungs- und Transportprotokoll. Im Gegensatz dazu sehen reine Transfer-protokolle (s. Abbildung 2.8b), die im folgenden als *monolithisch* bezeichnet werden, eine durch den Benutzer spezifizierte Unterstützung in den Zwischensystemen vor und bieten daher eine gezieltere und effektivere Realisierung der angeforderten Dienste.

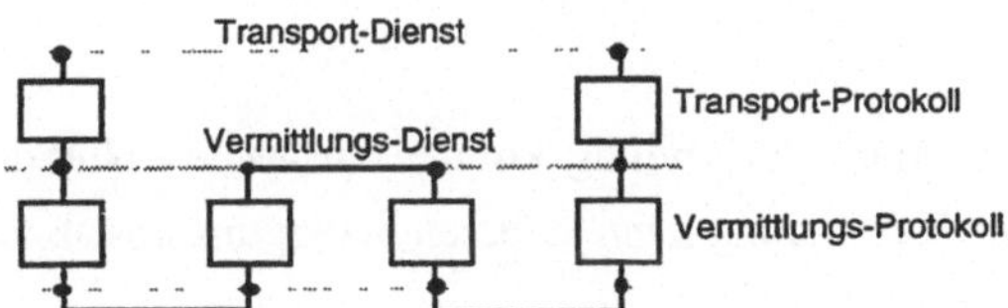

Abb. 2.8a: Zusammengesetztes Transfersystem

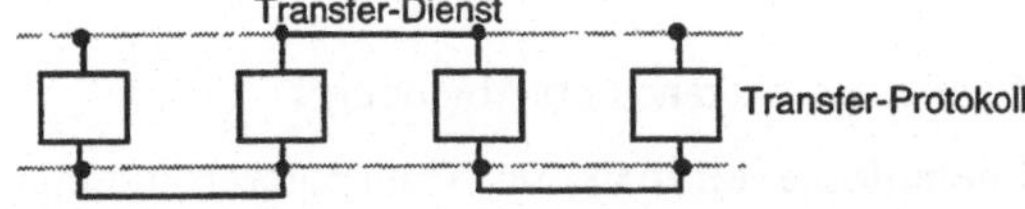

Abb. 2.8b: Monolithisches Transfersystem

Im folgenden werden zunächst die gemäß [ISO 93h] definierten Basisdienste eines Transport-protokolls vorgestellt und anschließend die von ausgewählten Protokollen erbrachten Erweiterungen, die das Design des im Rahmen dieser Arbeit entwickelten Transferprotokolls AMTP beeinflußt haben, beschrieben.

2.3.1 Charakterisierung

Der OSI-Transportdienst wird in drei Phasen eingeteilt:

- Verbindungsaufbau,
- Datenübertragung und
- Verbindungsabbau.

Beim *Aufbau einer Verbindung* vereinbaren die *beiden* Transportinstanzen, wie die angeforderte Transportdienstqualität erbracht werden kann. Folgende Möglichkeiten stehen laut [ISO 93h] zur Verfügung:

- Auswahl des geeigneten Vermittlungsdienstes;
- Auswahl einer geeigneten Transportprotokollklasse;
- Entscheidung darüber, ob ein Multiplexen mehrerer Transportverbindungen über einer Netzwerkverbindung stattfindet oder ob die Aufspaltung einer Transportverbindung über mehrere Netzwerkverbindungen vorgenommen wird;
- Auswahl geeigneter Funktionen, die während der Datenübermittlung ausgeführt werden;
- Vereinbaren einer geeigneten maximalen Länge der Protokolldateneinheiten der Transportschicht;
- Abbildung der Anwenderadressen auf das Adressierungsschema des Vermittlungsdienstes;
- Bereitstellung von Mitteln, mit denen Anwenderverbindungen voneinander unterschieden werden können.

Beim Auf- und Abbau einer Verbindung können zusätzlich Nutzdaten begrenzter Länge übertragen werden. Eine Verbindung kann jederzeit bedingungslos abgebaut werden.

Während der *Datenübertragungsphase* können die folgenden Funktionen ausgeführt werden. Dies geschieht zum Teil in Abhängigkeit von den beim Aufbau der Verbindung getroffenen Vereinbarungen:

- eindeutige Identifizierung der Transportverbindung;
- multiplexen und demultiplexen mehrerer Transportverbindungen über einer Netzverbindung;
- Aufspaltung (engl. *splitting*) und Sammlung (engl. *recombining*) einer Transportverbindung über mehreren Netzwerkverbindungen;
- verketten (engl. *concatenation*) und trennen (engl. *separation*) von Protokolldateneinheiten der Transportschicht;
- aufteilen (engl. *segmentation*) und zusammenfügen (engl. *reassembling*) von Protokolldateneinheiten der Transportschicht, wobei i.a. keine Rücksicht auf Anforderungen der Dienstbenutzer genommen wird;

- Fehlererkennung und -behebung: Dies wird nur dann ausgeführt, wenn es bei Verbindungsaufbau mit dem entfernten Dienstbenutzer vereinbart wurde;

- Übertragung von Vorrangdaten (engl. *expedited data*) begrenzter Länge und deren gesonderte Flußkontrolle.

Sämtliche existierenden und im folgenden vorgestellten Transport- bzw. Transferprotokolle bieten einen Großteil dieser gemäß [ISO 93h] definierten Basisfunktionalität. Dies impliziert nicht, daß zur Erbringung der entsprechenden Dienste die gleichen Protokollmechanismen eingesetzt werden. Vielmehr gibt das von der ISO spezifizierte Rahmenwerk die Möglichkeit, eine Vielzahl unterschiedlicher Strategien zur Realisierung der Dienste einzusetzen. Zusätzlich bieten viele der neuen Protokolle Erweiterungen des hier skizzierten Dienstkonzeptes, die eine adäquatere Unterstützung der Anwendungen zum Ziel haben.

Neben der Funktionalität (*Semantik*) des Protokolls, die entscheidenden Einfluß auf die Einsetzbarkeit und Leistung eines Protokolls in unterschiedlichen Umgebungen hat, beeinflußt die *Syntax*, d.h. das Format der Protokolldateneinheiten, die Leistung des Protokolls.

Im Hinblick auf hohe Leistung weisen neue Transport- bzw. Transferprotokoll-Ansätze wie NETBLT (Network Block Transfer Protocol [DlLZ87]), XTP (Xpress Transfer Protocol [XTP 92a]), VMTP (Versatile Message Transfer Protocol [VMTP88]), TP++ [BCFA92] oder AMTP (vgl. Kapitel 6) eine erheblich modifizierte Syntax auf. Kontrollfelder in Header und Trailer besitzen eine feste Größe und sind auf 4- oder 8-Byte-Grenzen positioniert. Prüfsummen sind so in die Pakete integriert, daß "*on the fly*"-Kalkulation möglich und kein "*Backpatching*" erforderlich ist [HeJM92, PoSc91]. Eine alternative Philosophie sagt, daß Header so kurz wie möglich sein sollen, um Leistungseinbußen durch *Protokoll-Overhead* zu minimieren. Insbesondere bei Audio-Anwendungen, die über längere Zeit regelmäßig kurze Pakete erzeugen, kann die Anzahl der Header-Bytes von bisherigen Protokollen nah an die Anzahl der eigentlichen Datenbytes heranreichen oder diese sogar überschreiten (z.B. XTP mit 40 Bytes). Daher sind alternative flexible Header-Konzepte in der Diskussion (z.B. bei RTP), bei denen je nach Anwendung nur die notwendigen Komponenten in den Header integriert werden.

Neben der Leistung von Protokollen sollten auch die Funktionalitätsvielfalt und der orthogonale Aufbau zum Vergleich herangezogen werden. Der orthogonale Aufbau, d.h. mehrere Mechanismen stehen für einen Dienst zur Auswahl, bietet den Vorteil, ein Protokoll für bestimmte Anwendungskontexte und Netzwerkszenarien dynamisch konfigurieren zu können.

Die folgende Abbildung 2.9 zeigt einen Ausschnitt aus der Evolution der Transport- bzw. Transferprotokolle seit 1977 mit der Einführung von TCP. Ausgewählt wurden vieldiskutierte Protokolle, die aufgrund besonderer Neuerungen und ihres Einflusses auf die Entwicklung von AMTP herausragen. Die Daten entsprechen den ersten Veröffentlichungen zum entsprechenden Protokoll.

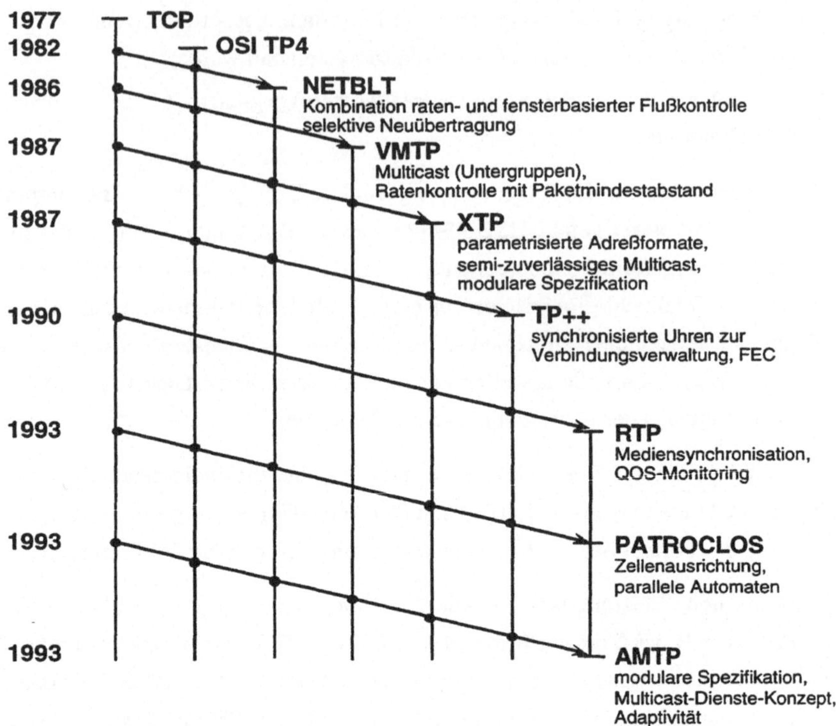

Abb. 2.9: Evolution von Transport- und Transferprotokollen

Das im Rahmen dieser Arbeit konzipierte ATMP wurde insbesondere von den Protokollen TCP, VMTP, XTP und TP++ beeinflußt. Die Markierungen in dem dargestellten Gittermodell zeigen den direkten Einfluß eines Protokolls auf das an der jeweiligen Pfeilspitze angegebene Protokoll. In Abbildung 2.9 sind ausschließlich Transport- und Transferprotokolle dargestellt. Auf die Auflistung der unterliegenden Vermittlungsprotokolle ist hier verzichtet worden, da diese Protokolle nicht in diese Evolution passen. Etwas außerhalb der eigentlichen Funktionalität von Transport- oder Transferprotokollen befindet sich auch RTP [ScCa93]. RTP bietet jedoch interessante funktionale Erweiterungen zu den herkömmlichen Transport- bzw. Transferdiensten, über deren Integration in Zukunft nachgedacht werden muß.

Bei der Beschreibung der nun folgenden Transport- bzw. Transfersysteme ist eine Einteilung in *klassische*, *anwendungsspezifische* und *konfigurierbare* Ansätze vorgenommen worden. Sämtliche der hier vorgestellten konfigurierbaren Ansätze entsprechen dabei einem monolithischen Transfersystem.

2.3.2 Klassische Ansätze

Auf eine kurze Beschreibung der beiden grundlegenden Transportprotokolle, TCP und OSI TP4, soll an dieser Stelle nicht verzichtet werden, da die in diesen Protokollen angebotenen

Basisdienste zum Verbindungsauf- und -abbau sowie zur Datenübertragung auch in neueren Protokollen vorhanden sind und die Entwicklung von AMTP beeinflußt haben.

2.3.2.1 TCP

Das *Transmission Control Protocol* TCP [Post81a] ist eine Weiterentwicklung des Network Control Protocol (NCP), das als Transportprotokoll des ARPANET eingesetzt wurde. Beim Einsatz von NCP wurde von einem vollkommen zuverlässigen Subnetz ausgegangen. Mit der Weiterentwicklung zum ARPA Internet und der Kopplung einer ständig zunehmenden Zahl von Netzwerken verringerte sich jedoch die Zuverlässigkeit. Daher wurde mit TCP ein Protokoll entwickelt, das einen zuverlässigen byte-orientierten Datentransport auf Ende-zu-Ende-Basis garantiert.

Die Hauptcharakteristika von TCP sind

- Bereitstellung einer Vollduplex-Verbindung,
- Fehlererkennung durch Prüfsummenbildung,
- Timer-gesteuerte Segmentwiederholung,
- "Sliding Window-" Prinzip zur Flußkontrolle sowie
- Adressierung der Transportdienst-Benutzer mittels 16-Bit Portnummern.

Trotz seiner nur eingeschränkten Funktionalität hat sich TCP als erstaunlich anpassungsfähig erwiesen. Eine Vielzahl von Erweiterungen sind in die Protokollspezifikation und auch in viele Implementierungen eingeflossen (*Slow Start, Congestion Avoidance, Header Prediction*). Daher ist TCP auch heute noch das weitverbreitetste Transportprotokoll. Ein Grund für diesen Erfolg bildet sicherlich die Spezifikation, die dem Implementierer zahlreiche Freiheiten läßt und somit die Anpassung an unterschiedliche Einsatzumgebungen erlaubt.

Der Einsatz von TCP in Netzen mit großem Produkt aus Übertragungskapazität und Signalumlaufzeit zeigt jedoch die Grenzen des Protokolls auf. Probleme bereiten die nur geringe maximale Fenstergröße von 64 KByte, die uneindeutige Schätzung der Umlaufzeit und der beschränkte Sequenznummernbereich. Zudem fehlen Mechanismen wie selektive Quittierung und Neuübertragung, ratenbasierte Flußkontrollverfahren oder Algorithmen zur Unterstützung eines Multicast-Dienstes. Die meisten Implementierungen lassen eine Adaption von Protokollparametern nur eingeschränkt beim Verbindungsaufbau zu. Zumeist verhält sich das Protokoll statisch, d.h., es übernimmt die betriebssystem-abhängige Einstellung der Protokollparameter.

2.3.2.2 OSI Transportprotokoll Klasse 4

Das OSI-Transportprotokoll Klasse 4 wurde im Rahmen der Standardisierungsbestrebungen der ISO als eine von fünf unterschiedlichen Protokolltypen definiert. Je nach Dienstqualität des unterliegenden Vermittlungsdienstes (verbindungslos oder verbindungsorientiert) und Dienstanforderungen der Transportdienst-Benutzer wird eine der fünf Klassen ausgewählt.

Die Transportklassen 0 bis 4 verwenden den verbindungsorientierten Vermittlungsdienst. Transportklasse 4 kann wahlfrei auch über dem verbindungslosen Vermittlungsdienst angewendet werden.

Die *Transportprotokollklasse 0 (Einfachklasse)* stellt den einfachsten Typ einer Transportverbindung zur Verfügung. Sie ist zur Anwendung über einer Vermittlungsdienst-Verbindung mit akzeptabler Restfehlerrate nicht angezeigter Fehler und mit akzeptabler Fehlerrate angezeigter Fehler bestimmt.

Durch die *Transportprotokollklasse 1 (Einfache Fehlerbehebungsklasse)* werden Fehler behoben, die durch Rücksetzen oder Abbau der Vermittlungsdienst-Verbindung hervorgerufen werden. Diese Transportprotokollklasse setzt auf Vermittlungsdienst-Verbindungen mit akzeptabler Restfehlerrate nicht angezeigter Fehler, aber nicht akzeptabler Fehlerrate angezeigter Fehler auf.

Die *Transportprotokollklasse 2 (Multiplexklasse)* entspricht im wesentlichen der Einfachklasse. Zusätzlich unterstützt sie das Multiplexen mehrerer Transportverbindungen über eine Vermittlungsdienst-Verbindung.

Die *Transportprotokollklasse 3 (Fehlerbehebungs- und Multiplexklasse)* umfaßt Funktionen der Transportprotokollklassen 2 und 1. Sie geht wie Transportprotokollklasse 1 von einer akzeptablen Restfehlerrate nicht angezeigter Fehler, aber einer nicht akzeptablen Fehlerrate angezeigter Fehler aus.

Neben den Funktionen der Transportprotokollklasse 3 werden durch die *Transportprotokollklasse 4 (Fehlererkennungs- und -behebungsklasse)* Fehler erkannt und behoben, die vom Vermittlungsdienst nicht angezeigt werden, wie z.B. Verlust, Verdoppelung, Verfälschung oder Reihenfolgefehler. Durch Aufspaltung einer Transportverbindung auf mehrere Vermittlungsdienst-Verbindungen können der Durchsatz gegenüber Verwendung einer einzelnen Vermittlungsdienst-Verbindung und die Robustheit gegen Netzfehler verbessert werden. Transportprotokollklasse 4 ist somit zur Anwendung über einem Vermittlungsdienst vorgesehen, der nicht akzeptable Restfehlerraten aufweist.

Zusätzlich zur Definition dieser Basisklassen hat die ISO Richtlinien zur Konformität eines zur Realisierung dieser Transportprotokollklassen entwickelten Systems herausgegeben. Es ist Transportprotokollklasse 0 oder Transportprotokollklasse 2, oder es sind beide zu implementieren. Ein System, das Transportprotokollklasse 3 und/oder 4 implementiert hat, muß auch Transportprotokollklasse 2 implementiert haben. Ein System, das Transportprotokollklasse 1 implementiert hat, muß auch Transportprotokollklasse 0 implementiert haben.

Nach [ISO 93h] können vom Transportdienst-Benutzer verschiedene Dienstqualitätsanforderungen gestellt werden. Diese sind in "Geschwindigkeitskriterien" und "Zuverlässigkeitskriterien" eingeteilt. Tabelle 2.2 gibt einen Überblick über die von einer Transportdienst-Verbindung anzufordernden Dienstqualitäts-Größen. Es können ausschließlich Leistungskenngrößen angefordert werden, während neue Dienste wie Mehrpunktkommunikation oder Synchronisation der Anwendungsdatenströme noch nicht vorgesehen sind. Leider geht die Spezifikation des OSI-Transportdienstes nicht über die Möglichkeit der Definition der Größen hinweg. Es werden keinerlei Methoden zur Kontrolle und Einhaltung vorgestellt.

Kommunikationsphase	Geschwindigkeitskriterien	Zuverlässigkeitskriterien
Verbindungsaufbau	Verbindungsaufbau-Verzögerung	Verbindungsaufbau-Fehlerwahrscheinlichkeit
Datenübertragung	Durchsatz Antwortzeit	Restfehlerrate Verbindungsabbruchs-Wahrscheinlichkeiten
Verbindungsabbau	Verbindungsabbau-Verzögerung	Verbindungsabbau-Fehlerwahrscheinlichkeit

Tabelle 2.2: Leistungsbezogene QOS-Anforderungen

2.3.3 Anwendungsspezifische Ansätze

Die Charakterisierung der folgendenden Protokolle als anwendungsspezifisch resultiert aus den Zielsetzungen, die bei der Entwicklung der Protokolle eine Rolle gespielt haben. Sei es das Ziel, eine effiziente Übertragung über Netze mit langer Signallaufzeit zu gewährleisten, ein Protokoll für eine verteilte Betriebssystem-Umgebung zu schaffen oder Multimedia-Datenströme gezielter zu unterstützen.

2.3.3.1 NETBLT

Das *Network Block Transfer Protocol* [DlLZ87] wurde für die Übertragung von großen Datenmengen über Verbindungen mit langer Verzögerungszeit (z.B. Satellitenverbindungen) entwickelt und baut auf IP auf. Daten werden nur in eine Richtung übertragen. Zusätzlich zur Fenstertechnik besitzt der Sender erstmals die Möglichkeit, die Übertragungsgeschwindigkeit mittels einer ratenbasierten Flußkontrolle zu überwachen. NETBLT verlangt vom Anwendungsprozeß eine Segmentierung der zu übertragenden Daten in große Puffer. Jeder Puffer wird als eine Art Fenster betrachtet, das von NETBLT in Pakete aufgeteilt, übertragen und beim Empfänger wieder zusammengesetzt wird. Der Sender informiert den Empfänger im voraus, wann er welchen Puffer senden wird. Nach Ablauf einer entsprechenden Zeitschranke, die der Sender basierend auf den beim Verbindungsaufbau ausgehandelten Werten (Burst Size, Burst Rate) berechnen kann, fordert der Empfänger mittels negativer Quittungen die Neuübertragung der Daten. Aufgrund der Reservierung von Puffern in den Endsystemen ist der Datenverlust bei den Empfängern ausgeschlossen.

NETBLT´s Pufferreserverierungs-Strategie hat das Design von AMTP beeinflußt. In AMTP ist dieses Verfahren aufgrund des Transfersystem-Charakters von AMTP auf Zwischensysteme erweitert worden. Zusätzlich basiert der von AMTP angebotene zuverlässige Multicast-Dienst auf der hier vorgeschlagenen Kopplung von Fenster- und Ratenkontrolle, die in ähnlicher Form bereits in XTP integriert worden ist.

2.3.3.2   VMTP

Das _Versatile Message Transaction Protocol_ [VMTP88] wurde an der Stanford University als Transportprotokoll für das verteilte Betriebssystem V entworfen. Es bietet die speziell für diesen Bereich nötige Unterstützung transaktionsorientierter Anwendungen, wie z.B. Remote Procedure Calls, die i.a. kleine Datenmengen austauschen. Die bis zu diesem Zeitpunkt existierenden Transportprotokolle waren aufgrund ihrer hohen Kosten für den Verbindungsauf- und -abbau und aufgrund ihrer Zielsetzung, einen möglichst zuverlässigen Dienst anzubieten, für solche Umgebungen nicht geeignet. VMTP hält den Aufwand für Kontrollnachrichten wie z.B. Quittungen und Verbindungsverwaltung gering. Zum einen werden die Antworten des einen Kommunikationspartners als implizite Quittungen für den Empfang der Nachrichten des anderen Kommunikationspartners verwendet. Zum anderen setzt VMTP einen impliziten Verbindungsauf- und -abbau ein, der eigene Kontrollnachrichten überflüssig macht.

VMTP's transaktionsbasierte Semantik hat entscheidenden Einfluß auf den in AMTP spezifizierten transaktionsorientierten sowie den "Best effort-" Multicast-Dienst.

Obwohl verschiedene Implementierungen von NETBLT und VMTP existieren und beide Protokolle in die Internet-Protokollsäule integriert wurden, gelang es ihnen nicht, TCP zu verdrängen oder zu ersetzen.

2.3.3.3   TP++

TP++ [BCFA92] ist ein Transportprotokoll für Multimedia-Anwendungen, das bei Bellcore entworfen wurde. Das primäre Ziel bei der Entwicklung von TP++ war und ist die effiziente Implementierung in Hardware. Beim Protokollentwurf wurde insbesondere darauf geachtet, Abhängigkeiten zwischen den einzelnen Protokollfunktionen zu vermeiden, Einschränkungen der Bearbeitungsreihenfolgen zu vermeiden, die technologischen Möglichkeiten von Hardware-Implementierungen auszuschöpfen und eine optimale Leistung in heterogenen Netzen mit großem Verzögerungs-Bandbreiten-Produkt sicherzustellen.

Wichtige Charakteristika, die auch das Design von AMTP beeinflußt haben, waren der Wegfall des Multiplexens mehrerer Transportverbindungen auf eine Netzwerkverbindung und der Einsatz von Forward Error Correction (FEC) zur effizienteren Fehlerbehebung auf Übertragungsmedien mit hoher Bandbreite und langen Signallaufzeiten. Durch den Wegfall des Multiplexing/ Demultiplexing wird eine Bijektion zwischen eintreffenden und ausgehenden Datenströmen erreicht. Jeder Datenstrom erhält seine eigene Identifikation. Dadurch entfallen Kosten des Demultiplexing völlig und man kann auf eine interne Adressierung der Datenströme verzichten. Des weiteren kann die Übertragung der einzelnen Datenströme durch eine dedizierte

Dienstqualität unterstützt werden. Dieser Mechanismus ist insbesondere dann von Vorteil, wenn die Daten mehrere Zwischensysteme passieren müssen. Gemultiplexte Datenströme machen eine adäquate Unterstützung nahezu unmöglich, da die einzelnen Datenströme von den Zwischensystemen nicht identifiziert werden können. Der Verzicht auf Multiplexing gestattet hingegen den Einsatz von Scheduling-Mechanismen und Reservierungsstrategien für die einzelnen Datenströme. Der Einsatz von FEC-Strategien beeinflußte vor allem das Design des in AMTP eingesetzten "Fast Multicast Service", der keine zeitaufwendigen Datenwiederholungen duldet.

2.3.4 Konfigurierbare Ansätze

Entgegen der üblichen OSI-Schichtenstruktur verschmelzen die folgenden Protokolle Funktionalitäten mehrerer OSI-Protokollebenen in ein Protokoll, mit dem Ziel, eine höhere Leistung zu erzielen und bestimmte Protokollfunktionalitäten erst realisierbar zu machen. Des weiteren bieten diese Protokolle dem Dienstbenutzer in mehr oder weniger eingeschränkter Form die Möglichkeit, das Protokoll nach seinen Bedürfnissen zu konfigurieren oder zu parametrisieren. Da einem Anwender nicht abverlangt werden kann, genau zu wissen, welches die für ihn günstigste Konfiguration ist, muß der Entscheidungsprozeß durch eine separate Einheit durchgeführt werden. Dazu stellt Kapitel 7 die DYCAT-Architektur vor, welche die Zuordnung *Anwendung<->Transportsystem* durchführt.

2.3.4.1 XTP

Das *Xpress Transfer Protocol* [XTP 92a] ist eines der ersten Protokolle, das Funktionen der OSI-Schichten 3 und 4 umfaßt, somit als Transferprotokoll bezeichnet werden kann. Der Hauptvorteil dieses Ansatzes ist die Möglichkeit der Bearbeitung der Datenströme in den Zwischensystemen gemäß der vom Dienstbenutzer spezifizierten Anforderungen. Dadurch ist XTP im Gegensatz zu herkömmlichen Transportprotokollen in der Lage, Reservierungs- und Schedulingstrategien in den Zwischenknoten auszuführen, Fluß- und Ratenkontrollverfahren in den Zwischensystemen zu unterstützen und der Überlastproblematik nicht nur auf Ende-zu-Ende-Basis entgegenzutreten.

Seit Beginn der Entwicklung im Jahre 1987 sind die in XTP eingesetzten Protokollmechanismen im wesentlichen unverändert geblieben. Gewandelt hat sich jedoch die Syntax des Protokolls. Zunächst als Trailer-Protokoll konzipiert, ist jetzt die gesamte Kontrollinformation bis auf die Daten-Prüfsumme im Header positioniert. Diese Design-Entscheidung hängt damit zusammen, daß u.a. Zieladressen, Pakettyp-Informationen, Sequenznummern und andere Kontrollinformationen vor der eigentlichen Ankunft der Daten bekannt sein sollten. Im Gegensatz zu TCP und TP4 ist jedoch auf die Positionierung der Daten-Prüfsumme im Header verzichtet worden, da dies ein abermaliges Zugreifen auf den Header nach Bearbeitung der Daten erforderlich machen würde. Insbesondere in Hinblick auf eine Hardware-Implementierung ist diese Syntaxentscheidung getroffen worden. Des weiteren besitzen sämtliche

Kontrollfelder im Header eine feste Größe, was den Generierungs- und Parsingaufwand reduziert und die parallele Verarbeitung der Kontrollfelder erleichtert.

Das Ziel, das die Entwicklung von XTP beflügelt hat, war der Entwurf einer Hardware-Implementierung. Die Arbeiten daran werden seit 1988 in einem Konsortium durchgeführt, das von der Industrie und von Forschungseinrichtungen finanziell unterstützt wird (Technical Advisory Board). Zusätzlich beteiligt sich das *Research Affiliate Program* des XTP-Forums [HeSp92] an der Weiterentwicklung von XTP. In diesem Programm sind eine Vielzahl von Universitäten an der Erforschung neuer Transferprotokollmechanismen tätig. Derzeit existieren einige Implementierungen und formale Spezifikationen [SiWC90, BrZi91, DiRo91, MiSO91, HeRu92, MiRe92, XTP 92b] von XTP. Seit Ende 1991 liegt eine weitgehend stabile Protokollspezifikation vor. Das eigentliche Ziel, die Entwicklung einer Hardware-Implementierung, wurde allerdings 1992 wegen Geldmangels aufgegeben. Seitdem hat die Popularität von XTP jedoch nicht nachgelassen. XTP ist bereits in verschiedenen nationalen und internationalen Normungsgremien eingebracht worden. Trotz dieser Maßnahmen ist es bisher nicht gelungen, TCP zu verdrängen. Ein Grund dafür sind sicherlich die bisher verfügbaren sequentiellen Implementierungen des Protokolls, die nur geringfügig die Leistung des TCP-Protokolls übersteigen, wie auch im Kapitel 4 dieser Arbeit gezeigt wird. Die Leistungsfähigkeit von XTP kommt erst dann zum Tragen, wenn das Protokoll in Netzen mit großer Speicherkapazität eingesetzt wird. Verstärkt werden die Vorteile von XTP, wenn die im Protokolldesign [XTP 92a] enthaltene Nebenläufigkeit ausgenutzt wird (s. Kapitel 4, [HeRu92], [Brau94]).

Neben der Leistung eines Protokolls sollte allerdings auch dessen Funktionalität betrachtet werden. Besondere Charakteristika des Protokoll-Designs, die auch die Entwicklung von AMTP beeinflußt haben, sind zum einen die Konfigurierbarkeit des Protokolls, die es dem Dienstbenutzer ermöglicht, aus verschiedenen Mechanismen zur Erbringung eines Dienstes auszuwählen, und zum anderen der für lokale Netze konzipierte Multicast-Algorithmus. U.a. gestattet XTP die Auswahl zwischen implizitem Verbindungsaufbau und Handshake-Verfahren, die Auswahl und Kombination verschiedener Flußkontrollmechanismen (fenster- und ratenbasiert) und Fehlerbehebungsstrategien (Go-Back-N, Selektive Neuübertragung), in eingeschränktem Maß die Adaption der Protokollparameter während einer aktiven Kommunikationsverbindung oder auch das Abschalten bestimmter Protokollfunktionen. Ein weiterer XTP-Bestandteil, der in AMTP eingeflossen ist, ist die Verwendung von Verbindungsschlüsseln zur Beschleunigung des Zugriffs auf die Zustandsinformationen einer Verbindung (s. Kapitel 6).

2.3.4.2 PATROCLOS

PATROCLOS (*Parallel Transport Subsystem for Cell Based High Speed Networks* [Brau93]) ist ein an der Universität Karlsruhe entwickeltes Transportsubsystem, das im Hinblick auf den Einsatz in zellenbasierten Hochgeschwindigkeitsnetzen und die effiziente Implementierung auf parallelen Architekturen entwickelt wurde. PATROCLOS umfaßt zusätzlich zu Funktionalitäten der OSI-Schichten 3 und 4 die OSI-Schicht 2b. Das primäre Einsatzfeld zielt auf ATM-basierte

Netze ab. Daher kann PATROCLOS auch als erweiterter ATM-AAL bezeichnet werden. Da der Nutzen eines separaten Transportprotokolls oberhalb der ATM-AALs noch nicht geklärt ist, bietet dieses Protokoll die Vereinigung der AALs mit dem Transfersystem und somit eine weitere Reduzierung replizierter Funktionalitäten: Verbindungsverwaltung, Fehlererkennung und -behebung, Multiplexen, Ende-zu-Ende-Synchronisation.

Der Systementwurf von PATROCLOS basiert auf ähnlichen Konzepten, wie sie auch beim Design von AMTP angewandt wurden. Es ist eine strikte Trennung zwischen Steuer- und Datentransferfunktionen durchgeführt worden, das Protokoll ist modular spezifiziert, ähnlich der XTP zugrundeliegenden Automatenspezifikation, und verzichtet auf die Nutzung von allgemein verfügbaren Ressourcen (Datenbereiche, Wegewahltabellen).

2.3.4.3   AMTP

Das *Adaptive Multicast Transfer Protocol* (AMTP, [Hein93c]) ist als zentraler Bestandteil der DYCAT-Architektur entwickelt worden. Das modulare Design in weitgehend voneinander unabhängige Funktionalitätsbausteine basiert auf der Spezifikation des Protokolls mittels höherer Petri-Netze (Produktnetze, [HeRu92a]). Die Anwendung der Produktnetze ermöglicht die Ableitung protokollinhärenter Nebenläufigkeit und damit ein modulares Design, das eine effiziente Konfigurierbarkeit des Protokolls gestattet. Das Protokoll ist nicht für bestimmte Einsatzumgebungen spezialisiert, sondern kann aufgrund seiner Konfigurierbarkeit sowohl oberhalb unterschiedlicher ATM-AALs als auch oberhalb von Netzwerkarchitekturen, die aus dem LAN-Bereich stammen, sowie oberhalb von Internetprotokollen wie IP oder ST-II, eingesetzt werden. In Abhängigkeit von der durch die unterliegenden Netzarchitekturen gebotenen Dienste, wird die nötige Funktionalität von AMTP entsprechend selektiert.

Wesentliche funktionale Bestandteile des Protokolls sind die Bereitstellung eines für den WAN-Bereich konzipierten zuverlässigen Multicast-Dienstes, der die aktive Unterstützung durch Zwischensysteme integriert, ein adaptiver fensterbasierter Flußkontrollmechanismus, der die Lastschwankungen herkömmlicher Verfahren erheblich reduziert sowie der Einsatz verschiedener Datenwiederholungsstrategien (redundante Wiederholungen, router-basierte Neuübertragung usw.).

Zu AMTP existiert eine neuartige Dienstsemantik, die eine Aufteilung in Primär- und Sekundärdienste vorsieht. Die Multicast-Dienste orientieren sich an der in [ISO 93f] angegebenen Spezifikation für Punkt-zu-Punkt-Kommunikation. Eine detaillierte Beschreibung der AMTP-Dienstspezifikation bietet Kapitel 6.

2.4 Fazit

In diesem Kapitel sind sowohl Anforderungen verteilter Anwendungen als auch Auswirkungen von Hochgeschwindigkeitsnetzen auf Kommunikationssysteme, insbesondere Transfersysteme beschrieben worden. Die von den Transfersystemen zu erbringenden Basisdienste sind skizziert worden. Dabei wurde deutlich, daß es eine Vielzahl unterschiedlicher Strategien gibt, einen Dienst zu realisieren. Tabelle 2.3 faßt die wichtigsten Protokollfunktionalitäten zusammen und listet Realisierungen (falls vorhanden) durch die einzelnen Protokolle auf. Bei konfigurierbaren Protokollen ist der *default*-Protokollmechanismus in der Tabelle angegeben.

Protokoll-Funktionalitäten	TCP	OSI TP4	VMTP	NETBLT	TP++	XTP	PATROCOLOS	AMTP
Verbindungs-aufbau	3-Wege-Handshake	3-Wege-Handshake	implizit (timer-gesteuert)	2-Wege-Handshake	implizit (timer-gesteuert)	implizit und Handshaking	implizit und Handshaking	implizit und Handshaking
Verbindungs-abbau	3-Wege-Handshake	2-Wege-Handshake	implizit (timer-gesteuert)	2-Wege-Handshake	implizit (timer-gesteuert)	3-Wege-Handshake	implizit und Handshaking	implizit und Handshaking
Multiplexing	•	•	•	•		•	•	
Quittierung	sender-gesteuert	sender- und empfänger-gesteuert	sender-gesteuert	empfänger gesteuert	empfänger-gesteuert	sender-gesteuert	empfänger-gesteuert	sender- und empfängergesteuert
Flußkontrolle	fenster-basiert	fenster-basiert	ratenbasiert (zeitl. Abstand)	fenster- und ratenbasiert	ratenbasiert	fenster- und ratenbasiert	fenster- und ratenbasiert	fenster- und ratenbasiert
Fehlermeldung			Selektives Reject	Selektives Reject	Selektives Reject	Selektives Reject	Selektives Reject	Selektives Reject
Fehlerbehebung	PAR	PAR	ARQ Sel. Rep	ARQ Sel. Rep.	ARQ Sel. Rep. und FEC	ARQ Sel. Rep Go-Back-N	ARQ Sel. Rep. Go-Back-N	ARQ Sel. Rep und SXOR
Multicasting			semi-zuverlässig			semi-zuverlässig (LANs)		zuverlässig (LANs und WANs)
QOS-Monitoring					Betriebsmittel von Endsystemen			Durchsatz, Verzögerung, Fehlerraten
Ressourcen-Reservierung				Empfangs-puffer				Call Blocking
Konfigurierbarkeit	statisch, flexibel	statisch, flexibel	statisch, flexibel	statisch, flexibel	statisch, flexibel, adaptiv	statisch, flexibel, adaptiv	statisch, flexibel, adaptiv	statisch, flexibel, adaptiv

Tabelle 2.3: Protokollfunktionalität vs. Protokollmechanismen

Ein Defizit vieler Protokolle ist das ausschließlich für bestimmte Anwendungen und Netze optimierte Design. AMTP, PATROCLOS und mit Einschränkungen XTP bieten die größte Vielfalt an Protokollmechanismen, sind somit auch am vielseitigsten einsetzbar. Damit Konfigurierung nicht leistungshemmend wird, müssen die entsprechenden Protokolle effizient implementiert werden. AMTP und PATROCLOS sind daher bereits in Hinblick auf eine spätere parallele Implementierung formal spezifiziert worden. Das AMTP zugrundeliegende Dienstkonzept führt zu einer weiteren Leistungssteigerung gegenüber rein konfigurierbaren Ansätzen (vgl. Kapitel 6).

Neben Basisdiensten werden von einigen Transportprotokollen spezielle Dienste angeboten. Im Gegensatz zu alternativen Protokollen bietet AMTP die Möglichkeit, neben einem verbindungsorientierten auch einen verbindungslosen sowie einen transaktionsorientierten Dienst für Punkt-zu-Punkt- und Mehrpunkt-Verbindungen auszuwählen. Des weiteren können AMTP-Nutzer den Zuverlässigkeitsgrad der Multicast-Verbindung bestimmen und zwischen verschiedenen Fehlerkontrollmechanismen auswählen. Der AMTP-Multicast-Algorithmus funktioniert im Gegensatz zum XTP-Multicast-Algorithmus nicht nur in lokalen Umgebungen, sondern auch auf Weitverkehrsnetzen.

Für eine detaillierte Beschreibung von einigen der hier skizzierten Protokolle und Protokollmechanismen sei auf [Doer90] verwiesen. Dort werden insbesondere Protokollmechanismen
zur Verbindungsverwaltung, Flußkontrolle und Fehlerkontrolle im Punkt-zu-Punkt-Kommuni-
kationsszenario betrachtet.

3 Funktionalitätsanalyse

Nachdem in Kapitel 2 etablierte Protokolle und neue Protokollansätze bzgl. ihres Dienstangebots beschrieben worden sind, analysiert dieses Kapitel einige der aufgrund der Anforderungen
durch neue Anwendungen und infolge der zunehmenden Heterogenität der unterliegenden
Netze entstehenden Problembereiche detaillierter. Die Untersuchungen konzentrieren sich
neben der Mehrpunkt-Kommunikation vor allem auf die Fluß- und Überlastkontrolle. Für beide
Problembereiche wird zudem die Interaktion mit Bedienstrategien und Reservierungstechniken
in Zwischensystemen skizziert.

3.1 Mehrpunkt-Kommunikation

Im Kapitel 2.1.2.2 ist gezeigt worden, daß eine Vielzahl von Anwendungen die Bereitstellung
eines Transfersystems verlangt, das unterschiedliche Mehrpunktsemantiken anbietet. Im
folgenden wird gezeigt, daß die für die Punkt-zu-Punkt-Kommunikation existierenden Dienste
und Protokolle nicht ohne größere Modifikationen für Mehrpunktszenarien geeignet sind. Die
auftretenden Probleme werden erläutert, und die wenigen existierenden, durch Transfersysteme
erbrachten Ansätze vorgestellt. Besonders detailliert wird auf die in XTP eingesetzten Algorithmen für eine Ende-zu-Ende-Kontrolle von Multicast-Verbindungen und die Verfahren zur
Reduzierung der Quittungspaket-Implosion in diesem Protokoll eingegangen (s. Kapitel
3.1.8.5). Obwohl die in XTP angewandten Mechanismen ausschließlich in lokalen Netzumgebungen sinnvoll einsetzbar sind, hatten sie entscheidenden Einfluß auf die in AMTP integrierte
Funktionalität zur Unterstützung von Multicast-Verbindungen in Weitverkehrsnetzen.

3.1.1 Zuverlässigkeit und Quittungspaket-Implosion

Während von einer zuverlässigen Punkt-zu-Punkt-Kommunikationsverbindung verlangt wird,
daß die zu übertragenden Daten in der richtigen Reihenfolge, fehlerfrei und eindeutig beim
Empfänger ankommen, sind bei der Definition der Zuverlässigkeit einer Mehrpunkt-Verbin-

dung weit mehr Einflußgrößen zu berücksichtigen. Die Kommunikationspartner sollten in der Lage sein, den gewünschten Zuverlässigkeitsgrad der Gruppen-Verbindung auszuhandeln, und diesen mit der zusätzlichen Hilfe eines Gruppenmanagement-Protokolls zu garantieren.

Zur Definition einer Gruppe sei hier auf [ISO 92f] verwiesen. Unter einer Gruppe wird eine Anzahl von Protokoll-Instanzen verstanden, deren Zugehörigkeit zu einer Gruppe durch sogenannte Mitgliedschaftsregeln des System-Managements bestimmt wird. Diejenigen Instanzen, auf die eine spezifische Mitgliedschaftsregel zutrifft, gehören zu einer Gruppe.

Es wird zwischen *unzuverlässiger* Mehrpunktkommunikation (Zuverlässigkeit mit Grad 0, da keine Quittungen erwartet werden), Mehrpunktkommunikation mit *Zuverlässigkeitsgrad 1*, mit *Zuverlässigkeitsgrad k* bzw. mit *vollständiger Zuverlässigkeit* unterschieden. Der Zuverlässigkeitsgrad gibt an, wieviele Empfängerquittungen aufgrund einer Aufforderung durch den Sender oder als Reaktion auf Bitfehler oder Paketverluste (je nach Steuerung des Quittierungsverfahrens) bis zu einem bestimmten Zeitpunkt beim Sender angekommen sind. Um den Zuverlässigkeitsgrad zu bestimmen, genügt jedoch nicht das ausschließliche Zählen der Quittungspakete. Vielmehr müssen die Empfänger identifiziert werden, so daß Duplikate erkannt und nicht reagierende Empfänger festgestellt werden können. Eine Verbindung, deren Zuverlässigkeitsgrad oberhalb 0 und unterhalb der Anzahl der Empfänger (Gruppengröße - 1) liegt, wird als *semi-zuverlässig* bezeichnet. Diese Einteilung in Zuverlässigkeitsklassen wurde in [Hugh89] vorgeschlagen und in die Dienstbeschreibungen (falls vorhanden) verschiedener Protokolle oder Protokollansätze wie XTP [XTP 92], RAMP [BrZa93] sowie in das in Kapitel 6 vorgestellte AMTP integriert.

Die Bereitstellung eines vollständig zuverlässigen Dienstes stellt trotz der möglichen Unterstützung durch ein Gruppenmanagement-Protokoll hohe Anforderungen an den Sender der Multicast-Nachricht. Der Sender muß registrieren, welches Quittungspaket von welchem Empfänger gesendet worden ist. Das impliziert, daß ein vollständig zuverlässiger Multicast-Dienst eindeutige Bestätigungen der Empfänger erfordert, die es dem Sender ermöglichen, die Empfänger zu identifizieren. Bei unzuverlässiger Kommunikation existiert das Problem nicht, da überhaupt keine Antwortpakete generiert werden. *NetNews* ist ein Beispiel für eine Anwendung, die Nachrichten übermittelt, auf die keine Antworten erwartet werden.

Ein zuverlässiger Multicast-Dienst mit großen Gruppen führt bei Einsatz existierender multicast-fähiger Protokolle zu einer Implosion von Quittungspaketen, die das unterliegende Netz und die Zwischenknoten sowie den Initiator der Verbindung stark belasten kann. Abhängig vom eingesetzten Protokoll quittieren die Empfänger den Erhalt jedes einzelnen Pakets bzw. den Erhalt eines Paketstroms, oder sie senden die Informationen ausschließlich nach expliziter Aufforderung durch den Sender. Eine vom Sender generierte Gruppen-TPDU triggert somit das fast gleichzeitige Senden einer großen Anzahl von Quittungen. Dabei kommt es aufgrund der großen Anzahl fast gleichzeitig beim Sender (lokale Szenarien) oder in Zwischenknoten (Weitverkehrsszenarien) eintreffender Quittungs- oder auch Datenpakete zu

Bearbeitungsengpässen und Pufferüberläufen [CrPa88, Danz89, Dijk92, Komn94], welche die Qualität der Kommunikation erheblich beeinträchtigen. Bis auf XTP [XTP 92a] und AMTP (s. Kap. 6) setzen Multicast-Protokolle keine Verfahren zur Verminderung dieser Paketimplosion ein. Das in XTP eingesetzte Verfahren besitzt den Nachteil, daß die Identität der Empfänger nicht rekonstruierbar ist. Bei AMTP sind die Empfänger jederzeit identifizierbar (basierend auf der erweiterten Kontrollpaket-Struktur und der Unterstützung durch das Gruppenmanagement).

Eine wichtige Zielsetzung effizienter Multicast-Verfahren ist somit die Reduzierung der Anzahl der Quittungspakete bei gleichzeitiger Bereitstellung eines vollständig zuverlässigen Dienstes (s. Abbildung 3.1). In der Abbildung symbolisiert der Pfeil die Richtung, in der die Quittierungsverfahren verbessert werden sollen. Obwohl der Sender nicht von jedem Empfänger das Quittungspaket erhalten muß, soll der Sender über den Zustand der gesamten Gruppe zu jeder Zeit informiert sein. Zur Lösung dieser Problematik werden in dieser Arbeit Ansätze, die auf der Erweiterung des in XTP vorgeschlagenen semizuverlässigen Multicast-Konzepts basieren, vorgestellt und in AMTP integriert (s. Kapitel 5.4 und 6). Es werden sowohl Simulations- als auch Meßergebnisse zum Einsatz dieser Filteralgorithmen in lokalen [Caro93, Wela93] wie im Weiterverkehrsbereich [Fich93] beschrieben.

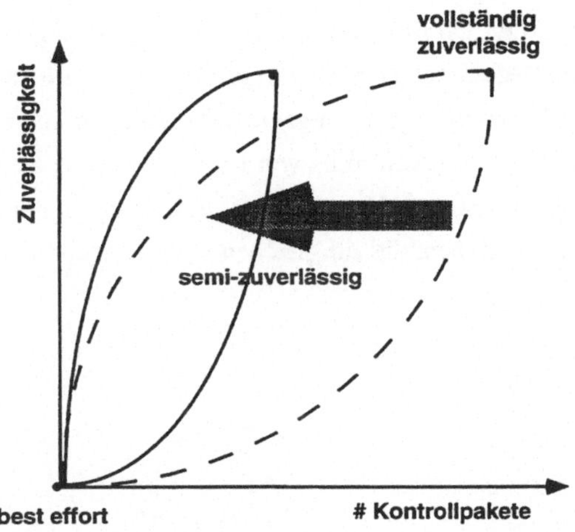

Abb. 3.1: Zuverlässigkeit vs. Quittierungsaufwand

Neben der Reduzierung der Anzahl der Quittungspakete durch geschicktes Filtern ist das zeitliche Entzerren des Quittungsstroms eine Möglichkeit zur Entlastung der betroffenen Stationen. Ein Grundprinzip bei XTP und AMTP ist daher u.a. die verzögerte Quittierung der empfangenen Daten. Das Problem stellt dabei die geeignete Wahl der Verzögerungsintervalle dar. Verfahren zur Entzerrung des Quittungsstromes machen nur Sinn in lokalen Umgebungen, da sich auf Weitverkehrsebene ohne explizite Reservierung von Ressourcen die künstlichen Verzögerungen durch unvorhersehbare Laufzeiten auf dem Netz wieder eliminieren.

Die Wahl des Verzögerungsintervalls vor dem Aussenden des Quittungspakets kann wie bei XTP zufallsgesteuert sein oder gewisse Einflußgrößen berücksichtigen. Das Intervall eines individuellen Empfängers sollte u.a. in Abhängigkeit von folgenden Größen bestimmt werden:

- von der Anzahl der möglichen Empfänger, die auf eine Multicast-Nachricht antworten,

- vom verfügbaren Pufferplatz beim Sender und der Bearbeitungszeit für die ankommenden Quittungen sowie

- von der Anzahl der vom Sender höchstens vorgesehenen Neuübertragungen.

In AMTP werden zusätzlich zum zeitgesteuerten Entzerren des Quittungsverkehrs ein *Verteilter Quittierungsalgorithmus* sowie alternativ ein *Gruppenquittierungs-Mechanismus* eingesetzt. Beide Verfahren eignen sich im Gegensatz zum herkömmlichen, zeitlich versetzten Senden der Quittungen besser für den Einsatz in Weitverkehrsnetzen. Die Verfahren basieren beide auf der Bildung von Untergruppen.

Der Verteilte Quittierungsalgorithmus wird durch den Sender gesteuert, der die Quittungspaket-Implosion mittels geschachtelter Gruppen (die sich z.T. in ihrer Mitgliedschaft überdecken) reduziert. Quittungspaketaufforderungen gehen nicht an die gesamte Gruppe, sondern jeweils an eine über den gesamten Empfangsbereich verteilte Untergruppe (siehe Abbildung 3.2). Eine solche Untergruppe setzt sich aus je einem Repräsentanten jedes zu adressierenden lokalen Bereichs zusammen. Bei den Quittungspaketaufrufen wird jeweils eine andere Untergruppe adressiert. Damit ist eine Reduzierung des Quittungspaketumfangs erreicht. Ein solches Verfahren ist besonders effizient einsetzbar für Langzeit-Informationstransfers. Das Verfahren erzielt nur dann eine gewisse Zuverlässigkeit, falls von folgender These ausgegangen werden kann: Erhält eine Station an einem lokalen Netz die Nachricht, dann empfangen auch die anderen an diesem Netz befindlichen Stationen, die zur gleichen Gruppe gehören, die Nachricht.

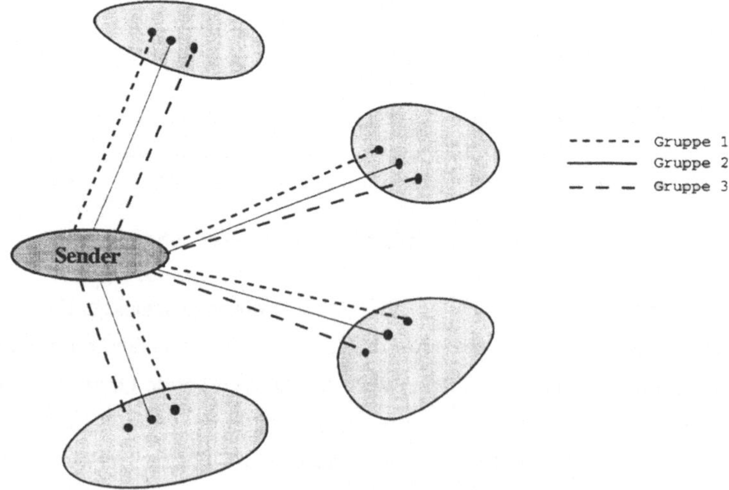

Abb. 3.2: Verteilter Quittierungsalgorithmus

Im Gegensatz zum Verteilten Quittierungsalgorithmus basiert der Gruppenquittierungs-Mechanismus auf der Bildung lokaler Gruppen. Die Quittungspakete werden lokal gefiltert und in einem zusammengesetzten Gruppenquittungspaket an den Sender weitergeleitet (siehe Abbildung 3.3).

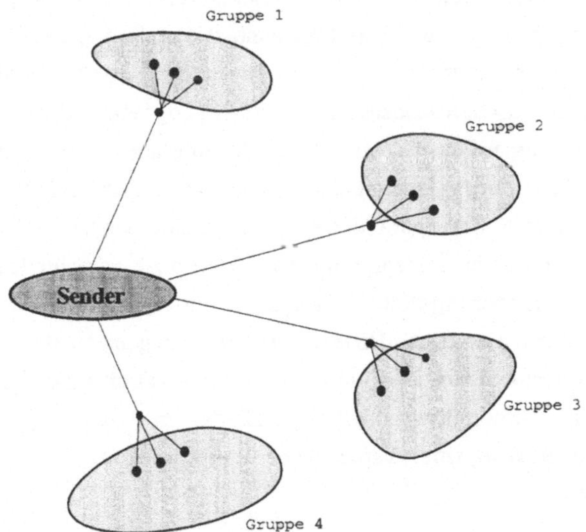

Abb. 3.3: Gruppenquittierungs-Algorithmus

Bei Einsatz anonymer Quittierungsverfahren ohne Information über den Sender der Bestätigung wird die Zuverlässigkeitskontrolle erschwert. Daher zählt der Sender zur Kontrolle zumeist die Anzahl der empfangenen Quittungen, ohne zu wissen, von wem die Quittungen gekommen sind. Selbst diese Abzählung ist mit vielen Protokollen nicht möglich [XTP 92], da Quittungspakete aus mehreren Einzelquittungen, deren Ausgangspunkt nicht mehr rekonstruierbar ist, zusammengesetzt sein können.

3.1.2 Semantik der Dienstqualität

Im Rahmen der ISO/OSI-Standardisierung wird derzeit intensiv über die Spezifikation unterschiedlicher Dienstqualitätskonzepte diskutiert. Als entscheidender Vorstoß ist dabei die im RACE-II-Projekt CIO [ISO 93f] erarbeitete semantische Einteilung der Dienstqualität in verschiedene Klassen zu bezeichnen. Dienstbenutzer und Diensterbringer einigen sich beim Aufbau einer Kommunikationsverbindung in einem "Vertrag" über die zu erbringenden Leistungsparameter. Dabei entscheiden sie sich zunächst über die Semantik des zu erbringenden Dienstes. Die in [ISO 93f] spezifizierten Dienste sind jedoch auf Punkt-zu-Punkt-Verbindungen beschränkt und enthalten keine Aussagen über die Erweiterbarkeit der Dienste auf Multicast-Szenarien.

In Kapitel 6.2 wird die Skalierbarkeit dieser Dienste auf Multicast-Szenarien diskutiert und spezifiziert. Dies ist der erste Ansatz einer Dienstspezifikation für ein Mehrpunkt-Kommunikationsprotokoll. Das vorgestellte Dienstespektrum reicht dabei vom aus der OSI- und Internet-Welt bekannten unkontrollierten (best-effort) Dienst bis hin zu einem Dienst mit Überwachung (Monitoring) und Garantie der Dienstqualität. In [ISO 93f] wird letzterer Dienst als verpflichtend (compulsory) bezeichnet. Diese Bezeichnung hat der Dienst jedoch nicht verdient, da derzeit noch keine Protokolle und kein Dienstanbieter in der Lage sind, die dafür erforderliche Reservierung von Ressourcen und deren Überwachung zu übernehmen. Zwar existiert eine Vielzahl von theoretischen Konzepten wie ST-II [Topo90] und RSVP [ZDES93], doch eine wirkliche Umsetzung auf einem realen Netz oder zumindest ein Probebetrieb speziell mit Demonstration der Reservierungskonzepte sind bisher nicht durchgeführt worden. Zwischen den Extremen "best-effort" und "garantiertem" Dienst gibt es eine Vielzahl von Zwischenstufen, die darauf abzielen, eine Mehrpunktverbindung bzgl. verschiedener Leistungskenngrößen (Durchsatz, Verzögerungszeit, Jitter u.a.) zu optimieren. Kapitel 5.3.7 bewertet die Eignung von Bedienstrategien (ohne Hilfe von Reservierungsmechanismen) zur Erbringung von Diensten mit verschiedenen Leistungs- und Funktionalitätsanforderungen. In dem im Kapitel 7 vorgestellten Architekturmodell DYCAT, das im RACE-II-Projekt EUROBRIDGE [HJLR93] implementiert wird, sind entsprechende Komponenten zur Umsetzung eines solchen Konzepts vorgesehen.

3.1.3 Fehlererkennung und Fehlerbehebung

Eine Ende-zu-Ende-Fehlerkontrolle ist ein aufwendiger, aber notwendiger Dienst auf der Basis heutiger und zukünftiger Netze. Diese Aussage gilt trotz der geringen Bitfehlerraten der zugrundeliegenden optischen Übertragungsmedien. Insbesondere oberhalb ATM-basierter Netze, deren AALs (ATM Adaptation Layer) keinen fehlerfreien Transport der Zellen garantieren bzw. den Verlust der Zellen nicht auffangen [GrLy93], ist ein effizienter Multicast-Fehlerkontrollmechanismus zur Bereitstellung vollständiger Zuverlässigkeit ein Muß.

Die spezielle Problematik einer Fehlerkontrolle für Mehrpunktverbindungen, die sich auf Weitverkehrsnetze erstrecken, ergibt sich aus den oftmals extrem unterschiedlichen Signallaufzeiten, die eine senderbasierte Fehlerkontrolle nahezu unmöglich machen. Für den Sender ist es sehr schwer, den Überblick über den Zustand aller möglichen Empfänger zu bewahren. Unter Umständen reicht ihm jedoch der Empfang einer bestimmten Anzahl von Quittungen für die Erbringung der geforderten Dienstqualität, insbesondere wenn keine vollständige Zuverlässigkeit gefordert ist.

Eine Alternative zu den Wiederholungsstrategien (Go-Back-N, Selektive Neuübertragung) ist in Weitverkehrsnetzen insbesondere der Einsatz von FEC-Mechanismen (Forward Error Correction), welche die Anzahl der Bestätigungspakete minimieren oder diese gar erübrigen. Auf ATM-Basis bietet sich hier der Einsatz von XOR-Strategien an, bei denen durch XOR-

Bildung von Zellen dem Sender auch bei Zellenverlust die Rekonstruktion der verlorenen Informationen ermöglicht wir [ShKe90, AgHN94]. Diese Art der Ende-zu-Ende-Fehlerbehebung ist primär bei der Übertragung von Realzeitdaten wie Audio und Video vorteilhaft [Bier92]. Wird bei der Übertragung eine bestimmte Bitfehler- oder Paketverlustrate nicht überschritten, so ist bei fehlertoleranten Datenströmen eine Deaktivierung der Fehlerkontrolle vorteilhaft. Die Möglichkeit, zwischen verschiedenen Fehlerkontrollverfahren auszuwählen, ist in eingeschränkter Form bei XTP möglich. Andere Protokolle bieten zumeist nur eine der herkömmlichen Wiederholungsstrategien an. In AMTP ist zusätzlich die Realisierung eines FEC-Mechanismus spezifiziert.

3.1.4 Durchsatz, Verzögerung und Jitter

Ähnlich wie bei der Punkt-zu-Punkt-Kommunikation [s. Kap. 2.1.2.1, Hein93a] ist bei der Mehrpunktkommunikation die Einhaltung von zeitlichen Schranken bzgl. Verzögerung und Jitter sowie von minimalen Durchsatzanforderungen nur durch Erweiterung existierender oder Einsatz neuer Protokolle zu erreichen. Spezielle Monitoring-Funktionalität und Reservierungs- bzw. Schedulingtechniken in Zwischensystemen müssen vorhanden sein.

Für viele Anwendungen ist eine rechtzeitige Dienst-Erbringung entscheidend, d.h., zeitliche Anforderungen an den Dienst sollten vom Kommunikationssystem garantiert erfüllt werden. Die Anwendung muß jedoch zunächst einmal dazu in der Lage sein, dem Kommunikationssystem ihre Anforderungen mitzuteilen. Auf letztere Problematik wird in Kapitel 7 näher eingegangen.

Die angeforderten Dienste lassen sich in Dienste mit *harter* und *weicher* Anforderung aufteilen. Bei Diensten mit harten zeitlichen Anforderungen ist die Diensterbringung z.B. nur innerhalb eines bestimmten Zeitintervalls für den Benutzer von Vorteil oder tolerierbar. Entsprechend ist der Nutzen eines Dienstes mit weichen Realzeit-Anforderungen auch noch außerhalb bestimmter Zeitintervalle vorhanden. Diese Unterscheidung deckt sich mit der in [Ferr90] angegebenen Terminologie von *deterministischen* und *statistischen* Schranken. Ein Dienst mit harter Anforderung läßt sich nur durch Angabe einer deterministischen Schranke, die eingehalten werden muß, realisieren, während ein Dienst mit weicher Anforderung nur mit einer bestimmten Wahrscheinlichkeit seine deterministische Schranke gewährleistet.

Insbesondere im CIM-Bereich (Computer Integrated Manufacturing) werden harte Realzeit-Anforderungen gestellt. Weitere Realzeitanwendungen sind digitales Video und Sprachübertragung, die jeweils kontinuierliche Datenströme erzeugen. Existierende Multicastprotokolle sind unbrauchbar für diesen Zweck.

Zur Realisierung eines Multicast-Dienstes zur Erfüllung von harten zeitlichen Anforderungen, aber gewisser Fehlertoleranz, werden die in Kapitel 3.2.5 vorgestellten Bedienstrategien eingesetzt.

3.1.5 Synchronisation der Gruppenverwaltung

Obwohl die Synchronisation der Gruppenverwaltung nicht Bestandteil dieser Arbeit ist, soll hier kurz diese Problematik erläutert und die Notwendigkeit eines solchen Dienstes herausgestellt werden. In [BeMa93] werden detaillierte Untersuchungen zur Verwaltung von Benutzergruppen, die eine Konferenzanwendung nutzen, durchgeführt. Eine Gruppenverwaltung unterstützt Funktionen zur Veränderung der Gruppenzusammensetzung und hat die Aufgabe, den Gruppenmitgliedern die aktuelle Zusammensetzung der Benutzergruppe mitzuteilen. Da im Falle von Konferenzanwendungen die Benutzer daran interessiert sind, zu jedem Zeitpunkt die aktuelle Zusammensetzung der Gruppe zu kennen [Crow90], ist es unerläßlich, daß die Gruppenverwaltung die Konferenzanwendung aktiv über Verwaltungsereignisse benachrichtigt. Da zu einem bestimmten Zeitpunkt Gruppenverwaltungsereignisse von verschiedenen Benutzern ausgehen können, entstehen nebenläufige Multicast-Nachrichten, die dazu führen können, daß nicht alle Benutzer stets über die gleiche Gruppensicht verfügen. In [BeMa93] wird daher ein Protokoll vorgestellt, das nebenläufige Multicast-Kommunikation verwaltet, indem es auf Multicast-Ordnungsprotokolle [KaTa91, Maye92] aufbaut. Letztere garantieren, daß Multicast-Nachrichten bei allen Empfängern in der gleichen Reihenfolge ausgeliefert werden. Dies wird dadurch erzielt, daß die Ordnungsprotokolle über ein Synchronisationsprotokoll die Auslieferung einzelner Nachrichten bei den Empfängern koordiniert verzögern.

Eine andere Möglichkeit, sämtliche Gruppenmitglieder mit einer konsistenten Gruppensicht zu versorgen, ist der Einsatz *atomarer* Multicast-Mechanismen, d.h., entweder wird eine Nachricht bei allen Gruppenmitgliedern ausgeliefert oder bei keinem. Bei Ausfall von beteiligten Rechnerkomponenten ermöglicht diese Eigenschaft die Vermeidung von inkonsistenten Zuständen bei verteilten, vervielfältigten Datenbeständen. Die Unterstützung dieser Anforderungen ist durch Protokolle der Vermittlungs- und Transportebene vorstellbar. In der Regel werden sie aber in der Kommunikationssteuerungsebene angesiedelt. Um zusätzlich zur Konsistenzbedingung auch die Gewährleistung der Reihenfolge zu erhalten, müssen folgende Bedingungen erfüllt sein:

1. *Ordnung der Nachrichten eines Senders:* Wenn zwei Nachrichten vom selben Sender gesendet und an dieselbe Gruppe adressiert worden sind, dann erhalten alle Prozesse der Gruppe die Nachrichten in derselben Reihenfolge.

2. *Ordnung der Nachrichten mehrerer Sender:* Wenn zwei Nachrichten von unterschiedlichen Sendern an dieselbe Empfängergruppe adressiert sind, dann erhalten sämtliche Empfangsprozesse die Nachrichten in derselben Reihenfolge.

Eine weitere Anforderung an Mitgliedschaftskontroll-Protokolle könnte z.B. die ständige Information über die Anzahl Quittungen auf gesendete Daten sein. Dazu muß dem Sender die Anzahl der Gruppenmitglieder bekannt sein. Wenn die Protokolle auch eine Fehlerkorrektur vornehmen sollen, dann ist zusätzlich die Liste der individuellen Adressen von Interesse.

3.1.6 Multicast-Adressierung und Routing

Die zentrale Aufgabe der Vermittlungsebene (Ebene 3) ist die Adressierung und das Routing (Wegewahl). Auf dieser Ebene ist die Spezifikation und Untersuchung von geeigneten Algorithmen nötig, da sämtliche existierende Routing-Verfahren grundsätzlich ohne Hinblick auf Multicast-Fähigkeit realisiert worden sind. Ohne diese Funktionalität kommen die Hauptvorteile der Nutzung einer Multicast-Verbindung gegenüber mehreren Punkt-zu-Punkt-Verbindungen bzw. gegenüber Broadcast-Verbindungen, wie Reduktion des Netzwerkverkehrs und Entlastung inaktiver Stationen, nicht zum Tragen.

Sowohl im Internet als auch in der OSI-Welt wurden die Notwendigkeit einer Multicast-Übertragung und die daraus folgenden Anforderungen an das verwendete Adressierungsschema erst vergleichsweise spät erkannt. Im Internet wurde die *Class D Address* eingeführt (Kap. 3.1.6.1). Im Rahmen von OSI ist noch nichts Vergleichbares geschehen; Kap. 3.1.6.2 gibt einen Überblick über den derzeitigen Stand. ·

Innerhalb eines lokalen Teilnetzes (Ethernet, FDDI, etc.) wird bereits auf MAC-Ebene adressiert. Aufgrund der flachen Adreßstruktur auf dieser Ebene ist eine Gruppenadressierung hier sehr einfach per Flag zu realisieren [Jako92]. Dies ist bei flachen Adressen möglich, da sie keinerlei Routing-Information enthalten. Dieser einfache Fall wird im weiteren nicht mehr betrachtet.

3.1.6.1 Die IP-Adresse der Klasse D

IP identifiziert eine Multicastgruppe durch die 32 Bit lange IP-Multicastadresse, die *Class D Address* [Come91]. Diese Adresse wird durch die Bitfolge 1110 in den 4 höchstwertigen Bits gekennzeichnet. Die restlichen Bits beinhalten die eigentliche Multicastadresse. Diese Adresse ist im Gegensatz zu IP-Adressen der Klassen A, B und C nicht nach dem Schema Netzwerkadresse|Hostadresse strukturiert.

IP unterscheidet zwei verschiedene Arten von Multicast-Adressen. Die eine Gruppe bilden die *transient multicast addresses*. Adressen dieser Klasse werden nur bei Bedarf eingerichtet und in dem Moment wieder freigegeben, zu dem das letzte Mitglied die Gruppe verläßt. Daneben gibt es die *well known multicast addresses*. Sie werden von einer zentralen Verwaltungsinstanz zugewiesen und gelten immer. Zusätzlich existiert immer die Adresse 224.0.0.1, welche alle an Multicastverbindungen teilnehmenden Hosts und Gateways in einem lokalen Netz identifiziert. IP-Multicast-Adressen können ausschließlich als Zieladresse eingesetzt werden. Als Quelladresse sind sie nicht zugelassen.

3.1.6.2 Die OSI NSAP-Adresse

Im Gegensatz zur IP-Adresse, die ein Endsystem adressiert, identifiziert die globale OSI NSAP-Adresse eine Gruppe von *Network Service Access Points* (NSAPs) innerhalb eines

Endgerätes [ISO 89a]. Wie in Abbildung 3.4 dargestellt, besteht eine NSAP-Adresse aus drei
Komponenten [ISO 90a].

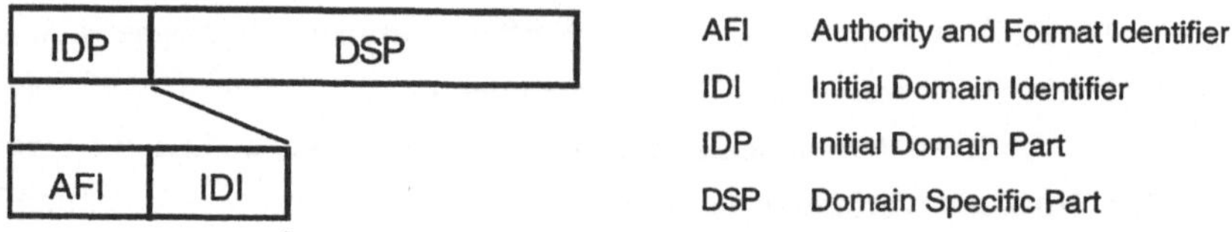

Abb. 3.4: Aufbau der NSAP Adresse

Der AFI enthält Informationen darüber, welcher Adreßtyp im DSP-Feld eingesetzt wird (z.B.
Netzwerkadressen, Telefonnummern, ISDN-Nummern), und in welcher Syntax (dezimal oder
binär) die Adresse codiert ist. Der IDI identifiziert, ob die Adressierungsumgebung (Domain)
ein einzelner Host, ein lokales Netz, oder aber ein komplex strukturiertes privates Teilnetz ist.
Die DSP wird zur Adressierung innerhalb der Domain eingesetzt. Die NSAP-Adresse hat keine
festgelegte Länge. Die Maximallänge beträgt jedoch 40 Bytes.

Im Hinblick auf eine Unterstützung von Gruppenadressen sind die Standardisierungsbemühun-
gen noch nicht sehr weit fortgeschritten. Bisher wurden lediglich zusätzliche AFI-Werte festgelegt, die Gruppenadressen für bestimmte Adreßformate (z.B. X.121, [CCIT88c]) sowie die
zusätzlich erforderlichen maximalen Längen des DSP bzw. der gesamten NSAP-Adresse
identifizieren. Für den *Domain Specific Part* ist eine Integration von Gruppenadressen relativ
einfach. So kann hier beispielsweise das Ethernet-Adreßformat benutzt werden. In diesem
Format wird eine Gruppenadresse durch das I/G-Bit angezeigt. Aufgrund der flachen Struktur
dieser Adresse ist die Integration von Gruppenadressen kein Problem [Jako92].

3.1.6.3 Multi Destination Routing

Neben der Adressierung ist das *Routing* der Daten an eine Gruppe (Multi Destination Routing)
ein Problemfeld. "Herkömmliche" Algorithmen dienen lediglich dem Routing zwischen dem
Sender und einem Empfänger [ISO90b]. Sollen die Informationen an mehrere Empfänger
gesendet werden, so bedeutet die Verwendung solcher Verfahren, daß die Daten vom Sender
explizit zu jedem Empfänger einzeln gesendet werden müssen. Das Senden eines Pakets an
mehrere Empfänger über Punkt-zu-Punkt-Verbindungen erfordert den expliziten Auf- und
Abbau jeweils einer Verbindung zwischen dem Sender und jedem Empfänger. Für sämtliche
Verbindungen müssen praktisch identische Pakete generiert und übertragen werden. Aufgrund
der Duplizierung der Pakete entsteht eine nicht unwesentliche zusätzliche Verzögerung bei der
Übertragung. Weiterhin resultiert aus dem mehrfachen Senden von Nachrichten gleichen
Inhalts eine unnötige Belastung des Netzwerks. Das andere Extrem, der Einsatz eines
Broadcast-Mechanismus zum Senden einer Nachricht an eine Multicastgruppe, ist ebenfalls
ineffizient. Da jeder aktive Host die Nachrichten empfangen und kontrollieren muß, entstehen

für unbeteiligte Stationen große unnötige Belastungen aufgrund des erforderlichen Ausfilterns der für den jeweiligen Host relevanten Nachrichten.

Je weniger Kopien des gleichen Pakets übertragen werden müssen, umso stärker werden das Netz und damit auch die Anwendungen entlastet. Daher ist es sehr wichtig, Mechanismen zur Reduktion dieser großen Paketanzahl einzusetzen, d.h., die Duplizierung der Pakete möglichst nahe an die Empfangsstationen zu verlagern. Das Spektrum der Techniken reicht vom *Flooding* über den Einsatz von *Explodern* bis hin zur Nutzung *Minimaler Spannender Bäume*. Optimierungen können realisiert werden, falls die aktiven Mitglieder der Gruppe bekannt sind. Beim *Flooding* werden die Multicast-PDUs in jedem Zwischenknoten dupliziert und auf allen abgehenden Links weitergeleitet. *Exploding* bedeutet das Senden von Multicast-PDUs an einen Server, der N-1 paarweise Verbindungen verwaltet und Kopien der Daten an alle Empfänger weiterleitet. Die Verteilung von Multicast-PDUs mittels *Mimimaler Spannender Bäume* basiert auf dem Aufbau eines solchen Baums nach verschiedenen Metriken (Kosten, Verzögerung, Hops, etc.). Die Multicast-PDUs werden auf den Ästen des Baums übertragen und an den Zwischenknoten dupliziert. Daten werden dann nicht mehr bei allen möglichen Stationen ausgeliefert, sondern nur bei denen, die auch wirklich aktiv an der Kommunikation beteiligt sind. Basierend auf derartigen Informationen zur aktiven Mitgliedschaft kann die Anzahl der Kopien weiter reduziert werden.

Die Verfahren können nach verschiedenen Kriterien die optimalen Wege suchen. Modelliert man das reale Netz als Graphen, so können mit den Kanten Kosten verbunden werden. Bei einer Wegewahl ohne Schleifen entspricht der Graph der Routen einem Baum. In diesem Fall können die Kosten für die Wegewahl nach der Summe der Kantengewichte minimiert werden. Dies entspricht in der Graphentheorie der Bestimmung des *minimalen Baums*. Die Berechnung des minimalen Baums ist ein NP-vollständiges Problem. Bei geschlossenen Gruppen ist der minimale Baum jedoch eindeutig. Neuere Ansätze versuchen, den optimalen Weg nicht nur in Abhängigkeit von einer Optimierungsgröße, sondern mittels gemeinsamer Betrachtung verschiedener Metriken zu finden [Neuh93, HeNe93].

3.1.6.4 Distance Vector Multicast Routing (DVMR)

Praktisch alle Arbeiten zum Thema Multicast-Routing basieren auf dem *Reverse Path Forwarding*-Verfahren [DaMe78]. Aus diesem Grunde sollen die Probleme des Routings in Multicastverbindungen und deren Lösungsansätze anhand der Erweiterungen zu diesem Algorithmus erläutert werden. Mittlerweile existiert eine Vielzahl von Veröffentlichungen zum Thema Multicast-Routing im Internet, z.B. [ArFM92], [Deer89], [CrPa93]. Der *Distance Vector Multicast Routing* Algorithmus, auch bekannt unter dem Namen Ford-Fulkerson-Algorithmus, ist im Internet implementiert [Deer91].

Hauptproblem beim Routen von Multicastverbindungen ist das effiziente Ausliefern einer Nachricht. Dazu gehören eine Wegewahl, die nach Möglichkeit jedem Empfänger einer Gruppe ein Paket nur genau einmal zukommen läßt, sowie eine Auslieferung mit der minimalsten Verzögerung.

Der DVMR-Algorithmus [Deer88] regelt die einmalige Auslieferung jedes Pakets beim Empfänger über *Spannende Bäume*. Router, die diesen Algorithmus benutzen, führen Routing-Tabellen, in denen Informationen zu jedem erreichbaren Ziel abgelegt werden. Jeder Eintrag enthält Informationen zur Zieladresse, zur Anzahl der noch zu passierenden Zwischensysteme, zur Adresse des nächsten Zwischenknotens und zur Verbindung dorthin, sowie über das Alter des Eintrags in der betreffenden Routing-Tabelle. Die Angabe der Anzahl der bis zum Erreichen der Zielstation noch zu passierenden Zwischensysteme wird in AMTP zur Realisierung einer auf Zeitmarken basierenden Bedienstrategie herangezogen. Das in Kapitel 3.2.5 vorgestellte TPNTG (*Time Per Node To Go*) nutzt diese Angabe zur Kalkulation der maximalen Bearbeitungszeit im Knoten. Im Gegensatz zum reinen "Deadline-Scheduling" hat somit der noch zu durchquerende Übertragungspfad Auswirkungen auf die Bearbeitung in den Zwischensystemen.

Jeder Router sendet periodisch Routinginformationen, die *Distance Vectors*, von der Form (*Destination, Distance*) über alle mit ihm verbundenen Pfade (Router, die mit Nachbarn über ein LAN verbunden sind, erreichen diese unter Ausnutzen der Broadcast-Eigenschaft dieses LANs). Nach Erhalt eines *Distance Vectors* kann jeder Router seine Routing-Tabelle aktualisieren und ist dann in der Lage, zu jedem Ziel im Internet den kürzesten Pfad zu berechnen. Hosts, die für längere Zeit keine Informationen mehr gesendet haben, werden nach Ablauf einer bestimmten Zeitperiode (*age*) aus der Routing-Tabelle gelöscht.

Eine Strategie, mit diesem Routingverfahren auch Multicasting zu unterstützen, ist die Berechnung von *Spannenden Bäumen* über alle Netzwerkverbindungen [Perl85]. Dabei handelt es sich um einen Baum, der mehrere Router des Netzes ohne Schleifen verbindet. Dies gewährleistet, daß jedes Paket nur einmal ausgeliefert wird.

Mit der Entwicklung von Hochgeschwindigkeitsnetzen werden zeitaufwendige Routingalgorithmen zum Engpaß. Daher ist ein Routing über den kürzesten Weg erforderlich. Eine Diskussion der verschiedenen dazu existierenden Ansätze geht allerdings über den Rahmen dieser Arbeit hinaus. Für eine detaillierte Beschreibung unterschiedlicher Routingalgorithmen sei auf [Perl92] verwiesen.

Die ISO (*International Standards Organization*) hat bisher noch keine ernsthaften Aktivitäten im Bereich des *Multi Destination*-Routing entwickelt.

3.1.7 Mitgliedschafts-Kontrolle

Einen direkten Einfluß auf den zu erbringenden Dienst hat die Mitgliedschafts-Kontrolle. Dabei wird zwischen *statischen* und *dynamischen* Gruppen unterschieden. Statische Gruppen werden von einer zentralen Kommunikationsinstanz verwaltet. Teilnehmer, die in eine statische Gruppe aufgenommen werden möchten, müssen sich explizit an diese Instanz wenden. Im Gegensatz dazu unterliegt die Mitgliedschaft in einer dynamischen Gruppe einem permanenten Wandel, es gibt kein zentrales Management. Hier kann man den *News*-Dienst als Beispiel heranziehen: man kann jederzeit die Nachrichten einer bestimmten *Newsgroup* "abonnieren" und dieses "Abonnement" jederzeit wieder kündigen. Es muß lediglich sichergestellt werden, daß der nächstgelegene für diesen Dienst zuständige Router über das neue Mitglied informiert wird. IGMP [Deer89] erbringt beispielsweise eine solche Funktionalität. Hierfür muß lediglich ein Beitrittswunsch an die Gruppenadresse gesendet werden.

3.1.8 Unterschiedliche Ansätze

3.1.8.1 ISO´s ECFF-Initiative

Die ISO beschäftigt sich innerhalb ISO/IEC JTC1/SC6 mit der Erweiterung und Verbesserung von Kommunikationsprotokollen und -diensten der unteren Ebenen des ISO/OSI-Referenzmodells. Das diesbezügliche Projekt wird mit *ECFF* bezeichnet (*Enhanced Communication Functions and Facilities for the Lower Layers*, [ISO 92f]). Ein zentraler Punkt ist die Unterstützung von Mehrpunkt-Datenübertragung (*MultiPeer Data Transmission*, *MPDT*) [ISO 93g]. Dazu werden in den ECFF-Dokumenten verschiedene Anforderungen und resultierende Dienste aufgelistet. Konkrete Realisierungvorschläge (Protokollansätze) werden jedoch nicht geboten. Die ISO hofft hier auf Beiträge der nationalen Standardisierungsgremien.

Die ISO hat erkannt, daß MPDT andere Dienste als die derzeit im OSI-Referenzmodell angebotenen benötigt: Das Basiskonzept für MPDT setzt auf dem Begriff der *Gruppe* auf. Jede Gruppe besitzt sowohl *statische* als auch *dynamische* Eigenschaften. Unter statischen Eigenschaften versteht man diejenigen Parameter, die während einer Kommunikation unverändert bleiben. Hierzu gehören der Gruppen-Bezeichner, Protokoll-Mechanismen usw.. Die dynamischen Eigenschaften einer Gruppe definieren die während einer Kommunikation stattfindenen Operationen. Zu den dynamischen Eigenschaften zählen die Fähigkeiten, neue Mitglieder zu einer bestehenden Gruppe hinzuzufügen oder andererseits, Gruppenmitgliedern die Möglichkeit zu geben, aus der Gruppe auszuscheiden.

Eine MPDT läßt sich in drei Kommunikations-Phasen aufteilen. In der ersten Phase, der *Registrierungsphase*, werden die Teilnehmer der Kommunikationsgruppe ermittelt und die Gruppe zusammengestellt. Zu den weiteren Aktionen dieser Phase gehören die Vergabe einer Gruppenadresse, die Berücksichtigung der QOS-Anforderungen und die Bereitstellung der dazu notwendigen Protokollfunktionen. Nach der Registrierungsphase haben die Gruppenmitglieder das Recht, auf alle ausgetauschten Informationen zuzugreifen. Die *Zuteilungsphase* ist dafür zuständig, daß die einzelnen Instanzen senden und empfangen können. Während der dritten Phase, der *Datenübertragungsphase*, senden die Instanzen an die bzw. empfangen von den zugehörigen Gruppenmitgliedern die Daten. Zur Realisierung dieses Konzepts soll die Funktionalität der unteren Protokollschichten erweitert werden.

Unter dem Stichwort ECFF werden nicht nur Protokollmechanismen zur Multicast-Unterstützung diskutiert. Jede Form der Effizienzsteigerung (Reduzierung der auszutauschenden PDUs, selektive Funktionalität, ausreichende Dimensionierung des Sequenznummern-Bereichs, Integration von Multicast-Diensten und -Protokollen) ist Bestandteil dieses Projekts. Effizienz wird hier als eine geeignete Nutzung von Ressourcen aufgefaßt. Zu diesen Ressourcen zählen sowohl Bandbreite und Speicherplatz als auch die Protokollverarbeitung.

Die weitergehenden Arbeiten am ECFF-Projekt betreffen folgende Punkte:

- Multicast-Unterstützung,

- QOS-Parameter-Auswahl und -Handhabung sowie

- Entwicklung effizienter Operationen zur Bereitstellung eines schnellen Verbindungsaufbaus und eines transaktionsorientierten Dienstes.

Im folgenden werden drei nationale Vorschläge, die im Rahmen des ECFF-Projektes zur Realisierung eines Multicast-Dienstes eingereicht wurden, kurz skizziert: OSI TP5, HSTP und Erweiterungen zu TP4.

Das Ziel von **OSI TP5** [ISO 93a] ist die Ergänzung der in [ISO 91b] spezifizierten OSI-Transportprotokoll-Klassen 0 bis 4 um eine weitere Klasse, die in der Lage ist, Multicast-Kommunikation zu unterstützen. Im Gegensatz zu den in den Klassen 0 bis 4 vorhandenen drei Kommunikationsphasen werden in [ISO 93a] sechs Phasen vorgeschlagen, die aber noch nicht vollständig definiert sind :

- *Gruppenaktivierung:*

  Die Aufgabe dieser Kommunikationsphase ist die Einrichtung einer Gruppenkonversation. In dieser Phase, die mit dem Verbindungsaufbau bei Punkt-zu-Punkt-Verbindungen vergleichbar ist, werden ein geeigneter Netzwerkdienst und die Funktionen ausgewählt, die während der Datenübertragung aktiviert sind. Es wird die optimale TPDU-Größe mit den verschiedenen Gruppenmitgliedern ausgehandelt sowie die Abbildung der Transportadressen auf entsprechende Netzwerkadressen vollzogen.

  Eine Gruppenaktivierung wird als erfolgreich betrachtet, wenn nach einer bestimmten Zeit die im *AGI-* (*A*ctive *G*roup *I*ntegrity) Parameter geforderte minimale Anzahl von Antworten der Empfänger beim Sender angekommen sind. Treffen bis zum Ablauf des eingesetzten Kontroll-Timers weniger Antwortpakete ein, wird eine *Gruppendeaktivierung* durchgeführt.

- *Gruppeneintritt und Gruppenaustritt:*

  Die Aufgabe dieser Phasen ist der Eintritt bzw. der Austritt in eine bzw. aus einer bereits bestehende(n) Gruppenkonversation: Der Initiator einer solchen Aktion adressiert dabei die gesamte Gruppe und informiert somit alle Mitglieder über sein Vorhaben.

- *Datenübertragung:*

  Die Datenübertragungsphase dient wie bei der Punkt-zu-Punkt-Kommunikation der Übertragung aller TPDU-Typen. Dienste, die in diese Phase fallen, sind u.a. Segmentierung/Reassemblierung, Flußkontrolle/Fehlerkontrolle (Fenster- bzw. Timer-basiert).

- *Gruppendeaktivierung:*

  Die Aufgabe dieser Kommunikationsphase ist der Abbau einer Gruppenkonversation. Eine Gruppendeaktivierung wird als erfolgreich betrachtet, wenn nach einer bestimmten Zeit die im *AGI*-Parameter geforderte minimale Anzahl von Antworten der Empfänger beim Sender angekommen sind. Der Wert dieses AGI-Parameters sollte, falls keine vollständige Zuverlässigkeit verlangt wird, deutlich kleiner als der entsprechende AGI-Parameter für die Gruppenaktivierung sein. Ansonsten ist ein Verbindungsabbau in vielen Fällen nicht durchführbar, da zuvor bereits eine abgeschlossene Gruppenaktivierung aufgrund des gleichen Problems gescheitert sein kann.

- *Notification:*

  Diese Phase dient dem Austausch von Zustandsinformationen über die einzelnen Gruppenmitglieder.

OSI TP5 ist derzeit nicht mehr als ein Rahmenwerk, in dem versucht worden ist, die bei der Mehrpunktkommunikation anfallenden Dienste in verschiedene Phasen einzuteilen.

Für das *High Speed Transport Protocol* **HSTP** [ISO 92b] sind zwei Multicast-Dienste spezifiziert [ISO 92e] worden. Es wird zwischen dem *"Connectionless Mode Transport Service"* und dem *"Multipeer Stream Mode Transport Service"* unterschieden. Ersterer bietet einen verbindungslosen Dienst an, der weder Reihenfolgeerhaltung garantiert noch Paketverluste oder Duplikate ausschließen kann. Obwohl die Dienstspezifikation die Angabe verschiedener QOS-Parameter vorsieht, wird in der Protokollspezifikation nicht angegeben, wie der geforderte Dienst realisiert und garantiert werden kann. Durch den "Multipeer Stream Mode Transport Service" soll eine zuverlässige Simplex-Übertragung mit Reihenfolgeerhaltung garantiert werden. Auch hier werden eine Vielzahl von QOS-Parametern angeboten, deren Unterstützung aber nicht beschrieben wird. Prinzipiell entspricht HSTP einer Adaption der XTP-Protokollfunktionalitäten auf ein reines Transportprotokoll. Auf die Integration der in XTP definierten Aktivitäten von Zwischensystemen ist verzichtet worden, da sonst eine mögliche Standardisierung weit schwerer fallen würde.

In [ISO 93d,e] werden **Erweiterungen von OSI TP4** vorgeschlagen, die eine zuverlässige Multicast-Kommunikation gewährleisten sollen. Auch hier fehlen Ansätze zur Lösung der QOS-Problematik. Ein interessanter Aspekt ist die Definition einer Multicast-Taxonomie, die als Grundlage für eine Dienstspezifikation dienen könnte. Die Dienste werden aufgrund der folgenden Charakteristika unterteilt:

- zentralisierte Mehrpunktkommunikation (einer an viele)

- Duplex-Mehrpunktkommunikation (viele an viele)

- zuverlässige Übertragung (Fehlererkennung und -korrektur) für die aktive Gruppe

- statische und dynamische Gruppenmitgliedschaft: statisch als *default* und dynamisch, falls der AGI-Parameter eine dynamische Kontrolle verlangt (JOINs und LEAVEs)

- Gruppenzusammensetzung ist dem Sender zu jeder Zeit bekannt

- flexible Flußkontrolle: fenster- oder raten-basiert

3.1.8.2 Aktivitäten im Internet Activity Board

In [BrZa93] sind die Anforderungen, welche die Internet-Welt an Multicast-Protokolle stellt, und die derzeitige Realisierung durch verschiedene Protokolle skizziert. Es ergeben sich u.a. die folgenden Fragestellungen, die gelöst werden müssen:

- Wie wird einem Multicast-Sender eine eindeutige Gruppenadresse mitgeteilt? Ist dazu ein separates Gruppenmanagement-Protokoll nötig?

- Wie wird gewährleistet, daß sämtliche Gruppenmitglieder dazu in der Lage sind, eine bestimmte Nachricht zu erkennen?

- Wie werden unterschiedliche Dienstqualitäts-Anforderungen mittels einer Multicast-Verbindung unterstützt?

- Auf welche Art und Weise erfolgt eine Mitgliedschafts-Kontrolle (JOIN, DROP, SWITCH,...)?

- Welche Fehler- und Flußkontrollmechanismen werden eingesetzt?

Ein auf herkömmlichem **IP** basierendes Multicasting [Deer89] verläßt sich auf ein externes Adreßzuweisungs-Protokoll. Die involvierten Router müssen aufgrund der Gruppenadresse die ankommenden Pakete weiterleiten. Es bestehen keine auch nur eingeschränkten Möglichkeiten, irgendwelche Dienstqualitäts-Anforderungen zu stellen. Zur Realisierung der Migliedschafts-Kontrolle greift IP auf IGMP (Internet Group Multicast Protocol, [Deer89]) zurück. Mittels IGMP-Nachrichten können die Router zum Hinzufügen oder Entfernen von Einträgen in Routing-Tabellen veranlaßt werden. Da TCP ausschließlich für Punkt-zu-Punkt-Kommunikation konzipiert ist und UDP keine Fehlerkontrollmechanismen zur Verfügung stellt, müssen oberhalb von IP semi- oder absolut-zuverlässige multicast-fähige Transport- und Transferprotokolle wie VMTP, XTP oder AMTP eingesetzt werden.

Ähnlich dem IP-Multicasting benötigt auch **ST-II** [Topo90] (*Experimental Internet Stream Protocol*) zur Adreßzuweisung ein separates Protokoll. Obwohl ST-II ein Protokoll der Vermittlungsebene ist, garantiert es Ende-zu-Ende-Bandbreite und -Verzögerung und macht somit eine Vielzahl von Transportebenen-Funktionen überflüssig. Zur Erbringung bestimmter Garantieren benutzt ST-II ein Konzept, das keine neuen Verbindungen zuläßt, bevor nicht sichergestellt ist, daß der erwartete Verkehr auch entsprechend seinen Anforderungen unterstützt werden kann (ähnlich dem *Call Blocking* bei der Telefonvermittlung). Beim Verbindungsaufbau werden die gewünschte Bandbreite, die Verzögerung und andere Parameter auf einem festen Pfad ausgehandelt. Falls angeforderte Ressourcen nicht verfügbar sind, kann der Sender entscheiden, ob er auch mit der ihm angebotenen reduzierten Dienstqualität zufrieden ist. Zum Eintritt in eine bereits aktive Gruppe benötigt der betreffende Empfänger ein separates Protokoll. Damit muß der Sender über den gewünschten Beitritt informiert werden. Der Sender führt dann die Basis-Verbindungsaufbau-Mechanismen durch, um sicherzustellen, daß genügend Ressourcen auch bei Hinzunahme des neuen Empfängers bereitstehen.

MTP (*Multicast Transport Protocol*, [ArFM92]) ist ein Ende-zu-Ende-Transportprotokoll zur Unterstützung einer effizienten und semi-zuverlässigen Multicast Übertragung basierend auf existierenden Vermittlungsprotokollen wie IP. Es benutzt das Konzept eines "Masters" zur Kontrolle aller Gruppenkommunikations Aspekte. Wie bei den bisher vogestellten Ansätzen verläßt sich MTP bei der Zuweisung spezifischer Gruppenadressen auf eine separate Adreß-Zuweisungsinstanz. Möchte eine Station einer Gruppe beitreten, spezifiziert sie, ob sie als Empfänger oder Sender agieren möchte, ob die Verbindung zuverlässig oder nach dem "Best Effort-" Prinzip arbeiten soll, bzw. ob sie als Empfangsinstanz in der Lage ist, Informationen von mehreren Sendern zu empfangen. Zusätzlich gibt sie den gewünschten minimalen Durchsatz und die maximale Paketgröße an. Falls die Anforderungen erfüllt werden können, sendet der Master eine positive Quittung, andernfalls eine negative. Die Fehlerbehandlungsprozeduren basieren auf einem negativen selektiven Neuübertragungsmechanismus. Der Sender speichert dazu die bereits gesendeten Daten für eine bestimmte, durch den Master spezifizierte Zeit, um sie, falls von den Empfängern verlangt, wiederholt zu übertragen. Die Neuübertragungen gehen an die gesamte Gruppe. Dies setzt voraus, daß die Empfänger duplizierte Daten unterscheiden können. Kommt die Aufforderung zur selektiven Neuübertragung zu spät beim Sender an, generiert der Master eine negative Quittung. Als großer Nachteil von MTP ist die Anzahl von Kontrollpaketen zu sehen, die den Master überfordern kann. Dies führt zu erheblichen Verzögerungen bei der Übertragung und steigert die Wahrscheinlichkeit von Überlast im Netz.

Der aktuellste Vorschlag aus der Internet-Welt versucht die oben skizzierten Probleme der anderen drei Ansätze zu beseitigen und schlägt einen Protokollstack aus drei Komponenten vor [BrZa93]. Zur Verwaltung einer Multicast-Verbindung arbeiten die drei Komponenten zusammen:

Die erste Komponente ist die *Multicast Group Authority* (**MGA**), welche die Adressen verwaltet, die ausgehandelten Dienste registriert und die Gruppenmitgliedschaft überwacht. MGA ist somit verantwortlich für die Zuweisung von Adressen aus dem Internet Class D Adreßraum. Wie erwähnt, verwaltet eine MGA den Zustand der registrierten Multicast-Dienste und Empfänger. Zu den Diensten gehören u.a. Informationen über die Anzahl der Mitglieder einer Gruppe mit den zugehörigen QOS-Anforderungen.

Die zweite Komponente ist **RAMP** (*Reliable Adaptive Multicast Protocol*): RAMP ist ein Transportprotokoll, das einen zuverlässigen Multicast-Dienst oberhalb von IP zur Verfügung stellt. RAMP funktioniert mit der Einschränkung, daß Anwendungen zwar bestimmte Dienstqualitäten anfordern können, einen *garantierten* Dienst jedoch nur bereitgestellt bekommen, wenn die Anforderungen nicht auf der strikten Einhaltung bestimmter Werte bestehen. Eine gewisse Abweichungstoleranz (z.B. bzgl. der Übertragungsdauer) muß möglich sein. Interessant ist die Wiederholungsstrategie bei auftretenden Fehlern. Wie auch bei AMTP (vgl. Kapitel 5.4.2.11) zählt der Sender die Anzahl der ankommenden Aufforderungen zur wiederholten Übertragung eines Pakets und vergleicht diese mit einem vorher festgelegten Grenzwert. Ist dieser überschritten, wird das entsprechende Paket an die gesamte Gruppe geschickt, im anderen Fall nur an die betreffenden Empfänger. Dieser Algorithmus stellt also eine Art Kompromiß zwischen dem "Multicasten" aller Neuübertragungen und dem "Unicasten" derselben dar.

Zur Flußkontrolle setzt RAMP ein ratenbasiertes Verfahren ein. Senderaten werden reduziert, sobald die Anzahl der Wiederholungsaufforderungen einen bestimmten Grenzwert überschreitet oder Router Back-off-Anforderungen (z.B. "ICMP Source Quenches") schicken. Es ist auch eine Steigerung der Raten möglich, falls eine bestimmte Anzahl von Paketen ohne Paketverlust übertragen werden konnte.

Die dritte Komponente des Protokollstacks ist **MRP** (*Modified Routing Protocol*): Dieses Protokoll ist zuständig für den Aufbau des Übertragungspfades, für den Abbau der Pfade, für die Wegewahl basierend auf QOS-Werten und das Verwerfen von Paketen im Überlastfall, basierend auf Prioritäten. Die Zustandstabellen der Router müssen sowohl die Multicast-Adressen als auch die QOS-Parameterwerte für jede Gruppe enthalten, um richtige Routing-Entscheidungen zu fällen. Traditionelle Multicast-Routing-Verfahren basieren auf der Zieladresse im Paketkopf. Dabei werden Pakete dupliziert, um alle Empfänger zu erreichen. MRP sieht vor, daß die Router zusätzlich das QOS-Feld jedes Pakets untersuchen, da unterschiedliche Pfade auch unterschiedliche Dienste anbieten.

3.1.8.3 VMTP's Transaktionsbasiertes Multicasting

Wie bereits in Kapitel 2 beschrieben, ist VMTP (*Versatile Message Transaction Protocol*, [Cher87]) für die Kommunikation von verteilten Betriebssystemen (V-Kernel) entwickelt worden. Demnach zielt VMTP insbesondere auf transaktionsbasierte Kommunikation ab, die kurze Antwortzeiten für typischerweise kurze Nachrichten verlangt. Der V-Kernel stellt einen Betriebssystemkern für verteilte Systeme dar, der Prozesse, Interprozeßkommunikation und Speicherverwaltung unterstützt. Auf jedem beteiligten Knoten befindet sich ein Teil des Betriebssystemkerns. VMTP ist aus dem ursprünglichen V-Kernel-Protokoll entstanden und verfügt über einige interessante Neuerungen, die im wesentlichen die Namens- und Adreßproblematik in verteilten Systemen betreffen.

Der V-Kernel unterstützt die Bildung von Gruppen aus verschiedenen Prozessen. Die Multicastgruppe wird durch eine Gruppenadresse identifiziert, über die alle Gruppenmitglieder erreicht werden können. Soll eine neue Gruppe gebildet werden, so erzeugt der Initiator lokal eine Multicast-Adresse und schickt eine Nachricht mit dieser Adresse los. Trifft eine Antwort ein, so existiert diese Adresse bereits und der Versuch wird mit einer weiteren Adresse wiederholt, bis die Antwort ausbleibt. Diese Gruppenadresse ist dann systemweit eindeutig. Der Absender einer an eine Gruppe adressierten Nachricht braucht nicht Mitglied dieser Gruppe zu sein. Ein Knoten kann Mitglied einer oder mehrerer Gruppen sein und diese auch nach Belieben wieder verlassen.

Weiterhin wird eine sogenannte Subgruppenkommunikation unterstützt. Dadurch hat ein Sender die Möglichkeit, nicht der gesamten Gruppe, sondern nur bestimmten Mitgliedern der Gruppe die Nachricht zukommen zu lassen. Diese Mitglieder müssen bestimmte Bedingungen erfüllen, die mit QOS-Anforderungen vergleichbar sind.

Ein interessanter Aspekt des VMTP-Protokolls ist die Zuverlässigkeitsdefinition der Multicast-Übertragung. Eine Multicast-Übertragung wird als erfolgreich betrachtet, sobald die erste Antwort der Empfängergruppe angekommen ist. Diese Semantik basiert auf V-Kernel-Kommunikations-Primitiven, welche die Zuverlässigkeit einer Übertragung bereits nach der ersten Bestätigung garantieren.

Trotz seines Anspruchs, einen schnellen transaktionsorientierten Dienst bereitzustellen, besitzt VMTP aufgrund seiner Ende-zu-Ende-Kontrollverfahren, die es als Transportprotokoll aufweist, eine Vielzahl von Engpässen, die zu einer Beeinträchtigung der Ende-zu-Ende-Leistung insbesondere in Weitverkehrsnetzen führt. Ausführliche Untersuchungen in [Zinn94] haben dazu geführt, dieses Protokoll nicht als Basis für die Entwicklung des in Kapitel 6 vorgestellten AMTP zu nehmen.

3.1.8.4 FLIP zur RPC-Unterstützung

FLIP [KRST93] ist ein unzuverlässiges Netzwerkprotokoll, das sowohl Punkt-zu-Punkt- als auch Multicast-Verbindungen unterstützt. FLIP arbeitet verbindungslos wie IP, bietet jedoch weit mehr Funktionalität und ist speziell für die Unterstützung von RPC- (Remote Procedure Call) Protokollen entwickelt worden. In [KRST93] wird die Entwicklung von FLIP durch die mangelnde Unterstützung von kurzlebigen Prozessen in Verteilten Systemen, die hauptsächlich kurze RPCs ausführen, motiviert. Mit herkömmlichen Protokollen wird bereits viel Zeit für den Aufbau von Verbindungen verschwendet. Da das RPC-Konzept nicht den Aufbau von Verbindungen verlangt, ist für eine solche Anwendung der Einsatz von Transportprotokollen wie TCP unnötig.

Obwohl IP ebenfalls verbindungslos arbeitet, besitzt es im Vergleich zu FLIP gewisse Nachteile. Da IP-Adressen die Endstation adressieren und nicht die darauf laufenden Prozesse, sind IP-basierte Kommunikationsstrukturen weniger transparent und erschweren die Durchführung

von Funktionalitäten wie Prozeßmigration. D.h., die Migration eines Prozesses von einem
Rechner auf den anderen erzwingt die Übernahme einer neuen IP-Adresse. Daher besitzt FLIP
die folgenden Eigenschaften, die von anderen Protokollen nur teilweise erbracht werden:

- FLIP identifiziert Instanzen mit ortsunabhängigen, flachen 64-Bit-Adressen. Eine Instanz
  kann hier u.a. ein Prozeß sein. Ein Problem stellen die großen Routing-Tabellen dar.

- FLIP unterstützt die Abbildung von "privaten" Adressen auf "öffentliche" Adressen zur
  Auffindung eines Kommunikationsendpunktes.

- FLIP routet die Nachrichten basierend auf den 64-bit-Adressen.

- FLIP ermittelt Routen auf Anforderung.

- FLIP stellt ein Bit im Nachrichtenheader zur Verfügung, das es gestattet, eine Übertragung der Nachricht über zuverlässige Netze anzufordern.

In FLIP werden die Adressen zufällig ausgewählt. Die Autoren in [KRST93] argumentieren,
daß die Wahrscheinlichkeit dafür, daß zwei FLIP-Instanzen die gleiche Adressen auswählen,
so gering ist, daß hier keine Kontrolle durchgeführt werden muß.

Obwohl VMTP mit ähnlicher Zielsetzung wie FLIP entwickelt wurde, sind die Ansätze stark
unterschiedlich. VMTP ist ein reines Transportprotokoll, das auf Routing- und Adressierungs-
funktionalität von IP aufsetzt, während FLIP eine Alternative zu IP darstellt. Anstelle von IP
kann VMTP somit auch die von FLIP angebotenen Dienste nutzen.

3.1.8.5 XTP's Bucket Algorithmus, Damping und Slotting

Multicasting in XTP [XTP92a] basiert auf dem Einsatz von drei Heuristiken, dem *Bucket
Algorithmus*, dem *Slotting* und dem *Damping*. Diese Heuristiken sind zwar in der offiziellen
XTP-Definition skizziert, sind aber nicht fester Bestandteil des Protokolls. Die Heuristiken
stellen eine mögliche Realisierung des XTP-Multicast-Dienstes dar. Der Einsatz von Heuristiken ist der festen Integration in das Protokoll vorzuziehen, da sie sowohl in der Spezifikation
als auch in der Implementierung einfacher durch neuere und bessere Verfahren ersetzt werden
können. Im Gegensatz zu XTP sind die drei Heuristiken bereits in die HSTP-Spezifikation
[ISO92b] integriert worden und werden als feste Bestandteile dieses Protokolls betrachtet.

Ein Nachteil des in XTP vorgesehenen Mehrpunkt-Kommunikationskonzepts ist die fehlende
Unterstützung von Duplex-Verkehr. D.h., Datenübertragung ist nur vom Sender zu den Empfängern möglich. Ein weiterer Schwachpunkt ist die nicht vorhandene Möglichkeit des
Senders, zu jeder Zeit die aktuelle Gruppensicht, d.h. die Zustände der einzelnen Empfänger,
zu überblicken. Dies resultiert aus der in XTP eingesetzten Filterstrategie, die das Verwerfen
redundanter Quittungspakete realisiert, ohne Informationen über den Absender des verworfenen Quittungspakets an den Sender weiterzuleiten. Die Identifikation und Kontrolle über die
einzelnen Gruppenmitglieder liegt somit in der Verantwortung von Gruppenmanagement-Proto-
kollen. Ein XTP-Multicast-Sender ist ohne Hilfe von Management-Instanzen trotz Einsatz von
Fluß-, Raten- und Fehlerkontroll-Mechanismen nicht dazu in der Lage, die Größe und die

Zusammensetzung der Empfängergruppe während der Datenübertragung zu kontrollieren. Die derzeitige XTP-Multicast-Realisierung [XTP 92a,b] benötigt zu ihrer Funktionalität zudem ein Netz mit physikalischem Broadcast-Medium, was den Einsatz dieses Verfahrens auf lokale Umgebungen beschränkt.

Da die in XTP eingesetzten Algorithmen das in AMTP spezifizierte Multicastverfahren am stärksten beeinflußt haben, werden sie im folgenden detaillierter beschrieben.

3.1.8.5.1   Verbindungsmanagement und Adressierung

Ein XTP-Sender kann durch Setzen des MULTI-Bits im Header seiner Pakete eine beliebige Empfängergruppe adressieren und benötigt somit nicht n verschiedene Einzelverbindungen. Dies setzt voraus, daß das unterliegende System Mehrpunkt-Kommunikation unterstützt. Im lokalen Netzbereich sind daher unterstützende Mechanismen auf Medienzugangsebene Voraussetzung, während man im globalen Netzbereich die nötige Funktionalität von der Vermittlungsebene erwartet.

Entsprechend der Vorgehensweise bei der Punkt-zu-Punkt-Kommunikation [XTP 92a] benötigt der Sender ein FIRST-Paket zum Verbindungsaufbau. Dieses besitzt bis auf zwei Bits die gleichen Bestandteile wie das bei der Punkt-zu-Punkt-Kommunikation eingesetzte Paket:

- das MULTI-Bit ist im Options-Feld des Headers gesetzt,

- das DREQ-Bit darf nicht genutzt werden.

Die Zuteilung von Multicast-Adressen ist in [XTP 92a] nicht spezifiziert. Es wird wie bei den in den Kapiteln 3.1.8.1 bis 3.1.8.3 beschriebenen Protokollen davon ausgegangen, daß dies durch einen separaten Mechanismus geregelt wird. Zwei Arten von Multicast-Adressen werden unterstützt:

- *Internet Class D*-Adressen [Deer89] sowie

- lokal definierte direkte 32-Bit-Adressen.

Internet Class D-Adressen definieren einen 28-Bit-Adreßraum zwischen 224.0.0.0 und 239.255.255.255. In [Deer89] ist eine Abbildung auf MAC-Adressen angegeben. Für 48-Bit-IEEE-kompatible Medienzugangsprotokolle werden die 23 niederwertigen Bits der IP-Adresse in die 23 niederwertigen Bits der Ethernet-Multicast-Adresse 01-00-5E-00-00-00 kopiert. In XTP werden die Class D-Adressen im Adreß-Segment des FIRST-Pakets oder von PATH-Paketen übertragen, die Abbildung der Adressen geschieht beim Empfänger.

3.1.8.5.2   Beitritt in und Austritt aus einer aktiven Multicast-Verbindung

Möchte ein Host als Empfänger in eine Multicast-Gruppe eintreten, generiert er ein PATH-Paket mit der entsprechenden Multicast-Adresse (die er mittels eines Gruppenmanagementprotokolls erfragen muß) und einem *key*-Wert (Zeiger auf den aktiven Kontext), der gleich 0 ist. Aufgrund dieses dedizierten *key*-Werts erkennen die übrigen Empfänger der angesprochenen

Gruppe, daß sie dieses Paket nicht zu empfangen brauchen. Das PATH-Paket wird somit ausschließlich vom Initiator der Gruppe bearbeitet. Der generiert daraufhin ein PATH-Paket mit der Multicast-Adresse und dem entsprechenden *key*-Wert des Multicast-Kontextes. Auch dieses Paket wird an die gesamte Gruppe geschickt und vom neuen Empfänger registriert, der ab dann zur Gruppe gehört und Pakete empfangen darf. Somit faßt der neue Empfänger das angekommene PATH-Paket als FIRST-Paket auf. Ein neuer Empfänger kann also erst Informationen entgegennehmen, nachdem der Sender eingewilligt hat. Von XTP wird die Möglichkeit des Beitritts in eine Gruppe ohne Zuhilfenahme des Senders nicht unterstützt. Bei AMTP ist Funktionalität in den Zwischensystemen (Routern) vorgesehen, wodurch zum einen der Sender entlastet und zum anderen eine schnellere Integration des neuen Empfängers gewährleistet werden kann.

3.1.8.5.3   Kontrollpaket-Verarbeitung

Im Multicast-Modus ordnet der Sender die empfangenen CNTL-Pakete vergangenen Ereignissen zu. Dazu bildet er die in den ankommenden CNTL-Paketen enthaltenen *echo*-Werte auf lokal verwaltete *sync*-Werte ab. Sender- sowie empfängerseitig generierte CNTL-Pakete werden an sämtliche Gruppenmitglieder geschickt; dadurch wird der Einsatz der Damping und Slotting-Heuristiken möglich (s. Kapitel 3.1.8.5.7).

Aufgrund der XTP-Kontrollpaket-Verarbeitung (Filterung) kann der XTP-Multicast-Algorithmus nur als *semi-zuverlässig* bezeichnet werden. Bei Erhalt von nur einer Quittung ist unter der Voraussetzung des Einsatzes von Damping und Slotting ein Zuverlässigkeitsgrad größer oder gleich 1 erzielt. Entsprechend bedeutet der Empfang von k Quittungen innerhalb bestimmter Zeitschranken eine Zuverlässigkeit größer oder gleich k. Ein vollständig zuverlässiger Dienst kann jedoch mit den derzeit eingesetzten Algorithmen nicht gewährleistet werden.

Um zu lange Wartezeiten auf Quittungspakete zu vermeiden, wodurch der Durchsatz zu stark beeinträchtigt würde, wird eine maximale Wartezeit auf CNTL-Pakete festgelegt (somit das Alter der CNTL-Pakete beschränkt). Der SYNC/ECHO-Mechanismus wird zur Identifikation des relativen Alters der CNTL-Pakete eingesetzt (s. Kap. 3.1.8.5.6).

3.1.8.5.4   Fluß- und Ratenkontrolle

Die Mechanismen, die XTP im Multicast-Szenario einsetzt, entsprechen denen im Unicast-Fall. Der Sender startet die Verbindung mit implementierungsabhängigen Werten der für den Einsatz von Fluß- oder Ratenkontrolle relevanten Parameter. Die eigentliche Flußkontrolle wird durch den im Kapitel 3.1.8.5.6 erläuterten Bucket-Algorithmus durchgeführt.

3.1.8.5.5   Fehlerkontrolle

Genau wie bei der Punkt-zu-Punkt-Kommunikation werden verschiedene Alternativen zur Fehlerkontrolle angeboten. Neben Go-Back-N und Selektiver Neuübertragung kann der Sender die Fehlerkontrolle abschalten. Der Bucket-Algorithmus ist derzeit jedoch ausschließlich als Go-Back-N Prozedur spezifiziert, da sich eine effiziente Implementierung einer selektiven Neuübertragung für Multicast-Szenarien bisher als zu aufwendig erwiesen hat [XTP 92a].

3.1.8.5.6 Bucket-Algorithmus

Der Bucket-Algorithmus definiert einen Flußkontrollmechanismus für Multicast-Verbindungen, der ratenbasiert mit einem überlagerten Fenstermechanismus arbeitet. Beide Mechanismen können deaktiviert werden. Der auf zeitlichen Intervallen basierende Fenstermechanismus sollte jedoch aktiv sein, da er zusätzlich die Fehlerbehandlung steuert. Der Bucket-Algorithmus realisiert die Auswertung von CNTL-Paketen, die von den Empfängern einer Multicast-Nachricht an den eigentlichen Sender geschickt werden. Bei der Initiierung eines Multicast-Kontextes beginnt der Sender mit der Generierung einer FIFO-Ausgabewarteschlange, die in eine Reihe von *Buckets* aufgeteilt ist. Diese Buckets entsprechen den bereits erwähnten zeitlichen Sende fenstern.

Die Empfänger einer XTP-Multicast-Nachricht verhalten sich passiv, sie reagieren nur auf Anforderung. Eine solche Anforderung erfolgt wie bei einer Punkt-zu-Punkt-Verbindung durch Setzen des **Status REQ**uest-Bits (**SREQ**) in einem CNTL-Paket durch den Sender. Da DATA-Pakete nicht über die geforderten Kontrollfelder verfügen (rseq, time), müssen zur Quittungs-paket-Aufforderung jeweils separate CNTL-Pakete gesendet werden. Der Zeitpunkt, an dem der Sender ein SREQ setzt, wird durch den XTP *Synch-Counter* festgehalten. Dieser wird jedesmal erhöht, wenn ein DATA-Paket abgeschickt wird. Im Gegensatz zum Original-Bucket-Algorithmus [XTP 92a] wird bei den im Rahmen dieser Arbeit durchgeführten Untersuchungen der Synch-Counter auch beim Senden der CNTL-Pakete erhöht, wie dies in [SaFd92] vorgeschlagen wird. Dies ist deshalb vorteilhaft, da ansonsten kein neuer Bucket kreiert werden kann, wenn kein DATA-Paket verschickt worden ist.

Der Sender sammelt die ankommenden Kontrollinformationen in einer dem Bucket zugeordneten Datenstruktur und wertet diese aus (maximale Umlaufzeit RTT, minimale Sequenznummern wie alloc, dseq und rseq,...). Jedes vom Sender empfangene Kontrollpaket enthält einen *echo*-Wert, der den zuletzt beim Empfänger registrierten Wert des Synch-Counters widergibt. Nach [XTP 92a] kann der Sender den *sync*-Wert in Datenpaketen und muß ihn in Paketen mit gesetztem SREQ-Bit erhöhen. Alle anderen Pakettypen behalten den aktuellen *sync*-Wert bei. Datenpakete, die wiederholt gesendet werden müssen, erhalten einen neuen *sync*-Wert. Ein gesendeter *sync*-Wert wird im lokalen Kontext des Senders gespeichert. Der Empfänger geht folgendermaßen vor: Er initialisiert eine lokale Kontextvariable *recv_sync* zunächst mit dem *sync*-Wert des in der Verbindung zuerst erhaltenen Pakets. In allen nachfolgenden Paketen wird der *sync*-Wert mit der Variablen *recv_sync* verglichen. Ist der *sync*-Wert kleiner als der bereits gespeicherte *recv_sync*-Wert, so handelt es sich um ein altes oder dupliziertes Paket, welches verworfen werden kann. Andernfalls wird der *sync*-Wert in die Variable *recv_sync* kopiert. Bei Paketen mit gesetztem SREQ-Bit wird der *sync*-Wert in das *echo*-Feld des zurückgesendeten Kontrollpakets kopiert. Dadurch ist der Sender in der Lage, das empfangene Kontrollpaket auf sein gesendetes SREQ abzubilden. Dies ist von Bedeutung, wenn der Sender nach einem SREQ innerhalb einer vorgegebenen Zeitspanne kein Kontrollpaket von dem entsprechenden Empfänger erhalten und ein neues SREQ gesendet hat. Die Antwort-kontrollpakete lassen sich aufgrund der *echo*-Werte den beiden SREQ-Paketen zuordnen, und der Sender kann aus zwei erhaltenen Kontrollpaketen dasjenige mit den aktuellsten Empfängerinformationen ermitteln.

Dieser *sync/echo*-Mechanismus ermöglicht es dem Sender, die ankommenden Kontrollpakete in Gruppen (Buckets) dem "Alter" nach zu sortieren. Die Informationen in einem Bucket beziehen sich auf alle DATA-Pakete, die seit der letzten Initiierung eines Quittungsauf-forderungs-Pakets gesendet worden sind (d.h. seit Ende des vorigen Buckets).

Die Kontrollinformationen, die in einem Bucket gespeichert werden, stellen nicht die Ansamm-lung sämtlicher Kontrollpakete dar, sondern spiegeln das "Worst-Case-" Szenario der Multicast-Verbindung wider. Im *Unicast-Modus* reagiert der Sender unmittelbar nach Erhalt eines Kontrollpakets, indem er z.B. das Übertragungsfenster anpaßt (*alloc*), Wiederholungen im Fehlerfall anstößt (*rseq*) oder Daten im Ausgabespeicher löscht, welche bereits korrekt beim Empfänger angekommen sind (*dseq*). Im Gegensatz dazu ist im *Multicast-Modus* eine Verzö-gerung der Senderreaktion notwendig, da auf das SREQ hin mehrere Empfänger quittieren und die entsprechenden Kontrollpakete zu unterschiedlichen Zeitpunkten beim Sender ankommen. Die Parameterwerte jedes CNTL-Pakets werden mit den aktuellen Bucket-Parametern vergli-chen, die dann, falls nötig, adaptiert werden. Die folgenden von den Empfängern generierten Kontrollinformationen werden beim Sender gesammelt:

- Minimum aller *alloc*-Werte:

  alloc definiert die maximale Informationsmenge, die vom Sender übertragen werden darf, bevor er den Empfängerstatus abfragt (mittels SREQ). D.h., der Sender darf das Byte mit der Sequenznummer *alloc* nicht mehr losschicken, wenn er nicht vorher Quittungen bzgl. der vorher verschickten Daten erhalten hat.

- Minimum aller *dseq*-Werte:

  dseq ist die Sequenz-Nummer des letzten Bytes, das ein XTP-Empfänger vollständig bearbeitet und an die Anwendung weitergegeben hat.

- Minimum aller *rseq*-Werte:

  rseq ist die Sequenz-Nummer des Bytes, das als nächstes vom XTP-Empfänger in der richtigen Reihenfolge erwartet wird.

- Maximum aller empfangenen *rtt*-Werte, die mittels der *techo*-Werte nach der SRTT-Methode [JaBB88] berechnet worden sind.

Die folgende Abbildung 3.5 zeigt eine vereinfachte Warteschlangendarstellung des Kommuni-
kationsszenarios und illustriert den Austausch der Pakete zwischen dem Sender und den
Empfängern.

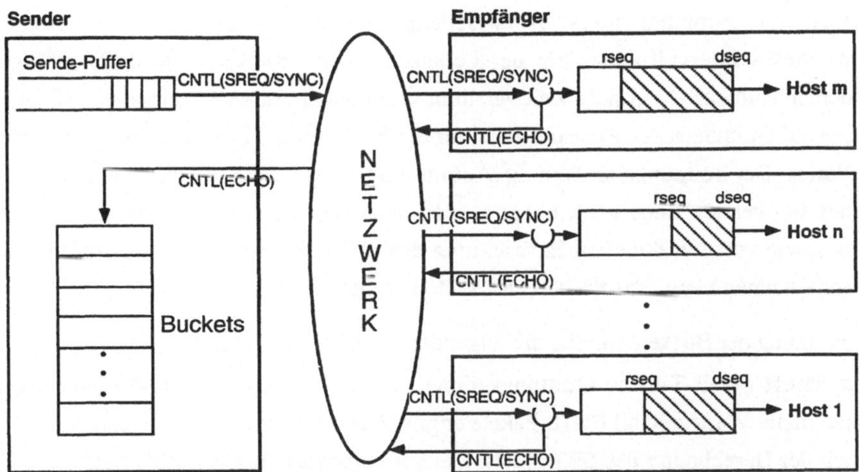

Abb. 3.5: Bucket-Algorithmus/Interaktionsmodell

In der Abbildung sind auch die beiden zur Quittierung relevanten Sequenznummern, *rseq* und
dseq, dargestellt, die jeder Host in seinen CNTL-Paketen an den Sender übermittelt. Der Sender
benötigt *rseq* zur Entscheidungsfindung über die zu wiederholenden Pakete, da dieser Wert die
Bytenummer kennzeichnet, die um 1 größer ist als das jeweils letzte lückenlos empfangene
Byte. Da derzeitige XTP-Implementierungen ausschließlich Go-Back-N-Wiederholungen
unterstützen, wird ausschließlich *rseq* zur Wiederholung der Daten herangezogen. Wird die
Fehlerkontrolle deaktiviert (NOERR-Modus), so gibt der *rseq*-Wert die jeweils höchste empfangene Bytenummer während der gesamten Verbindung an. Im Gegensatz zu *rseq* gibt *dseq* die
Sequenznummer des Bytes an, das als letztes vom XTP-Empfänger vollständig bearbeitet und
an die Anwendung weitergegeben worden ist.

Neben diesen Sequenznummern aktualisiert der Sender seine RTT-Abschätzungen, indem er die
im *techo*-Feld enthaltenen Werte der CNTL-Pakete von seiner lokalen Zeit subtrahiert. Das
techo-Feld enthält eine Kopie der lokalen Zeit, die beim Sender zum Zeitpunkt des Absendens
der Quittungspaketaufforderung (SREQ-Bit gesetzt) vorlag. Falls Fehlerkontrolle aktiviert ist,
werden die übertragenen Daten in den Ausgabepuffern beim Sender solange zwischengespeichert, bis sie quittiert sind oder die Lebensdauer des entsprechenden Buckets abgelaufen
ist. Es ist offensichtlich, daß die Generierung und Interpretation von CNTL-Nachrichten einen
großen Einfluß auf die Funktionalität und Effizienz des Verfahrens hat. Der *Bucket-Algorithmus* definiert die Regeln für das Aussenden von Quittungspaket-Anforderungen, ist zuständig
für die Interpretation der empfangenen CNTL-Pakete und das Löschen von Ausgabepuffern. Ist

die Zahl der Empfänger sehr groß, ist es vorteilhaft, die Anzahl der CNTL-Pakete zu reduzieren, die als Antwort auf eine Quittungspaket-Aufforderung an den Multicast-Sender geschickt werden. Hierzu sieht XTP die beiden Heuristiken *Damping* und *Slotting* vor (s.u.).

Da die CNTL-Pakete zu unterschiedlichen Zeiten beim Sender ankommen, werden sie bis zum Ablauf eines bestimmten Intervalls zwischengespeichert, bevor der Auswertungsprozeß beginnt. Dieses Intervall entspricht der Lebenszeit eines Buckets. Da die Empfänger der eigentlichen Multicast-Nachricht weit verstreut sein können, ist eine geeignete Festlegung der Wartezeit auf Quittungspakete entscheidend für die Effizienz und Zuverlässigkeit des Multicast-Algorithmus. Der Zeitpunkt, an dem die Auswertung eines Buckets beginnt, d.h., die Lebenszeit eines Buckets zu Ende geht, hängt ab von der festgelegten Anzahl der zu erstellenden Buckets sowie von der aktuellen Entwicklung der WTIMER (Wait Timer)-Intervalle und der damit verbundenen Länge des SBTIMERs (Switch Bucket Timer).

Zur Verwaltung der Buckets werden die folgenden Variablen eingesetzt:

- **WTIMER** (Wait-Timer): Quittungs-Timer, der bei Punkt-zu-Punkt-Verbindungen die maximale Wartezeit auf CNTL-Pakete angibt. Beim Multicast dient er jedoch ausschließlich der Berechnung des SBTIMERs. Derzeit berechnet sich WTIMER nach dem SRTT-Verfahren [JaBB88]. Probleme, die bei der Berechnung des Quittungs-Timers auftreten, sind in [HeKM93] sowie in Kap. 3.2.1 skizziert. WTIMER und somit auch SBTIMER werden jedesmal neu berechnet, wenn ein Bucket kreiert wird.

- **SBTIMER** (Switch Bucket Timer): Timer, der die Generierung von CNTL-Paketen mit gesetztem SREQ und somit auch die Generierung von Buckets steuert. Der SBTIMER wird beim Erzeugen eines Buckets neu berechnet. Er ergibt sich als Quotient aus WTIMER und SREQS und ändert sich somit ständig.

- **SREQS**: Dieser Wert gibt an, wieviele SREQs pro WTIMER-Intervall gesendet werden. Der Wert bleibt konstant während einer Verbindung. Da WTIMER als Quittungs-Timer dynamisch ist, ändert sich somit auch ständig die Länge des SBTIMERs.

- **DROPS:** Dieser Wert gibt die Anzahl der SREQs und/oder der zugehörigen aufeinanderfolgenden Antwortpakete eines Empfängers an, die während der *Lebensdauer eines Buckets* verloren gehen dürfen, ohne daß die relevanten Sendedaten bereits verworfen worden sind. DROPS ist somit als eine Angabe zur Fehlertoleranz zu verstehen. DROPS ist eine natürliche Zahl, die eine zusätzliche Anzahl von Buckets darstellt. Diese erhöhte Anzahl von Buckets bewirkt die Verlängerung der Lebensdauer jedes einzelnen Buckets. Wird der Parameter DROPS gleich Null gewählt, und geht das erste Quittungspaket verloren, so besteht für den betroffenen Empfänger keine Möglichkeit mehr, die noch fehlenden Datenbytes zu erhalten. Ist der Parameter DROPS größer Null gewählt, so gibt er die maximal zulässige Anzahl der Kontrollpakete an, die zwischen Empfänger und Multicastsender hintereinander verloren gehen darf.

- **MAXB** (Maximale Zahl aktiver Buckets): MAXB ist nach [XTP92a] auf SREQS + DROPS + 1 gesetzt. Durch die Einbeziehung von DROPS und den zusätzlichen Bucket wird die Wahrscheinlichkeit erhöht, daß auch verspätet eintreffende Quittungspakete noch berücksichtigt werden.

Die Sammlung der Parameterwerte alloc, dseq, rseq, rtt in einem neuen Bucket beginnt nach Ablauf des SBTIMERs, d.h., sobald ein Paket mit gesetztem SREQ gesendet worden ist. Sind sämtliche Buckets (MAXB) bei Ablauf von SBTIMER in Gebrauch, wird die Information im ältesten Bucket (Bucket mit dem niedrigsten *sync*-Wert) zur Aktualisierung des Sender-Zustands herangezogen. Dabei werden dann die Sendepuffer freigegeben, in denen noch Daten sind, die basierend auf den Parameterwerten im ältesten Bucket bereits quittiert sind. Der SBTIMER basiert auf dem aktuellen (zuletzt gemessenen) WTIMER und der Anzahl SREQS der gesendeten SREQs pro WTIMER-Intervall.

Zusammenfassend verhält der Bucket-Algorithmus sich folgendermaßen:

1. Nach Ablauf des SBTIMERs wird vom Sender ein CNTL-Paket mit gesetztem SREQ generiert. Dies geschieht unabhängig davon, ob Daten verschickt worden sind oder nicht. Um eine korrekte Zuordnung der daraufhin ankommenden CNTL-Pakete zum richtigen Bucket zu gewährleisten, wird jedes CNTL-Paket genau wie jedes DATA-Paket mit einem um 1 erhöhten *sync*-Wert übertragen.

2. Beim Senden eines CNTL-Pakets mit gesetztem SREQ wird ein neuer Bucket generiert.

3. Empfänger antworten auf SREQs, indem sie entsprechende Quittungs-CNTL-Pakete mit dem ins *echo*-Feld kopierten *sync*-Wert an die gesamte Gruppe schicken.

4. Beim Sender ankommende CNTL-Pakete werden dem richtigen Bucket zugeordnet, indem der *echo*-Wert mit den lokalen *sync*-Werten verglichen wird.

5. Die Bucket-Variablen *alloc, rseq, dseq, rtt* werden aktualisiert, falls die im CNTL-Paket enthaltenen Werte kleiner (*alloc, rseq, dseq*) bzw. größer (*rtt*) als die lokal gespeicherten sind.

6. Die erste Neuübertragung von fehlerhaften bzw. verlorenen Daten findet nach der Bildung von MAXB = SREQS + DROPS + 1 Buckets statt. Sobald der (MAXB+1)-te Bucket kreiert werden soll, wird der älteste Bucket geleert und eine Neuübertragung entsprechend dem aktuellen rseq-Wert dieses Buckets initiiert.

Die folgende Abbildung 3.6 zeigt ein Beispiel-Multicast-Szenario. Wie in der Original-XTP-Spezifikation vorgesehen, arbeitet der Algorithmus ausschließlich lokal, es sind keine Aktivitäten in den Routern vorgesehen. In der Abbildung sind bereits gewisse Ineffizienzen des Algorithmus herausgestellt, wie z.B. die Übertragung redundanter Datenpakete, die Anzahl überflüssiger CNTL-Pakete, die durch einen aktiven Router gefiltert werden könnten, etc..

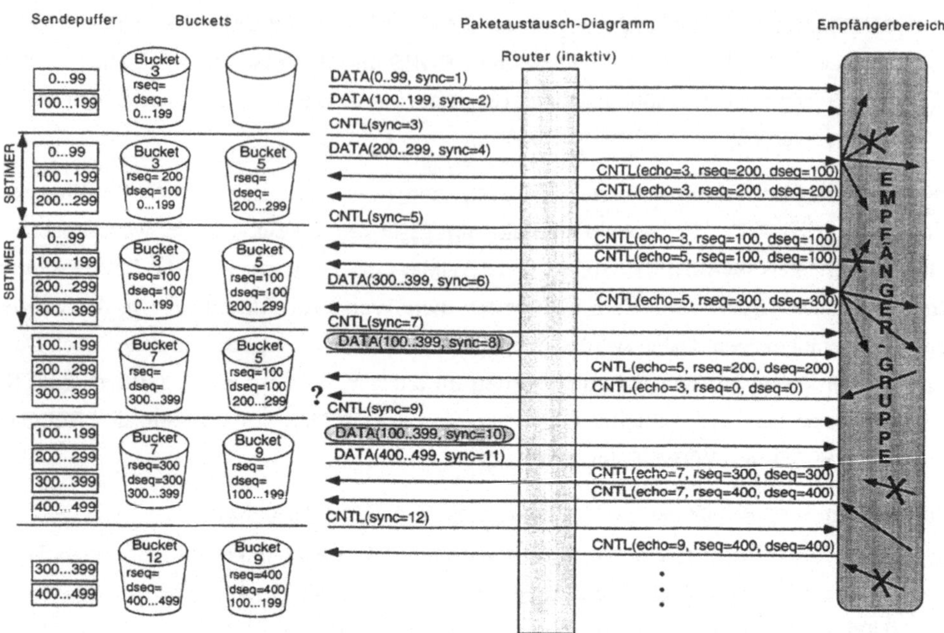

Abb. 3.6: Bucket-Algorithmus/Beispielszenario

Das Diagramm enthält vier unterschiedliche Komponenten. Der Sendepuffer und die aktivierten Buckets repräsentieren die Senderseite. Die Sendepuffer enthalten alle die gemäß Bucket-Algorithmus bereits abgeschickten und noch nicht verworfenen Daten am Ende eines SBTIMER-Intervalls (die SBTIMER-Intervalle sind durch die horizontalen Linien zwischen den Buckets gekennzeichnet). Die skizzierte Multicast-Verbindung arbeitet mit einem SREQS-Wert von 1. Somit sind maximal jeweils zwei Buckets aktiviert. Jeder Bucket ist durch seinen sync-Wert gekennzeichnet, damit alle ankommenden CNTL-Pakete aufgrund ihrer echo-Werte dem richtigen Bucket zugeordnet werden können. Die Zahlenangaben am Boden des Eimers (Buckets) repräsentieren den Sequenznummernbereich der Daten, die im entsprechenden SBTIMER-Intervall verschickt worden sind. Um eine noch lesbare Darstellung zu erzielen, ist von den Übertragungszeiten der einzelnen Pakete abstrahiert worden. Daher sind die im Paketaustausch-Diagramm angegebenen Pfeile für die Übertragungsrichtung der Pakete horizontal eingezeichnet (sie verlaufen quasi in Nullzeit).

Der Sender überträgt pro DATA-Segment einen 100 Byte langen Sequenznummernbereich. Am Ende des ersten SBTIMER-Intervalls wird zeitgleich zur Aussendung des CNTL-Pakets der erste Bucket erzeugt (mit sync-Wert 3). Im nächsten SBTIMER-Intervall kommen die ersten Quittungspakete an. Daraufhin werden die rseq- und dseq-Werte entsprechend aktualisiert. Da die Lebensdauer eines Buckets auf zwei SBTIMER-Intervalle beschränkt ist, wird am Ende des dritten SBTIMER-Intervalls der Bucket mit sync-Wert 3 aufgelöst. Entsprechend den rseq-Werten in diesem Bucket wird der Ausgabepuffer geleert.

Entscheidenden Einfluß auf die Effizienz und Funktionalität des XTP-Multicastings haben die Parameter SREQS und DROPS, da sie über die Lebensdauer der Buckets in Abhängigkeit von der RTT entscheiden und somit den auf Senderseite zur Verfügung zu stellenden Pufferplatz für eventuelle Neuübertragungen bestimmen. Den größten Einfluß auf die Länge des *SBTIMERs* hat der Parameter SREQS, wie die folgende Beziehung zwischen *WTIMER* und *SBTIMER* zeigt:

$$SBTIMER_i = \frac{WTIMER_i}{(SREQS + 0.5)}$$

$WTIMER_i$ ergibt sich aus der aktuellen SRTT-Berechnung. SREQS wird vom Sender beim Verbindungsaufbau festgelegt. Die Lebensdauer t_b eines Buckets ergibt sich dann folgendermaßen:

$$t_b = \sum_{i=1}^{MAXB} SBTIMER_i$$

Wie groß der Pufferplatz beim Sender sein muß, um in Abhängigkeit von der Lebensdauer eines Buckets einen maximalen Durchsatz zu erzielen, zeigt die folgende Berechnung:

Notwendiger Pufferplatz $= \text{max. Durchsatz} \cdot t_b$

$$= \text{max. Durchsatz} \cdot \sum_{i=1}^{MAXB} SBTIMER_i$$

$$= \text{max. Durchsatz} \cdot \sum_{i=1}^{MAXB} \frac{WTIMER_i}{(SREQS + 0.5)}$$

Sei $WTIMER_{max} = \max\{WTIMER_i; i = 1, ..., MAXB\}$, dann gilt:

Notwendiger Pufferplatz $\leq \text{max. Durchsatz} \cdot \dfrac{MAXB \cdot WTIMER_{max}}{(SREQS + 0.5)}$

$$= \text{max. Durchsatz} \cdot \frac{(SREQS + DROPS + 1) \cdot WTIMER_{max}}{(SREQS + 0.5)} \tag{3.1}$$

Um einen Überblick über die Größenordnung des benötigten Pufferplatzes zur Erzielung eines theoretisch möglichen maximalen Durchsatzes (gleich der Übertragungskapazität des unterliegenden Übertragungsmediums) bei fehlerfreier Übertragung zu erhalten, zeigt Tabelle 3.1 die Abschätzung einiger Puffergrößen in Abhängigkeit von Kenngrößen (Kapazität und Signalumlaufzeit = 2 · Signallaufzeit) charakteristischer Netze. Für die Berechnung des notwendigen Pufferplatzes wurde von SREQS = 4 und DROPS = 0 ausgegangen. Der Wert für SREQS ist, wie spätere Abschätzungen zeigen, ein für die meisten Szenarien geeigneter Wert. DROPS wurde auf Null gesetzt, um Mindestpuffergrößen zu berechnen. Bei DROPS-Werten ungleich 0 steigt die Größe des benötigten Pufferplatzes entsprechend der innnerhalb eines SBTIMER-Intervalls übertragbaren Daten. Insbesondere bei den Netzen mit hoher Übertragungskapazität hat dies nicht unerheblichen Einfluß auf den Pufferplatz.

	Kapazität (Mbit/s)	Signallaufzeit (ms)	Notwendiger Pufferplatz
LAN	4-16	$\geq 0{,}005$	15 Byte
MAN	10-150	0,1	2800 Byte
Satellit	0,05	250	3500 Byte
WAN (Glasfaserstrecken)	1.000	20	5,56 MByte
N-ISDN	0,064	20	356 Byte
Optische WANs	1.000.000	20	5,56 GByte

Tabelle 3.1: Kenngrößen von Kommunikationsnetzen

Die Auflistung der notwendigen Pufferplatzgrößen zeigt, daß der Weitverkehrsbereich für den Bucketalgorithmus in Zukunft ein Problem darstellen wird. Betriebssystempuffergrößen (falls das Protokoll in das Betriebssystem integriert ist) einer Größe von mehreren MByte sind nicht bereitstellbar. GByte-Speicher sind gar nicht verfügbar (vgl. Kapitel 4). Eine ähnliche Größenordnung des notwendigen Pufferplatzes weisen bei den angegebenen Netzen auch andere auf Quittierungsstrategien basierende Fehlerkontrollmechanismen auf, sei es für den Punkt-zu-Punkt-Bereich oder den Multicast-Bereich. Die Werte verdeutlichen, daß eine FEC-Strategie für bestimmte Szenarien vorzuziehen ist.

Mittels der Gleichung (3.1) lassen sich weitere Aussagen über den Einfluß der Größen SREQS und DROPS auf den nötigen Pufferplatz herleiten.

Je größer SREQS,

- desto größer ist die Maximalanzahl an Buckets MAXB, denn MAXB = SREQS + DROPS +1.
- desto mehr CNTL-Verkehr wird erzeugt.
- desto kürzer werden die SBTIMER-Intervalle; unter der Voraussetzung, daß DROPS < SREQS ist, gilt zudem, daß die Lebensdauer eines Buckets kürzer wird.
- desto weniger Pufferplatz wird benötigt, um einen bestimmten maximalen Durchsatz zu erzielen:

$$Pufferplatz \;=\; \lim_{SREQS \to \infty} \left\{ max.Durchsatz \cdot \frac{(SREQS + DROPS + 1)\cdot WTIMER_{max}}{(SREQS + 0.5)} \right\}$$

$$=\; \lim_{SREQS \to \infty} \left\{ max.Durchsatz \cdot \frac{\left(1 + \dfrac{DROPS}{SREQS} + \dfrac{1}{SREQS}\right)\cdot WTIMER_{max}}{\left(1 + \dfrac{0.5}{SREQS}\right)} \right\}$$

$$=\; max.Durchsatz \cdot WTIMER_{max}$$

Je kleiner SREQS ($\geq$ 1),

- desto größer muß der notwendige Pufferplatz sein, um einen bestimmten maximalen Durchsatz zu erzielen:

$$\text{Pufferplatz} \quad = \quad \lim_{SREQS \to 1} \left\{ max.\,Durchsatz \cdot \frac{(SREQS + DROPS + 1) \cdot WTIMER_{max}}{(SREQS + 0.5)} \right\}$$

$$= \quad max.\,Durchsatz \cdot \frac{(DROPS + 2) \cdot WTIMER_{max}}{1.5}$$

Die folgende Abbildung 3.7 illustriert noch einmal die Auswirkungen der Wahl von SREQS auf den erforderlichen Pufferplatz.

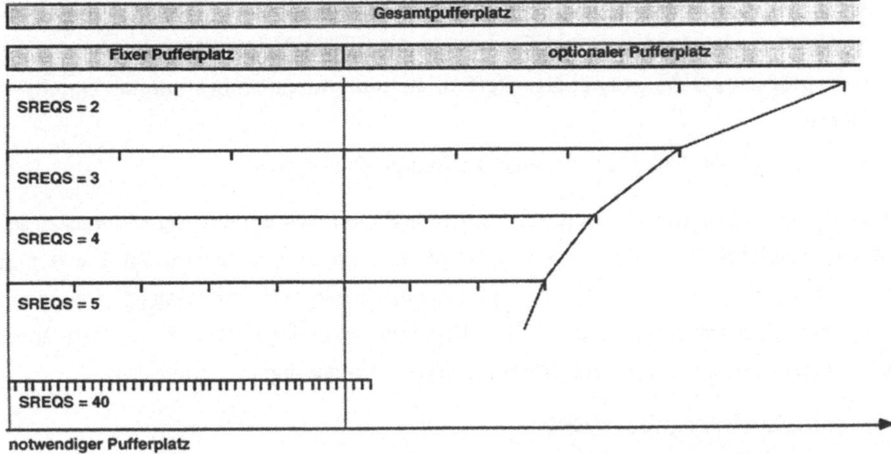

Abb. 3.7: Notwendiger Pufferplatz in Abhängigkeit von SREQS

Der "fixe" Pufferplatz ergibt sich aus dem für ein WTIMER-Intervall erforderlichen Bereich (WTIMER ist hier zur Vereinfachung auf SREQS * SBTIMER gesetzt worden). Der "optionale" Pufferplatz ergibt sich aus der Größe der DROPS-Variable und dem SBTIMER-Intervall. DROPS ist in dem der Abbildung zugrundeliegenden Szenario gleich 2 gesetzt.

Der Hauptvorteil, der sich aufgrund eines großen SREQS ergibt, ist somit eine Reduzierung des notwendigen Pufferplatzes aufgrund der daraus resultierenden kürzeren SBTIMER-Intervalle. Auf der anderen Seite impliziert eine größere Anzahl SREQS einen höheren Durchsatz bei gleichbleibender Pufferplatzgröße. Offensichtlicher Nachteil von großem SREQS ist die Zunahme des Quittungsverkehrs (insbesondere dann, wenn kein Damping eingesetzt wird).

Es ergeben sich somit die folgenden Vorschläge zur Justierung von SREQS:

- Bei einer großen Anzahl von Empfängern und Nichteinsatz von Damping sollte SREQS möglichst klein (1-2) gewählt sein, um die Überflutung des Netzwerkes durch CNTL-Pakete zu unterbinden.

- Bei einer geringen Anzahl von Empfängern in einer lokalen Umgebung kann SREQS auf 3-4 erhöht werden, um einen möglichst hohen Durchsatz zu erzielen.

- Bei einer geringen Anzahl von Empfängern in einer Weitverkehrsbeziehung sollte SREQS groß gewählt sein (> 4). Dadurch wird eine möglichst aktuelle Information des Senders erreicht, die bei solch kleinen Empfängerzahlen nicht zu Überlastproblemen führt.

Neben SREQS hat auch DROPS einen gewissen Einfluß auf den Algorithmus, der im folgenden illustriert wird:

Je größer DROPS,

- desto größer ist die Maximalanzahl an Buckets MAXB, denn MAXB = SREQS + DROPS +1

- desto länger wird die Lebensdauer der Buckets, denn jede Erhöhung von DROPS verlängert die Lebensdauer eines Buckets um ein SBTIMER-Intervall.

- desto größer muß der notwendige Pufferplatz sein, um einen bestimmten Durchsatz zu erzielen.

- desto geringer der Durchsatz bei einer konstanten Puffergröße

Als Vorteil von großem DROPS ist die zunehmende Zuverlässigkeit des Algorithmus zu sehen. Die Wahrscheinlichkeit, daß gewisse Empfänger eine bestimmte Anzahl von Paketen nicht erhalten, wird geringer. Der zur Verfügung stehende Pufferplatz muß vergrößert werden, um mit vergrößertem DROPS-Wert den gleichen Durchsatz zu erzielen. Wird der Pufferplatz nicht erhöht, so führt eine Erhöhung von DROPS zu einer Verringerung des Durchsatzes.

Vorschläge zur Einstellung von DROPS:

- Für Netzwerke mit geringen Fehlerraten sollte DROPS klein sein (1-2)

- Für Netzwerke mit hoher Fehlerwahrscheinlichkeit (BER $\geq 10^{-6}$) sollte man die Wahrscheinlichkeit p_{loss} für einen Paketverlust bestimmen. Die Wahrscheinlichkeit, daß ein Empfänger Paketverlust erleidet, liegt bei $p_{loss}{}^{DROPS}$. DROPS sollte demnach so gewählt werden, daß der gewünschte Zuverlässigkeitsgrad erreicht wird.

- Auf einem Weitverkehrsszenario sollte DROPS groß gewählt werden, um die stark differerierenden Antwortzeiten der Empfänger besser aufzufangen.

3.1.8.5.7   XTP Damping und Slotting

Die Anzahl der duplizierten Kontrollpakete, die als Reaktion auf ein SREQ oder im Fehlerfall erzeugt werden, wird durch den Einsatz von effizienten Quittungsmechanismen und Pufferstrategien reduziert. Falls die Fehlerkontrolle nicht durch Setzen des NOERR-Bits abgeschaltet ist, erzeugt jeder Multicast-Empfänger ein Kontrollpaket, wenn er einen Paketverlust feststellt. Bei diesem Kontrollpaket kann es sich um ein REJECT-Paket, welches auf das erste nicht erhaltene Paket hinweist, oder um ein SELective ACKnowledgement-Paket handeln. In der aktuellen XTP-Spezifikation 3.6 wird ausschließlich die auf REJECT-Paketen basierende Go-Back-N-

Neuübertragungsstrategie unterstützt. Die Pakete werden nicht nur an den Sender, sondern an die gesamte Gruppe geschickt. Dadurch wird ermöglicht, daß andere Empfänger auf das Aussenden von positiven Quittungen bzw. Neuübertragungsanforderungen verzichten können, falls sie den Paketstrom genauso korrekt empfangen haben oder dieselben oder eine Untermenge der Pakete neu anfordern möchten (**DAMPING**). Dieser Mechanismus reduziert die Anzahl überflüssiger Kontrollpakete an den Sender, insbesondere im Fall einer fehlerfreien Multicast-Übertragung. Die Schwächen dieses Ansatzes sind zum einen seine mangelnde Robustheit und Ineffizienz wegen der extrem unterschiedlichen Antwortzeiten der Empfänger, und zum anderen die u.U. hohe Zahl anonymer Quittungen an den Sender. Letzteres macht ein zuverlässiges Multicast mit diesem Algorithmus unmöglich.

Zur Realisierung eines stabileren Damping-Verfahrens verzögert jeder Empfänger das Absenden von Kontrollpaketen um ein zufälliges Zeitintervall (**SLOTTING**). Durch dieses zeitliche Entzerren des Sendens der Kontrollpakete steigt die Wahrscheinlichkeit, daß ein Empfänger auf das Abschicken eines Kontrollpakets verzichten kann, da bereits eines mit ähnlichen Anforderungen von ihm registriert wurde. Dabei ist jedoch auf Verträglichkeit der zusätzlichen Verzögerung mit dem "Bucket-Algorithmus" zu achten, da die maximal mögliche Verzögerung die "Bucket"-Lebenszeit nicht überschreiten darf (s. Kapitel 5.4.2).

Der Einsatz von Slotting und Damping resultiert offensichtlich in einem höheren Verarbeitungsoverhead bei den Empfängern, andererseits jedoch auch in einer Reduzierung der Anzahl der CNTL-Pakete und damit in geringerem Verarbeitungsaufwand beim Sender. Diese Auswirkungen nehmen zu, je größer das Produkt aus Gruppengröße und CNTL-Paket-Frequenz wird. Denn dieses Produkt ergibt die Gesamtzahl von empfängerseitig generierten CNTL-Paketen pro Zeitintervall. Bei Anwachsen dieses Produkts wird es schwerer, den Sender und möglicherweise das unterliegende Netz vor übermäßigem Paketfluß zu schützen.

3.1.9 Fazit

Die Analyse der Anforderungen an Multicast-unterstützende Protokolle hat ergeben, daß neben den für Punkt-zu-Punkt-Verbindungen eingesetzten Mechanismen zur Bereitstellung eines bestimmten Durchsatzes und einer maximalen Verzögerung spezielle Verfahren zur Fehlerkontrolle und Gruppenverwaltung benötigt werden.

XTP bietet die für den Bereich der Fehlerkontrolle am weitesten fortgeschrittenen Verfahren an und wird daher in Kapitel 5.4 einer detaillierten Leistungsbewertung unterzogen. Dabei werden eine Vielzahl von Verbesserungsvorschlägen gemacht, welche die offensichtlichen Schwachpunkte des XTP-Multicast-Fehlerkontrollverfahrens beheben und in die Spezifikation der Protokollmechanismen einfließen, die zur AMTP-Diensterbringung eingesetzt werden. Zu den Schwachpunkten des XTP-Protokolls zählen u.a. die fehlende QOS-Unterstützung, die Anonymität der Quittungen, die große Anzahl unnötiger Quittungen und Übertragungswiederholungen sowie in besonderem Maße das Fehlen einer Dienstspezifikation. Die folgende

Tabelle 3.2 stellt vorgreifend auf die in Kapitel 5 durchgeführten Leistungsbewertungen und auf die in Kapitel 6 beschriebenen Details des AMTP-Dienstkonzeptes, XTP- und AMTP-Mechanismen zur Erbringung eines Multicast-Dienstes gegenüber.

XTP	AMTP
verschiedene Zuverlässigkeitsklassen	
Quittungspakete an gesamte Gruppe	Quittungspakete an Sender
Quittungspaket-Implosion • Damping und Slotting in Endsystemen	Quittungspaket-Implosion • Filtern in Routern • Gruppenquittierung • Verteilte Quittierung
Go-Back-N-Neuübertragung	Selektive Neuübertragung
Konstante Senderate	Ratenadaption basierend auf Quittungen
Neuübertragung vom Sender	Neuübertragung von Sender und Router
Anonyme Empfänger	Konkatenieren von Adreßinformationen
Bucket-Algorithmus zur Fehlerkontrolle in LANs	Erweiterung des Bucket-Algorithmus auf WANs
Kontrollpakete: CNTL, RCNTL	Kontrollpakete: CNTL, CNTL-RTT, RCNTL

Tabelle 3.2: Multicast-Prinzipien: XTP vs. AMTP

3.2 Fluß- und Überlastkontrolle

Nachdem in den Kapiteln 2.1.2.3 und 2.2.2.2 die Notwendigkeit und die Einsatzmöglichkeiten von Protokollmechanismen zur Fluß- und Überlastkontrolle erläutert worden sind, werden jetzt Problembereiche skizziert und unterschiedliche Realisierungsvorschläge beschrieben. Sowohl Fluß- als auch Überlastkontrollverfahren haben das Ziel, das Verhältnis zwischen Durchsatz und Verzögerungszeiten für eine Verbindung zu maximieren. Dabei erreichen sie jedoch immer nur einen Kompromiß zwischen der effizienten Vermeidung von Überlastsituationen und der Maximierung der Leistung der entsprechenden Verbindung. Es wird deutlich, daß es zur Last- bzw. Flußkontrolle keine Patentlösung geben kann. Jede Kombination der einzelnen Algorithmen hat ihre Stärken und Schwächen. Beim Entwurf eines Netzes muß daher darauf geachtet werden, daß die Kapazitäten auf absehbare Zeit ausreichend sind. Wichtig vor der Entscheidung für eine bestimmte Algorithmenkombination ist daher eine fundierte *Lastanalyse*, wie sie im Kapitel 5.2 "Lastgeneratoren" vorgestellt wird.

3.2.1 TCP´s Timergesteuerte Flußkontrolle

Eine Vielzahl von Flußkontrollmechanismen stützt sich auf einen Quittungs-Timer-Mechanismus, der die Neuübertragung von Daten anstößt, falls die entsprechende Quittung vor Ablauf des Timer-Intervalls nicht beim Sender angekommen ist. Da normalerweise sämtliche den gleichen Engpaß durchquerende Verbindungen von der Überlast beeinträchtigt werden, kommt es zur Neuübertragung bei all diesen Verbindungen. Bei Einsatz von TCP´s *Slow Start* [Jaco88] werden die Flußfenster daraufhin auf eine Größe von 1 zurückgesetzt. Folglich geht das Netz in einen Zustand über, in dem nur ein geringer Teil der verfügbaren Bandbreite genutzt wird. Dies trifft insbesondere zu auf Netze mit großem Produkt aus Bandbreite und Signallaufzeit. Aufgrund des anschließenden in Slow-Start einsetzenden exponentiellen Fensterwachstums entsteht eine hohe Oszillation der Fenstergrößen sämtlicher Verbindungen, die zu beträchtlichen Umlaufzeit- und Warteschlangenlängen-Schwankungen führt. Es wäre vorteilhaft, insbesondere in Überlastsituationen, die bereits aufgrund einer geringen Anzahl von Verbindungen hervorgerufen worden sind, die Fenstergröße in Abhängigkeit von der Anzahl aktiver Verbindungen zu reduzieren. Somit werden in AMTP *Kontraktionsgrößen* eingesetzt, die ungleich 1 sind (vgl. Kapitel 3.2.3 "Fast Fair Tri-S", [HeKM93, Mers92]) und die Oszillation verringern. Das in Kapitel 3.2.3 vorgestellte Fast Fair Tri-S ist als Bestandteil von AMTP spezifiziert.

Die Berechnung der Länge des Quittungs-Timers ergibt sich aus einer Abschätzung der aktuellen Umlaufzeit sowie der Berücksichtigung von Mittelwert und/oder Varianz von zuvor gemessenen Werten. Quittungs-Timer haben einen großen Einfluß auf die Leistung (Quotient aus Durchsatz und Verzögerung) einer Kommunikationsverbindung. Ist ein Timer schlecht justiert und läuft deshalb zu früh ab, d.h., bevor eine Quittung empfangen werden konnte, werden Fehlerbehebungsmechanismen unnötigerweise aktiviert und jedes Paket, das seit der letzten Quittierung übertragen wurde, erneut gesendet. Ein Timer sollte also zumindest die Zeitspanne *2 * Übertragungszeit + Bearbeitungszeit beim Empfänger* (entspricht der Umlaufzeit, engl. Round Trip Time, RTT) abdecken. Andererseits darf die Laufzeit eines Timers nicht zu lang sein, damit im Fehlerfall schnell reagiert werden kann.

Da sich im Verlauf einer Verbindung die RTT ändert, ist ein *adaptiver Quittungstimer* notwendig. Wenn jedoch die *RTT-Änderungsrate* größer als die *Timer-Adaptionsrate* ist, besteht die Gefahr unnötig initiierter Neuübertragungen [Zhan86]. Die Berechnung der Timer nach der **SRTT-** (Smoothed **RTT**) Methode [Post81a] ist z.B. dem schnellen Wechsel zwischen Hoch- und Niedriglastphasen heutiger Kommunikationsnetze nicht gewachsen. Ein Nachteil dieser Methode ist die fehlende Einbeziehung der RTT-Varianz in die Berechnung des Timer-Werts. Zumindest würde die Abschätzung der RTT-Varianz und die darauf basierende Berechnung des Timers die Unterbindung einiger überflüssiger Neuübertragungen [Jaco88] ermöglichen.

Zur Messung der RTT merkt sich der Sender den Absendezeitpunkt jedes TCP-Segments und ermittelt durch Differenzbildung mit der Ankunftszeit der Quittung die entsprechende RTT. Ein Problem vieler TCP-Implementierungen ist jedoch die eindeutige Abbildung einer Quittung auf das Originalpaket bzw. auf die möglicherweise bereits gesendeten Neuübertragungen. Erste in TCP integrierte Vorschläge zur Lösung dieses Problems waren zum einen *die Messung der RTT ausgehend vom Originalpaket* und zum anderen *die Messung der RTT ausgehend von der aktuell gesendeten Neuübertragung*. Die Zuordnung der Messung zum Originalpaket kann zu einem sehr schnellen Anstieg der RTT-Meßwerte bei Netzen mit hohen Paketverlustraten führen, während die zweite Methode nur dann funktioniert, wenn ein ablaufender Timer den Verlust der vorhergehenden Übertragung der gleichen Daten impliziert [Zhan86]. Diese Annahme des Verlustes der vorhergehenden Übertragung ist oft falsch, verspätete Quittungen kommen dann kurz nach Ablauf des Timers an. Da der aktuelle Timer demzufolge erst kurz zuvor gestartet wurde, stabilisiert sich die RTT-Abschätzung auf einem unrealistisch kurzen Wert, der wiederum zu unnötigen Paketneuübertragungen und Vergeudung von Bandbreite führt. Auf diese Problematik reagiert der *Karn-Algorithmus* [KaPa87]. Bei diesem Verfahren wird solange auf Messungen von RTTs verzichtet, bis ein Paket ohne nachfolgende Neuübertragung gesendet werden kann. Zusätzlich zu dieser Strategie setzt Karn einen Backoff-Algorithmus ein, der die Länge des Quittungs-Timers vor dem Neuübertragen eines Pakets ausdehnt. Ausschlaggebend für die Effizienz des Backoff-Algorithmus ist die Größe der Backoff-Intervalle (exponentielles Wachstum, [Jaco88]). Um das Anwachsen der Timer nach oben zu beschränken, sehen die meisten Implementierungen eine obere Schranke für diesen Wert vor.

Eine exakte, aber nur sehr selten in TCP-Implementierungen integrierte Option zur RTT-Messung ist der Einsatz von Zeitstempeln [JaBB91, Mers92, HeKM93]. Diese werden vom Sender in jedes Datensegment (Optionsfeld) plaziert. Der Empfänger kopiert den Zeitwert in seine Quittung. Somit ist eine *eindeutige* RTT-Messung für jedes Paket möglich, indem der Sender den empfangenen Zeitstempel mit den gespeicherten Absendezeitpunkten vergleicht, ihn dann eindeutig einem abgeschickten Paket zuordnet und anschließend von der aktuellen Zeit subtrahiert. Diese Strategie wird bereits in Protokollen wie XTP [XTP92a], RTP [Schu92] und auch AMTP eingesetzt.

Zur Abschätzung des Einflusses unterschiedlicher Methoden zur Einstellung des Quittungs-Timers auf die Leistung des Fluß- bzw. Überlastkontroll-Verfahrens wird eine Leistungsbewertung mittels unterschiedlicher Simulationsexperimente durchgeführt (vgl. Kapitel 5.3).

3.2.2 Oszillationsdämpfung mittels Tri-S und FF-Tri-S

Mögliche Ansätze zur Reduktion der Fenster- und der damit verbundenen Durchsatz-Oszillation bieten *Slow-Start and Search (Tri-S,* [WaCr91]) und das in dieser Arbeit vorgestellte und in AMTP integrierte *Fast Fair (FF-) Tri-S* (vgl. Kapitel 3.2.3). Nach Ergebnissen in [WaCr91], die durch eigene Resultate bestätigt werden [HeKM93], ergibt der Einsatz von Tri-S ein gegenüber *Slow-Start* [Jaco88] verbessertes *Oszillationsverhalten*. Die Oszillation beschreibt das Durchsatzverhalten in der Nähe des optimalen Arbeitspunktes, der durch hohen Durchsatz bei gleichzeitig kurzer Verzögerungszeit gekennzeichnet ist. Eine Verbesserung des Oszillationsverhaltens setzt bei der Verringerung der RTT-Varianz an, die die Einstellung des Quittungs-Timers vereinfacht und die Wahrscheinlichkeit von Fehlalarmen verringert.

Tri-S und *FF-Tri-S* basieren auf dem Grundgedanken, nach der Startphase, die durch exponentielles Fensterwachstum gekennzeichnet ist, nur dann die Flußfenstergröße zu verändern, wenn sich die Last im Netz <u>signifikant</u> ändert. Dies ist zum Beispiel dann der Fall, wenn eine zusätzliche Verbindung aufgebaut oder eine aktive Verbindung abgebaut wird. Als Entscheidungsgröße dient dem Sender der *normalisierte Durchsatz-Gradient (normalized throughput gradient, NTG)*, mit dem das Lastverhalten berechnet und der Sender-Algorithmus gesteuert wird. Der Algorithmus teilt sich in drei Phasen:

- *Initialisierungsphase* mit exponentiellem Fensterwachstum: *Tri-S* und *FF-Tri-S* beginnen ihre Übertragung mit einer Fenstergröße, die einer benutzerdefinierten Basiseinheit (*basic adjustment unit, BAU*) entspricht. Die BAU muß nicht einem einzelnen Paket entsprechen. Bei Empfang einer Quittung wird die Fenstergröße um eine BAU erhöht; die Phase endet bei Erreichen einer vorher ausgehandelten oder implementierungsabhängigen Fenstergröße bzw. bei Ablauf eines Quittungs-Timers und wechselt in die *Wendepunktphase*.

- *Wendepunktphase (Tri-S)* mit Zurücksetzen der Fenstergröße auf eine BAU, falls der zuständige Timer ohne Erhalt einer Quittung abgelaufen ist: bei Empfang der nächsten Quittung wird NTG erneut kalkuliert; ist NTG größer als ein vordefinierter NTG-Wert NTG_d, wird die Fenstergröße um eine BAU vergrößert, andernfalls wechselt der Algorithmus in die *Selektive Phase*.

  Wendepunktphase (FF-Tri-S) mit Zurücksetzen der Fenstergröße auf die Hälfte der aktuellen Fenstergröße, falls der zuständige Timer ohne Erhalt einer Quittung abgelaufen ist: bei Empfang der nächsten Quittung wird NTG erneut kalkuliert; ist NTG größer als ein vordefinierter NTG-Wert NTG_d, wird die Fenstergröße um ein von der aktuellen RTT abhängiges Vielfaches der BAU vergrößert, andernfalls wechselt der Algorithmus in die *Selektive Phase*.

- *Selektive Phase* mit bedingter linearer Vergrößerung der Fenstergröße zur Übernahme freier Ressourcen und zum Testen der maximal verfügbaren Ressourcen: Das Sendefenster wird bei Erhalt einer Quittung um BAU/aktuelle Fenstergröße erhöht. NTG wird kalkuliert, sobald der kumulierte Wert von BAU/aktuelle Fenstergröße größer als 1 BAU ist; ist NTG kleiner als der vordefinierter NTG-Wert NTG_i, wird die aktuelle Fenstergröße um eine BAU verkleinert, im anderen Fall wird keine Veränderung der Fenstergröße vorgenommen.

NTG_d und NTG_i spielen bei den Tri-S-Verfahren eine entscheidende Rolle. Je kleiner NTG_d gewählt ist, desto schneller verläuft der Anstieg der Fenstergröße nach einem Paketverlust und desto schneller nehmen die Verzögerungszeiten für die Übertragung der Daten zu. In den hier untersuchten Szenarien hat sich ein Wert von 0.5 für NTG_d als geeignet erwiesen. Ist NTG_i klein gewählt, so wird erst bei relativ großer Last das Sendefenster verkleinert. NTG_i ist daher umgebungsabhängig zu wählen.

Neu im Vergleich zum Slow-Start-Algorithmus ist die Möglichkeit, eine erreichte Fenstergröße zu erhalten oder geringfügig zu verkleinern. Grundlage für die Berechnung des dazu eingesetzten Gradienten ist der Verlauf der Durchsatzkurve (vgl. Abbildung 2.7a) bis zum *"Cliff"*. Der Gradient wird folgendermaßen berechnet: Sei W_n die Größe des n-ten Flußfensters, $T(W_n)$ eine Funktion zur Berechnung des Durchsatzes im n-ten Flußfenster. Dann ist der *Durchsatz-Gradient TG* definiert als

$$TG(W_n) \quad := \quad \frac{T(W_n) - T(W_{n-1})}{W_n - W_{n-1}}$$

Die Größe des nullten Flußfensters wird mit 0 vorbesetzt, die Größe des ersten Fensters beträgt eine Basiseinheit. Aus Abbildung 2.7a ist ersichtlich, daß TG bei zunehmender Last gegen 0 strebt. Der zur ersten Übertragung *normalisierte Durchsatz-Gradient NTG* berechnet sich dann wie folgt:

$$NTG(W_n) \quad := \quad \frac{TG(W_n)}{TG(W_1)}$$

Nach [WaCr91] liegt dieser Wert zu jeder Zeit zwischen 0 und 1. In [Mers92] wird analytisch und simulativ gezeigt, daß die NTG-Berechnung in Abhängigkeit vom untersuchten Last- und Netzszenario in vielen Fällen durchaus Werte ergibt, die außerhalb dieses Intervalls liegen. Werden jedoch geringfügige Modifikationen des Algorithmus durchgeführt, wird der Nutzen der *Tri-S-Verfahren* nicht beeinträchtigt.

Da der Durchsatz bei geringer Netzlast proportional zur angebotenen Last steigt, liegt der NTG in diesen Fällen nahe bei 1. Bei hoher Netzlast wird der NTG nahe bei 0 liegen, denn dann ist der Pfad ausgelastet und der Durchsatz kann sich nicht erhöhen. Da die Fenstergröße sich in der Initialisierungsphase von Quittung zu Quittung um eine BAU verändert, gilt für den normalisierten Durchsatzgradienten

$$NTG(W_n) \quad = \quad \frac{T(W_n) - T(W_{n-1})}{T(W_1)}$$

Der Durchsatz $T(W_n)$ kann ermittelt werden als $T(W_n) = W_n / D_n$, wobei W_n die aktuelle Fenstergröße beschreibt (d.h. die Anzahl der sich im Übergang befindlichen Pakete). D_n ist die Zeit, die vom Sendezeitpunkt des n-ten Pakets bis zum Empfang der entsprechenden Quittung verstreicht. D_n entspricht somit der Umlaufzeit (RTT) für dieses Paket. Damit kann der NTG berechnet werden zu

$$NTG(W_n) \quad = \quad \frac{\dfrac{W_n}{D_n} - \dfrac{W_{n-1}}{D_{n-1}}}{\dfrac{W_1}{D_1}}$$

Die Normalisierung des NTG mit der ersten RTT-Messung (möglicherweise ausschließlich aus der reinen Signallaufzeit der Nachricht bestehend) ist somit so zu verstehen, daß sie Effekte vermeiden soll, die durch fortlaufende RTT-Messungen verursacht werden und damit eine ständige Adaption der NTG-Schwellwerte NTG_i und NTG_d zur Folge hätte. Um dem Ziel nahezukommen, die reine Signallaufzeit als Referenzgröße für die NTG-Berechnung zu erhalten, sollte das erste zur RTT-Bestimmung abgeschickte Paket mit hoher Priorität verschickt werden.

3.2.3 Fairness und Robustheit des präventiven FF-Tri-S

Das Problem der Fairness ergibt sich bei allen Timer-gesteuerten Quittungsverfahren. Unterschiedliche Verbindungen, die den gleichen Engpaß durchqueren, besitzen aufgrund ihrer zeitlichen Entfernung zwischen Sender und Empfänger unterschiedliche Werte für ihre Quittungs-Timer. D.h. einige Sender können nach einem Paketverlust ihre Fenster schon wieder vergrößert haben, bevor andere Sender, deren Pakete zur gleichen Zeit verloren gingen, aufgrund des Ablaufs ihrer Quittungs-Timer erst über den Verlust benachrichtigt werden. Dadurch werden Verbindungen mit langen RTTs benachteiligt. Die Vergrößerung ihres eigenen Flußfensters wird durch die bereits von den "schnelleren" Verbindungen verbrauchten Ressourcen behindert. In dieser Arbeit wird daher ein Ausgleich über eine von der RTT abhängige BAU-Größe vorgeschlagen, die in *Fast Fair Tri-S* integriert ist (vgl. Kapitel 5.3.5). Je länger der Pfad ist, desto größer kann die BAU gewählt werden. Andererseits darf die BAU nicht zu groß sein, damit die Fensteränderung nicht zu stark oszilliert.

Unterstützend zu Timer-Mechanismen setzt *Fast Fair Tri-S* ein Alarmverfahren (*DecBit* [RaJa90], *Binary Feedback* [RaJa88], *Random Early Detection* [FlJa93]) zur schnelleren Meldung einer Überlast und zur weiteren Dämpfung der Oszillation der Gesamtlast ein. Alarmverfahren werden aktiv, sobald die Zwischensytempuffer einen bestimmten Füllgrad erreicht haben. Sie sind also bereits aktiv, bevor es zu abgelaufenen Timern in den Sendestationen kommt. *Fast Fair Tri-S* geht dabei folgendermaßen vor: Im Gegensatz zu *DecBit* wird nicht jedes Paket, das in Senderrichtung unterwegs ist, durch Setzen eines entsprechenden Bits gekennzeichnet. Dies würde sich auf sämtliche Verbindungen auswirken und damit zu einer enormen Oszillation der Gesamtlast führen. Das in *Fast Fair Tri-S* eingesetzte Alarmverfahren setzt sich aus den folgenden beiden Phasen zusammen, die in dieser Form ausschließlich von monolithischen Transfersystemen wie AMTP realisiert werden können:

* *Beobachtungsphase*: Sämtliche Zwischensysteme beobachten den Verkehr und berechnen dabei iterativ ab einem bestimmten Pufferfüllgrad p_{limit} die Verteilung der Durchsätze der unterschiedlichen Verbindungen. Die separate Betrachtung unterschiedlicher Verbindungen ist nur möglich, wenn es sich wie bei AMTP um ein auf Multiplexing verzichtendes Protokoll handelt, bei dem die Ende-zu-Ende-Verbindungen auch im Zwischensystem identifizierbar sind.

  Nimmt der normierte Füllgrad des Puffers pro Zeitintervall $t_{observe}$ mehr als eine vorbestimmte *Relative Increase Factor Unit (RIFU)* zu, so wechselt der Algorithmus in die *Meldephase*. Die Länge des Beobachtungszeitraums ist sehr kritisch. Sie darf nicht zu kurz gewählt sein, da sonst bei jedem Burst-Datenstrom die RIFU überschritten wird und der Algorithmus u.U. vorzeitig reagieren würde. Andererseits darf das Zeitintervall nicht zu lang sein, da dann der anschließende Übergang in die Meldephase zu spät kommt. Liegt die Zunahme des Pufferfüllgrades ständig unterhalb der RIFU und greift somit das Alarmverfahren nicht, so wirken die in Kapitel 3.2.2 angegebenen RTT-basierten Fensteradaptions-Verfahren einem Pufferüberlauf entgegen.

- *Meldephase*: Basierend auf der in der *Beobachtungsphase* festgestellten Zunahme des Pufferfüllgrades um eine, zwei oder k RIFUs werden in Abhängigkeit von der aktuellen Durchsatzverteilung (die hier aus der Pufferbelegung abgeleitet wird) die ein, zwei oder k durchsatzstärksten Verbindungen ausgewählt und zur Reduzierung ihrer Sendelast (Rate, Fenster) durch Absenden von RCNTL-Paketen (Router-CNTL) aufgefordert. Das Zwischensystem merkt sich die betreffenden Verbindungen, um im Falle einer unkooperativen Verbindung nach n-maliger Aufforderung (n ist implementierungsabhängig) durch RCNTL-Pakete eine Verwerfung der Pakete dieser Verbindung durchzuführen. Somit stellt *FF-Tri-S* im Gegensatz zu *Slow-Start* und *Tri-S* ein robusteres Verfahren dar. Die RCNTL-Pakete werden solange gesendet, bis der Pufferfüllgrad unter ρ_{limit} gesunken ist.

In der folgenden Abbildung 3.8 ist ein Beispielszenario skizziert, in dem vier aktive Verbindungen um die Pufferressource konkurrieren. ρ_{limit} ist hier auf 0.6 gesetzt, $t_{observe}$ besitzt eine Dauer von 0.1 Sekunden. Da die RIFU auf 0.06 eingestellt ist, werden aufgrund des Anwachsens des normierten Pufferfüllgrades um ca. 0.15 im Beobachtungszeitraum $t_{observe}$ die zwei Verbindungen mit dem aktuell höchsten Durchsatz durch RCNTL-Pakete zur Reduzierung ihrer Sendelast aufgefordert, was durch den Rückgang der entsprechenden Pufferbelegung durch die betreffenden Verbindungen ersichtlich wird.

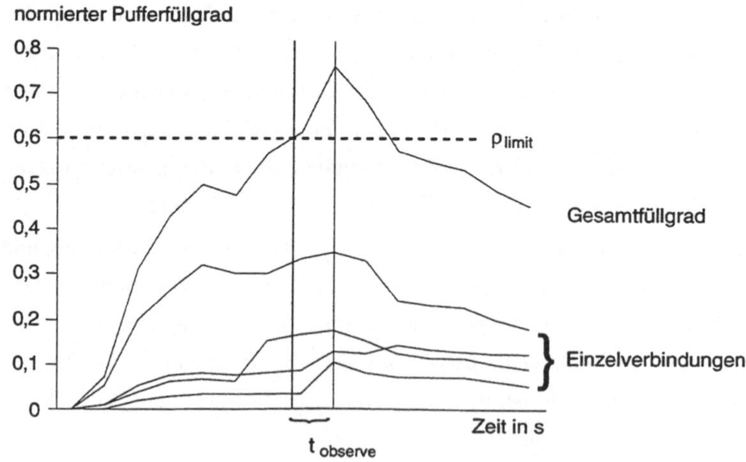

Abb. 3.8: FF-Tri-S Alarmverfahren

FF-Tri-S führt zu einer Reduzierung der Last-Oszillation, da nicht alle Verbindungen gleichzeitig mit Alarmsignalen versorgt werden. Kommen die durch die Zwischensysteme initiierten Meldungen bei den betreffenden Sendern an, so wird die Sendelast vermindert (halbe Fenstergröße, halbe Senderate), im anderen Fall kann die Last entsprechend dem Tri-S-Verfahren weiter generiert werden.

Mittels der in Kapitel 5.3 vorgestellten Simulationen sollen u.a. die folgenden Fragestellungen untersucht werden:

- Welchen Einfluß haben die Algorithmen zur Umlaufzeitbestimmung und zur Timer-Einstellung auf Slow-Start, Tri-S und FF-Tri-S?

- Wie beeinflussen sich gleichzeitig aktive Verbindungen, die das gleiche Zwischensystem passieren?

- Welchen Einfluß hat die Entfernung des Senders von der Überlaststelle auf die Effizienz der Verfahren? Sind die Verfahren fair?

- Wie wirkt sich eine verbindungsspezifische BAU auf die Fairness aus?

- Für welche Szenarien ist die Reduzierung der Fenstergröße auf Werte größer als 1 vorteilhaft?

3.2.4 XTP's Ratenkontrolle

Während fensterbasierte Ende-zu-Ende-Flußkontroll-Mechanismen die Datenmengen regulieren, die ein Sender überträgt, charakterisieren ratenbasierte Verfahren die zu übertragenden Daten mittels einer maximalen Paket- oder Burstlänge und des zeitlichen Abstands zwischen den zu übertragenden Datenmengen. Dadurch ermöglichen Ratenkontrollmechanismen eine Angleichung der Verarbeitungsgeschwindigkeiten der beteiligten Endsysteme aneinander. XTP ist als Transferprotokoll dazu in der Lage, auch die Zwischensysteme in den Mechanismus zu integrieren, da XTP sowohl Funktionalität der Transport- wie auch der Vermittlungsebene enthält [XTP92a]. Sender, Empfänger und Zwischensysteme handeln beim Verbindungsaufbau die *maximal erlaubte* Senderate RATE in Byte/s aus. Jedes Zwischensystem kann auch während der laufenden Verbindung ein Kontrollpaket an den Sender schicken, in dem es eine Raten-Änderung verlangt. Wann und wie ein XTP-Zwischensystem reagiert, ist jedoch in [XTP92a] nicht spezifiziert. Hier bietet sich der Einsatz des in *Fast Fair Tri-S* integrierten Meldeverfahrens an. Zur Beschreibung des Sendemusters benötigt XTP einen zweiten Parameter, der neben der maximal erlaubten Datenrate RATE die Anzahl der ohne Unterbrechung sendbaren Bytes angibt. Dieser Parameter wird in der XTP-Terminologie BURST genannt. Die folgende Abbildung 3.9 illustriert, wie mittels der beiden Parameter der Sendestrom beschrieben wird.

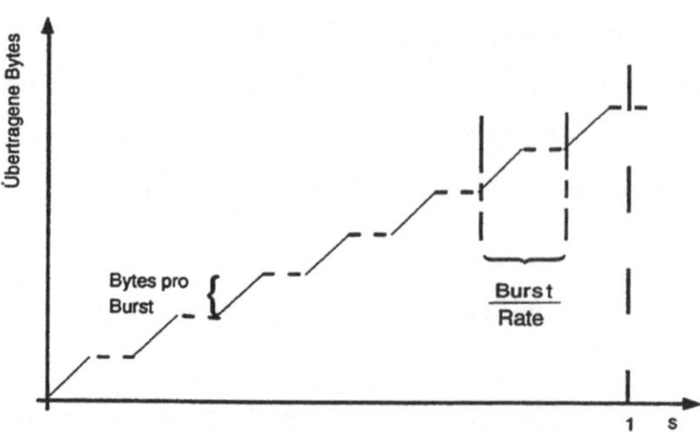

Abb. 3.9: XTP-Ratenkontrolle

Mithilfe des Quotienten aus BURST und RATE wird der jeweilig nächste Absendezeitpunkt für eine Datenmenge bestehend aus BURST Bytes angegeben. Sind die BURST Bytes übertragen, muß der Sender bis zum nächstmöglichen Absendezeitpunkt warten. Dies regelt ein XTP-Sender durch den Einsatz eines Timers, der gleich diesem Quotienten gesetzt ist und bei jedem Ablauf die Übertragung von BURST Bytes anstößt.

Bei der Realisierung eines solchen Verfahrens wirkt sich die unzureichende Timer-Auflösung heutiger Workstations negativ aus. In [HeMS93] wurde gezeigt, daß mit der von einer SUN-Sparc 2 angebotenen Timer-Granularität von 10 ms ein solcher Mechanismus bereits bei geringen Datenraten (< 10 Mbit/s) erhebliche Ungenauigkeiten entstehen, die dieses Verfahren unbrauchbar machen.

Ein wichtiger Faktor im Hinblick auf Überlastvermeidung ist die Bestimmung der zulässigen Datenrate für jede einzelne Verbindung in Abhängigkeit von den anderen Verbindungen. Hier schlägt die XTP-Definition [XTP92a] kein Verfahren vor, überläßt also dem Implementierer die Aufteilung der Ressourcen an die verschiedenen Verbindungen. Besitzen die um die Ressourcen konkurrierenden Verbindungen die gleiche Priorität, so ist ein dem *Fair Queueing* nachempfundenes Bedienverfahren vorstellbar, das die verfügbaren Ressourcen zu gleichen Teilen an die verschiedenen aktiven Verbindungen aufteilt (*Fair Rating*). Diese Bedienstrategie bildet zusammen mit dem XTP-Ratenkontrollverfahren die Basis für die in AMTP integrierte ratenbasierte Flußkontrolle.

3.2.5 Bedien- und Verwerfungsstrategien in Zwischensystemen

Zur Unterstützung von Fluß- und Überlastkontrollverfahren können Protokolle der Vermittlungs- und Transportschicht Bedienstrategien einsetzen. Sie dienen der Erzielung einer fairen Ressourcen-Verteilung und der Minimierung von Wartezeiten für verzögerungssensitive Daten, insbesondere während Hochlastphasen. Bedienstrategien in Zwischensystemen sind nicht primär dazu konzipiert, das von den Endstationen erzeugte Lastvolumen zu verringern. Die Bedienstrategien bestimmen vielmehr den Fairnessgrad zwischen Verbindungen, da sie die Bearbeitungsreihenfolge der ankommenden Pakete festlegen. Zählt man Verwerfungsstrategien wie *Random Drop*, *Drop Tail* oder *Random Early Detection* zu den Bedienstrategien, so tragen Bedienstrategien auch zur lokalen Verringerung des Lastvolumens bei. Auswirkungen von Bedienstrategien auf Fluß- und Überlastkontrollverfahren werden in Kapitel 5.3.7 untersucht.

Bedienstrategien ermöglichen insbesondere in Kooperation mit Methoden zur Bandbreitenreservierung eine bevorzugte Abarbeitung hochprioer Daten. Bedienstrategien lassen sich anhand der folgenden Kenngrößen charakterisieren und bewerten:

- Bearbeitungsreihenfolge,

- Reaktionszeit sowie

- Pufferauslastung.

Folgende Fragen stellen sich u.a. bei der Bewertung der Bedienstrategien:

- Wie groß ist der Einfluß der Bedienstrategien auf Timer-gesteuerte Fluß- und Lastkontrollmechanismen?

- Wie verhält sich die mittlere Paketverzögerungszeit für zeitsensitive Audio- und Videopakete bei verschiedenen Bedienstrategien und Lasten?

- Mit wievielen Paketverwerfungen aufgrund von Überschreitungen der maximalen Verzögerungszeit für Audio- und Videopakete ist bei verschiedenen Bedienstrategien und Lasten zu rechnen?

- Mit wievielen Paketverlusten aufgrund von Pufferüberlauf für Audio-, Video- und Datenpakete ist bei verschiedenen Bedienstrategien und Lasten zu rechnen?

- Welchen Einfluß hat die Puffergröße auf die Anzahl von Paketverlusten für Audio-, Video- und Datenpakete?

Eine realistische Bewertung dieser Bedienstrategien kann nur in einem möglichst realitätsnahen Szenario erfolgen. Insbesondere die Modellierung der zu erwartenden Lasten muß in den wesentlichen Punkten dem realen Vorbild entsprechen (s. Kapitel 5.2). Dies gilt nicht nur für Audio- und Videoströme, sondern auch für das Verhalten von herkömmlichen Datenströmen. Bei Datenströmen treten im Überlastfall Paketverluste auf, die ihrerseits wiederum zur Erzeugung weiterer Last durch wiederholtes Senden führen. Insbesondere der Verlust von Kontrollpaketen (senderinitiierte Anfragen, empfängerseitige Quittungen etc.) kann in solchen Situationen zu den unterschiedlichsten Lastzuständen führen. Da gerade in Überlastszenarien Bedienstrategien und Verwerfungsstrategien angemessen reagieren müssen, ist das Einbeziehen dieser Zusammenhänge in eine Leistungsbewertung unerläßlich.

Ein Zwischensystem setzt sich aus einer bestimmten Anzahl von Eingangswarteschlangen für die eingehenden Leitungen, einer Menge von Bedienwarteschlangen und einer Ausgangswarteschlange je abgehender Leitung zusammen, wie in Abbildung 3.10 skizziert. Der Bedienraum kann aus einer einzelnen FCFS- (First Come First Serve) Warteschlange bestehen, aus mehreren FCFS-Warteschlangen für verschiedene Verkehrsklassen oder verschiedene Verbindungen, oder aus mehreren nach verschiedenen Kriterien sortierten Warteschlangen zusammengesetzt sein.

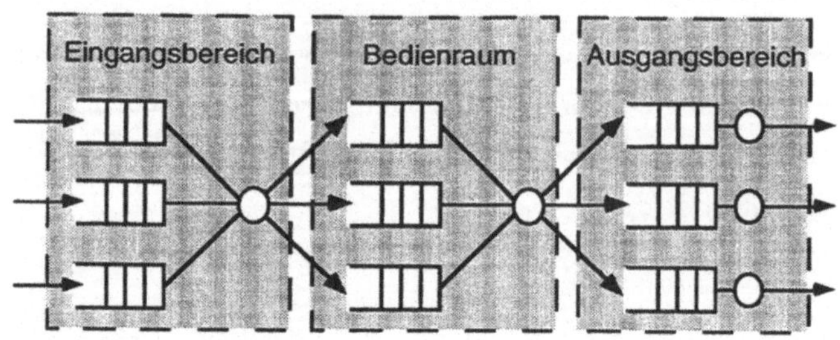

Abb. 3.10: Zwischensystem

Die *Einfügeoperation* vom Eingangsbereich in den Bedienraum bestimmt die Sortierung der Warteschlange(n). Die einfachste Strategie stellt dabei *FCFS* dar. Hier wird eine Warteschlange für den gesamten Verkehr im Bedienraum verwendet. Bei *Fair Queueing* [Nagl87] wird hingegen eine Warteschlange pro Verbindung eingerichtet. Aus den Warteschlangen wird dann der Reihe nach jeweils ein Paket bearbeitet (*Head Of Line, HOL*). Bei der Entwicklung von Fair-Queueing ging Nagle davon aus, daß die Zwischensysteme genügend Speicherkapazität aufweisen, um sämtlichen ankommenden Verkehr puffern zu können. Seine Beobachtungen haben gezeigt, daß bei den üblichen FCFS-Strategien diejenigen Verbindungen oder Benutzer am besten abschneiden, die sich nicht kooperativ verhalten. Durch Fair Queueing werden dagegen unkooperative Benutzer bestraft. Jedem Benutzer steht prinzipiell der gleiche Anteil der Ressource zur Verfügung. Sendet eine Quelle jedoch mehr Pakete, als die ihr zugeordnete logische Warteschlange aufnehmen kann, so werden die Pakete verworfen. Bei Fair Queueing verlieren also nur unkooperative Quellen Pakete, während die kooperativen Benutzer den ihnen garantierten fairen Anteil auf jeden Fall nutzen können. Erweiterungen von Fair Queueing [DeKS89] sehen vor, daß Verbindungen, die weniger als ihren fairen Anteil benutzen, bevorzugt behandelt werden. Denn sie haben Ressourcen freigelassen, die anderen Verbindungen zugeteilt werden können.

Zur Realisierung von Fair Queueing-Verfahren ist ein großer Aufwand nötig. Warteschlangen müssen dynamisch erzeugt und verwaltet werden. Jedes ankommende Paket muß analysiert werden, auch dann, wenn der Puffer voll ist. Gehört das Paket zu einer Verbindung, die bisher noch nicht ihren gesamten Anteil ausgeschöpft hat, so wird ein Paket einer anderen Verbindung verworfen. In Hochgeschwindigkeitsnetzen steht nur sehr wenig Zeit zur Bearbeitung der Pakete in Zwischenknoten zur Verfügung. In dieser kurzen Zeit muß für jedes Paket festgestellt werden, zu welcher Verbindung es gehört und ob Platz in der Warteschlange ist. Anschließend wird eine neue Sendereihenfolge festgelegt. Ein weiteres Problem wird bei der Untersuchung der Adaptivität deutlich: Wenn sich die Anzahl der Verbindungen in den Zwischensystemen schnell ändert, ändert sich ebenso rasch der faire Anteil, der dann reduziert oder auch erhöht werden muß. Trotz dieser beschriebenen Schwierigkeiten scheint Fair Queueing das einzige Verfahren zu sein, Fairneß und Robustheit in hohem Maße zu garantieren. Dies wurde durch eine Vielzahl von Simulationen belegt, die im Rahmen dieser Arbeit durchgeführt wurden [Mers92].

Besteht die Möglichkeit, im Paketkopf Zeitinformationen zu transportieren, so kann eine Sortierung und Bedienung in eine oder mehrere Warteschlangen mittels *Deadline-Scheduling* vorgenommen werden. Dabei dient die Differenz der maximal zulässigen und der bisher verbrauchten Verzögerungszeit (*Time-To-Live*-Information) als Sortierschlüssel für die Einfügeoperation. Steht weiterhin die Anzahl der auf dem Weg zum Ziel noch zu passierenden Zwischenknoten im Header zur Verfügung (dies kann ein Erfahrungswert bei verbindungsloser Vermittlungsschicht sein oder auf der Angabe durch den DVMR-Algorithmus [Deer91] basieren), kann der Quotient aus *Time-To-Live*-Information und dieser Anzahl zur Sortierung herangezogen werden. Das Ergebnis ist eine Warteschlange, die nach der noch zur Verfügung stehenden Zeit pro noch zu passierendem Knoten sortiert ist (*Time-per-Node-To-Go*-Sortierung).

In Kooperation mit der Sortierung der Pakete in den Eingangswarteschlangen hat die *Bedienung* der Warteschlangen entscheidenden Einfluß auf die Leistungskenngrößen der Zwischensysteme. Die Warteschlangen können im einfachsten Fall nach *Head Of Line* bedient werden, wobei jeweils ein Paket in fester Reihenfolge Warteschlange nach Warteschlange entnommen wird. Alternativ dazu kann die Bedienung *prioritätengesteuert* erfolgen. Sind den Paketen aufgrund ihrer Zugehörigkeit zu einer Verkehrsklasse bestimmte Prioritäten zugeteilt (*Static Priorities, SP*), so werden sie nach einer nicht-unterbrechenden Strategie (Paket-Level) bedient. Eine weitere Bedienstrategie, die in dieser Arbeit untersucht wird (vgl. Kapitel 5.3.6), ist die bevorzugte Bearbeitung von Paketen aus der Warteschlange mit dem größten Füllgrad (*Longest Queue First, LQF*).

Die Warteschlangen sind immer nur als logische Einteilung eines realen Puffers in Bereiche für unterschiedliche Verbindungen oder Datenströme zu verstehen, die keine feste Länge besitzen. Alle Daten teilen sich einen Speicher, der nicht in feste Bereiche unterteilt ist. Vielmehr erlauben die Speicher eine dynamische Zuteilung an die mit unterschiedlichen Prioritäten versehenen Daten und Verbindungen. Dies ist ein wichtiger Aspekt, der in vielen Simulationen mit statischen Warteschlangengrößen nicht berücksichtigt wird. Bei den in Kapitel 5 vorgestellten Simulationen ist eine Zwischensystem-Architektur ähnlich der in der Abbildung 3.11 dargestellten zugrundegelegt worden.

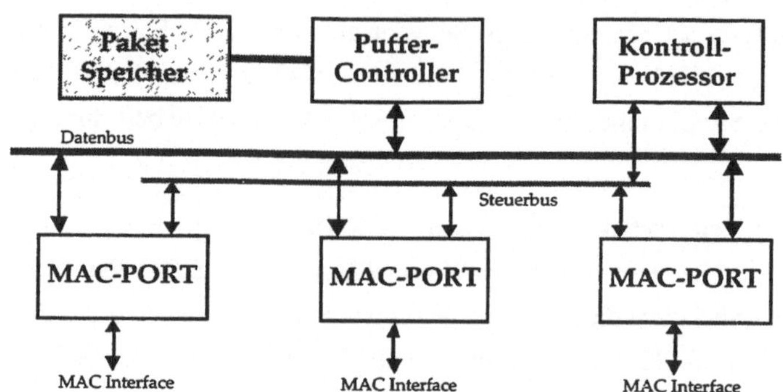

Abb. 3.11: Zwischensystem-Architektur

Bei vollen Warteschlangen bzw. bei Überschreiten der maximal zulässigen Verzögerungszeit (Time-To-Live) werden Strategien zur *Verwerfung* von Paketen eingesetzt. Das wegen Überlauf zu verwerfende Paket kann das gerade ankommende Paket sein (Drop Tail) oder ein zufällig ausgewähltes (Random Drop). Trifft ein Paket mit Zeitinformation an einer gefüllten Warteschlange ein, werden zunächst all diejenigen Pakete aus den Warteschlangen entnommen, deren Time-To-Live- (TTL) Feld bereits abgelaufen ist. Liegt nach dieser Operation immer noch nicht genügend Speicherplatz vor, können bei einem auf Prioritäten basierenden System Pakete, die eine niedrigere Priorität als aktuell eintreffende Pakete haben, entfernt werden, um für diese Platz zu schaffen.

Für auf Zeitinformationen basierende Verfahren sind Methoden zur Bestimmung der entsprechenden Zeiten zu entwickeln, die sich mit begrenztem Aufwand auch real umsetzen lassen. Verfahren, die auf lokalen Uhren in den Zwischenknoten zur Erfassung der Laufzeit basieren, sind in der Realität näherungsweise und nur mit sehr großem Aufwand zu realisieren. Die sich durch Ungenauigkeiten der Uhren ergebenden unterschiedlichen lokalen Zeiten führen bereits bei kleinen Abweichungen zu völlig falschen Meßergebnissen, da die Laufzeiten zwischen Knoten klein gegenüber den zu erwartenden Gangunterschieden der lokalen Uhren sind. Eine Synchronisation der Uhren durch entsprechende Protokolle (z.B. NTP - *Network Time Protocol* [Mill89, Mill91]) ist nur näherungsweise und mit großem Aufwand möglich.

In Kapitel 5.3 wird gezeigt, daß es möglich ist, zeitsensitive Datenströme mittels der oben angegebenen Bedien- und Verwerfungsstrategien auch ohne zusätzlichen Einsatz von Reservierungsmechanismen zu unterstützen. Zu diesem Zweck wurden prioritätenbasierte Verfahren in AMTP integriert.

Derzeit vorgeschlagene Reservierungstechniken benötigen einen zu hohen Bearbeitungsaufwand und sind noch nicht so ausgereift, daß die inhärente Bandbreitenverschwendung vernachlässigt werden könnte. Dies hängt damit zusammen, daß die Lastcharakteristik der unterschiedlichen Datenströme noch nicht ausreichend bekannt ist. Außerdem machen Reservierungstechniken nur auf verbindungsorientierten Vermittlungssystemen Sinn.

Beim Einsatz einfacher Bedienstrategien kann es natürlich zu Pufferüberläufen kommen, bei denen Pakete je nach ausgewählter Bedienstrategie verworfen werden müssen. Wird ein bestimmter Prozentsatz an verlorenen Paketen überschritten, so ist der resultierende Qualitätsverlust insbesondere für Audio- und Video-Daten nicht mehr tolerierbar. Wiederholungsstrategien sind für diese Datentypen keine Lösung.

Es ist daher vorteilhaft, zusätzlich zum Einsatz der Bedienstrategien den Paketen Informationen über den mittleren Bandbreitenbedarf mitzugeben, so daß den durchquerten Zwischenknoten mitgeteilt wird, welche Ressourcen dieser Datenstrom benötigt. Diese Erweiterung macht nicht nur in verbindungsorientierten Netzen Sinn, sondern ermöglicht es einem Zwischenknoten auch in verbindungslosen Netzen, sich auf die mit großer Wahrscheinlichkeit folgenden Daten vorzubereiten. Ist die gewünschte Bandbreite für das Zwischensystem zu hoch, kann bereits zu diesem Zeitpunkt eine Blockierung dieses Datenstroms vorgenommen werden. Vorteilhaft bei diesem Verfahren ist neben der weitaus einfacheren Realisierung die Tatsache, daß durch den Verzicht auf Reservierung von Pufferkapazitäten die gesamte Bandbreite nutzbar bleibt. Nachteilig ist, daß zur Gewährleistung einer störungsfreien Übertragung von Realzeitdaten die Blockierungs-Schwelle so niedrig gewählt werden muß, daß Paketverluste bei Realzeit-verbindungen eine gewisse Schwelle nicht überschreiten.

3.2.6 Fazit

Der Vergleich unterschiedlicher Strategien zur Fluß- und Überlastkontrolle verdeutlicht, daß die auf Slow-Start basierenden Verfahren aufgrund ihrer Timer-Abhängigkeit äußerst sensitiv auf sich verändernde Netzsituationen reagieren. Wie stark die aus dem vorzeitigen Ablaufen von Timern resultierende Oszillation des Durchsatzes ist, wird in Kapitel 5.3 untersucht. Das durch Einsatz von Tri-S und Fast Fair Tri-S gedämpfte Oszillationsverhalten wird diesen Ergebnissen gegenübergestellt. Fast Fair Tri-S bietet neben der verbesserten Fluß- und Lastkontrolle ein Alarmverfahren, daß aufgrund von Meldungen an dominierende Verbindungen eine schnellere Meldung von Überlastsituationen bereitstellt.

Neben den Kontrollverfahren wird in Kapitel 5.3 auch der Einfluß von Bedien- und Verwerfungsstrategien zur adäquaten Unterstützung von Anwendungen untersucht, die unterschiedliche Dienstqualitäts-Anforderungen an das unterliegende Kommunikatiossystem stellen. Der sinnvolle Einsatz dieser Verfahren ohne Hilfe durch Reservierungsverfahren wird vorgestellt.

Fast Fair Tri-S und prioritätengesteuerte Bedienstrategien in den Zwischensystemen wurden aufgrund der in Kapitel 5 vorgestellten sehr guten Resultate in AMTP integriert.

4 IMPLEMENTIERUNG UND MESSUNG

Nachdem die Netzwerktechnologie lange Zeit der leistungshemmende Faktor der Kommunikation war (vgl. [DaMS92] und [Meus93]), hat sich dieser Engpaß mit dem Einsatz von Hochgeschwindigkeitsnetzen und aufgrund gehobener Anforderungen der Anwendungen in Richtung der Protokollverarbeitung in die Zwischen- und insbesondere in die Endsysteme verlagert (vgl. [Stee92, HeMS93]).

Beim Einsatz konventioneller Kommunikationsprotokolle und Implementierungsstrategien kann das Transportsystem nur einen Bruchteil der auf dem Netzwerk verfügbaren Bandbreite an die anwendungsorientierten Ebenen weiterleiten. Höhere Übertragungsraten erfordern kürzere Verarbeitungszeiten je Dateneinheit. Während Ethernet eine Verarbeitungszeit von immerhin 800 ns pro Byte gestattet, liegt dieser Wert für FDDI um den Faktor 10 niedriger, also bei nur 80 ns pro Byte. Dies erfordert eine Modifikation der Syntax und Kommunikationsmechanismen der Protokolle oberhalb des Medienzugangs. Die Anforderungen an die Endsysteme werden sich in den anvisierten Gigabit-LANs und WANs bei Verarbeitungszeiten von unter 10 ns je Byte noch weiter erhöhen. Ein großer Anteil der Verarbeitungszeiten für in den Betriebssystemkern integrierte Protokollimplementierungen wird ausschließlich für Kopieroperationen vom Anwendungs- in den Kernel-Bereich und von dort auf das Netzwerk-Interface verbraucht. In [DWBC93] sind u.a. die Kopierkosten, die bei der Bearbeitung von TCP auf einer HP9000/730 (ca. 150 MIPS) anfallen, gemessen worden. Inklusive Prüfsummenberechnung (7.6 ns je Byte) benötigt diese Workstation zumindest 45.6 ns je Byte. Somit ergibt sich auf einer HP9000/730 für TCP/IP eine maximale Datenrate von ca. 21 MByte/s (176 Mbit/s). Dieser Wert läge deutlich unter einer verfügbaren Kanalkapazität von 1 Gbit/s. Protokollverarbeitungsoverhead und Betriebssystemfunktionalität sind in diesen Werten nicht berücksichtigt.

Die kontinuierliche Entwicklung leistungsfähiger Übertragungsmedien und Netze ist weitgehend von der technischen Realisierbarkeit und weniger von der Anwenderseite bestimmt. Oftmals fehlen entsprechende Anwendungen, leistungsfähige Protokolle, sowie deren effiziente

Implementierung. Ebenso hält die Leistung heutiger Workstations nicht der Entwicklung der Netzkapazität stand [Stee93].

Einen großen Einfluß auf die Protokollverarbeitung hat deren Einbettung in das Betriebssystem. Da die Protokollinstanzen meist im Kernel integriert sind, werden sie beim Systemstart statisch konfiguriert. Dabei werden z.B. TCP-Prozesse mit IP-Prozessen verknüpft, was zur Leistungsoptimierung ausgenutzt werden kann. TCP-Prozesse positionieren u.a. die IP-Netzwerk-Adressen auf vorbestimmte Positionen innerhalb der Betriebssystem-Speicherstrukturen. Der entscheidende Nachteil einer Kernel-Implementierung ist das notwendige Rekompilieren des Kernels und ein anschließender Systemstart nach jeder Modifikation der Protokoll-Software.

Watson und Mamrak [WaMa87] stellen über den Einfluß der Implementierung auf die Protokollverarbeitung die folgende These auf:

> *Für die zu messende Leistung ist die Implementierung eines Protokolls*
> *wesentlicher als der Protokollentwurf!*

Bestätigung findet diese Aussage durch verschiedene Messungen der Protokollverarbeitung von in den UNIX-Kernel (zumeist basierend auf 4.3BSD UNIX [LKKQ89]) integrierten Transportprotokollen wie TCP [CJRS89, PaPa93] und XTP [DiRo91, FaLX93, HeMS93, Jona93]. In diesen Arbeiten werden Betriebssystem-Mechanismen wie z.B. Speicherverwaltung, Interprozeßkommunikation und I/O-Operationen als Hauptursache für die zeitintensive, Bandbreite vergeudende und vollkommen (bzgl. der Bearbeitungszeiten) nichtdeterministische Ausführung von Protokollen identifiziert.

Größen, die entscheidenden Einfluß auf die Leistungsfähigkeit und Effizienz der Protokollverarbeitung haben, sind nach [HeRu91] u.a.

- die Anzahl der Programm-Instruktionen zur Ausführung bestimmter Protokollfunktionen,
- die Anzahl der Kopiervorgänge von Benutzerdaten,
- die Verzögerung durch Kopiervorgänge zwischen benachbarten Protokollschichten sowie
- die Verzögerung durch unzureichende Synchronisation zwischen virtuell verbundenen Protokollschichten auf verschiedenen Endsystemen.

Neben der Optimierung der internen Kernel-Implementierung gibt es eine Vielzahl *radikalerer* Ansätze, die eine Entnahme der Protokollsoftware aus dem Kernel in den Anwendungsbereich bzw. auf intelligente Netzwerkadapter [BaPr93, Rama93a], VLSI- [Ches88, KrSa89, Ulri93] oder parallele Software-Realisierungen [Zitt91, HeRu92, EnHe92b, Enge94] vorschlagen. Die im Rahmen dieser Arbeit entwickelte DYCAT-Architektur [EnHe92b, Hein93a,b] nutzt die inhärente Modularität von Kommunikationssystemen nicht nur zur Leistungssteigerung auf der Basis von paralleler Ausführung, sondern unterstützt die in neueren Protokollen vorhandene Konfigurierbarkeit des zu erbringenden Dienstes aus einer Vielzahl vorhandener Protokollmechanismen. Die zugehörige DYCAT-Entwicklungsumgebung basiert auf dem Einsatz von höheren Petri-Netzen [Rupp93] zur formalen Spezifikation und funktionalen Dekomposition der Protokolle in "atomare" Einheiten (vgl. Kapitel 4.5 "Semantische und Syntaktische Nebenläufigkeit").

Die in dieser Arbeit vorgestellten Meßergebnisse wurden auf SUN Sparc-2 - Workstations unter SUN OS 4.1.3, basierend auf dem "Tahoe"-Release von 4.3BSD UNIX, durchgeführt. BSD UNIX verlagert sämtliche Netzwerkkomponenten – von den Treibern bis zur Benutzerschnittstelle des Transportsystems – in den Betriebssystemkern. Der wesentliche Vorteil einer Kernel-Implementierung besteht in der Verringerung des System-Overheads: Kontextwechsel benötigen weniger Zeit, da auf die dabei eingesetzten Prozeßdatenstrukturen (im Betriebssystemkern) direkt zugegriffen werden kann. Ebenso erreicht man auf diese Weise, daß pro read- bzw. write-Anweisung die Daten nur einmal zwischen Benutzer- und Betriebssystemadreßraum transportiert werden müssen.

4.1 Meßumgebung

Für die Durchführung der Messungen stand das folgende Meßszenario zur Verfügung (vgl. Abbildung 4.1). Bei den beiden beteiligten Stationen handelt es sich um zwei SUN Sparc-2 Workstations (40 MHz, 28.5 MIPS, SunOS 4.1.3).

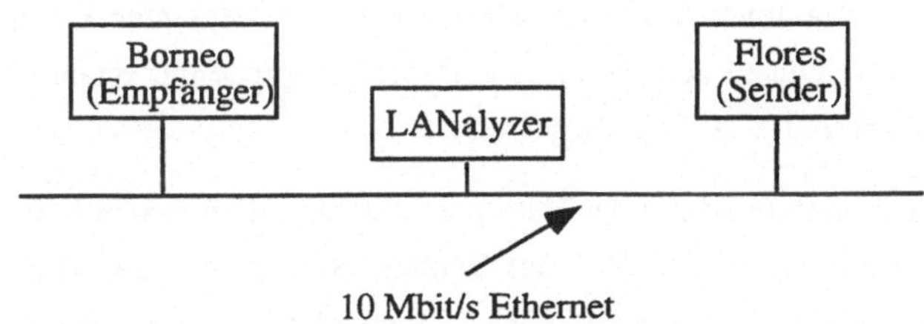

Abb. 4.1: Meßszenario

Die entsprechenden FDDI-Messungen wurden an einem FDDI-Konzentrator durchgeführt. Ein FDDI-Konzentrator bietet die Möglichkeit, Stationen sternförmig miteinander zu koppeln. Der Konzentrator beinhaltet die physikalische Komponente (PHY) und eine Vielzahl von SMT-Funktionen, die von herkömmlichen FDDI-Adaptern zur Verfügung gestellt werden. Er verfügt über zwei Anschlußtypen: Zum einen kann er mit einem FDDI-Ring gekoppelt werden, und zum anderen können Workstations direkt angeschlossen werden. Da die meisten FDDI-Konzentratoren auch "Stand-alone" arbeiten, werden sie zur Installation von Workstation-Clustern mit hoher Leistung eingesetzt, ohne daß ein kompletter doppelter FDDI-Ring nötig wäre.

Als Ethernet-Monitor bzw. Lastgenerator wird ein Excelan LANalyzer EX-5500 eingesetzt. Bei diesem Hybrid-Monitor handelt es sich um einen Compaq Portable II Computer, der sowohl über eine Ethernet-Netzwerk-Analyzer-Karte (80286 CPU, 2 MB RAM), als auch über spezielle LANalyzer Software verfügt. Als Hardware-Monitor vermag der LANalyzer Ethernet-Rahmen mit einer Auflösung im μs-Bereich zu erfassen. Über umfangreiche Filterfunktionen kann der Benutzer das Monitoring auf bestimmte Eigenschaften der Ethernet-Rahmen (z.B. Sammeln von Daten, die zwischen den beiden Testmaschinen ausgetauscht werden) einschränken. Anschließend erlaubt die LANalyzer-Software, Statistiken über die gesammelten Daten abzurufen. Dazu zählen die Netzwerkauslastung, die Anzahl der Pakete, die maximale Datenrate, die Paketlängenverteilung sowie die Zwischenankunftszeiten der Pakete. Zusätzlich ist der LANalyzer in der Lage, Lasten zu generieren und unterschiedliche Protokolle zu dekodieren. Die Software umfaßt u.a. einen Protokolldekodierer für TCP/IP-Pakete. Für die hier vorgestellten Messungen wurde die Software um einen Protokolldekodierer für XTP erweitert.

Zur Generierung und Auswertung von künstlichen Datenströmen wurden zusätzlich zum LANalyzer der *ttcp*-Benchmark [TTCP92] und der *txtp*-Benchmark [XTP 92b] eingesetzt. Letzterer ist als 1:1-Portierung von *ttcp* auf XTP zu verstehen. Die Benchmarks eignen sich zur Messung des Durchsatzes, der Übertragungsdauer, sowie der Ressourcenbelastung der entsprechenden Protokoll-Verbindung. *txtp* entspricht vom Aufbau her dem *ttcp*-Benchmark, jedoch fordern die Sockets hierbei XTP-Dienste an. Dem größeren Funktionsangebot von XTP entsprechend, erlaubt *txtp* die Angabe zusätzlicher Protokollparameter. In [Jona93] wurde ein Teil der Benchmark-Programme nach den Erfordernissen der geplanten Experimente erweitert. Da beide Benchmarks nahezu den gleichen Aufwand produzieren, erlauben sie einen fairen Vergleich der TCP/IP- und XTP-Leistung.

Die Benchmarks operieren oberhalb der Transportschicht und greifen auf die Transportdienste über die Socket-Schnittstelle zu. Auf der Sendermaschine werden die Benchmarks als lastgenerierende Prozesse eingesetzt, auf Empfängerseite bilden sie die lastabsorbierenden Prozesse. Die Messungen werden nicht verteilt durchgeführt; vielmehr führt jede *ttcp*- und *txtp*-Instanz die Auswertung des Datentransfers isoliert durch. Die Zeitberechnung der Experimente umfaßt den Verbindungsaufbau, die Testdatenübertragung und den Verbindungsabbau. Die Empfänger-Instanzen verwerfen die Testdaten unmittelbar nach Erhalt. Dadurch werden die Übertragungszeiten nicht durch den Zugriff auf Dateien beeinflußt. Zur Zeitberechnung greift das Meßsystem auf die time-Routinen in der C-Bibliothek zurück, die keine genauere Auflösung als 10 ms zulassen. Um einen Meßfehler unterhalb 1% zu garantieren, ist eine minimale Experimentdauer von einer Sekunde erforderlich. Für geringere Übertragungszeiten sowie für eine genauere Untersuchung der Verbindungszustände werden die Meßergebnisse aus der Analyse der LANalyzer-Traces übernommen.

4.2 Protokollverarbeitung unter BSD UNIX

Mit den zunehmenden Kommunikationsmöglichkeiten von Workstation-Benutzern nehmen die Anforderungen an eine effiziente und korrekt funktionierende Interprozeßkommunikation ständig zu. Um zu verhindern, daß jedes neu eingeführte Protokoll bzw. jede Protokollimplementierung eine eigene Transportdienst-Schnittstelle benötigt, wurde bereits unter 4.2BSD UNIX [LKKQ89] ein allgemeingültiges Netzwerkinterface bereitgestellt. Dieses erlaubt eine von der Implementierung des unterliegenden Kommunikationsprotokolls relativ unabhängige Entwicklung der Anwendungssoftware. Dabei müssen jedoch gewisse Einschränkungen gemacht werden, da viele Anwendungsprogramme ausschließlich eine bestimmte Kommunikationssemantik tolerieren. Daher sind die unterliegenden Protokolle keineswegs beliebig austauschbar.

Die Zugangspunkte zum Kommunikationssystem werden *Sockets* genannt. Sie ermöglichen dem Benutzer den Zugriff auf das Netz in der gleichen Form wie beim lokalen File-I/O. Die gewünschte Semantik der Sockets kann von der Anwendung ausgewählt werden. Jeder Socket ist dazu in der Lage, eine Teilmenge der in der folgenden Tabelle 4.1 angegebenen Eigenschaften zu erfüllen, und kann dadurch charakterisiert werden. Die am häufigsten realisierten Socket-Typen sind angegeben. Zusätzlich sind Pipes in der Tabelle aufgelistet, da sie zur Realisierung der Kommunikation zwischen genau zwei Prozessen eingesetzt werden können.

	Pipe	Sockets		
		Datagram	Stream	Sequenced Packet
Reihenfolgeerhaltung	✓			✓
keine Duplikate	✓			✓
Zuverlässigkeit	✓		✓	✓
Einhalten von Nachrichtengrenzen		✓		✓
Out-of-band - Nachrichten			✓	
Verbindungsorientierte Kommunikation			✓	✓

Tab. 4.1: Socket-Typen

Ein *Socket* ist ein typisiertes Objekt, das die zu sendenden oder zu empfangenden Daten zwischen dem Anwendungsprozeß und den im Kernel integrierten Protokollinstanzen (genauer zwischen Benutzer- und Kernel- bzw. Socket-Puffer) in Form einer Warteschlange austauscht (s. Abbildung 4.2). Eine Realisierung der Socketebene als Warteschlange dient der Entkopplung von Anwendung und Netzwerk. Betrachtet man eine Empfangsstation, so ist es unter Umständen sinnvoll, ein ankommendes Paket zwischenzuspeichern, da die Anwendung noch mit der Bearbeitung anderer Daten beschäftigt ist. Auf Senderseite ermöglicht ein Puffer zwischen Anwendung und Netzwerk die Aufnahme von abzusendenden Daten, ohne die Anwendungsprozesse unnötigerweise zu bremsen. Der Socket-Puffer dient zudem der Speicherung aller noch nicht quittierten Daten.

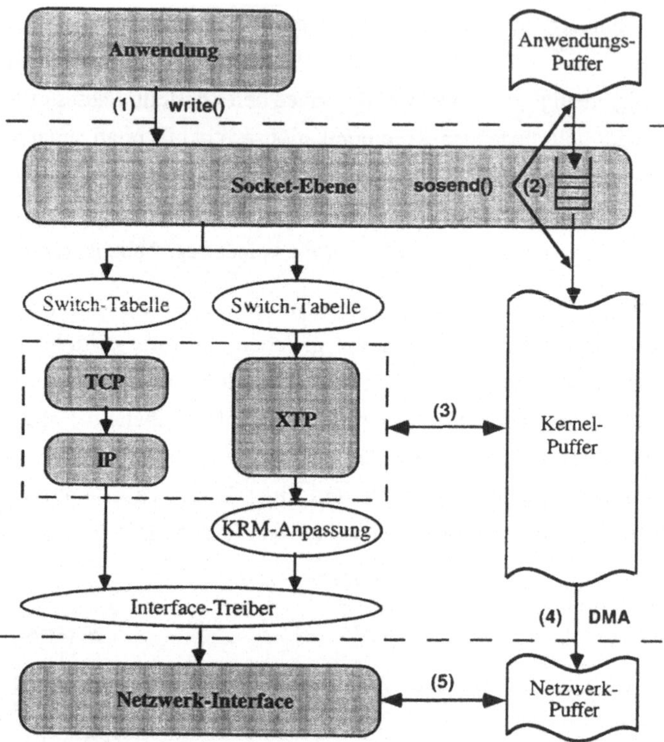

Abb. 4.2: UNIX-Kernel-Protokollstack (senderseitig)

Wie in der Abbildung skizziert, kopiert der Socket-Layer nach Sende-Aufforderung durch die Anwendung (1) die betreffenden Daten mittels einer sosend()-Operation aus dem Anwendungsbereich in den Kernel-Puffer (2). Dies ist nicht die einzige Kopieroperation auf Senderseite. Anschließend werden die Daten durch die Protokollinstanzen bearbeitet (3) und vom Kernelpuffer auf den Puffer der Netzwerkkarte kopiert (4) und schließlich gesendet (5). Insgesamt benötigt der Sender zumindest zwei Kopiervorgänge und fünf Speicherzugriffe, bevor die Daten das Netz erreichen. Die Bearbeitung der Daten beim Empfänger ist durch die gleiche Anzahl von Kopiervorgängen geprägt (s. [BaPr93]).

XTP und TCP besitzen jeweils eine eigene Protokoll-Switch-Tabelle, da die Socket-Ebene nur über diese Struktur mit den Protokollen kommuniziert. Hier werden die Socket-Kommandos je nach ausgewähltem protocol in spezifische Protokollroutinen umgesetzt.

BSD UNIX folgt bei der Netzwerk-Kommunikation dem Client-Server-Modell. Zunächst müssen Server und Client jeweils einen Socket über den Socket-Systemaufruf anfordern:

sd = **socket** (domain, type, protocol);

int sd, domain, type, protocol;

Mit domain = AF_INET erstellt das System z.B. einen Socket für die TCP/IP-Protokollfamilie, während durch domain = AF_XTP ein entsprechender Socket für XTP bereitgestellt wird. Der type-Parameter wird gemäß der gewünschten Semantik des unterliegenden Transportdienstes nach Tabelle 4.1 und in Abhängigkeit vom protocol-Parameter ausgewählt.

Als Schnittstelle zwischen den read-/write-Operationen des Benutzerprogramms und den Transportprotokoll-Operationen muß der Socket die Daten in jeweils einer Sende- und Empfangs-Warteschlange zwischenspeichern. Bei nicht ausreichendem Platz in der Sende-Queue (Anwendung -> Socket-Ebene) oder nicht vorhandenen Daten in der Empfangs-Queue (Socket-Ebene -> Anwendung) blockiert die Socket-Schicht die aufrufenden Anwendungs-Prozesse; sie werden in den Ruhezustand versetzt. Damit setzt die Socket-Schicht die Flußkontrolle des Transportprotokolls auf Prozeßniveau um. Unter BSD UNIX werden zur Vermeidung unnötigen Pufferverbrauchs die maximalen Größen der Socketpuffer auf 52 KByte festgelegt (*high watermark*). Der *default*-Wert liegt bei 4 KByte. Zusätzlich zur *high watermark* soll im sogenannten 4.3BSD "Reno Release" eine *low watermark* eingesetzt werden. Die *low watermark* gibt die Mindestdatenmenge an, welche die Socketroutinen während eines Schreibvorgangs in den Sendepuffer eintragen müssen. Leistungseinbußen, die bei Nichteinsatz dieser Option auftreten, wurden in [CWWS92] ermittelt. Diese zeigen, daß eine bestimmte Konstellation von Benutzerdatengröße und Socketpuffergröße in einer nicht optimalen fensterbasierten Flußkontrolle auf TCP-Ebene resultiert und sich negativ auf die Leistungskenngrößen der entsprechenden Transportverbindung auswirkt. Hier kann eine Parallele zum "Silly Window Syndrome" gezogen werden, da die Socket-Ebene beliebig kleine Dateneinheiten in den Übertragungspuffer einträgt und damit die Generierung kleiner TCP-Segmente provoziert.

Benutzerprozesse können bestimmte Optionen der Sockets abfragen oder manipulieren. Dies geschieht universell für alle Protokolle mit der setsockopt()-Funktion. Für die Messungen sind die folgenden Parameter von Interesse, da sie direkten Einfluß auf die erbrachte Leistung haben:

* **SO_RCVBUF** und **SO_SNDBUF**:

  Der Benutzer kann mit den SO_RCVBUF- und SO_SNDBUF-Parametern die Größe der entsprechenden Puffer vom *default*-Wert, der bei jeweils 4 KByte liegt, auf bis zu ca. 52 KByte erhöhen. Den ausgewählten Wert übernimmt TCP als maximale Flußfenstergröße. Die XTP-Software reserviert bei der Socket-Initialisierung jeweils einen Sende- und Empfangspuffer von 32 KByte. Auch hier kann der Benutzer über die beiden Socketoptionen eine Veränderung vornehmen. Der Flußfenstermechanismus in XTP arbeitet jedoch unabhängig vom Socket-Speicherplatz. Bei vergleichenden Messungen zwischen TCP/IP und XTP werden allerdings stets identische Socketpuffergrößen eingestellt.

- **TCP_MAXSEG**:

  Dieser Parameter liefert für einen Stream-Socket die maximale Größe eines TCP-Segments. Dieser Wert kann nicht manipuliert, sondern nur abgefragt werden. 4.3BSD verwendet einen Default-Wert von 1.024 Bytes beim Zugriff auf einen Ethernet-Treiber. Untersuchungen mit dem LANalyser zeigen jedoch, daß die Testmaschinen den maximalen Wert von 1.460 Bytes (nach Abzug des Protokolloverheads) aushandeln.

- **TCP_NODELAY**:

  Zur Erhöhung der Nutzdatenrate setzt TCP einen Optimierungsalgorithmus (Nagle-Algorithm, [Nagl84]) ein, der das Versenden mehrerer kurzer TCP-Segmente verhindert. Erhält das Sender-TCP aufgrund kleiner Benutzerpuffer in jedem write-Aufruf nur einige Bytes, wird bei Nichtsetzen der TCP-NODELAY-Option nur das erste kurze Segment als einzelnes Paket übertragen. Alle nachfolgenden Daten puffert der Sender solange, bis eine Quittung für das erste kurze Segment angekommen ist oder genügend Daten vorliegen, um zumindest eine halbe Speicherseite im Kernelpuffer (512 Bytes) zu füllen. Wie durch Messungen festgestellt werden konnte, führt der durch die künstliche Verzögerung vermiedene Bearbeitungs- und Netzwerk-Overhead zu einer deutlichen Steigerung des Durchsatzes für kleine Benutzerpuffer. Je nach Puffergröße erreicht das Verfahren mehr als den doppelten Durchsatz im Vergleich zur ungepufferter Verarbeitung. Die Erhöhung des Durchsatzes ist abhängig von der Art der Lastgenerierung. Handelt es sich, wie im Beispiel, um einen Massendatentransfer, so sind die Unterschiede am gravierendsten. Abbildung 4.3 enthält Durchsatzwerte für eine TCP/IP-Verbindung in Abhängigkeit von der Benutzerpuffergröße bei einer Fenstergröße von 16 kByte.

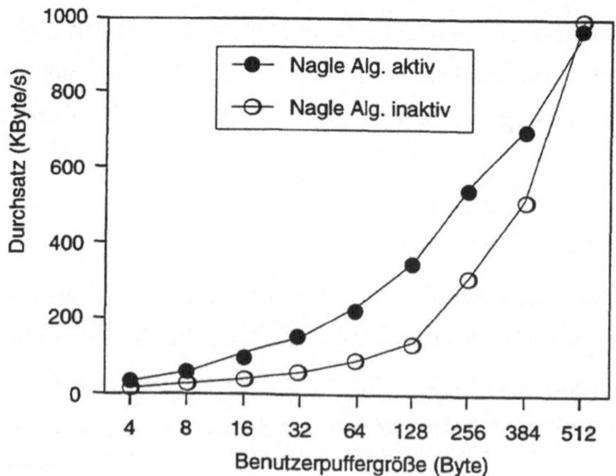

Abb. 4.3: TCP/IP-Durchsatz in Abhängigkeit vom Nagle-Algorithmus

Die fast identischen Durchsatzwerte bei einer Benutzerpuffergröße von 512 Bytes ergeben sich daher, daß in diesem Fall der Nagle-Algorithmus nicht mehr angewandt wird, da bereits eine halbe Speicherseite im Kernel gefüllt werden kann. Problematisch ist der Einsatz des Nagle-Algorithmus bei interaktiven Anwendungen (z.B. bei X-Window-Systemen). Diese Anwendungen generieren eine große Anzahl kurzer Nachrichten (wie z.B. Maus-Bewegungen) und dulden keine Verzögerung des Datentransports. Durch Setzen des NODELAY-Parameters können diese Anwendungen den Pufferungsmechanismus ausschalten, um auch bei kleiner Nachrichtenlänge eine unverzügliche Übertragung zu erzwingen. Die vorliegende XTP-Implementierung arbeitet nach dem NODELAY-Prinzip; jeder write-Aufruf resultiert somit in einer Paketgenerierung.

Alternativ kann zur Unterstützung dieser zeitkritischen Anwendungen eine verbindungslose Transportsemantik angeboten werden. Anstelle von TCP kann UDP eingesetzt werden, während anstelle des verbindungsorientierten XTP-Dienstes der von XTP angebotene verbindungslose Dienst ausgewählt werden kann. Dies ist jedoch nur dann möglich, wenn die betreffende Anwendung eine gewisse Fehlerrate toleriert.

- **XTP_NOCHECK:**

  Um festzustellen, welchen Einfluß die Prüfsummenberechnung bei XTP auf den erzielbaren Durchsatz hat, kann die XTP_NOCHECK-Option eingesetzt werden. Sie deaktiviert die Prüfsummenberechnung über die zu übertragenden Benutzerdaten.

  Mittels des "FDDI-Loopback-Interfaces" wurden bei variabler Benutzerpuffergröße die folgenden, in Abbildung 4.4 dargestellten Meßergebnisse ermittelt. Die je Meßpunkt übertragene Datenmenge umfaßt 4 MByte.

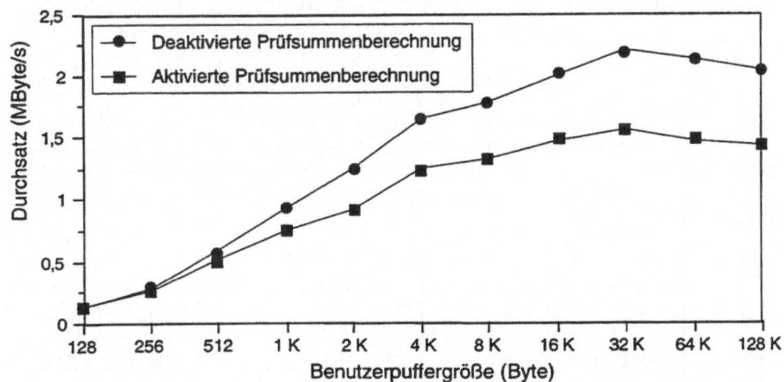

Abb. 4.4: Einfluß der Prüfsummenberechnung auf den XTP-Durchsatz

Das Loopback-Interface verkörpert ein virtuelles Ausgabegerät, dessen Funktion es ist, übergebene Daten sofort wieder ohne Veränderung in die Empfangswarteschlange der Vermittlungsebene umzulenken. Dadurch wird der Medienzugang umgangen. Typischerweise dient das Loopback-Interface ausschließlich zu Testzwecken.

Da für Kopiervorgänge im Vergleich zu den Protokollverarbeitungsschritten der größte Aufwand investiert und die längste Zeit beansprucht wird (nach [CJRS89] ca. 65% der Kommunikationszeit), muß zur Erzielung einer leistungsfähigen Protokollverarbeitung insbesondere die Implementierung der Speicherverwaltung optimiert werden. Unter 4.3BSD UNIX werden Speicherpuffer einer Größe von 128 Bytes (*mbufs* oder *memory buffers*) zur Aufnahme der Daten eingesetzt. Von den 128 Bytes stehen zur Datenspeicherung 112 Bytes zur Verfügung. Zur Aufnahme größerer Datenmengen, werden sogenannte *cluster mbufs* eingesetzt. Hier wird der Datenbereich nicht zur Speicherung verwendet, sondern als Zeiger auf eine externe Speicherseite, in der bis zu 1 KByte Daten gespeichert sein können. Die externe Speicherseite befindet sich im Hauptspeicher. Neben den Daten sind die *mbufs* zur Aufnahme dynamisch zu verwaltender Datenstrukturen, wie z.B. der Socketstruktur oder der Protokollkontrollblöcke, konzipiert. BSD UNIX stellt Dienstroutinen für die Verwaltung von *mbufs* zur Verfügung, die für den Einsatz in der Protokollverarbeitung optimiert sind.

TCP reserviert bei jeder Socket-Initialisierung einen *mbuf*, der eine Schablone für den kombinierten TCP/IP-Header aufnimmt. Bei der nachfolgenden Paketgenerierung aktualisiert der Sender darin nur bestimmte Felder und benötigt ausschließlich eine Zeigermanipulation, um die Benutzerdaten dem Header-*mbuf* anzufügen. In ähnlicher Weise baut auch XTP ein Paket aus einer Kette von mindestens drei *mbufs* auf, die den Header, das mittlere Segment und den Trailer aufnehmen.

In Zusammenhang mit der Problematik der Speicherverwaltung ist es interessant, die Entwicklung der Netzwerk-, der Prozessor- und der Speicher-Kapazität der letzten Jahre, sowie Prognosen für die nächsten Jahre miteinander zu vergleichen. Basierend auf [BaPr93] und [HeMS93] ergeben sich die folgenden in Tabelle 4.2 angegebenen Spitzen-MIPS- bzw. Mbit/s-Werte. Bei den Speicherwerten wurden komplette Kopieroperationen zugrundegelegt.

Jahr	Workstation (MIPS)	Speicher (Mbit/s)	Netze (Mbit/s)
1970			0,1 (z.B. DATEX-P)
1975			0,1
1980	0,1	0,5	1
1985	1-3 (μ-VAX)	3	10 (z.B. Ethernet)
1990	30 (SUN Sparc-2)	25	100 (z.B. FDDI)
1993	120 (z.B. HP 9000/720)	80	150-600 (z.B. ATM)
2000	600-1000	400-500	> 1000 (optische Netze)

Tab. 4.2: CPU (MIPS) vs. Hauptspeicher (Mbit/s) vs. Netzwerk (Mbit/s)

Es ist ersichtlich, daß die Speicherzugriffsraten der zur Verfügung stehenden Netzkapazität nicht gewachsen sind. Trotz der zunehmenden Angleichung zwischen Workstation-Kapazität und Netzwerkkapazität wird somit die Protokollverarbeitung aufgrund der vergleichsweise geringen Speicherzugriffsrate beeinträchtigt. Verbesserungsvorschläge zur Erzielung einer effizienteren sequentiellen Implementierung werden in Kapitel 4.4 vorgestellt.

Bevor im folgenden Kapitel auf den Leistungsvergleich zwischen einer TCP/IP- und einer XTP-Implementierung eingegangen wird, bei dem die eingesetzten Workstations ausschließlich Kommunikationsprozesse ausführen, soll die folgende Untersuchung den Einfluß von zusätzlichen aktiven Prozessen auf die Interprozeßkommunikation illustrieren. Dazu wird wieder das in Abbildung 4.1 skizzierte Meßszenario auf Ethernet-Basis mit zwei aktiven Maschinen eingesetzt. Die kommunizierenden Rechner werden mit Hintergrundprozessen belastet. Bei den in den Abbildungen 4.5 a und b skizzierten Meßreihen ist weder für XTP noch für TCP der Durchsatzeinbruch signifikant, obwohl sowohl auf der Client- als auch auf der Server-Maschine eine große Anzahl von Hintergrundprozessen aktiviert ist. Die Messungen wurden für unterschiedliche Fenstergrößen durchgeführt, wobei eine minimale Fenstergröße von 4 KByte angenommen wurde. Bei Nutzung eines 21 KByte-Fensters wird der maximal mögliche Durchsatz auf diesem Szenario erreicht. Eine weitere Vergrößerung des Fensters bringt keine zusätzliche Durchsatzsteigerung.

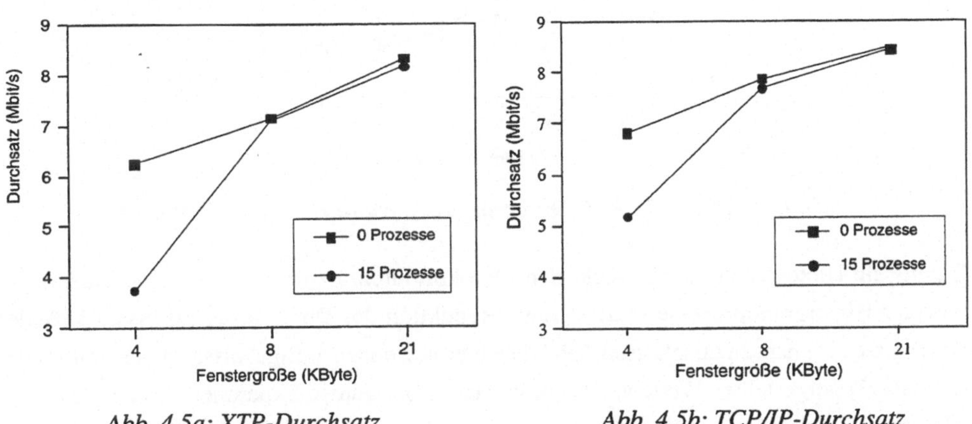

Abb. 4.5a: XTP-Durchsatz   *Abb. 4.5b: TCP/IP-Durchsatz*

Ein Grund für die geringe Beeinträchtigung der Interprozeßkommunikation ist die Art der Hintergrundprozesse. Es werden einfache C-Programme ausgeführt, die jeweils eine Zählschleife von 1 bis 10.000.000 durchlaufen (wobei die Zählschleifenvariable im Prozessor-Register gehalten wird und somit Speicherzugriffe minimiert werden) und anschließend, falls die Übertragung noch nicht beendet ist, neu gestartet werden. Die Auswirkungen solcher Funktionen auf die Protokollverarbeitung ist relativ gering. Die Entleerung der Socketpuffer wird somit kaum beeinträchtigt. Ein deutlicherer Einbruch ergibt sich ausschließlich bei einer Fenstergröße von 4 KByte. Wie LANalyzer-Traces zeigen, resultiert die Kommunikation bei dieser Fenstergröße aufgrund der verzögerten Generierung der Quittungspakete beim Empfänger in einem *"Send & Wait-"*Verhalten. Selbst die in beiden Protokollen eingesetzte Sliding-Window-Technik verhindert nicht das Eintreten eines solchen Verhaltens. Der Sender hat bereits sein vollständiges Fenster übertragen und muß anschließend auf die Quittung warten. Dazu wechselt der Sende-Prozeß in einen WAIT-Zustand, aus dem er durch das Quittungspaket wieder geweckt werden muß.

Zusätzlich zu diesen Messungen wurden Experimente mit CPU- und speicherintensiveren Hintergrundprozessen durchgeführt. Ein Prozeß führt dabei jeweils die Multiplikation zweier (50 x 50)-Matrizen mit Gleitkommazahlen durch. Anschließend terminiert der Prozeß und wird neugestartet. Bereits wenige dieser Hintergrundprozesse führen zu einer signifikanten Beeinflussung der Kommunikationsprozesse, wie Abbildung 4.6 zeigt.

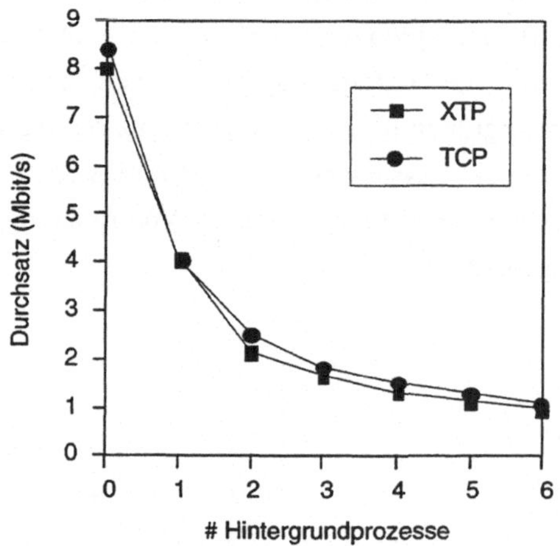

Abb. 4.6: XTP- und TCP/IP-Durchsatz vs. hochpriorisierte CPU-Prozesse

Bereits ein Hintergrundprozeß drückt den Protokolldurchsatz um ca. 50%. Das Hinzufügen weiterer Hintergrundprozesse führt zu einer Reduktion des Durchsatzes auf bis zu 15% des Durchsatzes bei nahezu unbelasteter CPU. Die hier gewonnenen Ergebnisse können mittels der in [PaPa93] vorgestellten Werte verifiziert werden. Dort wurden Experimente mit der gleichen Zielsetzung an einem ähnlichen Szenario durchgeführt. Die Ergebnisse zeigen die gleichen Tendenzen, die Meßwerte liegen jedoch etwa 1 bis 2 Mbit/s je Meßpunkt höher. Dies resultiert aus der Art der Hintergrundprozesse, die bei [PaPa93] weniger speicherintensiv waren.

4.3 TCP/IP vs. XTP auf Ethernet bzw. FDDI-Netzen

In diesem Kapitel wird am Beispiel von TCP/IP und XTP die Leistung eines etablierten Transportprotokolls mit der eines zur Hochleistungskommunikation entwickelten Protokolls verglichen. Weitergehende Beschreibungen der Meßergebnisse finden sich in [SpHM93, HeMS93]. Vergleicht man den Quell-Code der beiden Protokolle miteinander, so fällt zunächst der im

Vergleich zu TCP fast fünffache Umfang der KRM (Kernel Reference Model)-Implementierung von XTP [XTP92b] mit ca. 500 KByte auf. Während der überschaubare Code von TCP sowie die Übereinstimmung der Implementierung mit der Spezifikation das Nachvollziehen der Protokollverarbeitung erleichtern, ist dies bei XTP aufgrund des immensen Umfangs und der kaum vorhandenen Referenzen auf die Spezifikation [XTP92a] nicht möglich. Eine Erklärung für die nicht vorhandenen Referenzen ist das Fehlen einer vollständigen Protokollspezifikation und einer Definition der Dienste. Erst in neueren Arbeiten ist eine formale Protokollspezifikation mittels höherer Petri-Netze entwickelt worden (siehe Kapitel 4.5, [Conr92, HeRu92]).

Ein Grund für den immensen Quellcode-Umfang der XTP-Implementierung ist die Bereitstellung einer großen Anzahl selektierbarer Protokoll-Mechanismen und -Optionen. Als eigentliche Ursache ist aber die aufwendige Integration der XTP-Software in die BSD UNIX-Architektur anzusehen: Das Kernel Reference Model KRM nutzt nicht die Dienste der Socket-Ebene. Sämtliche Operationen der Socket-Schnittstelle (und der *character driver*-Schnittstelle) müssen zunächst in Aufrufe der *Kontrollblock-Schnittstelle* umgesetzt werden (vgl. Abbildung 4.7). Die *character driver*-Schnittstelle bietet dem Benutzer einen direkten Zugriff auf die XTP-Protokollfunktionen bzw. die Kontrollblock-Schnittstelle. Der Zugriff umgeht somit die sonst notwendige Datenpufferung der Socket-Ebene. Die dadurch eingesparte Verarbeitungszeit ermöglicht eine effizientere Ausführung der Ein-/Ausgabe-Operationen.

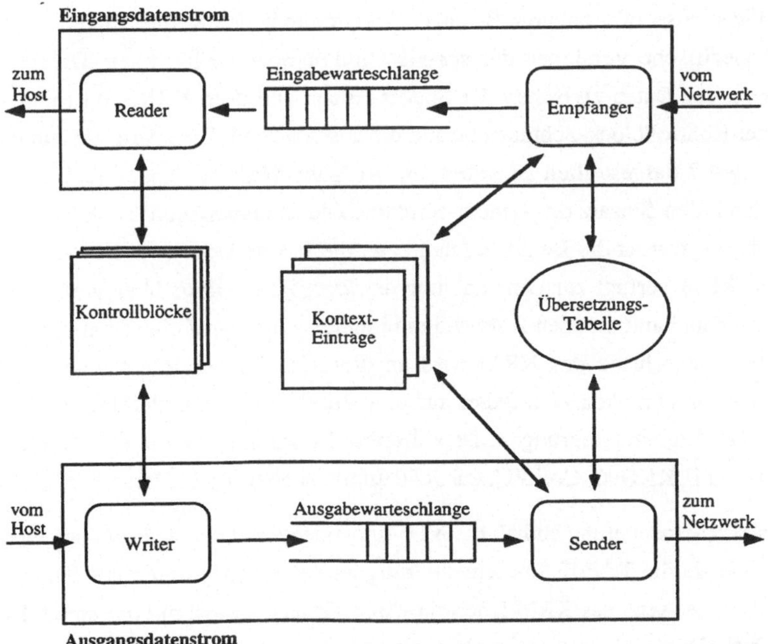

Abb. 4.7: Funktionaler Aufbau der XTP-Protokollimplementierung [XTP92b]

Die Kontrollblock-Schnittstelle stellt die eigentliche Transportschnittstelle zum XTP-System dar. Auf diese hat der Benutzer aber in der SUN-OS Implementierung des KRM keinen direkten Zugriff. Daraus ergeben sich zwei wesentliche Konsequenzen für die Protokollverarbeitung:

- Während sich TCP auf die Segmentierung von Benutzerdaten durch die Socket-Ebene verläßt, führt XTP eine eigene Segmentierung durch. TCP verwaltet seine Datenpuffer in der Socket-Datenstruktur, und berechnet die Flußfenstergröße nach dem dort vorhandenen Speicherplatz. XTP verfügt über eine eigene Pufferverwaltung. Dazu werden sogenannte *krmbufs* eingesetzt, die jeweils 4 KByte Länge aufweisen. Der vorhandene Speicherplatz legt die Fenstergröße des Protokolls fest. Mit der Socketebene und dem Netzwerkinterface kommuniziert XTP jedoch via *mbufs*. Dadurch ist eine Konvertierung zwischen den unterschiedlichen Puffertypen notwendig.

- Des weiteren nutzt die KRM-Software keine BSD UNIX-Dienstroutinen zur Timer-Verwaltung, sondern führt die Aktualisierung der XTP-Timer selber durch.

Die KRM-Architektur orientiert sich weitgehend an dem in Abbildung 4.7 dargestellten funktionalen Aufbau der XTP-Architektur. Zur Kommunikation zwischen der Anwenderschnittstelle (Sockets, character driver) und dem XTP-System dienen die im Kernel befindlichen Kontrollblöcke. Ein Kontrollblock beschreibt eine Benutzeranforderung der folgenden Art: Datentransfer, Verbindungsverwaltung, Kontrollinformationen. Ein einzelner Kontrollblock enthält Zeiger auf den jeweiligen Datenbereich im Benutzer-Adreßraum. Damit die Daten nicht unnötigerweise zweimal vom Benutzer-Adreßraum in den Kernel kopiert werden, enthält das KRM spezifische Versionen der *sosend()* und *soreceive()* Routinen. Diese unterbinden das Kopieren der Daten zwischen der Socket-Ebene und dem KRM und rufen stattdessen Routinen der Kontrollblock-Schnittstelle auf, die anschließend diese Aufgabe durchführen. Die in Abbildung 4.7 dargestellten Eingabe- und Ausgabe-Warteschlangen realisiert die KRM-Software durch den Einsatz der *krmbuf*-Struktur. Die Transportschnittstelle sowie das Netzwerk-Interface erwarten die Benutzerdaten bzw. die Pakete jedoch als konventionelle *mbuf*-Ketten. Das KRM verfügt zur Umwandlung der *krmbufs* in *mbufs* über spezielle Dienstroutinen, die den dabei auftretenden Aufwand minimieren sollen. Auf eine detaillierte Darstellung der Verarbeitungsschritte des KRM wird an dieser Stelle verzichtet. Die nachfolgenden Ausführungen beschränken sich daher auf eine kurze Gegenüberstellung der vorhandenen TCP- und XTP-Implementierungen. Detailliertere Informationen zur TCP-Implementierung befinden sich in [LKKQ90, CoSt91], zur XTP-Implementierung in [Jona93, XTP92b].

Als Referenzimplementierung enthält die XTP-Implementierung keine expliziten Optimierungsverfahren, wie sie die TCP/IP-Implementierung aufweist. Aufgrund eines fehlenden "Small Packet Avoidance" setzt das KRM jede write-Anforderung - selbst mit nur einem Byte Daten - in ein separates Datenpaket um. Obwohl diese Strategie den Ablauf der Protokollverarbeitung vereinfacht, ergeben sich aus dem Protokoll-Overhead auf den unterliegenden Ebenen (z.B. Auffüllen auf minimale Paketgröße, beim Ethernet 64 Byte) Leistungsdefizite.

Als Standardsoftware erlaubt TCP/IP die Modifikation nur weniger Parameter. Der Benutzer kann diese über den setsockopt()-Befehl einstellen. Als "programmierbares" Protokoll erlaubt XTP den Zugriff auf zahlreiche Parameter und Optionen. Das KRM greift dazu auf den Systembefehl ioctl(sd,cmd,arg) zurück, wobei cmd die durchzuführende Operation angibt, und arg mit der xtp_ioc_options-Struktur die erforderlichen Argumente weiterreicht.

Beide Protokollimplementierungen benötigen einen Kopiervorgang vom Benutzer-Adreßraum in den Kernel, sowie eine zweite Kopie vom Kernel zum Netzwerk-Interface. Der mit dem Kopieren von Benutzerdaten verbundene Aufwand ist somit bei beiden Implementierungen vergleichbar.

Um ein möglichst realitätsnahes Arbeiten der Workstations zu erzielen, wurden die Maschinen nicht im "Single-User Mode" gefahren. Vielmehr liefen ständig "daemon"-Prozesse (z.B. für den NFS-Server), die CPU-Leistung verbrauchen und eine geringe, aber realistische Hintergrundlast generieren. Beim Empfänger werden alle ankommenden Daten verworfen, nachdem sie vom Transportsystem verarbeitet worden sind, um den I/O-Overhead zu vermeiden. Zu jedem der einzelnen Meßpunkte wurden 20 Messungen durchgeführt, aus denen die Mittelwerte gebildet wurden. 95%-Konfidenzintervalle besaßen dabei eine maximale Größe von 5% der dargestellten Meßwerte.

Abbildung 4.8 vergleicht die Übertragungszeiten von künstlich generierten "Nutzerdaten" über TCP/IP- und XTP-Verbindungen, in Abhängigkeit von der zu übertragenden Nachrichtenlänge (Benutzerpuffergröße), in einer Ethernet-Umgebung. Zum Austausch der Dateneinheiten zwischen Benutzer und Betriebssystemkern werden Benutzerpuffer definiert. Diese entscheiden über die Häufigkeit der Transportprotokoll-Aktivierungen (write()-Anweisungen). Im angegebenen Beispiel wird der Benutzerpuffer zwischen 4 KByte und 256 Kbyte variiert. Gemessen werden die Zeiten vom Aussenden des Verbindungsaufbaupakets beim Sender bis zum geregelten Abbau der Verbindung. Die Fenstergröße ist auf jeweils 16 KByte eingestellt.

Die für die TCP/IP-Konfiguration gemessenen Zeiten werden insbesondere für kleine Datenmengen vom "three-way-handshaking" beim Verbindungsaufbau dominiert. Der Einsatz von XTPs "two-way-handshaking" verringert die Übertragungszeiten für kurze Nachrichten um bis zu 40%. Setzt man den in XTP möglichen "impliziten Verbindungsaufbau" ein, wird die Anzahl der insgesamt auszutauschenden Pakete gegenüber TCP/IP weiter reduziert und die Übertragungszeit nochmals verringert. Hierbei ist jedoch zu berücksichtigen, daß beim impliziten Verbindungsaufbau die *character driver*-Schnittstelle genutzt und daher die sonst übliche Datenpufferung auf Socket-Ebene entfällt. Je größer die zu übertragenden Datenmengen und die resultierenden Übertragungsdauern, desto geringer wird der Einfluß des Verbindungsaufbaus.

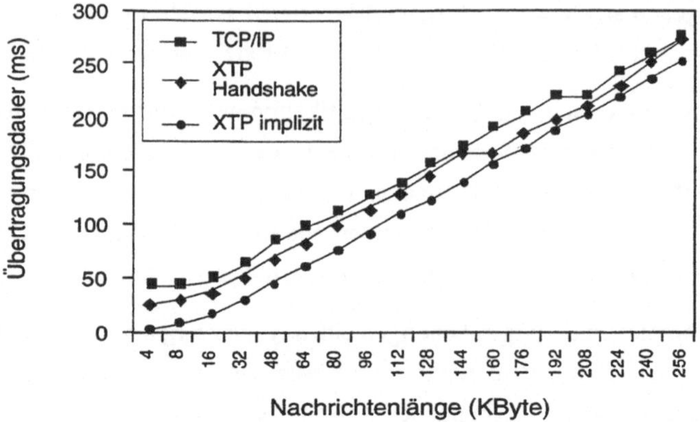

Abb. 4.8: Übertragungsdauer für Nachrichten unterschiedlicher Länge (16 KByte-Fenster)

Die Abbildungen 4.9 a,b zeigen Ergebnisse von Messungen, bei denen der Durchsatz von TCP/IP- bzw. XTP- Verbindungen in Abhängigkeit von der Fenstergröße (Socket-Puffergröße) und der Benutzerpuffergröße in einer Ethernet-Umgebung erfaßt wurden. In den dargestellten Meßreihen werden jeweils 4 Mbit künstliche Daten übertragen. Die beiden Puffergrößen und insbesondere das Verhältnis der beiden Größen zueinander, hat einen direkten Einfluß auf den erzielbaren Durchsatz. Nachdem die sosend()-Routine aufgrund einer write()-Anweisung der Anwendung zur Durchführung einer Datenübertragung aufgerufen worden ist, kopiert sosend() die Daten aus dem Benutzeradreßraum in die *mbufs* im Kernelspeicher. Zusätzlich sorgt sosend() dafür, daß Anwendungsprozesse, die mit ihrer Übertragung die Kapazitäten des Socket-Puffers überschreiten, mittels des Kernel-sleep()-Kommandos deaktiviert werden. Der daraus resultierende Kommunikationsmehraufwand zwischen Benutzeradreßraum und Kernel spiegelt sich in sämtlichen Meßreihen wider. Der Durchsatz läßt nach, sobald die Benutzerpuffergröße die Fenstergröße übersteigt. sosend() kümmert sich dann um die Aufteilung eines Übertragungswunsches der Anwendung in mehrere Übertragungen, und garantiert dadurch das Einhalten der *high watermark*. D.h., die Summe der im Kernelpuffer befindlichen Daten und der aktuell zu übertragenden Daten muß unterhalb dieses Wertes liegen. sosend() geht dabei folgendermaßen vor: Falls mehr als eine Speicherseite (normalerweise 1 KByte) im Socketpuffer auf Übertragung wartet, mehr als eine weitere Seite auf die Übergabe von der Anwendung an den Socketpuffer wartet und der übertragungswillige Prozeß keine ununterbrochene I/O verlangt, dann wird der Anwendungsprozeß solange gestoppt, bis genügend Pufferplatz vorhanden ist. sosend() kopiert Daten vom Benutzeradreßraum in den *mbuf*-Seitenpool, sobald die Daten zumindest die Hälfte einer Seite ausfüllen. Diese Strategie verhindert eine zu starke Fragmentierung des Anwendungsdatenstroms, der bereits in einzelne Speicherseiten aufgeteilt ist. Eine über die Speicherseiten hinausgehende Fragmentierung würde sowohl den Bearbeitungsaufwand beim Sender als auch beim Empfänger erhöhen. Es wären weit mehr Systemaufrufe nötig als bei einer der Speichereinteilung konformen Übertragung. Diese Speicherverwaltungsstrategie spiegelt sich in dem großen Durchsatzzuwachs bei

Übergang von einer Benutzerpuffergröße von 256 Bytes auf 512 Bytes wider. Da 512 Bytes die Hälfte einer Kernel-Seite belegen, tritt hier sosend() in Aktion.

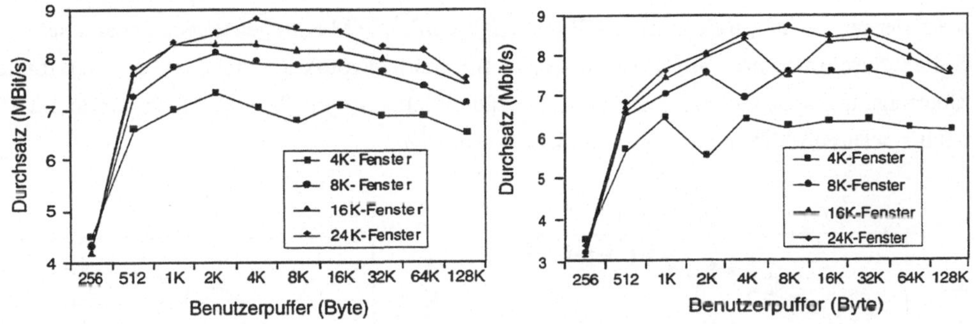

Abb. 4.9a: TCP/IP-Durchsatz auf Ethernet   *Abb. 4.9b: XTP-Durchsatz auf Ethernet*

4.3BSD UNIX setzt normalerweise für TCP/IP eine vordefinierte Fenstergröße von 4 kByte ein, was einen relativ geringen Durchsatz zur Folge hat. Die maximale Fenstergröße liegt bei ca. 52 kByte. Fenstergrößen oberhalb von 21 KByte schlagen sich jedoch weder für TCP/IP noch für XTP in höheren Durchsatzwerten nieder, da die Anzahl der in Übertragung befindlichen Daten das Produkt aus Bandbreite und Verzögerungszeit auf einem einzelnen Ethernet-Segment übersteigt.

Sämtliche XTP-Meßreihen weisen einen Durchsatzrückgang von ca. 0.8 Mbit/s auf, wenn der Benutzerpuffer halb so groß wie das Fenster ist. Der Grund liegt in der XTP-Implementierung, die keine expliziten Optimierungsverfahren aufweist. Z.B. setzt XTP jede write-Aufforderung in ein separates DATA-Paket um. Auch wenn diese Strategie den Ablauf der Protokollverarbeitung vereinfacht, ergeben sich aus dem Overhead auf der Medienzugangsschicht (wie z.B. Auffüllen auf die minimale Paketgröße) Nachteile bzgl. des Durchsatzes. Insbesondere bei einer Benutzerpuffergröße, die der Hälfte des Fensters entspricht, treten diese Probleme gehäuft auf.

Die Abbildungen 4.10a und 4.10b zeigen den Durchsatz von TCP/IP- und XTP-Verbindungen in Abhängigkeit von der Fenstergröße bei einem Benutzerpuffer von 8 KByte und einer zu übertragenden Datenmenge von 4 MByte auf Ethernet- bzw. FDDI-Verbindungen. Für geringe Fenstergrößen (bei FDDI bis 8 KByte, bei Ethernet bis 3 KByte) liegen die Durchsatzwerte von XTP oberhalb derer von TCP/IP. Der Grund dafür ist die senderbasierte Semantik von XTP. Der Empfänger wird durch den Sender aufgefordert, unmittelbar auf einen Paketempfang mit Kontrollpaketen zu reagieren. Bei Einsatz von TCP/IP wird der Zeitpunkt für die Generierung von Kontrollpaketen durch Anwenden der "Silly Window"-Option verzögert. Der Empfänger versucht, die Bestätigung und die Fensteraktualisierung in einem Paket zu versenden. Diese zusätzliche Verzögerung ist für kleine Fenstergrößen nicht geeignet, da der Sender dann häufig auf eine Fensteraktualisierung warten muß. Ab einer Fenstergröße von 4 KByte erzielt TCP/IP auf Ethernet-Basis einen höheren Durchsatz als XTP. Diese Fenstergröße bildet den Standardwert für die meisten TCP-Implementierungen. Doch wie die Messungen zeigen, liegt der Durchsatz bei dieser Fenstergröße selbst in einem lokalen Szenario weit unter dem Maximalwert, der bei Fenstergrößen um 20 KByte erzielt wird. Die Messungen zeigen zudem, daß die Spitzendurchsatzwerte auf Ethernet-Basis für beide Protokolle nahe an die maximale Übertragungskapazität heranreichen. Auf FDDI erzielt dagegen TCP nur Höchstwerte um 25 Mbit/s, während XTP sogar nur ca. 22 Mbit/s überträgt.

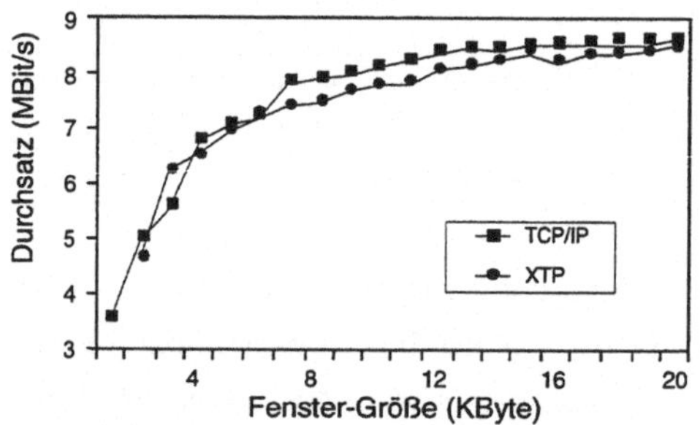

Abb. 4.10 a: Durchsatz auf Ethernet -Basis

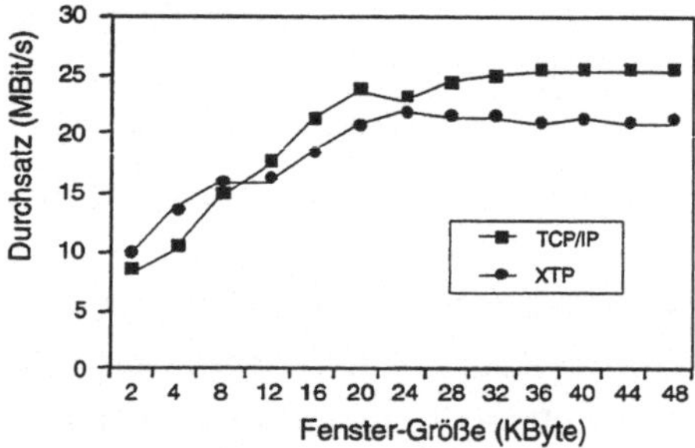

Abb. 4.10b: Durchsatz auf FDDI-Basis

Abbildung 4.11 illustriert Durchsatzergebnisse für TCP/IP- und XTP-Verbindungen auf FDDI-Basis in Abhängigkeit von der Benutzerpuffergröße. In beiden Meßreihen wurde jeweils eine Datenmenge von 4 MByte übertragen. Beide Protokolle erzielen einen maximalen Durchsatz von ca. 23 Mbit/s. TCP/IP erreicht diesen Wert bereits bei einer Puffergröße von 4 KByte und hält ihn nahezu konstant. Dies hängt damit zusammen, daß die entsprechenden TSDU-Größen in diesem Fall sehr nahe an die MTU (Maximum Transmission Unit) von FDDI (4.500 Bytes) herankommen. XTP erzielt bei einem Benutzerpuffer von 16 KByte den höchsten Durchsatz, da die Fenstergröße entsprechend eingestellt war. Der Durchsatz von XTP sinkt bei größeren Benutzerpuffern deutlich ab, da dann auf Senderseite die eigentliche Fragmentierungsarbeit für XTP beginnt. Dieser Effekt macht sich bei TCP/IP nicht so stark bemerkbar, da hier die Socket-Schnittstelle bereits die passenden Paketgrößen bereitstellt (sosend()). Die Empfängerseite senkt den Durchsatz der XTP-Verbindung bei großen Benutzerpuffern weiter, da das read()-Kommando, das verantwortlich für die Leerung des Socketpuffers ist, mit den mit hoher Priorität laufenden "*krmbuf-> mbuf*"-Kopieroperationen konkurrieren muß.

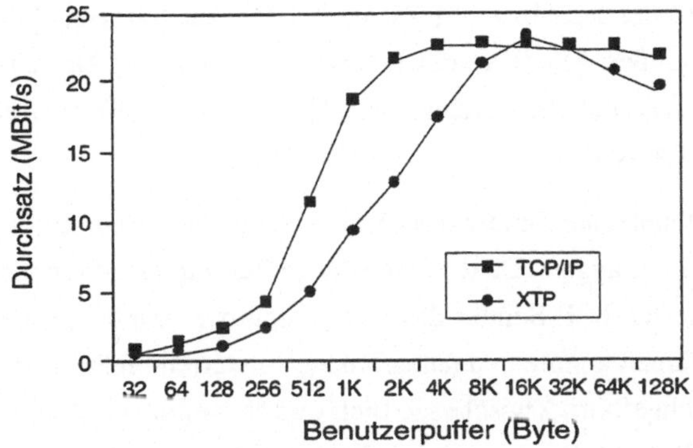

Abb. 4.11: Durchsatz auf FDDI-Basis abhängig von der Puffergröße

Die folgenden Abbildungen 4.12a und 4.12b zeigen das Durchsatzverhalten von TCP/IP bzw. XTP bei unterschiedlicher Netzlast und variabler Benutzerpuffergröße bei einem Flußfenster von 48 KByte. Bei diesen Messungen wurde auf Erzeugung einer extrem hohen Netzwerklast verzichtet, da für ein großes Flußfenster schon eine geringe Netzwerklast erhebliche Auswirkungen zeigt und der LANalyzer nicht in der Lage ist, extreme Hochlast exakt zu erzeugen. Der LANalyzer wurde dazu eingesetzt, Lasten zu erzeugen, die 15% bzw. 30% der Ethernet-Kapazität entsprechen. Dabei wurden Pakete einer Größe von 512 Bytes generiert.

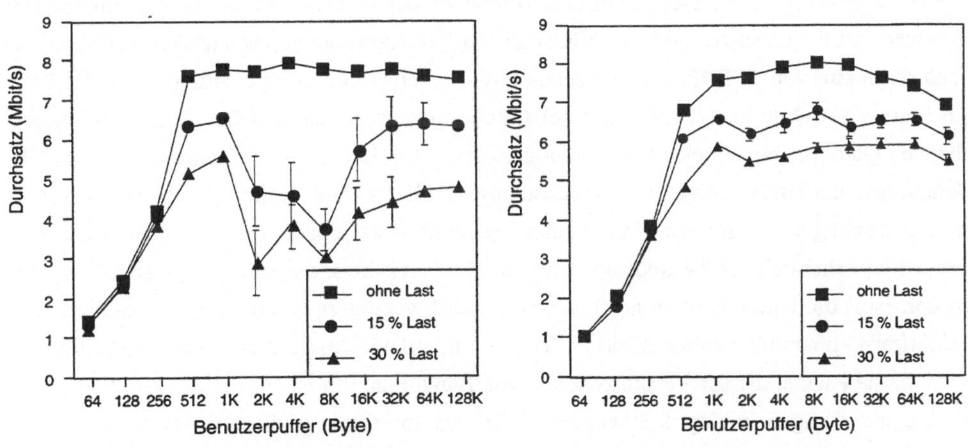

Abb. 4.12a: TCP/IP- Durchsatz   *Abb. 4.12b: XTP-Durchsatz*

(vs. Netzwerklast und Benutzerpuffergröße auf Ethernet-Basis)

Der Verlauf der Kurven verdeutlicht, daß die Beeinträchtigung der XTP-Verbindung von zunehmender Last erheblich geringer ist als die der entsprechenden TCP/IP-Verbindung. Für beide Protokolle gilt, daß die bei einem Fenster von 48 KByte erzielten Durchsätze (ohne zusätzliche Grundlast) unterhalb der Werte für entsprechende Messungen bei kleineren Fenstergrößen von 4 KByte bei TCP bzw. 16 KByte bei XTP liegen. Bei XTP ist die auftretende Diskrepanz jedoch größer. Mit Hilfe des LANalyzers konnte als Ursache für den geringeren Durchsatz auch ohne zusätzliche Netzlast der folgende Kommunikationsablauf bei den beiden Protokollen beobachtet werden:

Bei Einsatz von TCP nutzt der Sender das gesamte Sendefenster aus und erwartet anschließend die Bestätigung des Empfängers. Da die eintreffende Bestätigung nur einen Teil der gesendeten Daten quittiert, geht der TCP-Sender davon aus, daß der Empfänger den Datenstrom nicht schnell genug aufnehmen konnte und daher Pakete verwerfen mußte. Es wird eine Go-back-N Fehlerkorrektur durchgeführt. Zwischenzeitlich treffen weitere Quittungspakete beim Sender ein, die das untere Ende des Sendefensters erhöhen und schließlich den Erhalt des kompletten Sendefensters bestätigen. Da diese Bestätigungen Sequenznummern enthalten, die der Sender noch nicht wiederholt hat, kommt als Erklärung für die erste unvollständige Bestätigung kein Paketverlust in Frage. Tatsächlich konnte die Empfängerseite die Daten nicht schnell genug an die Anwendung ausliefern, bzw. konnte die Anwendung die Daten nicht aus dem Socketpuffer lesen. Dies erklärt den etwas reduzierten Durchsatz bei Verwendung eines großen Fensters. Ähnlich ist das Verhalten von XTP bei nahezu lastfreiem Ethernet. Ein Pufferüberlauf beim Empfänger bildet die typische Ursache für einen Paketverlust. Der hohe Verwaltungsaufwand, der für die Berechnung der Lücken beim Empfänger erforderlich ist, führt häufig zu einem Leistungsnachteil der selektiven Neuübertragung gegenüber dem simplen Go-back-N Verfahren.

Die Ursachen für die drastischen Durchsatzeinbußen der TCP/IP-Verbindung bei zusätzlicher Netzwerklast liegen sowohl im Mechanismus zur Fehlererkennung als auch im Verfahren zur Fehlerkorrektur von TCP/IP. Die rein senderbasierte Fehlererkennung erfordert für jedes Paket das Starten des Quittungs-Timers, der bei Ablauf ohne zwischenzeitlichen Erhalt der entsprechenden Quittung eine erneute Übertragung auslöst. Die Güte dieses Verfahrens hängt von der Genauigkeit der Umlaufzeit (RTT)-Abschätzung ab, die als Maß für die aktuelle Netzbelastung zur Berechnung des Quittungs-Timers eingesetzt wird. Insbesondere bei einem belasteten Netz treten hier erhebliche Schwankungen auf. In Weitverkehrsszenarien ist das Problem noch größer. Falls die Umlaufzeit zu groß berechnet wird, verzögert sich die Fehlererkennung und Fehlerkorrektur beim Sender. Eine zu kleine Umlaufzeit-Abschätzung verursacht unnötig wiederholte Pakete, die zur Verschwendung von Bandbreite führen. Zu diesem Problem sei auf die Untersuchungen in Kap. 5.3 verwiesen. Bei einem extrem großen Fenster und normaler Netzbelastung ist die TCP-Implementierung offensichtlich nicht mehr in der Lage, die Umlaufzeit realistisch abzuschätzen. Ein Grund hierfür liegt in dem Umstand, daß die Benutzerdaten nachdem sie die TCP-Ebene verlassen haben - unterschiedlich lange im Netzwerkpuffer auf die Übertragung warten müssen. Diese Wartezeit ist u.a. von den aktuell auftretenden Kollisionen auf dem Ethernet abhängig. Einen weiteren Verursacher der drastischen Durchsatzeinbußen stellt das Go-back-N-Verfahren zur Fehlerbehebung dar: Die Übertragung der durch zu geringe Verarbeitungsgeschwindigkeit des Empfängers verzögerten Bestätigungen verspätet sich zusätzlich durch auftretende Kollisionen. Im Vergleich zur Meßreihe "ohne Last" nimmt der

Anteil der unnötig wiederholten Paketübertragungen am Gesamt-Übertragungsvolumen stark zu und verringert damit den für den Benutzer verfügbaren Durchsatz. Die berechneten 95%-Konfidenzintervalle nehmen unter diesen Umständen eine Größe an, die ca. 10 Prozent des Mittelwerts ausmacht.

Das LANalyzer-Protokoll für die Meßreihe "XTP ohne Last" bestätigt, daß der Sender das volle Flußfenster bei der Übertragung ausnutzt. Erst anschließend generiert der Empfänger ein Quittungspaket, das im Feld *nspans* die Anzahl der Lücken im Datenstrom sowie im Feld *spans* die zur Berechnung der Lücken erforderlichen Sequenznummernpaare enthält. Bei höherer Netzwerklast zeigt XTP ein sehr viel stabileres Verhalten als TCP/IP. Da XTP im Unicast-Betrieb über eine empfängerbasierte Fehlererkennung verfügt, benötigt der Sender keinen Quittungs-Timer und ist somit unabhängig von der stark schwankenden Umlaufzeit.

Die vorgestellten Ergebenisse haben verdeutlicht, welchen Einfluß die Implementierung eines Protokolls auf dessen Leistungsfähigkeit hat. Trotz optimiertem Protokollentwurf ist XTP nicht dazu in der Lage, die zweifelsohne vorhandenen Funktionalitätsvorteile auszunutzen. Dies liegt zum einen an der nicht ausgereiften Implementierung und zum anderen an den Beschränkungen durch die zugrundeliegende Hardware [HeMS93].

4.4 Optimierung sequentieller Implementierungen

4.4.1 Reduzierung des Kopieraufwands

Eine Möglichkeit der Leistungssteigerung der Protokollverarbeitung bietet die Reduzierung der Anzahl der Kopieroperationen. In [BaPr93] wird ein neuer Netzwerkadapter vorgestellt, der das Kopieren der Anwendungsdaten direkt in den Netzwerkadapter-Speicher unterstützt. Somit werden die Daten nur noch einmal auf dem Weg zum Medienzugang kopiert. Bei der konventionellen Protokollverarbeitung werden die Daten vom Anwendungsbereich (erster Speicherzugriff) in die Socket-Puffer im Kernel-Bereich geschrieben (zweiter Speicherzugriff). TCP liest die Daten (dritter Zugriff) und berechnet die Prüfsummen. Das letztendliche Kopieren auf den Netzwerkadapter erfordert nochmals zwei Speicherzugriffe. Daraus ergeben sich fünf Speicherzugriffe, von denen einer als DMA-Kopiervorgang realisiert werden kann.

Dieser Ansatz zur Reduzierung der Kopieroperationen ist jedoch nur dann vorteilhaft, wenn es sich um einen "Intelligenten Netzwerkadapter" handelt, der die gesamte TCP-Protokollverarbeitung ausführt und den Host entlastet.

4.4.2 Intelligente Netzwerkadapter

Durch die Auslagerung der gesamten Protokollverarbeitung auf einen intelligenten Netzwerk-Adapter mit eigener CPU ist eine deutliche Entlastung des Rechners und eine signifikante Leistungssteigerung der Protokollverarbeitung denkbar. Die Protokollroutinen können beispielsweise in EPROMs auf der Netzwerkadapterkarte gespeichert werden und somit den Informationsaustausch zum Host auf ein Minimum reduzieren.

Ein wesentlicher Engpaß der Protokollverarbeitung bleibt jedoch bestehen: Das Kopieren der Daten vom Anwendungsbereich auf den Netzwerkadapter. Zudem müßte der Netzwerkadapter eine enorme Verarbeitungsgeschwindigkeit erbringen, um mit Mittelklasse-Workstations wie einer DEC5000 mithalten zu können. Eine DEC5000 benötigt ca. 250 µs an konstanter Bearbeitungszeit pro Paket (unabhängig von der Paketgröße) für die gesamte Protokollverarbeitung. Dies entspricht einer Anzahl von ca. 4000 Paketen pro Sekunde.

4.4.3 Verbesserung der Interrupt-Behandlung

Die Interrupt-Behandlung wird angestoßen, wenn der Netzwerkadapter Pakete empfangen hat und dies dem Host mitteilen möchte. Dabei handelt es sich um eine zwar einfache, aber nicht sehr effiziente Methode. Der resultierende Kontext-Wechsel auf einer herkömmlichen Workstation (z.B. einer DEC 5000) dauert zwar nur ca. 400 ns [Rama93a], die Verwaltung der einzelnen Prioritäten und das Sichern der CPU-Register aber erfordert wesentlich mehr Zeit (ca. 5-8 µs). Die Interrupt-Behandlung wird besonders kritisch, wenn kleine Pakete in kurzen Abständen empfangen werden. Der Empfang von direkt aufeinanderfolgenden FDDI-Paketen erfordert eine Interrupt-Periode von etwa 5 µs und liegt damit unterhalb der Bearbeitungszeit für die Interrupt-Routine.

Eine traditionelle Methode, den Interrupt-Engpaß zu beseitigen, ist die Bearbeitung mehrerer Pakete in einer Interrupt-Routine. Die Interrupts erhalten eine hohe Priorität und können so die Empfangswarteschlange vor Überlauf bewahren. Die Anzahl der pro Interrupt-Routine bearbeitbaren Pakete muß jedoch beschränkt werden, damit die Protokoll-Weiterverarbeitung der Daten nicht vernachlässigt wird. Für bestimmte Anwendungen ist diese Art der Interrupt-Behandlung außerdem ungeeignet. Als Beispiel sei eine interaktive, graphische Benutzeroberfläche genannt: Werden zu viele Pakete in einer Interruptroutine bearbeitet, so werden diese nicht nacheinander, sondern quasi gleichzeitig an die Protokollverarbeitung und Anwendung weitergeleitet. Dadurch erscheint das zeitliche Verhalten der Oberfläche nicht so, wie es eigentlich sein sollte. Vielmehr werden verschiedene Operationen nahezu gleichzeitig ausgeführt.

Eine Alternative zur herkömmlichen Interrupt-Behandlung auf einer *Single- und Multi-CPU-Architekturen* bietet der Einsatz von *Threads*. Dabei handelt es sich um eigenständige Code-Sequenzen, die von einem Prozeß gestartet und beendet werden können. Einem *Thread* wird dabei ein gewisser Anteil der CPU-Zeit zugeteilt. Eine zentrale Kontrolle (*Scheduler*) bearbeitet die Threads der Reihe nach. Nach Ablauf der Zeitscheibe wird der entsprechende Thread automatisch unterbrochen, so daß der nächste Thread aktiviert werden kann. Der große Vorteil der Threads gegenüber den Interrupts ist der, daß automatisch die Umgebung der Threads (Register, Unterbrechungsstelle, etc.) gesichert und wiederhergestellt werden. Um beispielsweise die Interrupt-Routine beim Empfang von Daten zu simulieren, wird ein entsprechender

Thread erzeugt, der sich solange im idle-Zustand aufhält, bis er in den running-Zustand bei Empfang der Pakete gesetzt wird. Der Thread startet dann sofort seine Behandlung und kümmert sich um das/die neue/neuen Paket/e. Der Thread wird nach Ablauf seiner Zeitscheibe unterbrochen, so daß ein besseres Gleichgewicht zwischen Effizienz und Fairness in der Interprozeß-Kommunikation erreicht wird.

4.5 Semantische und Syntaktische Nebenläufigkeit

Neben der Optimierung sequentieller Protokollimplementierungen ist die Ausnutzung protokoll-inhärenter Parallelität ein wesentlicher Ansatzpunkt zur Leistungssteigerung von Kommunika-tionsarchitekturen. Basierend auf dem in [Rupp93] vorgestellten Spezifikations- und Imple-mentierungskonzept wurden im Rahmen dieser Arbeit eine Vielzahl von Untersuchungen zur Ableitung protokollinhärenter Parallelität auf der Basis formaler Spezifikationen mittels höherer Petri-Netzen durchgeführt [HeRu92, Asaa92, Conr92, Ghan93]. Diese Arbeiten dienen als Ausgangspunkt für parallele Implementierungen und sind bereits von den Spezifizierern in Hinblick auf eine parallele Abarbeitung der abgeleiteten nebenläufigen Prozesse entwickelt worden. Da die meisten dieser Arbeiten eine Parallelisierung der Protokollverarbeitung höherer Ebenen (Schichten 5-7 gemäß OSI-Referenzmodell) zum Ziel hatten, die aber nicht Bestandteil dieser Arbeit sind, sei hier auf die obengenannte Literatur verwiesen. Exemplarisch sollen nach der Vorstellung der eingesetzten Entwicklungsumgebung ausschließlich Ergebnisse zur Parallelisierbarkeit des Transferprotokolls XTP vorgestellt werden.

Es existiert eine Vielzahl von Arbeiten zur Leistungssteigerung von Kommunikationsarchitek-turen mittels paralleler Implementierung. Dabei wird auf verschiedene Arten versucht, die der Protokollverarbeitung inhärente Nebenläufigkeit zu extrahieren. In der folgenden Übersicht (s. Abbildung 4.13) ist eine Einteilung verschiedener Ansätze basierend auf *semantischen* und *syntaktischen* Protokolleigenschaften zur Ausnutzung protokollinhärenter Modularität skizziert.

Die Einteilung in Verfahren, die die semantischen bzw. die syntaktischen Protokolleigen-schaften ausnutzen, wurde gewählt, da die sonst übliche Einteilung in *funktionale* und *Datenmanipulations-Ansätze* (vgl. z.B. [Feld93]) eine nicht so weitreichende Modularisierung bis in den atomaren, den intra-funktionalen Protokollbereich zuläßt.

Die *Syntax* der Protokolldateneinheiten (PDUs) beeinflußt entscheidend den Generierungs- und Parsing-Aufwand. Während die Entwickler konventioneller Protokolle das Ziel hatten, die Anzahl der zu übertragenden Bits zu minimieren, indem sie Paketfelder mit variabler Länge einsetzten, ist die Syntax neuer Hochleistungsprotokolle durch ein statisches Paketformat gekennzeichnet. Diese Protokolle besitzen daher Kontrollfelder fester Größe, die auf 4- oder 8-Byte-Grenzen positioniert sind. Prüfsummen sind derart in die Pakete integriert, daß "*on the fly*"-Kalkulation möglich und kein "*Backpatching*" des Headers zur Integration der Prüfsumme erforderlich ist. Die feste Zuordnung von Protokollfeldern unterstützt die nebenläufige Bearbeitung verschiedener Felder und zielt auf eine spätere parallele VLSI-Implementierung ab.

Zusätzlich gestattet ein für alle Pakettypen konsistentes Format, das eine Abgrenzung zwischen Kontroll- und Benutzerdaten erleichtert, die nebenläufige Bearbeitung dieser beiden Teilbereiche einer PDU.

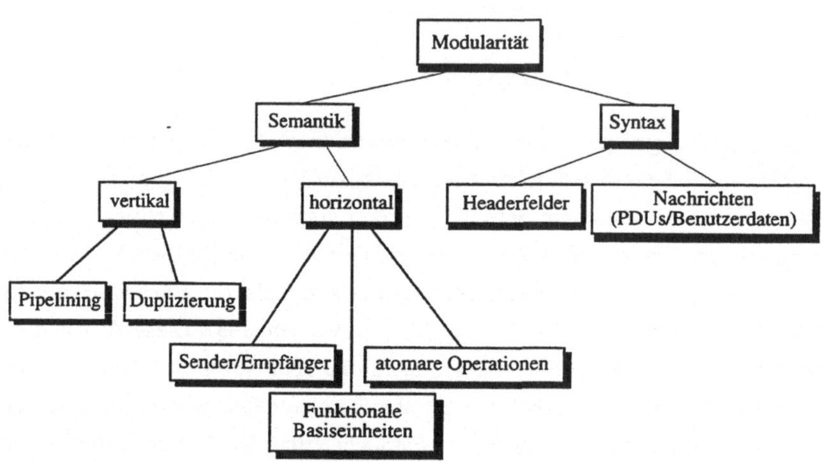

Abb. 4.13: Ausnutzung protokollinhärenter Modularität

Die **Semantik** oder "ausführbare Funktionalität" einer in verschiedenen Stufen angeordneten Kommunikationsarchitektur ermöglicht aufgrund der inhärenten Abstraktion zwischen den Protokollen der unterschiedlichen Ebenen eine *vertikale Nebenläufigkeit* von Kommunikationsprozessen und somit eine parallele Ausführung. Durch das *Pipelining* der Protokollverarbeitung kann ein Leistungsgewinn erzielt werden. Dieser Leistungsgewinn kommt jedoch nur dann zum Tragen, wenn die den einzelnen Bearbeitungsstufen zugeordneten Aufgaben gleichmäßig verteilt sind. Eine *Duplizierung* von Teilpfaden (Bearbeitungsstufen) kann hier für Entlastung sorgen und die Engpässe einer Pipeline aufheben, falls genügend Verarbeitungsleistung vorhanden ist. Zur gleichzeitigen Bearbeitung verschiedener Verbindungen auf einer Endstation bietet sich zudem die Replikation des gesamten vertikalen Kommunikationspfads an.

Neben der vertikalen Parallelität verfügen Kommunikationsarchitekturen über ein großes Potential *horizontaler Nebenläufigkeit*. Der erste Schritt ist dabei die Aufspaltung des Kommunikationsprozesses in *Sende- und Empfangsrichtung*, die unabhängig voneinander realisiert werden können. Durch eine Zerlegung der Protokolle in *Basisfunktionen* (Kontextverwaltung, Fluß und Fehlerkontrolle [Zitt91]), die voneinander unabhängige und abgegrenzte Aufgaben erfüllen, ist ein weiterer Schritt in Richtung paralleler Implementierung und flexibler Kommunikationssysteme gemacht [Brau93]. Doch erst die weitere Zerlegung der Basisfunktionen in sinnvolle *atomare Einheiten* (Timerbehandlung, Interne und Netzwerk-Signalbearbeitung,...) reizt das semantische Parallelisierungspotential voll aus [HeRu92]. Diese Parallelisierungsstufe ist jedoch nur dann sinnvoll, wenn entsprechend ausgerüstete Mehrprozessorsysteme zur

Verfügung stehen, die in der Lage sind, derart feingranulare Implementierungen effizient abzuarbeiten. An diesem Punkt der Spezifikation spielen also sehr stark die semantische Konstruktion der Beschreibungssprache sowie die Vorgehensweise des Spezifizierers eine Rolle. Auf Basis der atomaren Einheiten kann eine ebenenübergreifende Abarbeitungsstruktur entwickelt werden, welche die gemäß ISO/OSI-Referenzmodell existierende strikte Funktionalitätstrennung abbaut und die Ausführungsreihenfolge der Basisfunktionen vollkommen neu bestimmt. Auf diese Art spezifizierte Protokolle bilden die Grundlage für den Aufbau der in Kapitel 7 vorgestellten flexiblen Kommunikationsarchitektur.

Die Durchführung einer solchen Protokollentwicklung bedarf nicht nur eines Konzepts, sondern auch der nötigen Rechnerunterstützung. Zunächst wird im folgenden Abschnitt der Prototyp der im Rahmen des DFG-Projekts PIKOM "*Parallelität in Kommunikationsprotokollen*" konzipierten Entwicklungsumgebung DYCAT vorgestellt, der aus bereits existierenden ("Produktnetzmaschine", [Ochs91]) und in Entwicklung befindlichen ("PENCIL/C-Compiler", [Enge94]) Werkzeugen zusammengesetzt ist. Eine detailliertere Beschreibung des Systems und die praktische Umsetzung sind in [Enge94] beschrieben. Anschließend folgt eine kurze Beschreibung der auf höheren Petri-Netzen basierenden Spezifikationsmethode. Diese Beschreibung konzentriert sich auf die Vorstellung ausgewählter Ergebnisse zur Parallelisierbarkeit der spezifizierten Protokolle, da das zugrundeliegende Konzept bereits detailliert in [Rupp93] beschrieben ist.

4.5.1 DYCAT: Protokoll-Entwicklungsumgebung

DYCAT bezeichnet zum einen eine Protokoll-Entwicklungsumgebung zur rechnergestützten Entwicklung modularer Implementierungen und zum anderen eine Kommunikationsarchitektur, die hauptsächlich aus atomaren Protokollbausteinen zusammengesetzt ist (vgl. Kapitel 7). Die Hauptziele, die zur Konfiguration der DYCAT-Entwicklungsumgebung geführt haben, waren

- der Einsatz eines durchgehenden Entwicklungsverfahrens von der Spezifikation bis zur Implementierung (durchgehend bedeutet nicht, daß sämtliche Formen der "Respezifizierung" unnötig wären),
- die Unterstützung der Realisierung feingranularer Protokollspezifikationen und modularer Implementierungen,
- Möglichkeiten zum Validieren, Verifizieren und Testen von Protokollspezifikationen,
- die Entwicklung von Prototyp-Implementierungen (PENCIL/C, [Enge94]) auf einem Emulator einer Multiprozessor-Controller-Architektur und auf verschiedenen Transputer-Konfigurationen.

Da das Markenspiel von Petri-Netzen geeignet ist, nebenläufige Prozesse zu aktivieren, und da es gleichzeitig die Möglichkeit bietet, die Struktur und das Markenspiel eines Petri-Netzes mit höheren Programmiersprachen zu beschreiben, wurde im DFG-Projekt PIKOM die in Abbildung 4.14 dargestellte DYCAT-Entwicklungsumgebung konzipiert und eingesetzt.

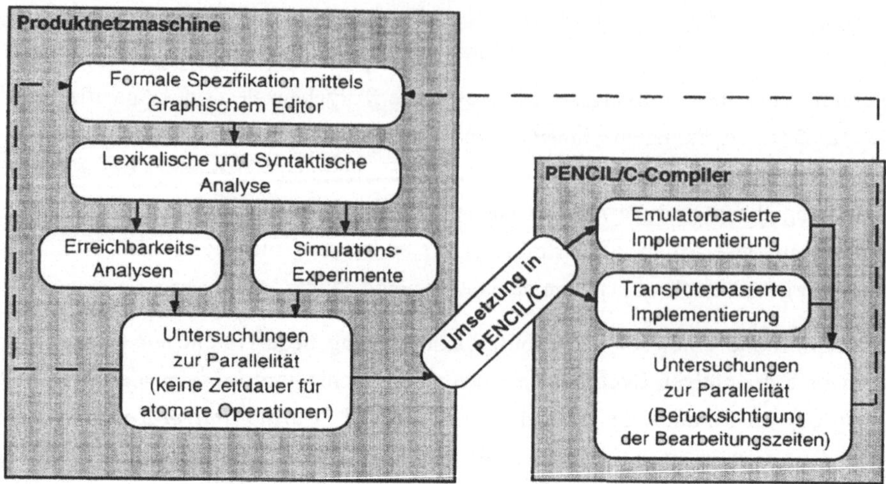

Fig. 4.14: DYCAT Entwicklungsumgebung

Eine weitere Motivation für den Einsatz von Petri-Netzen war die Verfügbarkeit der "Produkt-netzmaschine" [Ochs91], die als Werkzeug zum Entwurf und zur Analyse von Produktnetzen [BuOP89] entwickelt worden ist. Sie besteht aus einem graphischen Editor und einem umfang-reichen Analysator. Neben der graphischen Eingabe existiert die Möglichkeit, ein Produktnetz in Form von LISP-Code zu beschreiben. Zudem ist es möglich, zwei oder mehrere syntaktisch korrekte Produktnetze zusammenzufassen und an den Analysator zu übergeben. Der Analysator besteht aus einem Modul "Schaltregel", das für ein markiertes Netz die Menge aller Nachfolge-markierungen berechnet, und aus einem Modul "Schedule", das die Erreichbarkeitsanalyse durchführt, d.h. die Erreichbarkeitsgraphen aufbaut. Zusätzlich zur Erreichbarkeitsanalyse verfügt die Produktnetzmaschine auch über die Möglichkeit, markierte Netze zu simulieren und dabei Statistiken über die parallel schaltfähigen Transitionen zu ermitteln. Die dabei gewon-nenen Ergebnisse zum Parallelisierungspotential werden im nächsten Unterkapitel beschrieben. Diese Ergebnisse stellen jedoch nur theoretisch mögliche Parallelisierungsgrade dar, da Produktnetze nicht zeitbehaftet arbeiten und daher weder die Schaltzeit von Transitionen noch die Zeit zum Ermitteln schaltfähiger Transitionen berücksichtigt wird.

Nachdem die Produktnetzspezifikationen erstellt und getestet worden sind, werden sie mit einem in [Rupp93] vorgestellten Abbildungskonzept in die Programmiersprache PENCIL/C (Petri Net based Communication Protocol Implementation Language) umgesetzt. Eine Erweiterung dieses Abbildungskonzepts ist in [Enge94] praktisch umgesetzt worden. Im Anschluß an die Abbildung wird die Ausführung der Protokolle durch den "PENCIL/C"-Compiler vollzogen. Dieser Compiler ist bereits zur Erstellung erster Prototyp-Implemen-tierungen eingesetzt worden [EnHe92b, Enge93, Groc93]. Der erzeugte PENCIL/C-Code setzt unmittelbar auf dem Betriebssystem des eingesetzten transputer-basierten Mehrprozessor-systems auf. Bei diesem System handelt es sich um ein 64 Prozessor-Cluster, bestehend aus

T800-Prozessoren. D.h., die integrierten Systemdienste des Rechners werden direkt genutzt, ohne eine spezielle Laufzeitumgebung in Anspruch nehmen zu müssen, welche die Schnittstellen zum System bereitstellen würde.

Neben diesem Ansatz existieren Arbeiten anderer Forschergruppen, die auf Basis bereits vorhandener Spezifikationen einen ähnlichen Weg über standardisierte Spezifikationsverfahren wie LOTOS [ISO 86], SDL [CCIT87] oder Estelle [ISO 89b] gewählt haben:

Exemplarisch sei auf die in [HoEf92, KöEG93] beschriebenen Verfahren verwiesen. Dort wird die Ableitung paralleler Strukturen auf der Basis von Estelle beschrieben. Diese parallelen Konstrukte werden durch eine Inspektion existierender Estelle-Spezifikationen ermittelt, was die Neuspezifikation der Protokolle erübrigt. Aufgrund des Attributierungskonzepts von Estelle kommt es jedoch zu Einschränkungen der eigentlich erreichbaren Parallelität. Als Ausweg wird die Erweiterung der Estelle-Semantik vorgeschlagen. Um den generierten C- oder C++-Code ausführen zu können, wird eine Entwicklungsumgebung eingesetzt, die Code für ein Mehrprozessorsystem auf Transputerbasis zur Verfügung stellt.

Eine weitere Alternative zum DYCAT-Konzept bietet die an der Universität Karlsuhe [ZiBr92, Brau93] angegebene Beschreibung von Protokollfunktionen mittels erweiterter endlicher Automaten. Es werden zwei mögliche Implementierungsstrategien vorgeschlagen, welche die durch die endlichen Automaten beschriebene Parallelität umsetzen sollen. Zum einen wird ein multiprozessor-basiertes System vorgestellt und zum anderen eine VLSI-Architektur.

4.5.2 Formale Spezifikation mittels eingeschränkter Produktnetze

Da eine ausführliche Beschreibung von Produktnetzen [BuOP89] bzw. eingeschränkten Produktnetzen [Rupp93] den Rahmen dieser Arbeit sprengen würde, sollen nur einige Aspekte erläutert werden:

Produktnetze sind beschriftete Petrinetze [Reis86, Baum90] mit individuellen Marken. Formal setzen die Produktnetze auf den Stellen-/Transitionsnetzen auf, stellen jedoch eine wesentliche Erweiterung dieses Petri-Netz-Konzepts dar. Jeder Stelle eines Produktnetzes ist ein Definitionsbereich zugeordnet, der sich aus Kreuzprodukten über Mengen zusammensetzt. Aus dieser Eigenschaft leitet sich auch der Name der Produktnetze ab. Die Marken in einer Stelle können als n-Tupel betrachtet werden, die inhomogene Verbundtypen repräsentieren, wie sie z.B. in höheren Programmiersprachen als *record* oder als *struct* auftreten. Der Definitionsbereich der Stellen wird in einem Vorspann angegeben. Eine explizite Angabe der maximal zulässigen Anzahl von Markierungen einer Stelle (Kapazität) ist in den Produktnetzen nicht vorgesehen. Dies bedeutet, daß sich eine beliebige Anzahl Markierungen eines Elementtyps in einer Stelle befinden kann. Des weiteren ist jeder Kante eine *Kanteninschrift* zugeordnet. Diese beinhaltet eine formale Summe aus n-Tupeln. Zusätzlich zu einer gültigen Interpretation der Kanteninschrift muß das einer Transition zugeordnete *Prädikat* erfüllt sein, bevor die entsprechende

Transition feuern kann. Bei einem Prädikat handelt es sich um einen boolschen Ausdruck, welcher einer Transition zugeordnet werden kann.

Bei der Modellierung, Spezifikation und Untersuchung von komplexen Systemen unterstützen die Produktnetze eine kompakte Schreibweise, die unter Umständen einer effizienten Implementierung im Wege stehen kann [Rupp93]. Deswegen sind durch sinnvolle Restriktionen beim Gebrauch der Produktnetze eingeschränkte Produktnetze entstanden [Enge93, Rupp93].

Um Aussagen über die potentielle Parallelität des XTP-Protokolls zu gewinnen, wurden sämtliche der in [XTP 92a] spezifizierten Basisautomaten mittels Produktnetzen neu spezifiziert. Dabei enthält eine Transition neben dem Prädikat die auszuführende "atomare" Protokolloperation. Basierend auf unterschiedlichen Paketaustauschszenarien (impliziter Verbindungsaufbau, Zwei-Wege- und Drei-Wege-Handshake, Verlust des FIRST-Pakets, fehlerhafte Prüfsumme, Verlust von CNTL-Paketen,...) wurde die relative Häufigkeit für die Anzahl parallel schaltender Transitionen mittels der Produktnetzmaschine bestimmt. Abbildung 4.15 zeigt die über all diese Untersuchungen ermittelte Verteilung, getrennt für Sender und Empfänger. Dabei wurden die Häufigkeitswerte in drei Klassen eingeteilt. Bei der überwiegenden Mehrzahl der Beobachtungspunkte ergab sich eine Anzahl von 5 bis 10 parallel schaltender Transitionen.

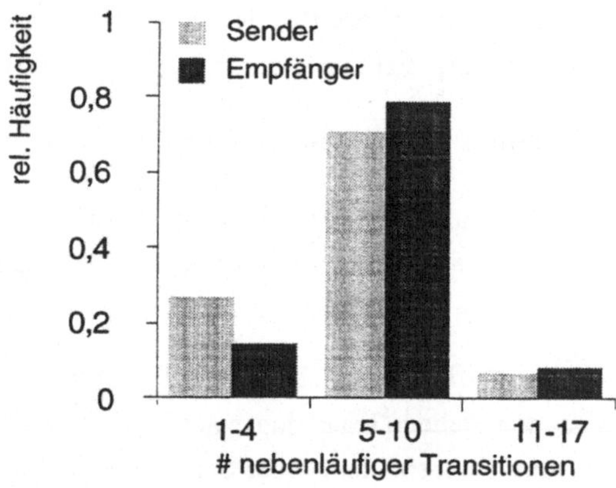

Abb. 4.15: Relative Häufigkeit der Anzahl nebenläufiger Prozesse

Eine interessante Beobachtung ist der Verlauf der Anzahl nebenläufiger Transitionen während einer aktiven Verbindung (vgl. Abbildung 4.16). Die entsprechenden Untersuchungen sind mithilfe der "Produktnetzmaschine" durchgeführt worden. Erstaunlich sind die großen Schwankungen der Nebenläufigkeit. Insbesondere stellen die Einbrüche des Parallelitätsgrads auf eine aktive Transition Synchronisationspunkte dar, die auch bei der realen Umsetzung auftreten und dort zu Leistungseinbußen führen können.

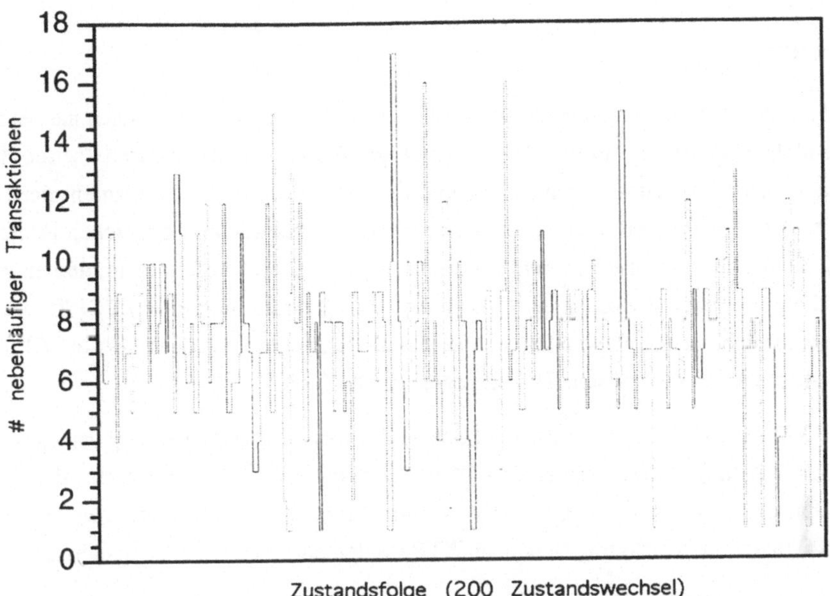

Abb. 4.16: Nebenläufigkeit in der Startphase einer XTP-Verbindung

In der realen Implementierung stellen die Synchronisationspunkte Zeitpunkte dar, an denen viele der verfügbaren Prozessoren inaktiv sind und auf neue Jobs warten. Durch geschicktes Verschmelzen von Transitionen vor solchen Synchronisationspunkten kann dieses Problem auf Kosten der Anzahl paralleler Transitionen beseitigt werden.

Inwiefern der erreichte Parallelitätsgrad Bedeutung für eine reale Implementierung hat, wird derzeit untersucht [Enge93]. Erste Ergebnisse zeigen, daß die Produktnetz-Spezifikation zu feingranular durchgeführt wurde, das Scheduling (Auswahl aktiver Transitionen) der atomaren Operationen somit mehr Zeit in Anspruch nimmt als die anschließende Ausführung. Wiederum kann hier durch eine Respezifizierung, die ein Verschmelzen von Transitionen vorsieht und somit zeitintensivere Operationen erzeugt, ein für die Implementierung geeigneterer Parallelisierungsgrad erzielt werden.

Trotz der eingeschränkten Aussagekraft der hier vorgestellten Ergebnisse für eine reale Implementierung wurde bei sämtlichen Arbeiten deutlich, daß die untersuchten Protokolle ein beträchtliches Parallelisierungspotential aufweisen, das auf einer multiprozessor-basierten Controller-Architektur einen signifikanten Speedup gegenüber einer sequentiellen Abarbeitung bringen wird. In [Enge94] vorgestellte Speedup-Zahlen liegen im Bereich von 2 bis 3 für eine auf 4 Prozessoren arbeitende Mehrprozessor-Architektur.

4.6 Fazit

Der Vergleich der Leistungskenngrößen zweier Protokollimplementierungen hat verdeutlicht, daß es nicht ausreicht, ein Protokoll mit vielfältiger Funktionalität und verbesserten Protokollmechanismen auszustatten, wenn die Implementierung dieser Mechanismen nicht effizient realisiert ist bzw. werden kann. Trotz eines vielversprechenden theoretischen Designs ist es bisher nicht gelungen, eine in den UNIX-Kernel integrierte Software-Implementierung zu entwickeln, die bzgl. der Leistung (Durchsatz und Übertragungszeiten) TCP/IP überflügelt. Durch eine zunehmende abwärtskompatible Erweiterung der Funktionalität baut TCP/IP zudem mehr und mehr das semantische Defizit gegenüber XTP ab.

Da die XTP-Software derzeit ausschließlich als Prototyp-Implementierung verfügbar ist, sind mögliche Leistungsdefizite gegenüber TCP/IP jedoch nicht überzubewerten. Beispielsweise sind Optimierungsverfahren wie *Silly Window Avoidance* oder *Small Packet Avoidance* [Nagl84] in der zur Verfügung stehenden XTP-Implementierung [XTP92b] nicht enthalten.

Zumindest bietet XTP aufgrund seines modularen Designs bessere Möglichkeiten zur Parallelisierung, als dies mit TCP/IP möglich ist. Entsprechende Untersuchungen basierend auf der formalen Spezifikation von XTP mittels höherer Petri-Netze ermutigen jedenfalls zu einer parallelen Implementierung des Protokolls.

5 Leistungsbewertung und Optimierung

Ziel der Leistungsbewertung von Hochleistungs-Transfersystemen ist neben dem Vergleich von Kenngrößen einzelner Kommunikationsprotokolle, die Ermittlung optimaler Parameterkonstellationen für bestimmte Systemkomponenten sowie die Aufdeckung und Behebung von Leistungsengpässen und -grenzen. Dabei soll nicht nur die Funktionalität der Protokolle untersucht, sondern auch der Einfluß der Implementierung auf die Protokollverarbeitung quantifiziert werden. Um dies zu gewährleisten, werden in dieser Arbeit unterschiedliche Ansätze zur Leistungsbewertung von Hochleistungs-Transfersystemen eingesetzt. Problematisch ist die Festlegung der zum Vergleich herangezogenen Leistungs- und Qualitätsfaktoren. Neben einer Reihe *subjektiver* Parameter wie Dienstangebot und Kompatibilität werden physikalisch bzw. mathematisch *objektiv* beschreibbare Leistungskenngrößen wie Durchsatz, Antwortzeit und Fehlerrate ermittelt.

5.1 Methoden

Allgemein werden drei Ansätze zur Leistungsbewertung von Kommunikationssystemen unterschieden:

- Messungen,
- mathematische Analysen und
- Simulationen.

Messungen können nur durchgeführt werden, wenn das zu untersuchende System existiert. Hierbei wird unterschieden zwischen Messungen an realen Kommunikationsverbindungen und Messungen eines durch spezielle Lastgeneratoren erzeugten synthetischen Verkehrs. Gerade letztere Möglichkeit erlaubt es, reale Anwendungen, insbesondere zukünftige, zu modellieren und deren Auswirkungen auf die einzelnen System- und Netzkomponenten festzustellen. Außerdem kann mittels eines Lastgenerators das Netz in Hochlastsituationen gebracht werden, um die Funktionsfähigkeit sämtlicher Komponenten unter Extrembedingungen zu testen. Die

Aussagekraft der durchgeführten Messungen hängt allerdings von der Qualität der Lastgeneratoren ab, die oftmals für eine detaillierte Modellierung unzureichend ist. Ein anderes Problem ist die Beeinflussung der Meßergebnisse durch zufällige Veränderungen in der Meßumgebung (Netzbelastung, Rechnerauslastung), die es oftmals nicht gestatten, ein Experiment isoliert von äußeren Einflußfaktoren durchzuführen. Zu beachten ist jedoch auch die entgegengesetzte Beeinträchtigung des Betriebsablaufs der Netze bzw. die Beeinflussung aktiver Workstations durch die eingesetzten Meßgeneratoren.

Werden Protokollimplementierungen mittels Messung verglichen, so sind die gewonnenen Ergebnisse kein eindeutiges Indiz für die Qualität des Protokollentwurfs. Trotz übereinstimmender Meß- und Implementierungsumgebung mit identischer Rechnerkonfiguration, identischem Betriebssystem, gleicher Schnittstelle zum Transportsystem und gleicher Schnittstelle zum Medienzugang, besitzt die Umsetzung einer Protokollspezifikation in eine Implementierung noch zu viele Freiheitsgrade, als daß die Ursachen für die Werte bestimmter Leistungskenngrößen direkt aus dem Protokollentwurf abgeleitet werden könnten.

Durch Messung kann aber auch das Verhalten einer realen Lastquelle bestimmt werden. Die dabei gewonnenen Ergebnisse stellen einen wertvollen Input für mathematische Analysen und Simulationen dar, die nicht verfügbare Kommunikationsprotokolle und Übertragungsmedien untersuchen. Die Messung bietet somit realistische Eingabeparameter für die Modellbildung und kann zur Validierung analytisch und simulativ gewonnener Ergebnisse eingesetzt werden.

Mathematische Analysen werden aufgrund des Berechnungsverfahrens der zugrundeliegenden Modelle unterschieden. Die Berechnung kann entweder *exakt* oder *approximativ* sein. Können das Modell und die Ankunftsprozesse mathematisch (Warteschlangentheorie mit Wahrscheinlichkeitsverteilungen der Zwischenankunftszeiten, s. z.B. [Klei75, Jain91]) berechnet werden, so kann eine exakte Analyse des Modells erfolgen. Leider müssen jedoch aufgrund der Praktikabilität und der mathematischen Berechenbarkeit oft sehr abstrahierende Modellannahmen getroffen werden. Die dann entstehenden Modelle sind zum Teil weit von der Realität entfernt: Die Analyse des Modells kann zwar anschließend korrekt durchgeführt werden, die Ergebnisse haben aber nur noch zu einem gewissen Grad Aussagekraft für das reale System. Als Alternative zu exakten Analysen können Approximationsverfahren eingesetzt werden, durch die es möglich wird, weitaus detailliertere Modelle näherungsweise zu berechnen. Die in [Mart88] erklärten Techniken wie *Deterministische Flußapproximation* oder *Diffusions-Approximation* beschreiben Ankunfts- und Abfertigungsprozesse nicht durch Verteilungsfunktionen, sondern über Mittelwerte und ggfs. einige höhere Momente.

Scheitern auch diese Verfahren, so ist die **Simulationstechnik** eine Alternative ([Jain91, MaMe89]). Bei der Simulation werden Vorgänge und Eigenschaften eines realen Systems durch ein Programm nachvollzogen. Insbesondere lassen sich Details von nicht existierenden oder nicht zur Verfügung stehenden Systemen nachbilden. Ein weiterer Vorteil liegt in der einfachen Erweiterbarkeit vorhandener Simulationsprogramme. Soll in einer existierenden

Simulation ein weiterer Teilaspekt oder ein weiteres Detail des zu untersuchenden Systems berücksichtigt werden, so ist dies oft auf einfachem Wege realisierbar. Ein großer Nachteil des Einsatzes der Simulationstechnik zur Leistungsbewertung ist die nur schwer durchzuführende Verifikation und Validierung von Modell und Programm.

Die zur Bewertung eines Systems verwendete Simulationsmethode richtet sich nach dem zugrundeliegenden abstrakten Modelltyp. Nach Art der Zustandsänderungen unterscheidet man zwischen *zustandsdiskreten* und *zustandskontinuierlichen* Modellen. Ist der Zustand eines Modells nur zu bestimmten Zeitpunkten definiert, spricht man von *zeitdiskreten* Modellen. Entsprechend ist bei *zeitkontinuierlichen* Modellen der Zustand des Modells zu jeder Zeit definiert. Da Kommunikationsnetzwerke und ihre Komponenten vollständig diskret arbeiten, basieren sämtliche Untersuchungen in dieser Arbeit auf diskreten Modellen.

Als Simulationswerkzeug wird das am Lehrstuhl für Informatik IV der RWTH Aachen entwickelte Simulationspaket **ATLAS** (Analysis Tool for Local Area Network Simulation, [Davi92]) eingesetzt. Diese Funktionssammlung liefert alle notwendigen Elemente für eine zeitdiskrete Simulation: Unterstützung der Ereignislisten-Verwaltung, Verfahren zur Warteschlangen-Bearbeitung und zur Ein-/Ausgabe. Ebenfalls vorhanden ist eine umfangreiche Bibliothek mit mathematischen Funktionen inklusive verschiedener Zufallszahlengeneratoren.

Lassen sich das Simulationsmodell und die mathematischen Analysen oder Messungen miteinander kombinieren, spricht man von **Hybrider Technik**. Dabei werden bestimmte Komponenten und Aspekte des Systems analytisch erfaßt, während andere Teilbereiche nur mit Hilfe eines anschließend einsetzenden Simulationsverfahrens bewertet werden können. Umgekehrt ist es in bestimmten Fällen möglich, Simulationsergebnisse von Teilaspekten des Systems in einen nachfolgenden Analyseprozeß einzubeziehen.

Nach dieser kurzen Illustration möglicher Bewertungsansätze, von denen in dieser Arbeit zu überwiegendem Teil Messungen und Simulationen eingesetzt werden, wird nun der Einfluß unterschiedlicher Faktoren auf die Leistung der Protokolle untersucht. In Kapitel 4 wurden bereits Ursachen dafür präsentiert, warum die durchaus vorhandene Kapazität von Workstations [HeMS93] derzeit noch nicht vollständig genutzt wird bzw. genutzt werden kann, um den Technologiesprung der Netzwerk-Medien nachzuvollziehen und den Anforderungen neuer multimedialer Anwendungen zu entsprechen. Neben ungeeigneten Netzwerk-Interfaces, System-Architekturen und unausgereifter sowie ineffizienter Interprozeßkommunikation ist dafür die unzureichende Leistung und Funktionalität der Transport-Systeme (s. Kapitel 3) verantwortlich. Unterschiedliche Gegenmaßnahmen werden illustriert und bewertet.

Zunächst werden die in dieser Arbeit eingesetzten Lastgeneratoren für Audio- und Videodaten sowie für Datentransfer-Anwendungen detailliert beschrieben und verifiziert ([Hein90, Mers92, Kara93]).

5.2 Lastgeneratoren

Da die von unterschiedlichen Protokollen und Netzen erbrachte Dienstqualität für unterschiedliche Anwendungen untersucht werden soll, ist eine Modellierung repräsentativer Datenströme unumgänglich. Bei den in dieser Arbeit eingesetzten Lastmodellen handelt es sich um separate Modelle für paketvermittelte Sprachübertragung, Video- und Datenströme. Es ist jedoch durchaus möglich, diese unterschiedlichen Quellen miteinander zu mischen, um repräsentative Datenströme für Multimedia-Anwendungen zu generieren. Die einzelnen Generatoren sind derart ausgelegt, daß sie jeweils ein breites Spektrum möglicher Lastcharakteristika beschreiben. Im Gegensatz zu vielen anderen aus der Literatur bekannten Daten-Lastgeneratoren wird in dieser Arbeit besonderes Augenmerk auf das Interaktionsverhalten zwischen Sender und Empfänger gelegt, wovon die anderen Arbeiten zumeist abstrahieren.

Sehr viel Wert wurde auf die Verifikation der Modelle gelegt. Aus diesem Grund wurde eine Vielzahl von Untersuchungen realer Anwendungen und eine Vielzahl von Testläufen der Generatoren durchgeführt. Die folgenden Unterkapitel illustrieren die auf der Erweiterung stochastischer Prozesse basierenden Lastgeneratoren.

5.2.1 Daten-Lastgenerator

Daten-Lastgeneratoren stellen eine Abstraktion von interaktiven Anwendungen (Austausch von Ein- und Ausgaben zwischen Terminals und Rechnern, X-Windows-Applikationen) und Massendatentransfers (z.B. File-Transfer, News-Dienste, Electronic Mail) dar. In aus der Literatur bekannten Datenlastmodellen werden drei Komponenten zur Beschreibung unterschiedlicher Verkehrscharakteristika eingesetzt: der Ankunftsprozeß der Daten beim Sender, die Nachrichtenlängen-Verteilung sowie in eingeschränkter Form die Kommunikationssemantik [JaRo86, GiWe89, Hein90].

5.2.1.1   Modellierung

Die Modellierung des Ankunftsprozesses basiert auf der Angabe der Zwischenankunftszeiten aufeinanderfolgender Nachrichteneinheiten. In einfachen Modellen werden die Ankünfte von Datenpaketen durch einen *Poissonprozeß* modelliert. Dabei werden die Zwischenankunftszeiten von Paketen an Warteschlangen als voneinander stochastisch unabhängige Zufallsvariablen mit derselben negativ exponentiellen Verteilungsfunktion und konstanter Ankunftsrate interpretiert. Durch die exponentiell verteilten Zwischenankunftszeiten wird ein relativ gleichmäßiger Paketstrom erzeugt, der nur unzureichend zur Modellierung von Datenlastquellen geeignet ist. Ein durch einen Poissonprozeß beschriebener Datenstrom kann bedingt für die Modellierung aktiver Phasen von Massendatentransfer-Quellen eingesetzt werden. Poissonprozesse sind jedoch nicht geeignet, Datenquellen mit kurzzeitigen Phasen reger Aktivität (mit entsprechend konstanten und kurzen Zwischenankunftszeiten) und darauffolgenden längeren Pausen zu repräsentieren. Der Poissonprozeß könnte schon eher zur Modellierung des Datenverkehrs auf einem stark belasteten Übertragungsmedium eingesetzt werden, wo sich aufgrund der Vielzahl aktiver Verbindungen ein quasi gleichmäßiger Paketstrom ergeben kann.

Eine Erweiterung dieses Modells stellen sogenannte *unterbrochene Poissonprozesse* dar. Ein stochastischer Prozeß {X(t); t≥0} wird als unterbrochener Poissonprozeß bezeichnet, falls gilt:

$$X(t) = \sum_{i=1}^{N(t)} Y_i, \text{ mit } t \geq 0 \text{ und } \{N(t), t \geq 0\} \text{ ist Poisson-Prozeß}$$

und $\{Y_i, i \geq 0\}$ ist eine Familie unabhängiger und identisch verteilter Zufallsvariablen. Zudem wird die Unabhängigkeit zwischen $N(t)$ und Y_i vorausgesetzt.

Die Modellierung des Ankunftsprozesses ist somit zweistufig. Der unterbrochene Poisson-Ankunftsprozeß besteht aus *aktiven* Phasen, in denen eine gemäß einer beliebigen Verteilung Y_i (z.B. geometrisch) erzeugte Anzahl von Paketen generiert wird, und *passiven* Phasen, in denen keine Pakete ankommen. Die Startzeiten der aktiven Phasen treten gemäß einer negativen Exponentialverteilung ein. In der aktiven Phase werden die Pakete zeitgleich erzeugt. Dies ist eine starke Abstrahierung von einem real erzeugten Datenstrom. Geht man jedoch davon aus, daß durch den unterbrochenen Poisson-Prozeß zwar die zeitgleiche Ankunft einer Vielzahl von Paketen beschrieben wird, die Pakete jedoch anschließend aufgrund einer zufälligen oder deterministischen Bearbeitungszeit an ein zu simulierendes Kommunikationssystem weitergeleitet werden, so ist diese Art der Lastmodellierung einem einfachen Poissonprozeß vorzuziehen. Um auch interaktiven Verkehr mittels des unterbrochenen Poissonprozesses zu beschreiben, kann die ausschließliche Übertragung eines einzelnen Pakets während der aktiven Phase mit hoher Eintrittswahrscheinlichkeit versehen werden [Hein90].

Auch die unterbrochenen Poissonprozesse sind primär für die Beschreibung zusammengesetzten Verkehrs auf ausgesuchten Übertragungsstrecken entwickelt worden, berücksichtigen somit nicht das Interaktionsmuster zwischen zwei Ende-zu-Ende-Knoten.

Der in [Hein90] modellierte *erweiterte unterbrochene Poissonprozeß* wurde zur Modellierung einer einzelnen Datenquelle entwickelt. Während der aktiven Phase wird eine gemäß Poisson- oder geometrischer Verteilung ermittelte Anzahl von Paketen mit deterministischen Paket-Zwischenankunftszeiten generiert. Die gewählten Zwischenankunftszeiten basieren auf Messungen an einer realen Kommunikationsarchitektur [HeSt89], in der der Protokollverarbeitungsoverhead in einer herkömmlichen Workstation ermittelt wurde. Als problematisch hat sich die Abstimmung zwischen den Zwischenankunftszeiten der einzelnen aktiven Phasen und der aus dem Produkt aus zufällig ausgewählter Anzahl von Paketen und deterministischen Paket-Zwischenankunftszeiten ermittelten Dauer der aktiven Phase herausgestellt. Es ist möglich, daß bereits eine neue aktive Phase gestartet wird, bevor die vorhergehende beendet ist. Dies führt zu einer Verzerrung des eigentlich zu generierenden Verkehrs.

Die folgende Abbildung 5.1 zeigt die Generierung von Paketen gemäß des erweiterten unterbrochenen Poisson-Prozesses, wobei im skizzierten Fall die jeweilige Dauer der aktiven Phasen nicht zu einer Überschneidung zwischen verschiedenen dieser Phasen führt. Somit stellt der erweiterte unterbrochene Poisson-Prozeß in diesem Fall eine gute Näherung für eine reale Quelle dar und generiert zusätzlich eine Anzahl von Daten, die näherungsweise dem Erwartungswert des unterbrochenen Poisson-Prozesses entspricht.

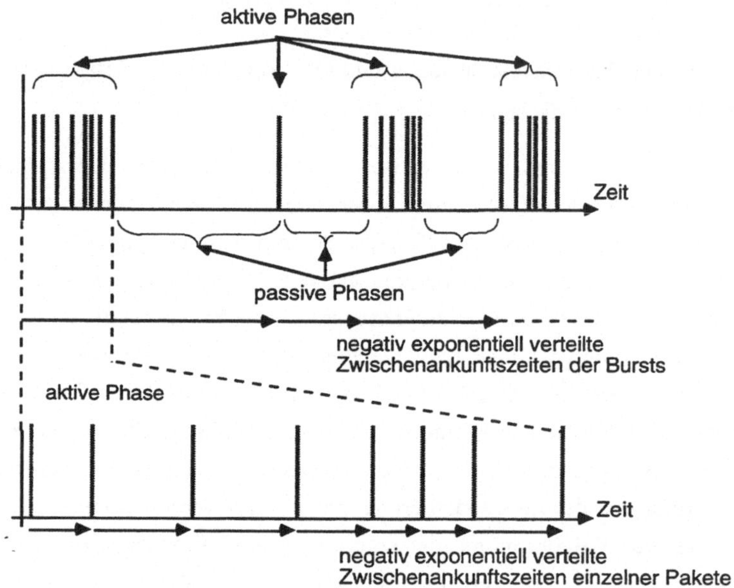

Abb. 5.1: Erweiterter unterbrochener Poisson-Prozeß

Das Problem der möglichen Überdeckung zweier aktiver Phasen tritt beim *"Packet Train-"* Modell [JaRo86] nicht auf. Hier werden Paketserien, in denen die Paket-Zwischenankunftszeiten einen gewissen Wert, die sogenannte *maximum allowed inter-car gap* (MAIG), nicht überschreiten, als *Train* bezeichnet. Die Zwischenankunftszeiten der Pakete können beliebig verteilt sein. Dabei wird, wie beim unterbrochenen Poisson-Prozeß, die Anzahl der zu generierenden Pakete zufällig ermittelt. Den Unterschied zum erweiterten unterbrochenen Poisson-Prozeß stellt die Definition der Ankunftszeiten der einzelnen *Trains* dar. Im Gegensatz zum erweiterten unterbrochenen Poisson-Prozeß ist diese Zeit nicht als Differenz zwischen aufeinanderfolgenden Train-Anfängen definiert, sondern als Zeit zwischen dem Anfang des letzten Pakets eines Trains und dem Start des nächsten Trains. Durch diese Art der Modellierung entspricht die in der zugrundeliegenden negativen Exponentialverteilung angegebene mittlere Ankunftsrate λ jedoch nicht der real erzeugten Anzahl von Trains. Somit ergibt sich nach dieser Art der Modellierung nicht der auf der Unabhängigkeit zwischen Train- und Paket-Ankunftsprozeß basierende Erwartungswert für den Poisson-Prozeß $\{X(t); t \geq 0\}$ mit

$$E[X(t)] = \lambda t E[Y_1].$$

Ein Defizit der drei skizzierten Modelle stellt die Nichtberücksichtigung der Interaktion zwischen Sender und Empfänger dar. Kausale Zusammenhänge zwischen Paketankünften und der anschließenden Reaktion durch die Empfangsinstanz bleiben unberücksichtigt. Daher wird in dieser Arbeit eine detaillierte Modellierung der Kommunikations-Semantik durchgeführt [Kara93]. Ein Großteil der Semantik basiert auf dem Anfrage-/Antwort-Prinzip (Client-/Server-Prinzip). Zur Modellierung des Dialogverhaltens wurde auf die Semantik des Verbindungs-managements bei XTP [XTP92a] und AMTP zurückgegriffen. Es wurden daher neben reinen Datenpaketen Anfragepakete des Clients, Pakete mit der Aufforderung zur wiederholten Über-tragung, spezielle Kontrollpakete zur Kennzeichnung des Nachrichtenendes und zugehörige Quittungspakete in die Modellierung integriert. Zur Untersuchung des Einflusses unterschied-licher Dialogverläufe auf das eigentliche Verhalten der beteiligten Kommunikationsinstanzen wurden verschiedene Transaktionen modelliert. Neben fehlerfreien Transaktionen wurden der Einfluß von Datenpaket- sowie Kontrollpaket-Verlusten auf den Dialog untersucht [Kara93].

5.2.1.2 Dimensionierung

Zur Dimensionierung der Lastgeneratoren wurden verschiedene Arbeiten herangezogen ([ShHu80, Guse90, Cáce92, FaSo92, DJCM92, CHHJ93, WaLC93]). Die Ergebnisse dieser Studien weisen große Unterschiede auf, da die entsprechenden Messungen auf unterschied-lichen Netztypen (lokal, global) mit verschiedener Größe und Kapazität durchgeführt wurden. Neben der Art der Netze sind die stark differierenden Ergebnisse auf die unterschiedlichen Einsatzumgebungen (Industrie, Wissenschaftliche Einrichtungen etc.) zurückzuführen.

Aufgrund ihrer Vielseitigkeit und Genauigkeit werden ausschließlich die in [DJCM92] skizzier-ten Lastmessungen kurz vorgestellt. Mittels der in [DJCM92] vorgenommenen Messungen wurde festgestellt, wie groß der Anteil des von bestimmten Anwendungen produzierten Verkehrs vom Gesamtverkehrsaufkommen ist. Dabei zeigte sich, daß der Hauptanteil (ca. 90%) des gemessenen Verkehrs von zwei interaktiven Anwendungen (TELNET - Remote Terminal Application und RLOGIN - Remote Login Application) und drei Massendaten-transferanwendungen (FTP - File Transfer Protocol, NNTP - Network News Transfer Protocol und SMTP - Simple Mail Transfer Protocol) erzeugt wurde.

Die folgenden Diagramme 5.2a und b zeigen einen Auszug der Meßergebnisse über relative Anteile der Paket- und Byteanzahlen dieser Anwendungen am Gesamtverkehrsaufkommen. Die Messungen wurden an drei unterschiedlichen Netzen durchgeführt. Dazu gehörten zwei Uni-versitätsnetze (University of Southern California USC, University of California at Berkeley, UCB) sowie ein industrielles Forschungsnetz (Bellcore Morristown Laboratories, BELL).

Die Ergebnisse zeigen, daß das Verkehrsaufkommen zwischen den drei Standorten sehr stark differiert. Als charakteristisch dürfte der hohe Paketanteil für TELNET zu bewerten sein. Erwartungsgemäß hoch ist das Datenaufkommen der FTP-Verbindungen, da hier große Datenmengen als Pakete maximaler Länge generiert und übertragen werden.

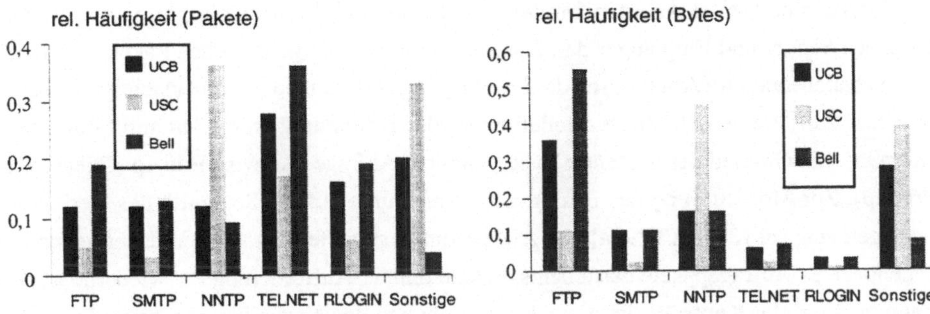

Abb. 5.2a,b: Paket- bzw. Byteverteilung auf verschiedene Applikationen

Bei der weiteren Analyse ergaben sich unter anderem die folgenden Ergebnisse:

- Die Mehrzahl der Pakete interaktiver Verbindungen sind kürzer als 512 Bytes.

- Interaktive Verbindungen mit *Request-Response*-Semantik erzeugen einen stark asymmetrischen Paketstrom, wobei der Response-Datenstrom im Mittel um einen Faktor 10 größer ist als die vorausgehenden Requests.

- Interaktive Anwendungen sind für 5-10% aller Bytes und 24-45% aller Pakete verantwortlich. Es dominieren hier somit eindeutig kurze Pakete, während bei Massendatentransfers die maximale Paketlänge angestrebt wird.

Basierend auf den in den Abbildungen 5.2a und b angegebenen Histogrammen und auf Messungen von Antwortzeiten und Übertragungszeiten wurden mittels der in [DJCM92] angegebenen Verteilungen für Verbindungsdauern, Paketgrößen und Paket-Zwischenankunftszeiten die in dieser Arbeit eingesetzten Daten-Lastgeneratoren abgeleitet. Zur genauen Beschreibung der Herleitung sei auf [Kara93] verwiesen. Bestätigt werden diese Ergebnisse durch Messungen der Verkehrscharakteristik am University College London [WaLC93].

Um das Verhalten von interaktiven Anwendungen und Massendatentransfers zu beschreiben, wurden die folgenden Verkehrsklassen aus den unterschiedlichen Messungs-Artikeln zusammengestellt. Dadurch wird es möglich, die oben skizzierten Anwendungen vereinfacht, aber weit realistischer zu modellieren als es mit einem der oben angegebenen stochastischen Prozesse der Fall wäre.

Die in der folgenden Tabelle 5.1 angegebenen Parameter dienen der Modellierung unterschiedlicher Client-/Server-Anwendungen. Dabei stellen die Klassen 1 und 2 interaktive Verbindungen dar, die Klassen 3 bis 5 repräsentieren transaktionsähnlichen Anwendungen, während die Klassen 6 bis 8 File-Transfer-Anwendungen modellieren.

Klasse	t1 in s	t2 in s	n in Byte
1	0.25	0.05	256 (1-511)
2	0.25	0.05	512 (1-1023)
3	1	0.5	6 KByte (4 K-8 K)
4	2	1	24 KByte (16K-32K)
5	4	2	96 KByte (64K-128K)
6	8	4	96 KByte (64K-128K)
7	16	8	384 KByte (256K-512K)
8	32	16	1536 KByte (1M-2M)

Tab. 5.1: Parameter zur Konfigurierung der Datenverbindungen

Bei sämtlichen Verkehrsarten wird von einer Initiierung der Verbindungen durch einen Client ausgegangen. Bei fehlerfreier Übertragung werden jeweils zusätzlich zu den in der Spalte "n in Byte" vom Server im Mittel übertragenen Datenbytes jeweils drei Kontrollpakete übertragen. Diese ergeben sich aus dem Kommunikationsablauf beim XTP-Protokoll, wo neben einem Verbindungsauf- und -abbau-Paket des Clients ein Kontrollpaket des Servers zur Kennzeichnung des Endes der Datenbytes übertragen wird. Bei auftretenden Paketverlusten ändert sich die Zahl der Kontrollpakete entsprechend. Die in der Tabelle angegebene Größe t1 gibt die minimale Zeitdauer an, die der Client bis zur Generierung einer neuen Anfrage wartet. Diese unterscheidet sich nach Art der Verkehrsklasse erheblich. Die Größe t2 modelliert einen zusätzlichen variablen Teil, der maximal den angegebenen Wert besitzt.

Anhand der Lastparameter der unterschiedlichen Verkehrsklassen lassen sich die mittleren Daten- und Paketraten berechnen. Die mittlere Datenrate μ und die mittlere Paketrate λ (hier werden auch die je Verbindung zumindest drei zu sendenden Kontrollpakete mitgezählt) bei fehlerfreier Übertragung lassen sich folgendermaßen berechnen:

$$\mu = \frac{1}{t1 + t2} n$$

$$\lambda = \mu \ \text{DIV} \ MTU + 1 + \frac{3}{t1 + t2}$$

MTU repräsentiert die *"Maximum Transmission Unit"*, die auf 512 Bytes gesetzt wurde. Bei dieser Größe ist gewährleistet, daß IP-Datagramme ohne weitere Fragmentierung übertragen werden können, da jeder Router zumindest Datagramme dieser Größe bearbeiten kann [Come91]. Die Berechnung dieser Werte ergeben die in der folgenden Tabelle 5.2 angegebenen mittleren Daten- und Paketraten pro Verbindung. Zusätzlich wurde die Summe der Verkehrsklassen gebildet, die interaktiven Verkehr bzw. Massendatentransfers charakterisieren.

	Datenrate μ	Paketrate λ
Klasse 1	6826.6 Bit/s	11.6 Pakete/s
Klasse 2	13653.3 Bit/s	13.3 Pakete/s
Summe:	**20480 Bit/s**	**25 Pakete/s**
Klasse 3	32 KBit/s	10 Pakete/s
Klasse 4	64 KBit/s	20 Pakete/s
Klasse 5	128 KBit/s	32 Pakete/s
Klasse 6	64 KBit/s	16 Pakete/s
Klasse 7	128 KBit/s	32 Pakete/s
Klasse 8	256 KBit/s	64 Pakete/s
Summe:	**672 KBit/s**	**174 Pakete/s**

Tab. 5.2: Mittlere Daten- und Paketraten der unterschiedlichen Verkehrsklassen

Durch entsprechende Auswahl unterschiedlich vieler zu einer Verkehrsklasse gehörenden
Verbindungen können nun verschiedene Verkehrsszenarien zusammengestellt werden, die u.a.
eine Nachbildung der in [DJCM92] gemessenen Verkehrslast ermöglichen.

5.2.2 Audio-Lastgenerator

Die Entwicklung von Modellen für Sprachquellen erwies sich als notwendig, da sämtliche aus
der Literatur bekannten Arbeiten aus dem Telekommunikationsbereich stammen und sich nicht
auf paketvermittelnde Netze übertragen lassen. Paketvermittelnde Netze (insbesondere zukünftige ATM-Netze) bieten die Möglichkeit, Bandbreite dynamisch zu vergeben und daher zur
Verfügung stehende Ressourcen effektiver zu nutzen. Die aus dem Telekommunikationsbereich
stammenden Sprachanalysen gehen hingegen von herkömmlicher Leitungsvermittlung und
analoger Übertragung aus und ziehen daher keinen Nutzen aus Verfahren zur Sprachaktivitäts-
Erkennung (vgl. Kapitel 2.1.1.1). Eine Ausnahme bilden TASI- (*Time Assignment Speech
Interpolation*) Systeme, bei denen mehr Verbindungen eingesetzt werden können als physikalische Kanäle vorhanden sind. Die dort eingesetzten sprachaktivitäts-erkennenden Verfahren
sind jedoch nicht vergleichbar mit entsprechenden Strategien, die in modernen digitalen paket-
orientierten Netzen eingesetzt werden. In digitalen Netzen kann aufgrund des weitaus geringeren Leitungsrauschens eine empfindlichere Sprachaktivitätserkennung durchgeführt und
somit auf Hangover (künstliche Verlängerung von Sprachphasen) verzichtet werden.

Der überwiegende Anteil der Untersuchungen im Telekommunikationsbereich beschäftigt sich
mit der Modellierung des Dialogverhaltens in einem Gespräch, d.h. dem *Aktiv-/Passiv-*
(*Talkspurt-/Silence-*) Verhältnis der beiden Sprecher [Brad65, Brad68]. Die in [HeKa93]
vorgestellten Untersuchungen beschäftigen sich hingegen mit der Analyse der *Ein-/Aus-*
(*Spurt-/Gap-*) Phasen während der Sprachaktivität eines Sprechers und verbinden diese mit den
aus der Literatur bekannten Modellen für die Beziehung der Sprecher untereinander. Es werden

Stillephasen in die Modellierung einbezogen, die aus kurzen Unterbrechungen (*Gaps*) während Äußerungen resultieren, wie sie zwischen Sätzen, Worten oder auch einzelnen Silben auftreten. Abbildung 5.3 verdeutlicht die beiden Stufen der Sprachquellen-Modellierung. Im Rahmen dieser Arbeit wurde die Modellierung während eines Talkspurts bis in das untere Level durchgeführt. Nachteil einer solch detaillierten Modellierung ist der hohe Simulationsaufwand. Da sämtliche in dieser Arbeit durchgeführten Simulationen *ereignisorientiert* konzipiert sind, produziert bereits eine einzelne modellierte Sprachquelle eine große Anzahl von Ereignissen pro Sekunde. Summiert man die Aktivitäten aller aktiven Sprachquellen, so erhält man weit höhere Ereignisraten, als dies bei herkömmlichen Datenquellen der Fall ist.

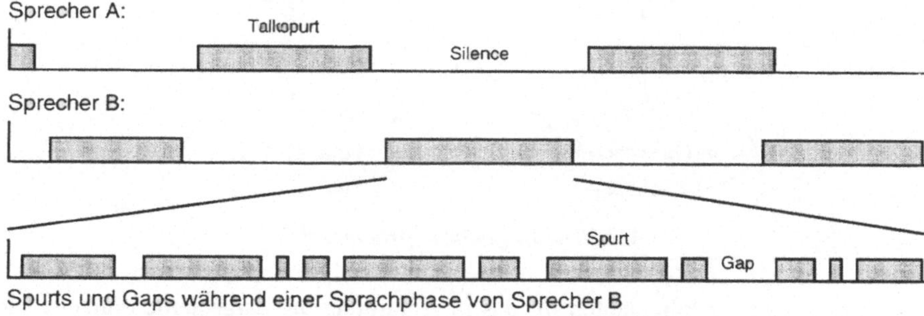

Abb. 5.3: Modellierungsstufen für Sprachquellen

Für die Entwicklung realistischer Lastgeneratoren und deren Anwendung in Simulationen und Analysen ist die detaillierte Modellierung der Ein-/Aus-Muster jedoch aus verschiedenen Gründen besonders wichtig. Da beide Stille-Arten, zum einen die längeren Pausen zwischen Äußerungen (Silences) und zum anderen die kurzen Unterbrechungen während Äußerungen (Gaps), auf verschiedenen zeitlichen Ebenen stattfinden (vgl. Abbildung 5.3), müssen sie unabhängig voneinander modelliert werden. Ein anderer Grund, der für eine detaillierte Modellierung der Sprachphasen spricht, sind die oft nur sehr kurze Realzeiten abdeckenden Simulationsläufe. Liegt der simulierte Zeitraum in oder wenig oberhalb der Größenordnung einzelner Sprech- und Zuhörphasen, also im Bereich von Sekunden oder wenigen Minuten, ist es ausschlaggebend für die Untersuchungen, insbesondere das Geschehen während Sprachphasen möglichst genau abzubilden.

5.2.2.1 Modellierung des Aktiv-/Passiv-Verhaltens

Zur Präzisierung und zur Parametrisierung eines Zustandsmodells für das Verhalten zweier miteinander sprechender Personen sind umfangreiche Experimente und Messungen (möglichst) repräsentativer Gesprächssituationen notwendig. Ergebnisse solcher Experimente finden sich in der Literatur an verschiedenen Stellen. Hervorzuheben sind dabei die Arbeiten von Brady [Brad65, Brad68, Brad69]. Als Basis für seine Untersuchungen dienten Brady Telefongespräche, die zur späteren Analyse aufgezeichnet wurden. Im Rahmen seiner Studien entwickelte Brady neben dem in Abbildung 5.4 skizzierten einfachen Modell ein weit komplexeres Sprachmodell, das für viele nachfolgende Studien als Ausgangspunkt gedient hat. Dieses von Brady entwickelte komplexere Aktiv-/Passiv-Modell [Brad68] wurde bei den hier durchgeführten Untersuchungen nicht eingesetzt, da es bei weitem die am Lehrstuhl zur Verfügung stehenden Rechenkapazitäten überschritten hätte, insbesondere bei einer Integration mit einer komplexen Modellierung der Ein-/Aus-Muster während aktiver Sprachphasen.

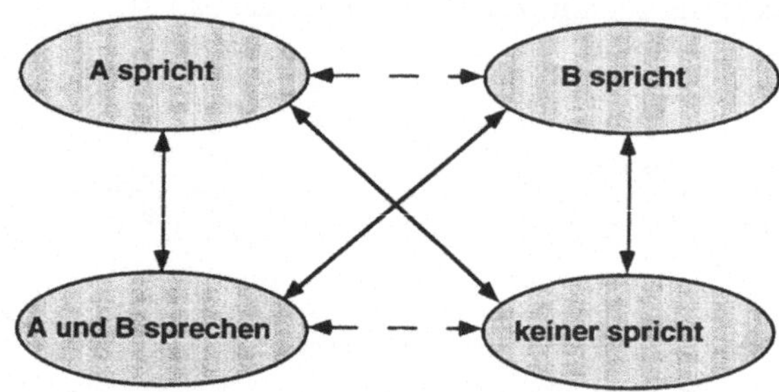

Abb. 5.4: Einfaches Sprachmodell

Als Übergangswahrscheinlichkeiten für das in Abbildung 5.4 dargestellte einfache Modell ergaben sich die folgenden in Tabelle 5.3 angegebenen Werte (bei einem Abfrageintervall von 5 ms):

von \ nach	Keiner spricht	A spricht	B spricht	Beide sprechen
Keiner spricht	0,98940	0,00529	0,00530	0,00001
A spricht	0,00387	0,99486	0,00001	0,00126
B spricht	0,00367	0,0	0,99510	0,00123
Beide sprechen	0,00005	0,00885	0,01015	0,98095

Tab. 5.3: Übergangswahrscheinlichkeiten für das einfache Sprachmodell nach Brady

Auffällig ist, daß eine geringfügige Asymmetrie der Matrix bzgl. der Aktivität der beiden Sprecher zu beobachten ist. Dies entspricht der Situation bei realen (Telefon)-Gesprächen, da einer der Gesprächspartner in einem mehr oder weniger großen Ausmaß dominiert. Weiterhin bemerkenswert sind die Wahrscheinlichkeiten für die Zustandsübergänge 'A spricht -> B spricht' und 'B spricht -> A spricht' sowie 'Keiner spricht -> Beide sprechen' und 'Beide sprechen -> Keiner spricht'. In einem idealen System (mit unendlich kleinen Analyse-intervallen) sind diese Übergangswahrscheinlichkeiten gleich Null. Je größer allerdings die

Betrachtungsintervalle werden, um so größer werden die Wahrscheinlichkeiten für diese
Zustandswechsel.

5.2.2.2 Stichprobenverteilung der Ein-/Aus-Muster

Die aus der Literatur bekannten Analysen von Ein-/Aus-Mustern lassen sich nur eingeschränkt
für die Modellierung von Sprachaktivitäts-Erkennungssystemen für digitale Netze heranziehen,
da sie zumeist auf Systemen mit großen Fill-In- und Hangover-Zeiten (TASI-Systeme) durchgeführt wurden (vgl. Kapitel 2.1.1.1). Es gibt zwar Studien, bei denen auf Hangover und Fill-
In völlig verzichtet wurde [LeUn86], wobei diese aber andere Nachteile aufweisen. Bei
[LeUn86] werden aufgrund des Einsatzes eines Aussteuerungsmechanismus nicht nur
schwache Sprachsequenzen, sondern in Stillephasen auch das Leitungsrauschen und durch das
Mikrofon des Sprechers eventuell vorhandene Hintergrundgeräusche deutlich verstärkt. Dies
führt bei einem sprachaktivitäts-erkennenden System zu häufigem fehlerhaften Ansprechen des
Sprachdetektors. Als weitere Schwachstelle erweist sich, daß bei der Entscheidung über Spurt
bzw. Gap nur die ermittelten Werte des aktuellen Audio-Frames eingehen, der vorherige
Zustand (Spurt oder Gap) aber nicht einfließt. Günstiger ist es, den bisherigen Systemzustand
zu berücksichtigen, indem man für beide Zustände (Spurt oder Gap) Schwellwerte einsetzt
[Kara93]. So kann beispielsweise im Zustand *Gap* der Schwellwert für den Kurzzeit-
Signalpegel erhöht werden, um eine Anfälligkeit des Systems für Störgeräusche zu reduzieren;
eine entsprechende Senkung dieses Schwellwerts im Zustand *Spurt* ermöglicht eine zuverlässigere Erkennung von schwachen Sprachbestandteilen.

Bei dem in dieser Arbeit eingesetzten und in [Kara93] vorgestellten Sprachaktivitäts-Erken-
nungssystem werden die obigen Kritikpunkte berücksichtigt und korrigiert. Dieses System ist
mit seinen integrierten Analysefunktionen in der Lage, festzustellen, ob ein Sprachsignal anliegt
oder ob es sich um ein schwaches Sprachsignal bzw. Leitungsrauschen handelt. Dazu wird das
analoge Sprachsignal zunächst gefiltert und digitalisiert, um anschließend unterschiedlichen
Analyseverfahren (wie z.B. Signalstärke, Variation des Kurzzeit-Signalpegels, Nulldurchgangsrate) unterzogen werden zu können. Bei der darauffolgenden Paketierung entstehen
Verzögerungen, die eine bestimmte Größe nicht überschreiten dürfen. Zu kleine Pakete
hingegen führen zu großem Overhead (Paket-Header). Realistisch sind Paketierungsintervalle
von 15-30 ms [Mino79, GrSt85, ChWM89, CaDe92]. Dabei ergibt ein Paketierungsintervall
von 30 ms bei einer Abtastrate von 8 kHz und einer Auflösung von 8 Bit pro Abtastwert
(entsprechend CCITT G.711 64 kbit/s PCM-Codierung) Pakete einer Größe von 240 Bytes.
Dieses Codierungsverfahren und die resultierende Paketgröße liegen den durchgeführten Untersuchungen zugrunde. Der Einsatz alternativer Codierungsverfahren wie ADPCM (vgl. Kapitel
2.1.1.1) reduziert die Paketgröße auf 120 Bytes bzw. 90 Bytes aufgrund der geringeren Übertragungsraten von 32 bzw. 24 kbit/s. Als Ausgangsmaterial für die Experimente dienten drei
Testserien mit den in Tabelle 5.4 angeführten Eigenschaften.

Dieses Material kann nicht als repräsentativ und allgemeingültig für Gesprächssituationen in Kommunikationssystemen angesehen werden. Bei den drei Serien handelt es sich um Fernsehaufnahmen.

	Länge	Sprecher	Sprache	Gesprächsart
Serie 1	100 min	8	deutsch	gelesener Monolog
Serie 2	45 min	5	deutsch	Diskussion, 5 Teilnehmer
Serie 3	47 min	5	englisch	Dialog, frei gesprochen

Tabelle 5.4: Verwendetes Sprachmaterial

Es wären weitaus umfangreichere Studien mit sehr vielen verschiedenen Sprechern, unterschiedlichen anwendungstypischen Gesprächssituationen, weitaus längeren Testserien sowie Serien in verschiedenen Sprachen nötig. Eine solche Studie hätte jedoch den Umfang der zugrundeliegenden Arbeit gesprengt [Kara93]. Da die drei Testserien trotz unterschiedlicher Gesprächssituationen, Sprecher und Sprachen vergleichbare Ergebnisse ergeben, kann diese Analyse durchaus als Basis zur Erstellung von Modellen für Ein-/Aus-Muster während aktiver Sprachphasen dienen. Daher ist das Aktiv-/Passiv-Verhalten der Sprecher zueinander während eines realen Telefongesprächs hier von untergeordneter Bedeutung.

Die Paketierungsintervalle betrugen jeweils 30 ms. Erkennen die in Kapitel 2.1.1.1 beschriebenen Methoden zur Sprachaktivitäts-Erkennung einen Spurt so wird ein Paket mit der Länge von 240 Bytes generiert. Tabelle 5.5 zeigt die Ergebnisse der Analysen für das in Tabelle 5.4 angegebene Sprachmaterial. Der Aktivitätswert gibt den Anteil der Spurtsequenzen an der gesamten Aktivphase an.

	Serie 1	Serie 2	Serie 3
Aktivität	80%	84%	73%
Anzahl der Talkspurts	3941	2794	5156
Talkspurt-Rate (# Pakete/min)	65	63	110
Mittlere Talkspurt-Länge (ms)	715	715	418
Mittlere Silence-Länge (ms)	152	125	117
Empirische Varianz der Talkspurt-Längen (# Pakete^2)	613,28	578,35	416,84
Empirischer Mittelwert der Talkspurt-Längen (# Pakete)	25,608	24,967	18,665

Tabelle 5.5: Ergebnisse der verschiedenen Testserien

Auffällig ist die Übereinstimmung der Ergebnisse der Serien 1 und 2. Obwohl unterschiedliche Gesprächssituationen vorliegen (gelesene Monologe vs. Diskussion), sind die mittleren

Talkspurt-Längen nahezu identisch, und es ergeben sich ähnliche Talkspurt-Raten. Eine sehr viel größere Talkspurt-Rate und eine entsprechend kleinere mittlere Talkspurt-Länge weist hingegen die Serie 3 auf. Inwieweit diese Unterschiede von der Sprache (Deutsch/Englisch) abhängen oder sprechertypisch sind, kann nur mittels sehr umfangreicher Untersuchungen bei einem Vielfachen des hier eingesetzten Sprachmaterials geklärt werden.

Abbildung 5.5 zeigt exemplarisch die Häufigkeitsverteilungen für die Spurtlängen bzw. Gaplängen, die sich bei der Untersuchung der Sprachquelle gemäß Serie 1 ergeben. Die zu den Serien 2 und 3 gehörenden Histogramme zeigen einen zum Histogramm der Serie 1 nahezu identischen Verlauf. Deshalb wurde auf ihre Darstellung verzichtet.

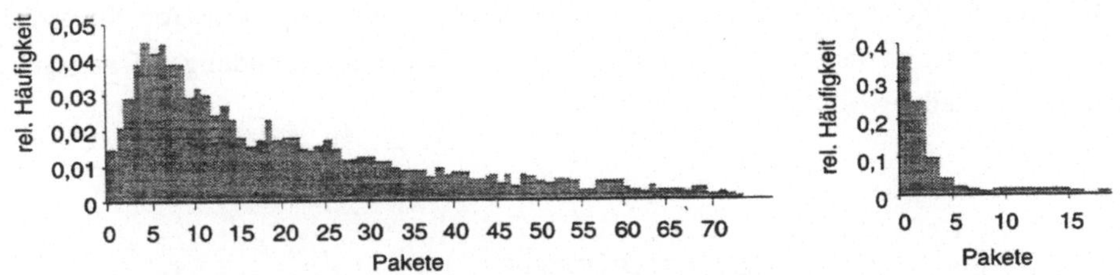

Abb. 5.5: Histogramm der Spurt- bzw. Gap-Längen-Verteilung

Um die empirischen Meßwerte auch mathematischen Analysen zugänglich zu machen, werden sie im folgenden durch Schätzfunktionen approximiert.

Wie Abbildung 5.5 zeigt, ist die Häufigkeitsverteilung der Spurtlängen nicht symmetrisch. Vielmehr handelt es sich um eine *rechtsschiefe* Verteilung. Nach [Hart84] spricht man von einer rechtsschiefen Häufigkeitsverteilung, falls der *arithmetische Mittelwert* größer ist als der *Median* und dieser wiederum größer ist als der *Modalwert* der Verteilung. Dies trifft für alle durchgeführten Untersuchungen der Häufigkeitsverteilung der Spurts zu. Der Median einer Verteilung ist dadurch charakterisiert, daß jeweils mindestens 50% der zur Verfügung stehenden Werte $x_1,..., x_n$ eine relative Häufigkeit größer oder gleich bzw. kleiner oder gleich dem Median annehmen. Der Median wird im Vergleich zum arithmetischen Mittelwert durch Werte, die weit von allen übrigen entfernt liegen, kaum beeinflußt. Der Modalwert gibt den x-Wert an, der die größte relative Häufigkeit in der Beobachtungsreihe besitzt. Beispielhaft ergeben sich für die Spurtlängenverteilung der Serie 1 (jeweils in Paketanzahl angegeben)

ein *arithmetischer Mittelwert* von $x_{mean} = 25.608$,

ein *Median* von $x_{median} = 17.02$

sowie ein *Modalwert* von $x_{mod} = 5$.

5.2.2.3 Approximation der Stichprobenverteilungen

Durch Logarithmieren können rechtsschiefe Verteilungen häufig in nahezu symmetrische Normalverteilungen der logarithmierten Werte umgewandelt werden. Dann spricht man von

Lognormalverteilungen der ursprünglichen Werte. Ist *ln(X)* eine $N(\mu,\sigma^2)$-verteilte Zufallsvariable, so heißt *X logarithmisch normalverteilt* oder *lognormalverteilt*.

Die Verteilungsfunktion von X ist dann

$$F_X(x) = \int_{-\infty}^{x} \frac{1}{\sqrt{2\pi}\,\sigma t} e^{\frac{-(\ln t - \mu)^2}{2\sigma^2}}\, dt$$

und die Dichte der Verteilung von X ist

$$f_X(x) = \frac{1}{\sqrt{2\pi}\,\sigma x} e^{\frac{-(\ln x - \mu)^2}{2\sigma^2}},\; x > 0$$

Abbildung 5.6 zeigt exemplarisch unterschiedlich parametrisierte Lognormalverteilungsdichten. Subjektiv betrachtet ähnelt der Verlauf dieser Kurven der in Abbildung 5.5 angegebenen Häufigkeitsverteilung der Spurt-Längen.

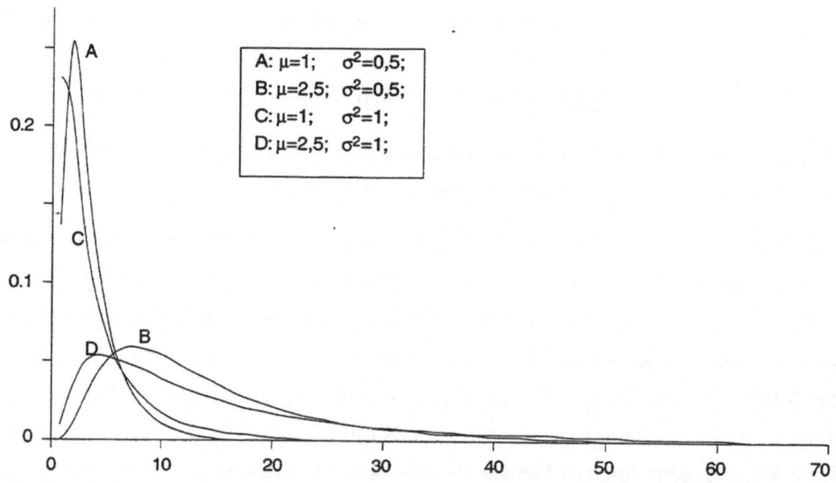

Abb. 5.6: Dichtefunktion der Lognormalverteilung mit unterschiedlicher Parametereinstellung

Ähnlich der Lognormal-Verteilung kann die *negative Binomialverteilung* $\overline{B}(r,p)$ zur Beschreibung rechtssymmetrischer Verteilungen herangezogen werden. Diese besitzt die Verteilungsfunktion

$$\overline{B}(r,p)(\{k\}) = \binom{k+r-1}{k} p^r (1-p)^k, r \in N, k \in N_0, k \geq r$$

Für r=1 entspricht die negative Binomialverteilung der *geometrischen Verteilung*, für sehr kleine p kann sie durch die Poisson-Verteilung approximiert werden.

Abbildung 5.7 zeigt exemplarisch unterschiedlich parametrisierte negative Binomialvertei-
lungen. Auch hier ergeben sich Kurvenverläufe, die ähnlich dem in Abbildung 5.5 angegebenen Histogramm verlaufen.

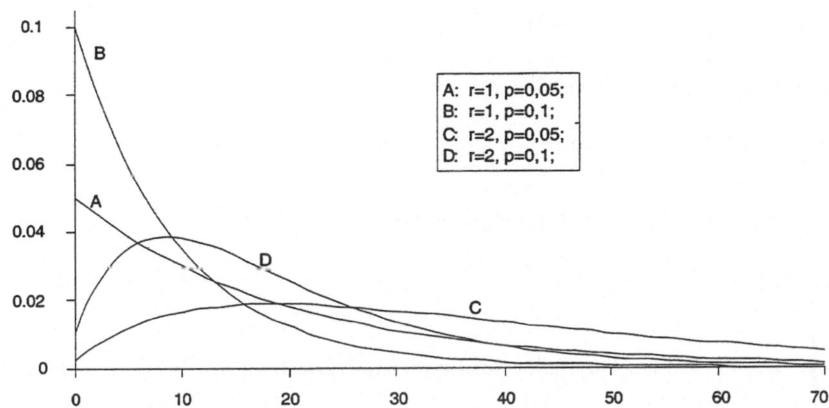

Abb. 5.7: Negative Binomialverteilung für unterschiedliche Parametersätze

Im folgenden werden auf der Basis der berechneten empirischen Mittelwerte und Varianzen die
Parameter der Lognormal-, der negativen Binomial- sowie der geometrischen Verteilung
berechnet. Basierend auf den Stichprobenwerten der Serie 1 ergeben sich für die Spurtlängen-
Verteilung der folgende empirische Mittelwert und die folgende Varianz (vgl. Tabelle 5.5):

$E(X) = 25.608$ Pakete,

$Var(X) = 613.28$ Pakete^2.

Nur eingeschränkt aussagekräftig ist die empirische Varianz, da die Anzahl der Beobachtungswerte zu klein sein könnte. I.a. wird man die Varianz der Beobachtungsreihe somit über-
schätzen [Hart84]. Dieser Wert kann negative Auswirkungen auf die Berechnung der in den
Verteilungsfunktionen eingesetzten Parameter haben und zu einer schlechten Approximation
führen. Wie gut die Approximationen sind, werden die folgenden Untersuchungen zeigen.
Basierend auf den obigen Werten lassen sich mithilfe des Erwartungswerts einer *lognormal-
verteilten* Zufallsvariable X

$$E(X) = e^{\mu + \frac{\sigma^2}{2}} \qquad\qquad\qquad (5.1)$$

sowie mithilfe der Varianz

$$Var(X) = e^{2\mu + \sigma^2}(e^{\sigma^2} - 1) \qquad\qquad\qquad (5.2)$$

die Parameter μ und σ der Lognormalverteilung berechnen. Aus (5.1) ergibt sich

$$\mu = \ln E(X) - \frac{\sigma^2}{2} \qquad (5.3)$$

Eingesetzt in (5.2) gilt:

$$Var(X) = e^{2(\ln E(X) - \frac{\sigma^2}{2}) + \sigma^2} (e^{\sigma^2} - 1)$$

$$\Rightarrow \ln Var(X) = 2\ln E(X) + \ln(e^{\sigma^2} - 1)$$

$$\Rightarrow \sigma^2 = \ln\left(e^{\ln Var(X) - 2\ln E(X)} + 1\right) \qquad (5.4)$$

Durch Einsetzen von (5.4) in (5.3) erhält man dann

$$\mu = \ln E(X) - \frac{\ln(e^{\ln Var(X) - 2\ln E(X)} + 1)}{2} \qquad (5.5)$$

Somit besitzen die beiden Parameter der Lognormalverteilung für die Serie 1 die folgenden Werte:

$$\mu = 2.87712$$

$$\sigma^2 = 0.6835$$

Ebenso lassen sich mit Erwartungswert und Varianz die Parameter r und p einer negativen Binomialverteilung berechnen:

$$E(X) = r\frac{1-p}{p} \qquad (5.6)$$

$$Var(X) = r\frac{1-p}{p^2} \qquad (5.7)$$

Es ergeben sich dann für r und p die folgenden Gleichungen:

$$r = \frac{E(X)^2}{Var(X) - E(X)} \qquad (5.8)$$

$$p = \frac{E(X)}{Var(X)} \qquad (5.9)$$

Somit besitzen die beiden Parameter der negativen Binomialverteilung für die Serie 1 die folgenden Werte:

$$r = 1.063,$$

$$p = 0.041$$

Als dritte Verteilung wird im folgenden noch die in [LeUn86] vorgeschlagene **geometrische Verteilung** zur Approximation der Spurt-Längenverteilung herangezogen. Berechnet man den

Parameter p der geometrischen Verteilung $Geo(p)(\{k\}) = p(1\text{-}p)^k$ direkt aus dem empirischen Mittelwert, wobei gilt:

$$E(X) = \frac{1-p}{p},$$

dann erhält man für p nach der Berechnung

$$p = \frac{1}{E(X)+1}$$

den Wert 0.038.

Wie gut die vorgeschlagenen Schätzfunktionen die Häufigkeitsverteilung der Spurtlängen approximieren, wird im folgenden durch Anwendung von *Signifikanztests* festgestellt. Die zweistufige Vorgehensweise (Approximation, Signifikanztest) zur Bestimmung einer guten Annäherung sieht somit folgendermaßen aus:

- **Approximation**

  Die innerhalb einer bestimmten Zeitspanne ermittelten relativen Häufigkeiten für die Längen von Spurts bzw. Gaps dienen als Stichproben, die durch Funktionen approximiert werden sollen. Der Mittelwert und die Varianz der Stichprobenverteilung werden berechnet. Diese Werte dienen als Input für die approximierende Verteilung, die damit bestimmt werden kann (s.o.) und anschließend einem Signifikanztest unterzogen wird. Wird der Signifikanztest nicht bestanden, so wird mithilfe der beiden berechneten Verteilungsparameter als Startwerte eine nachfolgende Approximation durchgeführt. Dabei werden die beiden Parameter derart variiert, daß die quadratische Abweichung der ermittelten Verteilung von der Stichprobe möglichst klein wird.

  Bereits vor der Durchführung des Signifikanztests ist mittels der Methode der kleinsten quadratischen Abweichung eine weitergehende Annäherung der Lognormalverteilung an die zugrundeliegende Stichprobe erzielt worden. Die für diese Lognormalverteilung ermittelten Parameter besitzen die folgenden Werte:

  $\sigma^2 = 0.91$ (0.6835 war der berechnete Wert)

  $\mu = 2.675$ (2.87712 war der berechnete Wert)

- **Signifikanztests**

  Um zu überprüfen, wie gut die hypothetische Funktion eine ausgewählte Stichprobenmenge approximiert, werden *Signifikanztests* durchgeführt. Mittels solcher Tests wird darüber entschieden, ob eine Hypothese abgelehnt werden muß oder nicht. Die zugrundeliegenden Entscheidungsgrößen sind dabei die Abweichung der Werte der hypothetischen Funktion von den Stichprobenwerten sowie das geforderte *Signifikanzniveau*. Das Signifikanzniveau gibt dabei die zulässige Irrtumswahrscheinlichkeit an, die trotz der Richtigkeit der Hypothese ihre Ablehnung bewirkt. Es wird somit entschieden, ob eine Abweichung zur Ablehnung einer Hypothese führt. Falls eine Hypothese den durchgeführten Test besteht, ist das jedoch keine hinreichende Garantie dafür, daß die Hypothese wirklich zutreffend ist. Jeder bestandene Test kann nur als notwendige Bedingung verstanden werden. Wenn eine zu große Abweichung zwischen der Stichprobe und der hypothetischen Funktion Anlaß zu der Annahme gibt, daß die der Stichprobe zugrundeliegende Grundgesamtheit nicht nach der Hypothese verteilt ist, wird die Funktion abgelehnt.

Neben dem χ^2-*Test* ist vor allem der ***Kolmogorov-Smirnov-Test*** ein bekanntes Testverfahren [Jain91, Knuth81, Stor89]. Aufgrund seiner gegenüber dem χ^2-*Test* vielfältigeren Einsatzmöglichkeiten (unabhängig von der Normalverteilung, geringere Anzahl von Stichprobenwerten nötig) wird bei der Durchführung der Signifikanztests nach *Kolmogorov-Smirnov* vorgegangen.

Abbildung 5.8 zeigt die hypothetischen Approximationsfunktionen, basierend auf einer vollständigen Berechnung der Funktionsparamter. Es sind sowohl die Lognormalverteilung, als auch die negative Binomial-Verteilung und die berechnete geometrische Verteilung dargestellt.

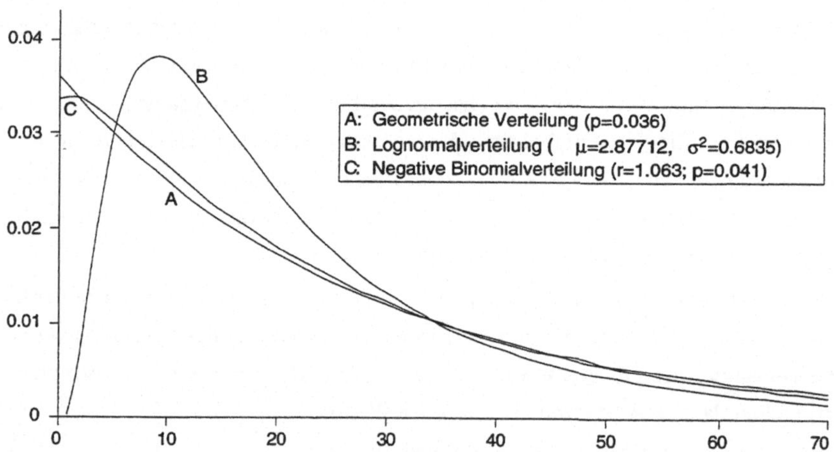

Abb. 5.8: Verteilung der Talkspurt-Längen (Serie 1) mit zugehöriger Approximation

$F_n(x)$ sei das zugrundeliegende Histogramm und $F(x)$ die zugehörige Approximation. Der Kolmogorov-Smirnov-Test basiert auf der Differenz zwischen $F(x)$ und $F_n(x)$. n entspricht der Anzahl der Beobachtungswerte der zugrundeliegenden Stichprobe. Zur Durchführung des Tests werden die folgenden statistischen Größen berechnet:

$$K_n^+ = \sqrt{n} \max_{0<x<n}(F_n(x) - F(x))$$

$$K_n^- = \sqrt{n} \max_{0<x<n}(F(x) - F_n(x))$$

Dabei gibt K_n^+ ein Maß für die maximale Differenz zwischen Histogramm F_n und Approximation F für alle x mit $F_n(x) > F(x)$ an; K_n^- beschreibt die maximale Differenz für alle x mit $F_n(x) < F(x)$. Mithilfe einer Perzentilen-Tabelle kann nun abgelesen werden, bei welchem Signifikanzniveau die Hypothese F(x) angenommen werden kann (siehe Anhang A "Kolmogorov-Smirnov-Perzentilen"-Tabelle).

Wie Tabelle 5.6 zeigt, sind die statistischen Kennwerte K_n^+ und K_n^- der berechneten Lognormalverteilung und der geometrischen Verteilung besser als die negative Binomialverteilung. Das entsprechend erreichte Signifikanzniveau liegt für die Lognormal-Verteilung nach der Kolmogorov-Smirnov-Perzentilen-Tabelle unter 3%, während für die negative Binomialverteilung eine Fehlerwahrscheinlichkeit von ca. 12% erreicht wird. Die berechnete geometrische Verteilung erzielt ein Signifikanzniveau von ca. 8%. Das Signifikanzniveau der geometrischen Verteilung wird insbesondere durch das Abstandsmaß K_n^+ verschlechtert.

Durch eine weitergehende Approximation mittels der Methode der kleinsten Quadrate erreicht man für die Lognormal-Verteilung ein Signifikanzniveau von ca. 0.5%, somit also eine mit großer Wahrscheinlichkeit korrekte Approximation der Stichprobe. Der Versuch einer weitergehenden Approximation für die geometrische oder negative Binomial-Verteilung erzielt hingegen kein Signifikanzniveau deutlich unterhalb von 5%.

·	K_n^+	K_n^-	Signifikanzniveau
Negative Binomial	0.2116	0.116	ca. 12%
Geometrisch	0.1719	0.1402	ca. 8%
Lognormal (berechnet)	0.1083	0.1302	ca. 3%
Lognormal (approximativ)	0.0814	0.0368	ca. 0.5%

Tab. 5.6: Statistische Abstandsmaße für den Kolmogorov-Smirnov-Test

Die folgende Abbildung 5.9 zeigt die approximativ erzeugte Lognormal-Verteilung für die Stichprobenverteilung der Spurtlängen der Serie 1.

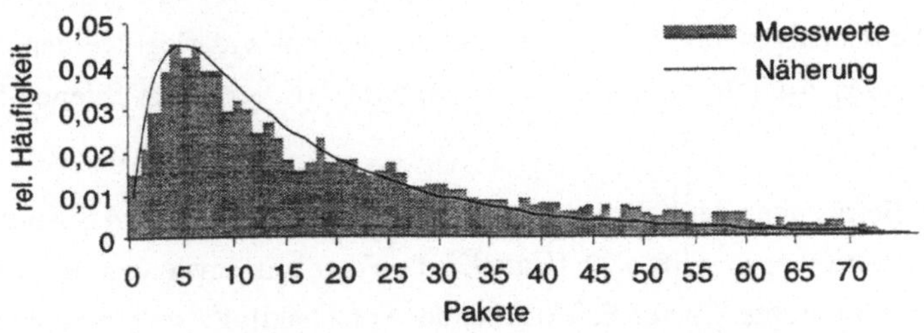

Abb. 5.9: Approximation der Spurtlängenverteilung

Im Gegensatz zu den in [LeUn86] vorgestellten Untersuchungen zeigt sich, daß die Talkspurt-Längenverteilung besser durch eine Lognormalverteilung als durch geometrische Verteilungen annäherbar ist. Bereits der Verlauf des Histogramms in Abbildung 5.5 schließt eine Approximation mittels geometrischer Verteilungen aus. Kurze Talkspurts, die bei früheren, auf kurzen Analyseintervallen basierenden Untersuchungen dominierten, treten in den hier durchgeführten Analysen weitaus seltener auf. Dies ist hauptsächlich durch den Übergang auf längere Analyseintervalle (Pakete) zu erklären. Während bei auf kurzen Analyseintervallen basierenden Untersuchungen unmittelbar aufeinanderfolgende kurze Talkspurts und Silences identifiziert werden, verschmelzen diese beim Übergang auf längere Analyseintervalle zu zusammenhängenden Talkspurts. Zur Überprüfung dieser These wurden Untersuchungen mit Variation der Analyseintervalle (Paketlängen) zwischen 5 ms und 30 ms durchgeführt. Als Sprachmaterial kam dabei erneut die Serie 1 zum Einsatz. Die sich ergebenden Verteilungen für Talkspurt-Längen zeigen, daß auch hier für kurze Paketlängen eine Dominanz kurzer Talkspurt-Längen vorliegt. Diese verliert jedoch mit zunehmender Länge des Analyseintervalls an Bedeutung. In Abbildung 5.10 sind exemplarisch die Verteilungen für das kürzeste Analyseintervall von 5 ms und für das längste Intervall von 30 ms dargestellt. Bei größeren Analyseintervallen entwickelt sich ein (lokales) Maximum im Bereich der typischen Silbenlängen von 125 ms bis 250 ms, was bei einem Analyseintervall von 30 ms ungefähr vier bis acht Paketlängen entspricht [BuFr59].

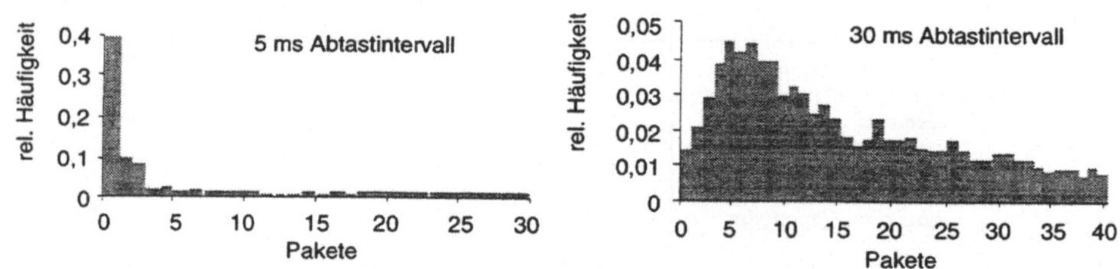

Abb. 5.10: Talkspurt-Längenverteilungen für steigende Paketgrößen

Die Approximation der Histogramme der Silence-Längen bedarf weiterer Analysen. Ob sie, wie in der Literatur angegeben, am besten durch eine Exponentialverteilung approximiert werden, kann durch die bisherigen Untersuchungen zumindest nicht widerlegt werden. Daher wird bei der Erstellung des Audiolastgenerators von exponentiell verteilten Silence-Längen ausgegangen.

Eine kritische Betrachtung der üblichen Modellierung von Talkspurt- und Silence-Längen durch geometrische Verteilungen wirft nach [Kara93] die Frage auf, inwieweit die Dominanz kurzer Längen auf unerwünschte 'Flatter-Effekte' bei der Sprachaktivitätserkennung zurückzuführen ist. Solche Effekte treten dann auf, wenn die Schwingungsdauer des Sprachsignals der Länge des Analyse-Intervalls entspricht. Liegen die Maxima des Signalpegels dabei oberhalb der

Einschaltschwellwerte für die Sprachaktivitätserkennung, während die Minima des Signals unter die Ausschaltschwelle des Systems sinken, alterniert das System kurzzeitig zwischen den Zuständen *Silence* und *Talkspurt*. Bei einer Länge des Analyseintervalls von 5 ms beträgt die Frequenz des Analyseintervalls 200 Hz. Für Sprachsignale mit Frequenzanteilen um 200 Hz und Signalpegeln im Bereich der Schwellwerte sind somit Flatter-Effekte zu erwarten. Da die Abtastfrequenz im Frequenzbereich des übertragenen Sprachsignals (100 Hz - 3400 Hz) liegt, treten Störungen der Sprachaktivitätserkennung durch solche Phaseneffekte häufig auf. Bei einer Paketlänge von 30 ms beträgt die Frequenz der Analyseintervalle 33.3 Hz. Diese liegt deutlich unterhalb des übertragenen Frequenzbereichs, so daß Flattereffekte nicht mehr auftreten.

5.2.2.4   Kombination der Modelle

Der verwendete Lastgenerator basiert auf der Kopplung der Modelle für das Verhalten von Sprechern zueinander (vgl. Kapitel 5.2.2.1) und Modellen für das Ein-/Aus-Muster während aktiver Sprachphasen (vgl. Kapitel 5.2.2.3). Befindet sich ein Endknoten der Verbindung im Zustand 'sprechen', so erzeugt der Lastgenerator einen von kurzen Pausen (Gaps) unterbrochenen Paketstrom. Die Länge der einzelnen *Spurts* und *Gaps*, d.h. die Anzahl der zu erzeugenden oder auszulassenden Pakete wird aufgrund der ermittelten Histogramme bestimmt. Abbildung 5.11 zeigt die Ausgabe des Lastgenerators über einen Zeitraum von 3 Sekunden, wobei die erzeugte Last über Intervalle der Länge 15 ms auf einem simulierten Medium mit einer Bandbreite von 155 Mbit/s gemessen wurde. Die einzelnen Pakete besitzen eine Länge von 240 Byte, somit steht ein Intervall von 30 ms zur Entscheidung über Spurt bzw. Gap zur Verfügung. Wird ein Paket mehrmals abgetastet, da seine Länge die Länge des Abtastintervalls überschreitet, so wird es nur einmal registriert. Hier ist deutlich das charakteristische "*Bursty-Traffic*" Muster zu erkennen.

Abb. 5.11: Erzeugte Last über 3 Sekunden

Abbildung 5.12 zeigt die entsprechende Grafik bei einer Aufzeichungsdauer von 30 Sekunden und einer Aufzeichungs-Intervallänge von 150 ms. Hier enthält ein Intervall mehrere Pakete, was dazu führt, daß längere *Spurts* als Spitzen in der Abbildung erscheinen. *Talkspurts* und *Silences* sind deutlich zu erkennen.

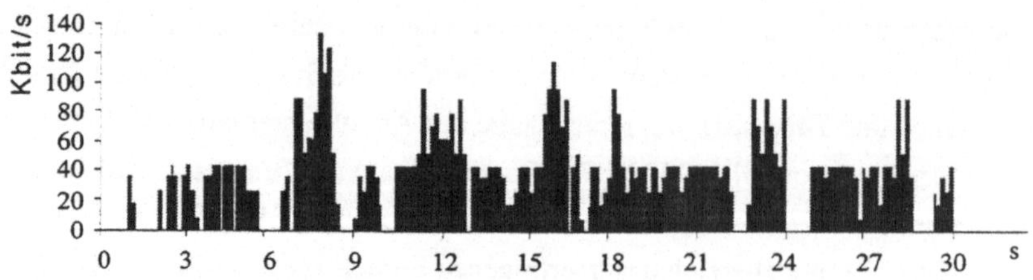

Abb. 5.12: Erzeugte Last über 30 Sekunden

5.2.3 Video-Lastgenerator

Ein Video-Lastgenerator stellt eine Abstraktion einer Videokamera, eines Analog/Digital-Wandlers, einer Codierungs- sowie einer Segmentierungseinrichtung samt zugehöriger Protokollfunktionen dar.

Als Ausgangspunkt für den in dieser Arbeit verwendeten Lastgenerator dienen die Ergebnisse von Heyman u.a. [HeTL91], die in [Kara93] für die hier durchgeführten Simulationen zur Erstellung eines Videolastgenerators umgesetzt wurden. In [HeTL91] wird auf Videomaterial aus einer Telekonferenz-Anwendung einer Länge von etwa 30 Minuten zurückgegriffen, welches keinerlei Schnitte oder Kamerabewegungen enthält. Die Datenkompression erfolgte durch eine *DPCM* (*Difference Pulse Code Modulation*)/*DCT-* (*Discrete Cosine Transform*) Codierung ohne *Motion-Compensation* (Ausnutzung von Redundanzen bei Bewegungen). Es wurden 25 Bilder pro Sekunde erzeugt, was dem europäischen PAL-Standard entspricht. Somit standen etwa 45.000 Einzelbilder zur Verfügung. Der resultierende Datenstrom wurde in Einheiten von je 64 Bytes zusammengefaßt.

Für die sich ergebende Einzelbildgrößen-Verteilung stellt die *negative Binomialverteilung* nach [HeTL91] mit einem Mittelwert von $E(X) = 130.2967$ Einheiten à 64 Bytes pro Einzelbild (ca. 8,4 KByte) und einer Varianz von $Var(X) = 5537.873$ eine gute Näherung dar.

Bei der untersuchten Anwendung handelt es sich um eine Vollbildanwendung, d.h. der gesamte Bildschirmbereich dient zur Darstellung der Videosequenz. Es kann jedoch davon ausgegangen werden, daß die meisten rechnerbasierten Videoanwendungen auf ein Bildschirmfenster, das kleiner als der Bildschirmarbeitsbereich ist, zurückgreifen werden. Um weitere Daten (z.B. gemeinsam bearbeitete Dokumente bei 'Cooperative Work'-Anwendungen oder mehrere Videofenster bei Videokonferenzen) auf dem Bildschirm darstellen zu können, sind kleinere Einzelbild-Größen zu berücksichtigen. Daher wurde für den Lastgenerator eine Last von etwa 25% ("Viertelbild-Anwendung") zugrundegelegt. Die sich dadurch ergebende mittlere Einzelbild-Datenblockgröße von etwa 2 KByte entspricht einem Bildschirmfenster der Größe 256 x 192 Bildpunkten mit einer Farbauflösung von 8 Bits pro Bildpunkt bei einem Kompressionsfaktor von etwa 24.

Für die Modellierung von VBR-Videoquellen eignen sich Markov-Ketten-Modelle, da mit ihnen einerseits eine gute Übereinstimmung mit obigen Meßwerten erzielt werden kann und sie andererseits einfach zu implementieren sind [MASK88, SMRA89, HeTL91].

Jeder Zustand i mit i = 0,..., N-1 repräsentiert eine konstante Bitrate. Der Übergang vom Zustand i in den Zustand i+1 bedeutet eine Zunahme der Datenrate um eine sogenannte Basiseinheit. Der entsprechende Übergang von i nach i-1 entspricht der Reduzierung der Datenrate um eine Basiseinheit. Zur Bestimmung der Basiseinheit wird die Gesamtbandbreite der möglichen Einzelbild-Größen, d.h. die maximale Bildgröße (in Einheiten à 64 Byte angegeben), durch die Anzahl N der Zustände dividiert. Der resultierende Quotient entspricht der Basiseinheit, die der Einzelbildgröße im Zustand 0 zugeordnet und als Inkrementierungs- bzw. Dekrementierungsgröße für den Übergang in einen benachbarten Zustand eingesetzt wird. Die gesamte Bandbreite der möglichen Einzelbild-Größen wird somit durch die Zustände einer Markov-Kette repräsentiert. Zur Lasterzeugung werden, wie in Abb. 5.13 angedeutet, jedem Zustand *0, 1 bis N-1* der Markov-Kette Übergangswahrscheinlichkeiten $p_{i,j}$ zugeordnet, die den Übergang in einen anderen oder das Verweilen im gleichen Zustand bewirken.

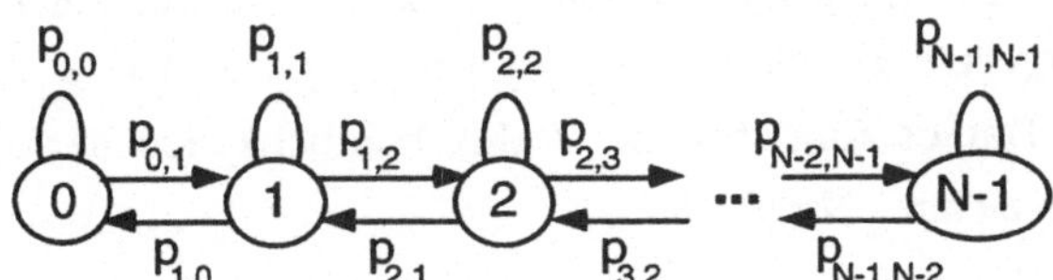

Abb. 5.13: Markov-Ketten-Modell zur Modellierung von Video-Lastzuständen

Bei dem für die Simulationen eingesetzten Lastgenerator wird eine Markov-Kette mit 50 Zuständen benutzt. Dieser Wert ist ein Kompromiß aus dem in [HeTL91] vorgestellten Modell mit 500 Zuständen und der am Lehrstuhl verfügbaren Rechenkapazität. Dabei werden die Übergangswahrscheinlichkeiten so gewählt, daß der Generator Einzelbildgrößen gemäß der oben angegebenen negativen Binomialverteilung liefert. Um dies zu erreichen, wird der folgende heuristische Ansatz gewählt:

- *Anpassung des Definitionsbereichs:*

  Die maximale Einzelbild-Blockgröße lag bei den Untersuchungen in [HeTL91] bei 500 Einheiten à 64 Bytes. Die oben angegebenen Kennwerte $E(X)$ und $Var(X)$ der negativen Binomialverteilung beziehen sich auf diese Einheiten. Diese zugrundeliegende Verteilung wurde dort entsprechend über einem Definitionsbereich von 1 bis 500 aufgetragen. Für den hier eingesetzten Lastgenerator wird die Verteilung auf einen der Größe der Markov-Kette entsprechenden Definitionsbereich von 0 bis 49 übertragen. Dazu werden jeweils 10 Zustände der ursprünglichen Verteilung auf einen Zustand der hier eingesetzten Markov-Kette abgebildet. Durch Aufsummieren der zugehörigen Wahrscheinlichkeiten erhält man die Zustandswahrscheinlichkeit $\pi(i)$ der betrachteten Markov-Kette:

$$\pi(i) = \sum_{j=1}^{10} \binom{10i + j + r - 1}{r - 1} p^r (1-p)^{10i+j} \; \forall i = 0,...,48$$

Die Parameter r und p der negativen Binomialverteilung werden aus dem Erwartungswert und der Varianz dieser Verteilung errechnet (s. Gleichungen (5.6) und (5.7)):

Um eine Gesamtwahrscheinlichkeit von 1 zu erzielen, wird

$$\pi(49) = 1 - \sum_{i=1}^{48} \pi(i) \; \text{gesetzt.}$$

- *Zustandsverweilwahrscheinlichkeiten:*

  Ausgehend von der Überlegung, daß mit zunehmender relativer Häufigkeit eines Zustands auch die Wahrscheinlichkeit für das Verweilen in diesem Zustand steigt, wurden die Übergangswahrscheinlichkeiten $p_{i,i}$ für i={0,...,49} proportional zu π(i) gewählt. Somit gilt:

$$p_{i,i} = 10\,\pi(i) \forall i = 0,...,49$$

- *Zustandsübergänge aus den Randzuständen:*

  Da die Summe der Übergangswahrscheinlichkeiten, die von einem Zustand ausgehen, den Wert 1 ergeben, gilt hier: $p_{i,i} + p_{i,i-1} + p_{i,i+1} = 1$ für i = {1,...,48}, da alle $p_{i,j} = 0$ für |i-j| > 1. Daraus folgt für die Wahrscheinlichkeiten des Übergangs von den Randzuständen zu ihren Nachbarn:

$$p_{0,1} = 1 - p_{0,0} \quad \text{und} \quad p_{49,48} = 1 - p_{49,49}$$

- *Zustandsübergänge in die Randzustände:*

  Unter der Annahme, daß π die stationäre Verteilung der Markov-Kette darstellt, gilt:

$$\pi(i) = p_{i,i}\pi(i) + p_{i-1,i}\pi(i-1) + p_{i+1,i}\pi(i+1) \forall i = 1,...,48$$

  Für die Zustandsübergänge in die Randzustände ergibt sich folglich:

$$p_{1,0} = \frac{\pi(0) - p_{0,0}\pi(0)}{\pi(1)} \quad \text{und} \quad p_{48,49} = \frac{\pi(49) - p_{49,49}\pi(49)}{\pi(48)}$$

- *Bestimmung der weiteren Übergangswahrscheinlichkeiten:*

  Alle weiteren Übergangswahrscheinlichkeiten lassen sich nun wie folgt bestimmen:

$$p_{i,i-1} = 1 - p_{i,i} - p_{i,i+1} \forall i = 2,...,48 \text{ und } p_{i-1,i} = \frac{\pi(i) - p_{i,i}\pi(i) - p_{i+1,i}\pi(i+1)}{\pi(i-1)} \forall i = 2,...,48$$

Der auf den auf diese Weise ermittelten Übergangswahrscheinlichkeiten basierende Lastgenerator erzielt eine sehr gute Übereinstimmung mit den Längenverteilungen der ursprünglich in [HeTL91] angegebenen negativen Binomialverteilung. Abbildung 5.14 zeigt die relativen Zustandshäufigkeiten nach etwa 150.000 Ausgaben der Paketlänge.

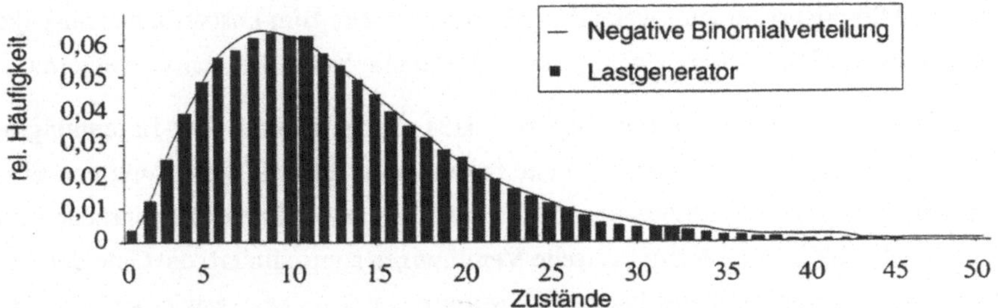

Abb. 5.14: Zustandshäufigkeiten des Lastgenerators

Es wird davon ausgegangen, daß sich ein Einzelbild aus hoch- und niedrigprioren Bytes zusammensetzt. Diese Vereinbarung wird hier getroffen, da es erst wenige Studien gibt, bei denen Videokompressionsverfahren eingesetzt werden, die eine Unterscheidung der Videoinformationen nach Prioritäten ermöglichen [KMHY89, Ghan89, JZSR91, KNFI91]. Da aber für die in Kapitel 5.3 durchgeführten Simulationen eine Prioritätenunterscheidung der Videodaten von Interesse ist, wird diese hier angenommen.

Als Erwartungswert des Histogramms und der negativen Binomialverteilung ergibt sich der Zustand 13. Im entsprechenden Zustand der Markov-Kette werden jeweils 13·80 hoch- und niedrigpriore Bytes erzeugt, daher liegt die mittlere Größe eines codierten Einzelbilds bei 2·13· 80·8 Bits = 16640 Bits. Dabei wird davon ausgegangen, daß der Anteil hochprioror und niedrigpriorer Daten eines Einzelbildes gleich groß ist. Da die Zeit zwischen der Erzeugung zweier Einzelbilder bei ca. 40 ms liegt, ergibt sich die mittlere Datenrate einer Verbindung, bei der beide beteiligten Stationen aktiv sind, zu ca. 1/40·10³·2·16640 Bits/s = 832.000 Bits/s.

Abbildung 5.15 zeigt den Ausgabe des Lastgenerators für eine Videoquelle über einen Zeitraum von 30 Sekunden, wobei jeweils die erzeugte Last über Intervalle der Länge 150 ms auf einem simulierten Medium mit einer Bandbreite von 155 Mbit/s gemessen wurde.

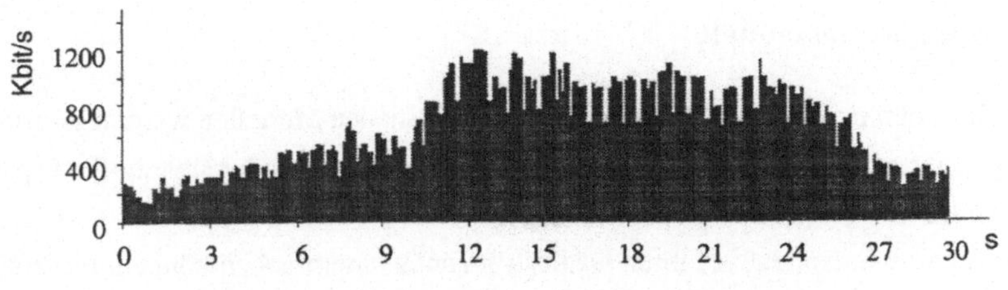

Abb. 5.15: Erzeugte Last über 30 Sekunden

5.2.4 Fazit

Die Erstellung von Lastgeneratoren für paketvermittelnde Netze ist für Untersuchungen im Bereich der Hochleistungskommunikation von größter Wichtigkeit. Bei der Durchführung von

Analysen und Simulationen wird weitgehend von Annahmen zum Lastverhalten ausgegangen, die weit von der Realität entfernt sind und somit die resultierenden Ergebnisse verzerren.

Daher ist im Rahmen einer Diplomarbeit [Kara93] ein Sprachaktivitäts-Erkennungssystem entwickelt und angewendet worden, das erste Erkenntnisse über die Verteilung von Ein-/Aus-Mustern während aktiver Sprachphasen geliefert hat. Die dort ermittelten Stichprobenwerte sind in Unterkapitel 5.2.2.3 durch mathematische Verteilungen approximiert, die Güte der Approximationen durch statistische Signifikanztests bestimmt worden. Dabei erwies sich die Approximation der Spurtlängenverteilung durch eine Lognormalverteilung als geeignet im Gegensatz zu bis dahin angenommenen Approximationen mittels geometrischer Verteilungen. Zur Generierung von Videolasten wird bei den durchgeführten Simulationen auf das in [HeTL91] angegebene Markovketten-Modell zurückgegriffen. Aus Effizienzgründen ist die dort angegebene Markovkette mit 500 Zuständen auf eine Markovkette mit 50 Zuständen abgebildet worden. Die Daten-Lastgeneratoren erzeugen ein Gemisch aus interaktiven und Massendatentransfers. Besonderer Wert wurde auf die realitätsnahe Modellierung des Interaktionsverhaltens zwischen Sender und Empfängern gelegt. Dazu wurde die Generierung und Übertragung von Kontrollpaketen, die herkömmlicherweise von Transfer- oder Transportprotokollen erzeugt werden, in die Simulation der Datenverbindungen integriert.

5.3 Fluß- und Überlastkontrollverfahren

Aufgrund der Komplexität und zugunsten einer detailtreuen Modellierung wurde die Leistungsbewertung von Fluß- und Überlastkontrollverfahren mittels Simulationen durchgeführt. Basierend auf den im folgenden dargestellten Simulationsmodellen wurde das Verhalten des von TCP eingesetzten *Slow-Start*-Verfahrens mit dem in AMTP verfügbaren *Tri-S* bzw. dessen Erweiterung, dem *FF-Tri-S* verglichen. AMTP verfügt neben den in den folgenden Unterkapiteln vorgestellten fensterbasierten Verfahren auch über eine ratenbasierte Flußkontrolle, die in Kapitel 6 vorgestellt wird. Die Auswirkungen der verschiedenen Verfahren wurden mittels asynchroner ereignisorientierter Simulation mithilfe des ATLAS-Tools [Davi92] untersucht.

5.3.1 Simulationsmodell

Zusätzlich zu den in Kapitel 5.2 vorgestellten realitätsnahen Modellen werden saturierte Sender als Lastgeneratoren eingesetzt. Diese sorgen dafür, daß beim Sender ständig Datenpakete fester Größe zur Übertragung bereitstehen. Außerdem sind die hier eingesetzten saturierten Sender derart erweitert worden, daß sie ihren Datenstrom auch unterbrechen können. Prinzipiell verhält sich die als saturierter Sender modellierte Station wie eine reale Station. Trotz bereitstehender Daten muß die Station ihre Übertragung unterbrechen, falls ein Quittungs-Timer abläuft oder ein explizites Alarmsignal ihre Sendetätigkeit stört. Für Untersuchungen, bei denen Daten mit Realzeitanforderungen keine Rolle spielen und kein komplexes Verkehrsszenario betrachtet wird, kann somit der saturierte Datensender eingesetzt werden. Zudem trägt ein solch einfacher Lastgenerator zu einer beträchtlichen Verkürzung der Simulationsläufe bei.

Neben der Lastmodellierung enthält das Simulationsprogramm ein Modell des unterliegenden Netzes. Dieses Modell hat nicht das Ziel, eine detaillierte Beschreibung des Medienzugangsverfahrens bzw. des physikalischen Aufbaus eines lokalen Netzes zu liefern, sondern stellt einen Pfad durch ein komplexes heterogenes Netz dar. Dabei wird von Zugangsbeschränkungen durch das Medienzugangsverfahren abstrahiert.

Die folgende Abbildung 5.16 zeigt ein vereinfachtes Warteschlangenmodell dieses Simulationsszenarios, das auf einem Tandem-Netz aufbaut. Das Simulationsmodell ist als Kompromiß zwischen der Modellierung eines einzelnen Knotens und der Modellierung eines kompletten heterogenen Netzes entstanden. Die Simulation eines Einzelknotens ist nicht geeignet für die durchzuführenden Untersuchungen, da zu viele Annahmen über das Verhalten anderer nicht integrierter Stationen getroffen werden müßten. Das entgegengesetzte Extrem dieser Art von Modellierung ist die Simulation eines kompletten heterogenen Netzes. Hier sind die langen Laufzeiten der Simulation und das Problem, die relevanten Ergebnisse zu extrahieren und zu validieren, Gründe für die Nichtberücksichtigung. Somit ist der in Abbildung 5.16 dargestellte Kompromiß als Simulationsmodell zwischen den beiden Extremen ausgewählt worden. Da sich dieses Modell auf viele reale Szenarien übertragen läßt und detailliert genug ist, um Auswirkungen auf die betrachteten Verbindungen durch intermittierenden Verkehr festzustellen, eignet es sich vorzugsweise zur Bewertung von Fluß- und Lastkontrollverfahren.

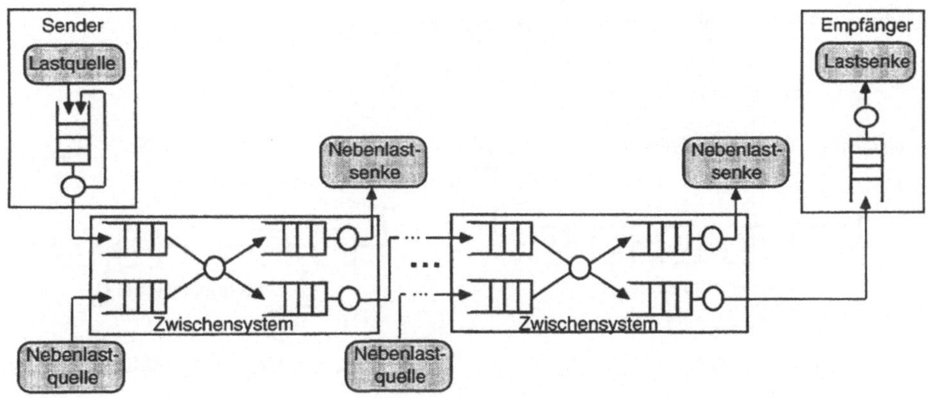

Abb. 5.16: Netzmodell

Die durch saturierte Sender und durch die in Kapitel 5.2 beschriebenen Lastgeneratoren erzeugten Verkehrsklassen für Audio, Video und Daten werden in *Primärverkehr* und *Intermittierenden Verkehr* aufgeteilt. *Primärverkehr* existiert zwischen den beiden äußeren Knoten (Hauptlastquelle und Hauptlastsenke) gemäß Abbildung 5.16 und bildet die Basis für die Erfassung von Leistungskenngrößen wie z.B. Laufzeiten, Paketverluste und -verwerfungen. Unter *intermittierendem Verkehr* wird in dieser Arbeit nicht nur der Verkehr (Audio, Video oder Daten) verstanden, der als Zusatzbelastung auf ein Zwischensystem gegeben wird und das System nach Bearbeitung durch den Knoten wieder verläßt. Vielmehr kann der intermittierende Verkehr das System auch an einem anderen Knoten wieder verlassen, somit also die für den Primärverkehr zur Verfügung stehende freie Leitungskapazität reduzieren. Sowohl der Knoten, an dem der intermittierende Verkehr in das Netz eintritt, als auch der Knoten, an dem er das Netz wieder verläßt, werden zufällig bestimmt. Zusätzlich ist intermittierender Verkehr durch zwei Größen charakterisiert, die "Pseudoverzögerungszeiten" symbolisieren. Diese Zeiten repräsentieren Verzögerungen, die das betrachtete Paket bereits vor Eintritt in das Netzmodell erfahren hat und nach Verlassen des Netzmodells erfahrungsgemäß noch vor sich hat. Dadurch hat der intermittierende Verkehr direkten Einfluß auf die Abarbeitung des Pakets, falls Bedienstrategien eingesetzt werden, die auf Zeitstempeln basieren. Der intermittierende Verkehr wird zusätzlich in zwei Klassen eingeteilt. Zum einen existiert der *kontinuierlich intermittierende Verkehr*, der während des gesamten Simulationszeitraums aktiv ist, also eine Art gleichmäßige Hintergrundlast erzeugt. Zum anderen existiert der *zeitlich beschränkte intermittierende Verkehr*, der nur für eine begrenzte Zeit dem System zugefügt wird und somit zu kurzzeitigen Engpässen führen kann.

Die Anzahl der im Modell berücksichtigten Zwischensysteme kann variiert werden. Sie wurde in den hier betrachteten Testszenarien auf fünf eingestellt. Diese Anzahl ist ausreichend zur Darstellung eines Weitverkehrsnetzes und überschreitet nicht die zur Simulation zur Verfügung stehenden Rechnerressourcen. Drei unterschiedliche Simulationsszenarien werden betrachtet, die alle auf dem Netzmodell in Abbildung 5.16 basieren. In den ersten beiden Szenarien (vgl. Abbildung 5.17) wird kein intermittierender Verkehr erzeugt.

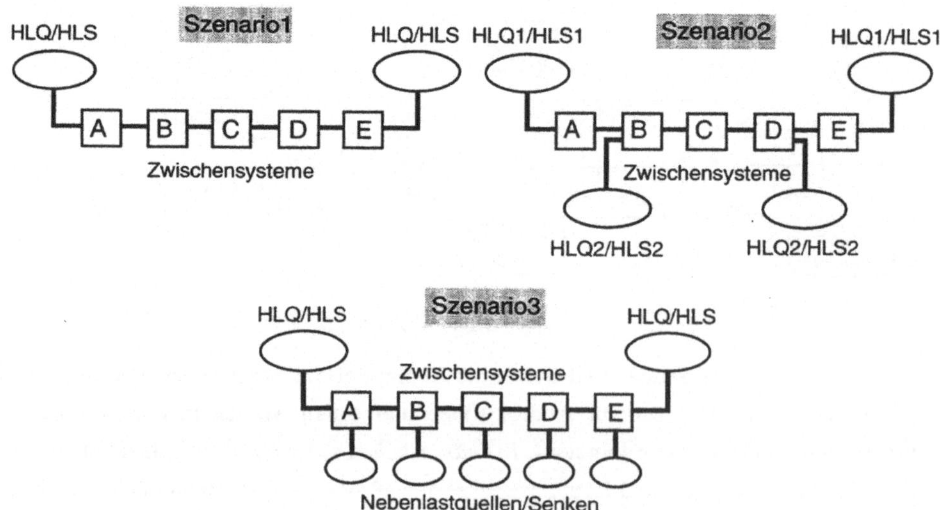

Abb. 5.17: Schematische Darstellung der Simulationsszenarien

In Szenario 1 wird eine einzelne Verbindung auf einem ansonsten unbelasteten Netz simuliert. Diese Verbindung besteht zwischen der Hauptlastquelle (HLQ) und der entsprechenden Hauptlastsenke (HLS). Dieses Szenario dient der Untersuchung der Konvergenzgeschwindigkeit und Oszillation der Flußkontrollmechanismen ohne Beeinträchtigung durch Hintergrundverkehr. Szenario 2 simuliert zwei Verbindungen, die einen Teilpfad gemeinsam nutzen. Auch hier wird kein intermittierender Verkehr eingespeist. Es werden ausschließlich die gegenseitige Beeinflussung der beiden Verbindungen und die Auswirkungen der unterschiedlichen Umlaufzeiten auf die Leistung der Verbindungen untersucht. Dadurch wird u.a. die Fairness des eingesetzten Protokollverfahrens getestet. In Szenario 3 werden beliebig viele Verbindungen, die intermittierenden Verkehr repräsentieren, eingesetzt. Die den intermittierenden Verkehr generierenden Stationen werden Nebenlastquellen, die entsprechenden Empfänger Nebenlastsenken genannt.

5.3.2 Validierung

Die Simulationsprogramme wurden mittels einer Vielzahl von Testhilfen verifiziert und validiert. Sämtliche Moduln, insbesondere die Funktionen zur Lastgenerierung, wurden durch Einzeltests separat überprüft. In die Simulationsprogramme wurde eine Vielzahl von Optionen zur Fehlersuche integriert, die eine Übersicht über interessante Kenngrößen während der Ausführung gestatten. Z.B. lassen sich die Anzahl der aktuell in der Ereignisliste befindlichen Ereignisse und die Anzahl der aktuell in bestimmten Knoten befindlichen Pakete ausgeben. Um die Arbeitsweise der Zwischenknoten und Funktionen zur Weiterleitung von Paketen von Knoten zu Knoten zu überprüfen, wurden Prozeduren integriert, die es erlauben, einzelne Pakete oder Paketgruppen an beliebigen Punkten des Modells einzuspeisen und ihre Ankunft an beliebigen anderen Punkten des Modells auszugeben.

5.3.3 TCP vs. AMTP: Oszillation ohne intermittierenden Verkehr

Um festzustellen, wie stark die Fenstergrößen und der resultierende Durchsatz einer Verbindung ausschließlich aufgrund des eingesetzten Fenstermechanismus oszillieren, wird das als Szenario 1 bezeichnete Simulationsmodell herangezogen. Die zu übertragenden Daten werden beim Sender mit einer maximalen Rate α generiert, die so groß gewählt ist, daß ständig Pakete in der Sendewarteschlange vorhanden sind (saturierter Sender). Die Pakete werden in die Sendewarteschlange eingeordnet, aus der sie mit der Rate β entnommen und an das unterliegende Netz weitergeleitet werden. Ist die Sendewarteschlange gefüllt, so wird der Generierungsprozeß unterbrochen. Erst bei Absinken des Füllgrades auf einen frei wählbaren Anteil der Gesamtkapazität der Warteschlange wird der Generierungsprozeß erneut aktiviert. Aus der Empfangswarteschlange werden die Pakete mit der Rate ε entnommen. Da nicht der Empfänger, sondern das unterliegende Netz den Engpaß der Kommunikation repräsentieren soll, wird die Vereinbarung getroffen, daß die Bedienrate ε ebenfalls größer ist als die Übertragungsrate der Pakete auf dem Netz, die durch die Abfertigungsrate in den Zwischensystemen bestimmt wird.

Im Zwischensystem werden die ankommenden Pakete je nach Simulationslauf unterschiedlich behandelt. Bei der folgenden Untersuchung werden sie nach dem *FCFS-(First Come First Serve)* Prinzip bearbeitet, und bei Überlauf wird entweder das jeweils letzte Paket (*Drop-Tail*) oder ein beliebiges Paket aus der Eingangswarteschlange verworfen (*Random-Drop*).

In der folgenden Tabelle 5.7 sind die Eingabeparameter für die Simulationsläufe aufgelistet. Dabei bezeichnen die D_i die Laufzeiten der Pakete zwischen den Warteschlangen. D_1 ist auf 0 ms gesetzt und symbolisiert den direkten Zugang des Senders zum ersten Zwischensystem. D_2 entspricht der Signallaufzeit zwischen den Zwischenknoten. D_3 ist die Zeit, die eine Quittung benötigt, um vom Empfänger zurück zum Sender zu gelangen. In den Untersuchungen wird von einer Beeinträchtigung des Sendeverkehrs vom Quittungsverkehr in den Zwischenknoten abstrahiert. α entspricht der Datengenerierungsrate, ß der Übertragungsrate des Senders, γ ist die Bediendauer je Paket in den Zwischensystemen, δ_R die zugehörige Abfertigungsrate der Zwischensysteme, δ_z ist die Abfertigungsrate des letzten Zwischensystems vor dem Empfänger. Die Bediendauer in den Zwischensystemen ist gemäß [WaCr91] normalverteilt (für Werte größer als 0 und kleiner als 10 ms, die um einen Mittelwert von 1 ms verteilt sind). S_{HL} und E_{HL} geben die Längen der Sende- und Empfangswarteschlangen der Hauptlastquelle bzw. Hauptlastsenke an. S_{NL} und E_{NL} sind die entsprechenden Empfangs- und Sendewarteschlangen der Zwischenknoten.

Parameter	Wert
α, ε	5000 Kbit/s
β	1000 Kbit/s
γ	normalverteilt (> 0) mit $\gamma = 1$ ms und $\sigma = 0.1$ ms
δ_R	500 Kbit/s
δ_z	1000 Kbit/s
D_1	0 ms
D_2	50 ms
D_3	205 ms
S_{HL}, E_{HL}	85 Pakete
S_{NL}, E_{NL}	15 Pakete
Simulationsdauer	180 s

Tab. 5.7: Eingabeparameter

In Abbildung 5.18 wird die Entwicklung der Fenstergrößen in der Startphase einer den *Slow-Start*-Algorithmus einsetzenden TCP-Verbindung mit der entsprechenden Kurve für AMTP mit *Tri-S* verglichen (vgl. Kapitel 3.2). Bis zum Zeitpunkt (20 Sekunden) verlaufen die beiden

Kurven deckungsgleich. Anschließend hält AMTP eine nahezu konstante Fenstergröße in der Selektiven Phase, während das TCP-Fenster ständig oszilliert.

Ist die maximale Fenstergröße zwischen den Kommunikationspartnern zu groß gewählt, so kommt es bei Einsatz von *Slow-Start* ständig zu Paketverlusten. Daraus resultiert dann die Kontraktion der Fenstergröße auf 1. Zwar ist die Konvergenzgeschwindigkeit von *Slow-Start* sehr hoch, aber leider sieht das Verfahren keine Kontrolle vor, die verhindern würde, daß es ständig zu Paketverlusten kommt.

Besser verhält sich *Tri-S*. Im Anschluß an die erste Kontraktion der Fenstergröße auf 1 geht das Verfahren nach dem Übergang in die *Selektive Phase* vorsichtiger vor und erhöht die Fenstergröße nur noch, wenn der kalkulierte NTG- (Normalized Throughput Gradient) Wert einen bestimmten Schwellwert überschreitet. Im dargestellten Fall bleibt die Fenstergröße für *Tri-S* nahezu konstant.

Ein hoher NTG-Wert zeigt an, daß der Übertragungspfad nicht überlastet ist. Somit wird in Abhängigkeit von der gemessenen RTT und dem aktuellen Durchsatz über eine Fenstervergrößerung bzw. eine Fensterverkleinerung entschieden. Der Verlauf der Fenstergrößen-Entwicklung für *Tri-S* deckt sich somit bis zum Eintritt in die *Selektive Phase* mit dem *Slow-Start*-Verhalten. In der Abbildung 5.18 sind zusätzlich zur Entwicklung der Fenstergrößen die von *Tri-S* durchlaufenen Phasen angegeben.

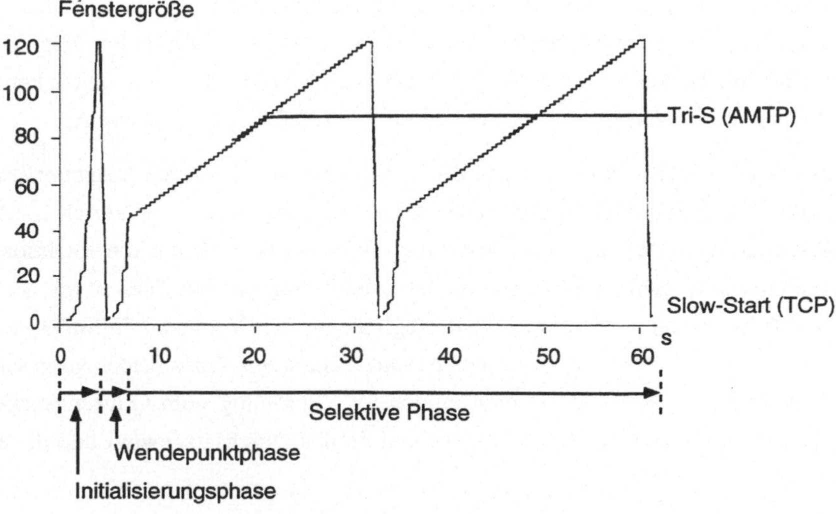

Abb. 5.18: Tri-S vs. Slow-Start

Bei allen durchgeführten Simulationsläufen ergibt sich, daß die Bestimmung des Quittungs-Timers basierend auf der Umlaufzeit-Messung von entscheidender Bedeutung für das Verhalten der Flußkontrollmechanismen ist. Auch *Tri-S* funktioniert ausschließlich mit einer eindeutigen

Umlaufzeitbestimmung. Die meisten Protokolle verfügen jedoch nicht über die Möglichkeit, die Umlaufzeit eindeutig zu bestimmen.

Die Umlaufzeitberechnung kann auf verschiedene Arten durchgeführt werden. TCP kann z.B. durch einen Zeitstempel-Mechanismus erweitert werden, wie er in [Ullm93] vorgeschlagen wird (diese Option wurde auch beim obigen Vergleich zwischen *Slow-Start* und *Tri-S* eingesetzt). Dazu wird in einem Optionsfeld im Header jedes Datenpakets die lokale Sendezeit vermerkt und in der zugehörigen Quittung zurückübertragen (vgl. [JaBB91]). Ist diese Möglichkeit nicht gegeben, kann im Fall einer Neuübertragung keine genaue Zuordnung der Quittung auf das Originalpaket bzw. dessen Kopien vorgenommen werden. Die gemessene Umlaufzeit wäre nicht eindeutig. Deshalb wird in diesem Fall die letzte eindeutig bestimmte Umlaufzeit als Referenzwert beibehalten (Karn-Algorithmus [KaPa87]). Auch der Karn-Algorithmus wurde ins Simulationsprogramm integriert.

In der folgenden Abbildung 5.19 wird der Flußfensterverlauf in der Startphase einer TCP-Verbindung mit der einer AMTP-Verbindung verglichen. Im Vergleich zu dem in Abbildung 5.18 dargestellten Ergebnis verhält sich hier TCP gemäß der offiziellen Spezifikation; die RTT ist mehrdeutig, die Varianz fließt nur zweifach in die Quittungs-Timer-Berechnung (QT, Quittungs-Timer) ein, während AMTP über eine eindeutige Timer-Bestimmung verfügt und die vierfache Varianz der Verzögerungszeiten in die Berechnung einbezieht. Somit landet die TCP-Verbindung noch weit häufiger in einer Neuübertragungsphase als bei einer eindeutigen Timer-Bestimmung und bei Einbeziehen der vierfachen Varianz (s. Abbildung 5.18). Bei der AMTP-Verbindung wird die NTG-Berechnung nach dem ersten Paketverlust aktiviert und führt zu einer kontinuierlichen linearen Annäherung an die für diesen Pfad optimale Fenstergröße. Nach Erreichen der maximalen Fenstergröße bleibt diese Größe konstant, was zu einem kontinuierlichen Anstieg des kumulierten Durchsatzes führt (vgl. Abbildung 5.20, Kurve A).

Die Variation der Timer-Algorithmen und der Einsatz eines vorsichtigeren Adaptionsverfahrens an die maximal mögliche Fenstergröße unterstreichen die Relevanz dieser Verfahren für Fluß-kontrollmechanismen mit impliziter Meldung. Da ablaufende Timer die Reaktionen des Verfahrens auslösen, muß die Bestimmung der Laufzeit korrekt sein. Dies ist mit der bereits erwähnten Erweiterung auch mittels TCP möglich. In TCP Version 7 [Ullm93] wird der Einsatz eines *Timestamp*-Feldes und eines *Echoed Timestamp Reply*-Feldes vorgeschlagen. Mithilfe der beiden Parameter ist eine eindeutige Zuordnung vom Quittungspaket zum Datenpaket möglich. Die Ergebnisse zeigen den großen Durchsatzgewinn und die enorme Reduzierung der Oszillation.

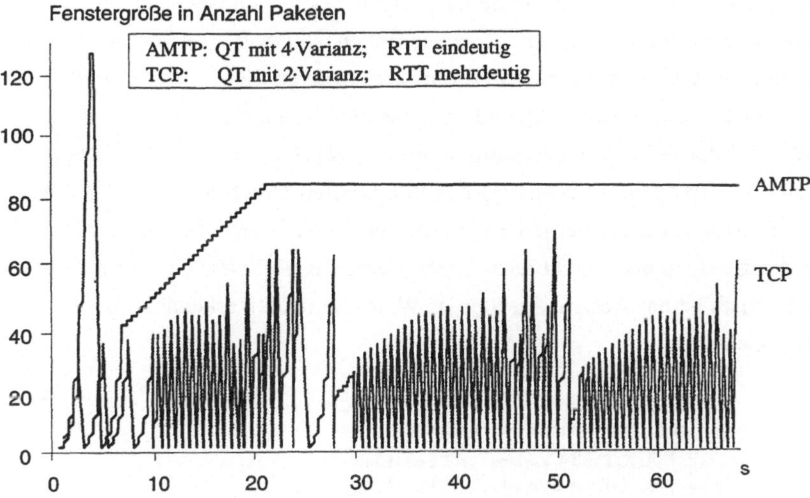

Abb. 5.19: Fenstergrößenentwicklung in Startphasen (Szenario 1)

5.3.4 AMTP in Abhängigkeit von der Quittungs-Timer-Bestimmung

Alternativ zum herkömmlich in TCP eingesetzten Verfahren [Jaco88], bei dem der Quittungs-Timer über den Wert "Smoothed RTT + 2·Varianz der RTT" bestimmt wird, bezieht AMTP die Varianz der RTT vierfach in die Kalkulation des Quittungs-Timers ein. In Unterkapitel 5.3.3 ist am Beispiel von TCP gezeigt worden, daß die Timerbestimmung nach [Jaco88] trotz Einbeziehung der zweifachen RTT-Varianz nicht geeignet ist, Fehlalarme zu vermeiden.

Im folgenden wird das Verhalten von AMTP mit vier grundlegende Kombinationen zur Umlaufzeit- und Timerbestimmung, basierend auf Szenario 1, untersucht:

- **A**   Zeitstempel zur RTT-Bestimmung;   Quittungs-Timer: 4 · Varianz
- **B**   Zeitstempel zur RTT-Bestimmung;   Quittungs-Timer: 2 · Varianz
- **C**   Karn-Alg. zur RTT-Bestimmung;   Quittungs-Timer: 4 · Varianz
- **D**   Karn-Alg. zur RTT-Bestimmung;   Quittungs-Timer: 2 · Varianz

Die durchgeführten Simulationen zeigen die Beeinflussung von AMTP mit Tri-S durch die für die RTT- und die Quittungs-Timer-Bestimmung zuständigen Algorithmen während der Startphase der Verbindung. In der folgenden Abbildung 5.20 ist die Entwicklung des normierten kumulierten Durchsatzes (die Datenmenge, die der Sender bis zu einem bestimmten Zeitpunkt erfolgreich gesendet hat, dividiert durch die abgelaufene Zeit und die zur Verfügung stehende Bandbreite) in Abhängigkeit von den unterschiedlichen Kombinationen zur Timer-Bestimmung dargestellt.

Es ist ersichtlich, daß eine eindeutige Umlaufzeitmessung zu einer erheblichen Verringerung der Durchsatzoszillation beiträgt (Kombinationen A und B). Es kommt nicht zur falschen Zuteilung einer Quittung zu einem Datenpaket. Kombination A erzielt zudem die geringste Paketverlustrate (ein Verlust während der gesamten Simulationsdauer). Infolge dieses Paketverlusts wird der *NTG*-Mechanismus aktiviert. NTG wird zu diesem Zeitpunkt erstmals berechnet. Der treppenartige Anstieg des kumulierten Durchsatzes resultiert aus der zunehmenden Fenstergröße, die bei jeder Quittung verdoppelt wird. Der Sender ist zu Beginn der Übertragung jedoch noch nicht dazu in der Lage, das unterliegende Netz vollständig auszulasten. Deshalb ist am Anfang ein Stop & Wait - Verhalten erkennbar, das sich bei größerer Fenstergröße legt.

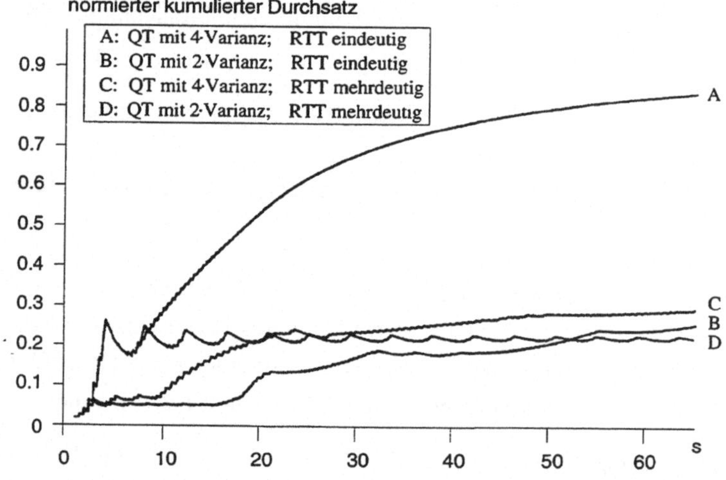

Abb. 5.20: Kumulierter Durchsatz in Startphasen von Transportverbindungen

Bei Verwendung der Kombinationen C und D, die den Karn-Algorithmus zur Berechnung der RTT einsetzen, funktioniert der NTG-Mechanismus nicht. Der entscheidende Wert für die Berechnung von NTG ist die RTT des bei Fenstergröße 1 nach einer Überlast wiederholt übertragenen Pakets, das mit hoher Priorität übertragen wird. Für wiederholte Übertragungen werden jedoch nach Karn keine neuen Umlaufzeiten bestimmt und berücksichtigt. Also hat der NTG-Wert keine Relevanz, und das Flußfenster wird weiter geöffnet. *Tri-S* verbleibt so lange in dieser Phase, bis die wiederholte Übertragung abgeschlossen ist. Ein erneuter Paketverlust ist wahrscheinlich, weil das Flußfenster etwa dieselbe Größe erreicht, die es vor dem Verlust hatte. Also wird wiederum eine Wiederholung gestartet. Es wird somit fortlaufend der alte RTT-Wert als Normierungsgröße im NTG-Berechnungsalgorithmus eingesetzt. Man kann zudem davon ausgehen, daß diese zuletzt gemessene RTT einen relativ hohen Wert hat, da sie unmittelbar vor einem Paketverlust berechnet worden ist. In der Neuübertragungsphase berechnet sich der NTG dann immer zu eins, weil kein neuer RTT-Wert bestimmt wird. Damit erhält der *Tri-S*-Algorithmus die Meldung, der Pfad sei frei. Also wird das Flußfenster weiter exponentiell geöffnet. Erst wenn ein Paket wieder erstmalig versendet wird (also nicht als Wiederholung) kann eine neue Umlaufzeit berechnet werden.

5.3.5 Tri-S vs. FF-Tri-S: Fensterkontraktionsgröße

Da die Verkleinerung der Fenstergröße auf 1 (Kontraktionsgröße 1) bei *Tri-S* und *Slow-Start* nach Auftreten eines Paketverlustes in bestimmten Situationen, insbesondere bei einer geringen Anzahl aktiver Verbindungen, den Durchsatz sehr stark reduziert, wird in *FF-Tri-S* (vgl. Kapitel 3.2) eine Reduktion der Fenstergröße auf die Hälfte der bei der Überlast aktuellen Fenstergröße vorgeschlagen. Diese Methode ist insbesondere dann vorzuziehen, wenn ein Paketverlust nicht aufgrund einer zusätzlichen Verbindung entsteht, sondern aufgrund des exponentiellen Wachstums der Fenstergröße in der Startphase sämtlicher Slow-Start-Varianten, was zwangsläufig zur Überlast in den Zwischenknoten führt (vgl. Abbildung 5.21).

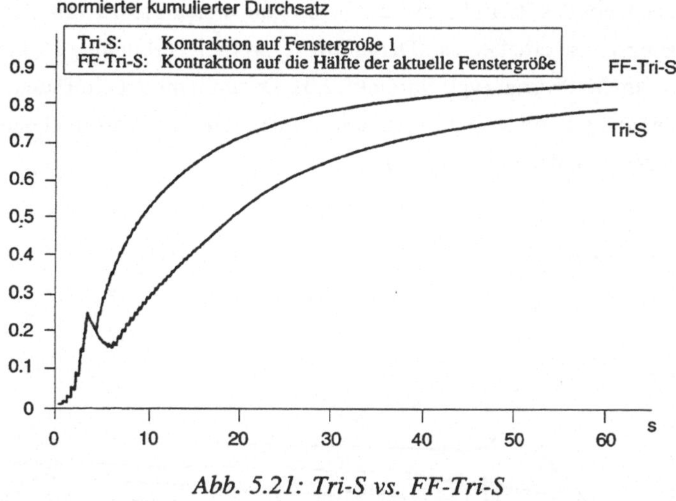

Abb. 5.21: Tri-S vs. FF-Tri-S

Abbildung 5.21 verdeutlicht, daß bei Reduktion der Fenstergröße auf die halbe Größe der maximale Durchsatz mittels NTG-Wert-Berechnung weit schneller erreicht wird. Für die NTG-Wert-Berechnung ergeben sich dadurch keinerlei Konsequenzen. Ein solches Vorgehen eignet sich nicht nur bei einer einzelnen aktiven Verbindung, sondern auch, wenn mehrere Verbindungen gleichzeitig aktiv sind. Derzeit wird untersucht, wie die Kontraktionsgröße adaptiv eingestellt werden könnte.

5.3.6 Tri-S vs. FF-Tri-S: Konkurrierende Verbindungen

Die folgenden Ergebnisse repräsentieren Untersuchungen mit zwei aktiven, um die Netzressourcen konkurrierenden Verbindungen (vgl. Abbildung 5.17, Szenario 2). Da die Abfertigungsrate der Zwischensysteme bei den untersuchten Szenarien auf 500 Kbit/s eingestellt ist, müssen sich die konkurrierenden Verbindungen diese maximal verfügbare Übertragungsrate teilen.

Die beiden Verbindungen teilen sich den Pfad vom zweiten bis zum vierten Zwischenknoten (vgl. Abbildung 5.17). Die Verbindungen 1 und 2 arbeiten nach *Tri-S*, während die Verbindungen 1´ und 2´ nach *FF-Tri-S* vorgehen. Verbindungen 1 und 1´ durchqueren den gesamten Pfad (zwischen HLQ1 und HLS1), während die Verbindungen 2 und 2´ die drei Zwischenknoten passieren (HLQ2 und HLS2). Somit stellt Zwischensystem 2 den Engpaß dar.

Abbildung 5.22 zeigt die Entwicklung des kumulierten Durchsatzes der Verbindungen. Die dargestellten Verbindungen verfügen alle über eine eindeutige RTT-Bestimmung und beziehen die vierfache Varianz der RTT in die Kalkulation des Quittungs-Timers ein. Beim Einsatz von FF-Tri-S wird der Sender der Verbindung 1´ vom Zwischensystem benachrichtigt, daß andere Verbindungen (hier Verbindung 2´) weit schneller auf eine Überlastsituation reagieren und dadurch Verbindung 1´ von einem schnelleren Durchsatzzuwachs abhalten. Die Benachrichtigung erfolgt, nachdem das Zwischensystem bereits die ersten Pakete von Verbindung 2´ in der Neuübertragungsphase erhalten hat. Daraufhin vergrößert Verbindung 1´ ihre BAU (Basic Adjustment Unit) um 50 Prozent (vgl. Kapitel 3.2.3). Dadurch nimmt die Datenmenge, die der Sender der Verbindung 1´ ohne Unterbrechung senden darf, zu. Entsprechend verlangsamt sich der Durchsatzgewinn der Verbindung 2´.

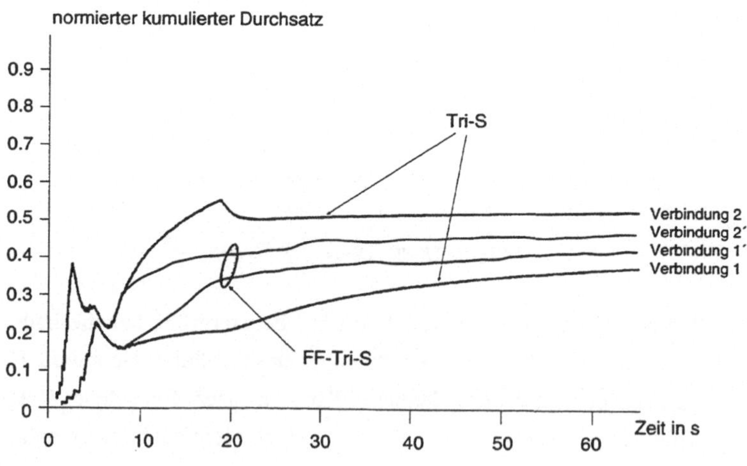

Abb. 5.22: Normierter kumulierter Durchsatz zweier konkurrierender Verbindungen

Der jeweils erste Einbruch des Durchsatzes bei beiden Verbindungen resultiert aus dem Paketverlust in der Initialisierungsphase. Der zweite Einbruch der Verbindung 2 bzw. 2´ korreliert mit dem ersten Einbruch bei Verbindung 1 bzw. 1´. Da Verbindung 2 bzw. 2´ einen kürzeren Weg zum Ziel zurückzulegen hat, erhält der betreffende Sender die zugehörigen Quittungen schneller, die RTT ist kürzer. Die Verbindung kann sich aufgrunddessen einen Durchsatzvorteil verschaffen. Bei Einsatz von *FF-Tri-S* wird dieser Vorteil relativiert und die beiden Verbindungen teilen sich die verfügbaren Ressourcen weit gerechter.

Wird die Startzeit der Verbindung mit der kurzen Signallaufzeit gegenüber der langen Verbindung verzögert, ergibt sich die folgende Situation: Abbildung 5.23 zeigt, daß Verbindung 1 gerade einen Paketverlust überstanden hat und die Fenstergröße und, damit verbunden, den Durchsatz wieder steigern möchte, wenn Verbindung 2 mit der Initialisierungsphase beginnt. Dies provoziert bei beiden Verbindungen einen erneuten Paketverlust, aus dem Verbindung 2 bei Einsatz von *Tri-S* weit schneller den Durchsatz steigern kann. Würden beide Verbindungen gemäß *FF-Tri-S* arbeiten, könnte die Durchsatzdifferenz zwischen beiden Verbindungen erheblich reduziert werden (vgl. Abbildung 5.22).

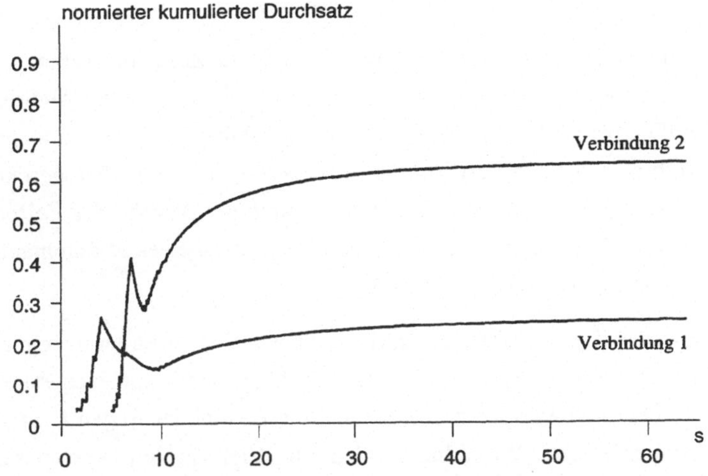

Abb. 5.23: Normierter kumulierter Durchsatz zweier Verbindungen (Tri-S)

Die Verbindung 2 ist der Verbindung 1 gegenüber im Vorteil, da sie nicht nur eine kürzere Umlaufzeit hat, sondern auch näher am Engpaß lokalisiert ist. Dadurch kann sie trotz verspäteten Einstiegs schnell mehr Bandbreite konsumieren, so daß sie erheblich höhere Durchsatzwerte erzielt. Verbindung 2 erzielt trotz verspäteten Starts der Übertragung sogar einen höheren mittleren Durchsatz als bei dem in Abb. 5.21 initiierten zeitgleichen Start. Beginnen beide Verbindungen gleichzeitig, provoziert die Initialisierungsphase der langen Verbindung bei der kurzen einen Paketverlust, wenn diese schon in der Verkleinerungsphase ist. Startet die zweite Verbindung später, bleibt dieser Paketverlust aus.

5.3.7　AMTP: Bedienstrategien in Zwischensystemen

Um ein Netz optimal betreiben zu können, müssen Kommunikationspartner bereit sein, auch Verbindungen zu akzeptieren, die nicht vollständig die angeforderten Leistungskenngrößen erfüllen. *Bedienstrategien* sollen dazu eingesetzt werden, den aktiven Verbindungen eine faire und angemessene Aufteilung der verfügbaren Ressourcen bereitzustellen. Im folgenden werden dazu Simulationen auf Basis des dritten Szenarios (vgl. Abbildung 5.17) vorgestellt. Anstelle der bisher eingesetzten saturierten Sender werden jetzt die in Kapitel 5.2 beschriebenen komplexen realitätsnahen Lastgeneratoren eingesetzt. Zusätzlich kann der intermittierende Verkehr beliebig zusammengestellt werden.

Die unterschiedlichen Simulationsläufe werden mittels einer Vielzahl von *Eingabegrößen* parametrisiert: Dazu gehören die Anzahl der aktiven Stationen, die Leitungskapazität, der (maximale) fixe Anteil der Paketverzögerung in den Knoten, die Größe der Paketpuffer der Knoten, die maximale Paketgröße sowie die Bedienstrategie.

Durch einen weiteren Satz von Eingabeparametern wird die Zusammensetzung und die Intensität der Last charakterisiert. Dazu stehen Parameter wie die Anzahl der Audioverbindungen, die Anzahl der Videoverbindungen, die Anzahl der interaktiven Datenverbindungen und die der Massendatenverbindungen zur Verfügung. Die Modellierung des *zeitlich beschränkten intermittierenden Verkehrs* (vgl. Kapitel 5.3.1) wird durch die Angabe des Zeitpunkts für den Beginn und das Ende der Generierung sowie durch die Angabe des zu durchlaufenden Pfades (Eintrittsknoten und Austrittsknoten) unterstützt.

Die wichtigsten *Ausgabeparameter*, die für die einzelnen Verkehrsarten separat bestimmt werden, sind die Anzahl der gesendeten Pakete, die Anzahl der angekommenen Pakete, die Anzahl der durch Pufferüberläufe verlorenen Pakete und die Anzahl der wegen Laufzeitüberschreitungen verworfenen Pakete. Weiterhin werden eine Vielzahl von Ergebnissen separat für Pakete von Hauptverbindungen ermittelt. Dazu gehören u.a. die minimale, mittlere und maximale Verzögerungszeit von Paketen, die Varianz der Verzögerungszeiten, die Anzahl der Pufferüberläufe und die Anzahl der wegen Laufzeitüberschreitungen verworfenen Pakete. Außerdem kann die Belastung der einzelnen Zwischenknoten bestimmt werden. Kenngrößen sind hier der mittlere und maximale Füllgrad sowie der mittlere Durchsatz.

5.3.7.1　Lastcharakterisierung

Um einen Überblick über das Verhalten der in Kapitel 3.2 vorgestellten Bedienstrategien zu gewinnen, wurden umfangreiche Simulationsläufe mit verschiedenen Lastverteilungen durchgeführt [Kara93]. Ein Ausschnitt dieser Ergebnisse wird in dieser Arbeit gezeigt. Die folgende Tabelle 5.8 zeigt die den ersten Untersuchungen zugrundeliegenden Parameter, die während eines gesamten Simulationslaufs (180 s Realzeit) unverändert bleiben:

Allgemeine Parameter		Primärverkehr	
Anzahl der Knoten:	5	Audioverbindungen:	12
Leitungskapazität:	16 Mbit/s	Videoverbindungen:	2
Bearbeitungszeit pro Paket:	0.25 ms	Interaktive Datenverbindungen:	12
Größe des Paketpuffers:	4 MByte	Massendatenverbindungen:	6
Maximale Paketgröße:	512 Bytes		
Header-/Trailergröße:	50 Bytes		

Tab. 5.8: Statische Simulationsparameter

Die Parameterwerte sind derart gewählt, daß sie real existierende Szenarien emulieren. Leitungskapazitäten von 16 Mbit/s und, in späteren Untersuchungen, von 45 Mbit/s sind Datenraten, die im SONET-Standard für öffentliche Verbindungsnetze definiert sind [BaCh89]. Die Headergröße von 50 Bytes resultiert aus dem 44 Byte-Header/Trailer von XTP, der zur Unterstützung von Realzeit- und Mehrpunkt-Kommunikation um weitere Felder erweitert werden müßte (vgl. Kapitel 6, AMTP).

Die Zusammenstellung des intermittierenden Verkehrs wird ebenfalls beim Start der Simulation angegeben. Die folgende Auflistung 5.9 enthält die Werte, die die Zusammensetzung des Hintergrundverkehrs repräsentieren.

Kontinuierlich intermittierender Verkehr	
Audioverbindungen:	24
Videoverbindungen:	4
Interaktive Datenverbindungen:	24
Massendatenverbindungen:	12

Tab. 5.9: Zusammensetzung des kontinuierlichen intermittierenden Verkehrs
(Testszenario 3a)

Die Tabelle 5.10 zeigt die Belastung der einzelnen Zwischensysteme A bis E gemäß Abbildung 5.17 durch Verbindungen der verschiedenen Verkehrsarten. Die Anzahl der Verbindungen in einem Knoten ergibt sich aus der Summe der Werte für die Primärlast und der zufällig vor Start der Simulation gewählten Verteilung der intermittierenden Verbindungen auf die verschiedenen Knoten. Die unterste Zeile der Tabelle gibt die zu erwartende mittlere Last (ohne Berücksichtigung von Headeroverhead, Paketverlusten und Retransmissions) an. Die Berechnung dieser Last ergibt sich aus den in Kapitel 5.2 angegebenen mittleren Lasten der einzelnen Lastgeneratoren.

Knoten	A	B	C	D	E
Audioverbindungen	25	27	24	26	23
Videoverbindungen	3	4	4	4	5
Datenverbindungen	42	42	40	33	34
mittlere Last (Mbit/s)	8,5	9,4	9,0	8,3	9,2

Tabelle 5.10: Mittlere Lasten je Zwischenknoten inkl. kontinuierlich intermittierendem Verkehr (Testszenario 3a)

Da die maximalen Datenraten von Audio- und Videodatenströmen aufgrund ihrer "Burstiness" mehrfach höher sind als die mittleren Raten, ist mit Lastspitzen zu rechnen, die ein Vielfaches der in Tabelle 5.10 angegebenen Werte ausmachen. Bei einem solchen Szenario können somit deutliche Paketverzögerungen durch Wartezeiten in Zwischenknoten auftreten.

Im folgenden werden die basierend auf dieser Untersuchung gewonnenen Ergebnisse über die Güte von Bedienstrategien mit entsprechenden Ergebnissen verglichen, die sich ergeben, wenn zusätzlich zeitlich beschränkter intermittierender Verkehr in die Simulation einfließt. Dazu wird der folgendermaßen zusammengesetzte *zeitlich beschränkte intermittierende Verkehr* generiert (vgl. Tabelle 5.11), dessen Verbindungen jeweils zwischen Knoten B und D gemäß Szenario 3 in Abbildung 5.17 verlaufen.

Zeitlich beschränkter intermittierender Verkehr	
Audioverbindungen:	12
Videoverbindungen:	2
Interaktive Datenverbindungen:	12
Massendatenverbindungen:	6
Beginn der Zusatzlast:	60 Sekunden
Dauer der Zusatzlast:	60 Sekunden

Tab. 5.11: Zusammensetzung des zeitlich beschränkten intermittierenden Verkehrs (Testszenario 3b)

Die resultierende Belastung der einzelnen Knoten durch die verschiedenen Verbindungsarten und die zu erwartende mittlere Last (ohne Headeroverhead, Paketverluste und Neuübertragungen) zeigt Tabelle 5.12. Dabei wurde der kontinuierlich intermittierende Verkehr wiederum zufällig verteilt. Für die Knoten *B, C* und *D* liegt die zu erwartende mittlere Last nur wenig unterhalb der Leitungsbandbreiten (16 Mbit/s).

Knoten	A	B	C	D	E
Audioverbindungen	25	39	36	38	23
Videoverbindungen	5	8	7	7	3
Datenverbindungen	38	56	56	50	34
mittlere Last (Mbit/s)	8,7	14,9	13,9	13,3	8,5

Tab. 5.12: Mittlere Last pro Zwischenknoten mit zeitlich beschränktem intermittierendem Verkehr (Testszenario 3b)

5.3.7.2   AMTP mit FCFS/SQ-Bedienstrategie

Als erstes Ergebnis zeigt Abbildung 5.24a den Vergleich der Paketlaufzeiten der Hauptverbindungen bei Einsatz der *FCFS/SQ-*(*First Come First Serve/Single Queue*) Bedienstrategie in den Zwischenknoten für beide Testszenarien 3a und 3b (vgl. Tabellen 5.9 und 5.11). Die ermittelten 95%-Konfidenzintervalle sind nicht dargestellt, da sie kleiner als 3% der Mittelwerte sind. Die Paketlaufzeiten sind getrennt für Audiodaten (Audio), hochpriore und niedrigpriore Videodaten (Video+, Video-) sowie herkömmliche Daten (Daten) angegeben. Dabei besitzen die niedrigprioren Videopakete die niedrigste Priorität. Trotz zusätzlicher Last sind die Laufzeiten für die zeitsensitiven Pakete in Testszenario 3b kürzer als in Szenario 3a. Den Grund für diese verkürzten Übertragungszeiten verdeutlichen die in Abbildung 5.24b angegebenen Paketverlustraten. Die Paketverluste resultieren dabei hauptsächlich aus der Überschreitung der maximalen Lebensdauer der Pakete. Da verworfene Pakete nicht in die Kalkulation der mittleren Verzögerungszeit einfließen, ergeben sich in Testszenario 3b die kürzeren Laufzeiten.

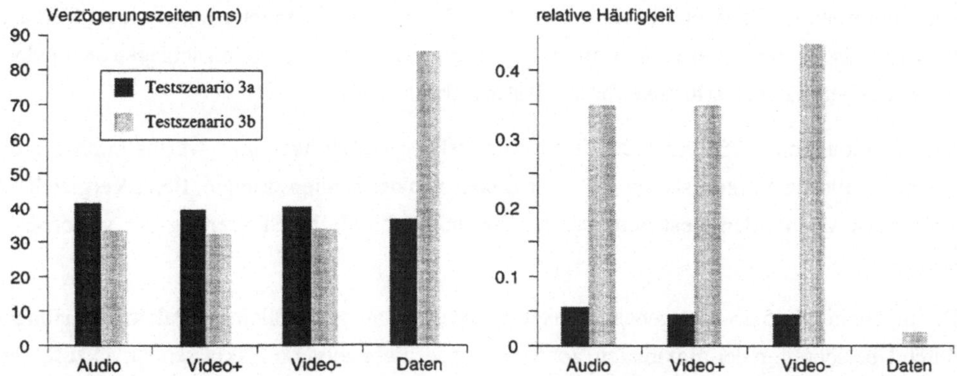

Abb. 5.24a: Mittlere Paketlaufzeiten   *Abb. 5.24b: Paketverwerfungen und -verluste*

Da den niedrigprioren Videodaten (Video-) die geringste Wichtigkeit zugeordnet ist, ist die relative Verlusthäufigkeit für diese Daten am höchsten. Die Pakete warten in den Zwischensystemen sehr lange bis zu ihrer Bedienung und werden aufgrund ablaufender Deadline-Timer (400 ms) verworfen.

Im Gegensatz zu den Paketlaufzeiten der zeitsensitiven Daten verlängern sich die Laufzeiten der Datenpakete um ca. 100%. Dies hängt mit der geringen Anzahl von Paketverlusten zusammen, die sich infolge eines Pufferüberlaufs ergeben. Fast alle Datenpakete erreichen ihr Ziel und weisen entsprechend lange Laufzeiten auf.

Beide Testläufe zeigen, daß die FCFS-Bedienstrategie mit einer einzelnen Warteschlange zur Unterstützung von zeitsensitiver Datenübertragung nicht geeignet ist. Die Anzahl der Verwerfungen von Audio- und Video-Paketen in einem Bereich oberhalb von 35% ist selbst für diese fehlertoleranten Datenströme nicht akzeptabel.

5.3.7.3 AMTP-Bedienstrategien mit mehreren logischen Warteschlangen

Ersetzt man die FCFS-Warteschlange durch vier Warteschlangen, die jeweils nur eine der untersuchten Verkehrsklassen (Audio, Videodaten mit hoher Priorität, Videodaten mit niedriger Priorität, Daten) aufnehmen, so können verschiedene der in Kapitel 3.2 vorgestellten Bedienstrategien getestet werden. Die Abarbeitungsreihenfolge der Pakete in den Warteschlangen wird nach FCFS, "Time-To-Live (TTL)" oder "Time-Per-Node-To-Go (TPNTG)" durchgeführt. Die Abarbeitungsreihenfolge zwischen den Warteschlangen basiert auf dem Einsatz von "Head-Of-Line (HOL)", "Longest-Queue-First (LQF)" und "statischen Prioritäten (SP)".

Die auf statischen Prioritäten basierten Bedienstrategien ergaben dabei die kürzesten Paketlaufzeiten. Auch eine zusätzliche Belastung durch zeitlich beschränkten intermittierenden Verkehr beeinträchtigte die Paketlaufzeiten kaum. Das spricht für die Robustheit dieser Bedienstrategie auch unter Hochlast. Extrem schlecht schnitten dabei jedoch die mit der niedrigsten Priorität behandelten Videodaten ab. Erstaunlicherweise schnitten FCFS-Kombinationen bzgl. der Paketlaufzeiten im Testszenario 3b (d.h. inkl. zeitlich beschränktem intermittierendem Verkehr) besser ab als die zeitbasierten Verfahren. Die kurzen Übertragungszeiten schlagen sich jedoch in einer höheren Paketverlustrate für den Datenverkehr nieder.

Die Abbildungen 5.25 und 5.26 zeigen die Paketverwerfungs- und -verlustraten für die unterschiedlichen Verkehrstypen in Abhängigkeit von der Bedienstrategie. Beim Vergleich der Ergebnisse der beiden Testszenarien ist die unterschiedliche Skalierung der y-Achse zu beachten.

Die in Abbildung 5.25 angegebenen Paketverluste sind ausschließlich auf Paketverwerfungen durch Überschreiten der maximalen Verzögerung der Echtzeitverkehrsklassen zurückzuführen. Paketverluste durch Pufferüberlauf treten hier nicht auf. Dies erklärt auch, warum für Datenverbindungen, die keine Realzeitanforderungen stellen, keine Paketverluste auftreten.

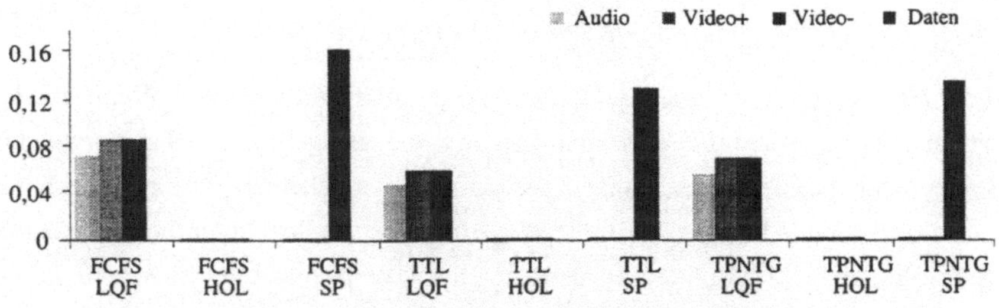

Abb. 5.25: Paketverluste (Testszenario 3a)

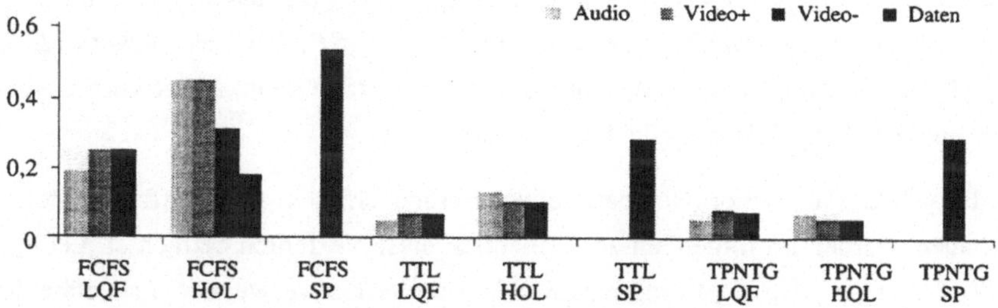

Abb. 5.26: Paketverluste (Testszenario 3b)

Es ist deutlich zu erkennen, daß der Anteil der verlorenen Pakete von Szenario 3a zu Szenario 3b gestiegen ist: Bei Einsatz der *FCFS-HOL*-Kombination erreichen ca. 40% der Audio- und hochprioren Videopakete nicht ihr Ziel, da sie wegen Überschreitung der maximalen Verzögerung entweder in den Zwischenknoten oder beim Eintreffen am Zielknoten verworfen werden. Da diese Pakete bei der Bestimmung der mittleren Laufzeiten somit nicht mehr erfaßt werden können, gewinnen Pakete, die ihr Ziel mit geringerer Verzögerung erreicht haben, an Bedeutung und verfälschen somit das Ergebnis der Paketverzögerungszeiten. Aus diesem Grund ist auf die Darstellung der Verzögerungszeiten verzichtet worden.

Die Bedienstrategien *FCFS-LQF* und *FCFS-HOL* ergeben bzgl. der Verlustraten zueinander ähnliche Ergebnisse. Hier zeigt sich der Nachteil der auf FCFS-Sortierung basierenden Bedienstrategien: In Überlastphasen befinden sich Pakete in der Warteschlange, die bereits ihre maximale Lebensdauer erreicht haben. Da diese Pakete erst bei ihrer Entnahme aus der Warteschlange als verspätet erkannt und verworfen werden, blockieren sie für eine gewisse Zeit Speicherplatz und bedingen somit Paketverwerfungen von Paketen niedriger Priorität. Diese Situation ist bei Bedienstrategien, die auf nach zeitlichen Kriterien sortierten Warteschlangen basieren, ausgeschlossen. Haben Pakete ihre maximale Lebensdauer überschritten, so befinden sie sich vor den anderen Paketen in der Warteschlange. Bei jeder Entnahmeoperation wird die Laufzeit des entnommenen Pakets überprüft, und entsprechend werden so lange Pakete entfernt und verworfen, bis ein gültiges Paket gefunden wird. Auf diese Weise kann sichergestellt werden, daß sich nach einer Entnahmeoperation keine Pakete mehr in der Warteschlange befinden, die ihre Verzögerungsschranke bereits überschritten haben.

Bei auf der *HOL*-Strategie beruhenden Bedienverfahren mit zeitsortierten Warteschlangen ist der Anteil an Paketverlusten im Testszenario 3b zwar weitaus geringer als bei Verwendung der *HOL*-Strategie mit *FCFS*-Warteschlangen, die auftretenden Paketverluste sind jedoch mit etwa 5% für Audiopakete und hochpriore Videopakete auch hier zu hoch. Nur die Bedienstrategien, die feste Prioritäten bei der Entnahme von Paketen aus Warteschlangen einsetzen, können bei dieser Last eine nahezu verlustfreie Übertragung (Paketverluste < 1%) dieser Paketklassen sicherstellen. Dies wird dadurch realisiert, daß Überlastsituationen durch vermehrtes Verwerfen von Paketen der niedrigsten Prioriätsstufe (niedrigpriore Videopakete) entschärft werden. Inwiefern jedoch ein Verwerfen von über 50% (*FCFS-SP*) bzw. ca. 30% (*TTL-SP* und *TPNTG-SP*) der niedrigprioren Videopakete toleriert werden kann, hängt vom Codierungsverfahren und den Ansprüchen des Teilnehmers ab.

Da sich die auf statischen Prioritäten basierenden Bedienverfahren als die effizientesten herausgestellt haben, werden im folgenden ausschließlich diese Verfahren betrachtet. Lediglich die *FCFS-SQ*-Strategie wird zu Vergleichszwecken weiterhin verwendet. Prioritätenbasierte Bedienverfahren sind aufgrund der durchgeführten Untersuchungen als *default*-Mechanismus in AMTP integriert worden.

5.3.7.4   AMTP: Realzeitunterstützung ohne Reservierungstechniken

Wie bereits in Kap 3.2.5 angedeutet, ist für die effiziente Übertragung von Audio- und Videodatenströmen auf *Best-Effort*-Basis, d.h. ohne Reservierungsmechanismen, die Einhaltung einer oberen Lastgrenze für Realzeitverbindungen notwendig. Wird diese Schwelle in einem Zwischenknoten erreicht, kann bei einer weiteren Steigerung der Last durch konkurrierende Realzeitverbindungen eine zuverlässige Übertragung nicht mehr gewährleistet werden. Um dies zu verhindern, werden bei Erreichen dieser Lastgrenze keine weiteren Realzeitverbindungen mehr zugelassen. Diese Grenze ist von der gewählten Bedienstrategie, der Leistungsfähigkeit der Zwischenknoten sowie der *Burstiness* der Realzeitdatenströme abhängig. Eine mögliche Strategie ähnelt dem aus der Telefonvermittlung bekannten "Call Blocking".

Durch die folgenden Simulationsserien soll diese Schwelle näherungsweise bestimmt werden. Die in den Tabellen 5.13 und 5.14 angegebenen Basisparameter sind allen Programmläufen der untersuchten Serien gemeinsam. Die gewählte Bearbeitungszeit pro Paket von 160 µs entspricht den Ergebnissen für eine Softwareimplementierung des XTP-Protokolls aus [SaMi92]. Der in Tabelle 5.14 angegebene Faktor n entspricht der Nummer des betrachteten Simulationslaufs, die eingeht in die zu generierende Lastmenge.

Allgemeine Parameter		Primärverkehr	
Anzahl der Knoten:	5	Audioverbindungen:	12
Leitungskapazität:	45 Mbit/s	Videoverbindungen:	2
Bearbeitungszeit pro Paket:	0.16 ms	Interaktive Datenverbindungen:	12
Größe des Paketpuffers:	4 MByte	Massendatenverbindungen:	6
Maximale Paketgröße:	512 Bytes		
Header-/Trailergröße:	50 Bytes		

Tab. 5.13: Statische Simulationsparameter

Intermittierender Verkehr

kontinuierlich		zeitlich beschränkt (feste Wegewahl)	
Audioverbindungen:	24	Audioverbindungen:	$12 \cdot n$
Videoverbindungen:	4	Videoverbindungen:	$2 \cdot n$
Interaktive Datenverbindungen:	24	Interaktive Datenverbindungen:	$12 \cdot n$
Massendatenverbindungen:	12	Massendatenverbindungen:	$6 \cdot n$

Tab. 5.14: Zusammensetzung des intermittierenden Verkehrs (n von 0 bis 7)

Die Größe des zeitlich beschränkten Verkehrs wird variiert. Zu jeder Bedienstrategie werden acht Simulationsläufe durchgeführt, wobei sich die Anzahl der aktiven Verbindungen des zeitlich beschränkten intermittierenden Verkehrs durch Multiplikation mit n (0 bis 7) von Simulationslauf zu Simulationslauf erhöht (n bezeichnet die Nummer des Simulationslaufs). Auf diese Weise bleibt das Verhältnis der Lasten der einzelnen Verkehrsarten des zeitlich beschränkten intermittierenden Verkehrs bei allen Programmläufen gleich. Zeitpunkt und Dauer der durch die zeitlich beschränkten Verbindungen erzeugten Last sowie Ein- und Austrittsknoten entsprechen den Festlegungen für die bereits vorgestellten Simulationsszenarien. Die folgende Tabelle 5.15 zeigt die zu erwartende mittlere Belastung der von diesen Verbindungen betroffenen Zwischenknoten B, C und D (ohne Headeroverhead, Paketverluste und Retransmissions) in Mbit/s:

Simulationslauf	0	1	2	3	4	5	6	7
Audio- und Videoverbindungen	4,8	7,0	9,1	11,3	13,5	15,6	17,7	20,0
Datenverbindungen	3,7	5,8	8,0	10,1	12,2	14,4	16,5	18,6
mittlere Last (Mbit/s)	8,5	12,8	17,1	21,4	25,7	30,0	34,2	38,6

Tab. 5.15: Mittlere Last pro Zwischenknoten

In den folgenden Abbildungen 5.27a, b, c, d werden exemplarisch die mittlere Paketverzögerung, die Paketverluste, der Variationskoeffizient und die maximale Verzögerung von Audio-paketen in Abhängigkeit von der gewählten Bedienstrategie verglichen. Neben der *FCFS-SQ*-Strategie werden die prioritätengesteuerten Verfahren (*FCFS-SP*, *TTL-SP* und *TPNTG-SP*) aufgrund ihrer besonderen Eignung für die Unterstützung zeitsensitiver Daten untersucht.

Ein Vergleich der sehr geringen Paketverzögerungen für Audiopakete bei prioritätengesteuerter Bedienung mit den Verzögerungszeiten, die bei *FCFS-SQ*-Bedienung auftreten, ist sehr schwierig (vgl. Abbildung 5.27a). Die *FCFS-SQ*-Paketverzögerungen sind im Mittel 10 mal länger als die entsprechenden Verzögerungen, die bei prioritätengesteuerter Bedienung auftreten. Die drei auf festen Prioritäten basierenden Strategien weisen zueinander nur geringe Unterschiede auf. Lediglich das *TPNTG*-Verfahren liefert geringfügig bessere Resultate. Insbesondere bei höheren Lasten steigt hier die Übertragungszeit nur unwesentlich. Die Güte der ermittelten Werte der *FCFS-SQ*-Strategie zeigen die in Abbildung 5.27a angegebenen 95%-Konfidenzintervalle. Auf die Darstellung der 95%-Konfidenzintervalle der Verzögerungszeiten für die auf statischen Prioritäten basierenden Bedienverfahren ist in dieser Abbildung verzichtet worden, da sie unterhalb 5% der ermittelten mittleren Verzögerungszeiten lagen.

Mit steigender Anzahl von zeitlich beschränkten intermittierenden Verbindungen nimmt die Anzahl der Paketverwerfungen (vgl. Abbildung 5.27b) beim Einsatz von *FCFS-SQ* drastisch zu. Bei Programmlauf 4 werden bereits 40 % aller Audiopakete verworfen, so daß zum größten Teil nur noch Pakete ihr Ziel erreichen, die vor oder nach einer Überlastphase erzeugt worden sind. Entsprechend sinkt ab dieser Verkehrslast die mittlere Verzögerungszeit. Auch bei den auf Prioritäten basierenden Bedienstrategien kommt es ab Programmlauf 4 zu geringfügigen Paketverlusten, die sich hier aufgrund von komplett mit Audio-Paketen gefüllten Warteschlangen ergeben. Da die maximale Verzögerung (vgl. Abbildung 5.27d) noch unter 400 ms bleibt, kommen bewußte Paketverwerfungen aufgrund von Timer-Überschreitungen nicht in Frage.

Weitaus aussagekräftiger für die Bestimmung der *Call-Blocking*-Schwelle ist die *maximale* Paketverzögerungszeit für die Audiopakete (vgl. Abbildung 5.27d). Hier zeigen sich die Grenzen der Leistungsfähigkeit des untersuchten Systems auch bei Einsatz der Prioritäten-verfahren. Bereits ab Programmlauf 6 liegen die größten Verzögerungen nahe an der Laufzeit-schranke von 400 ms. Bei einer weiteren Steigerung der Anzahl der Audio- und Videoverbin-dungen ist mit einem häufigen Überschreiten der Laufzeitschranke und somit mit vermehrtem Auftreten von Paketverwerfungen zu rechnen. Werden niedrigere Schranken verlangt, erreicht das System entsprechend früher seine *Call-Blocking*-Schwelle.

Die in Abbildung 5.27c angegebenen Variationskoeffizienten der Verzögerung zeigen folgen-den Verlauf: Der Variationskoeffizient für die *FCFS-SQ* ist deutlich niedriger als für die anderen Bedienstrategien. Dies resultiert daher, daß die maximale Verzögerung bereits beim ersten Testlauf erreicht wird. Eine Ermittlung der Füllgrade der Puffer ergab, daß diese während der gesamten Zeit nahezu komplett gefüllt waren und daher die Bediendauer konstant und der Variationskoeffizient niedrig ist.

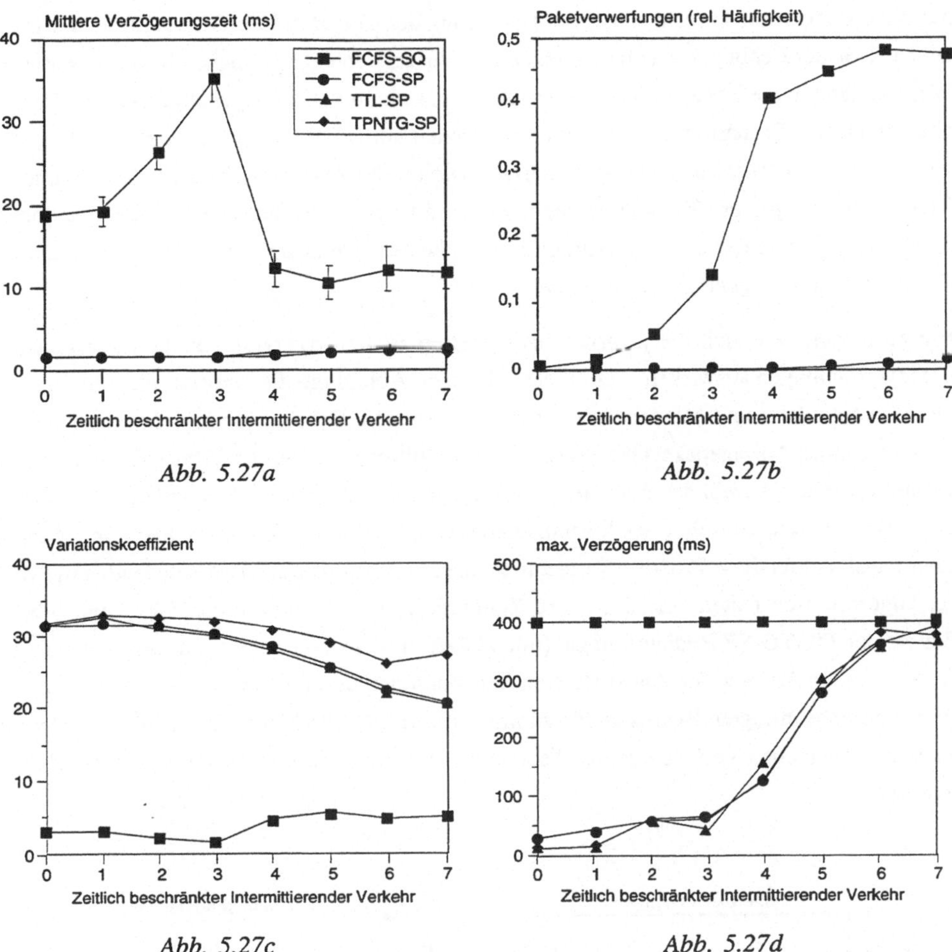

Abb. 5.27a

Abb. 5.27b

Abb. 5.27c

Abb. 5.27d

Abb. 5.27: Kenngrößen für die Audioübertragung in Abhängigkeit von verschiedenen Bedienstrategien

Zusammenfassend läßt sich festhalten, daß bei Einsatz prioritätengesteuerter Verfahren die Übertragung zeitsensitiver Daten (Audio, hochpriores Video) auch bei kurzzeitig auftretenden, extremen Überlasten nahezu verlustfrei erfolgen kann. Ein Festlegen der *Call-Blocking*-Grenze für Audiodaten auf ca. 40% der Leitungskapazität (dies entspricht bei dem hier untersuchten Szenario der Last bei Lauf 6), erlaubt die Einrichtung von einer dieser Kapazität entsprechenden Anzahl von Audioverbindungen mit Paketverlusten von weniger als 2% bei begrenzter maximaler Paketlaufzeit von 400 ms. Schon bei geringeren Lasten gehen die prioritätengesteuerten Verfahren jedoch sehr zu Lasten der niedrigprioren Video- und Datenverbindungen, die dann nicht mehr tolerierbare Verlustraten aufweisen.

Ab Programmlauf 4 ist bei Videopaketen niedriger Priorität mit Verlusten in der Größenordnung von 50% zu rechnen, so daß hier zeitweise mit deutlich reduzierter Qualität der übertragenen Videosequenzen zu rechnen ist. Bei Festlegung der *Call-Blocking*-Grenze für Video-Daten auf ca. 25% der Leitungskapazität können beim Einsatz von nach zeitlichen Kriterien sortierten Warteschlangen die Paketverluste dieser Klasse unterhalb von 15% gehalten werden. Für das hier untersuchte Szenario mit einer Leitungskapazität von 45 Mbit/s und einer Bearbeitungszeit von 160 μs pro Paket bedeutet dies beispielsweise die Zulassung von 64 Audio- und 10 Videoverbindungen pro Zwischenknoten, während keinerlei Pufferkapazität oder Bandbreite durch Reservierung fest zugeteilt wird und somit die gesamte aktuell verfügbare Bandbreite für Datenverbindungen genutzt werden kann.

Um zu zeigen, wie sich die prioritätengesteuerten Bedienstrategien auf die niedrigprioren Datenverbindungen auswirken, sind in der folgenden Abbildung die Antwortzeiten für interaktiven Datenverkehr und Massendatentransfers angegeben. Die Antwortzeit, d.h. die Zeit vom Absenden eines Anfragepakets bis zum Erhalt der Quittung auf *End-Of-Transmission*-Paket, ist abhängig von der Anzahl der Wiederholungsanfragen. Für interaktive Verbindungen entspricht diese Zeit der Reaktionszeit des Systems nach Eingaben durch den Anwender. Bei Massendatentransfers gibt diese Zeit die Wartezeit an, die zwischen Anfrage und vollständigem Erhalt der angeforderten Daten vergeht. Diese Zeiten zeigen die Abbildungen 5.28a und b beim Einsatz der *TPNTG-SP*-Bedienstrategie (mit 95%-Konfidenzintervallen). Zu beobachten ist ein proportionaler Anstieg der Antwortzeiten bei Massendatentransfers mit dem Auftreten von Wiederholungsanfragen. Bereits ab Programmlauf 5 (fünffache Menge des zeitlich beschränkten intermittierenden Verkehrs gemäß Tabelle 5.14) werden die zumutbaren Wartezeiten überschritten.

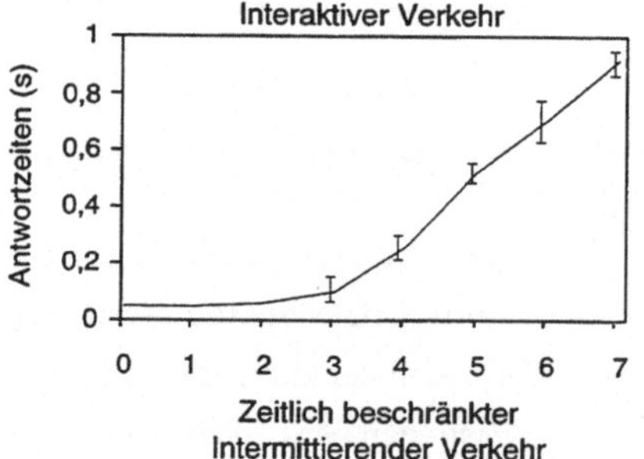

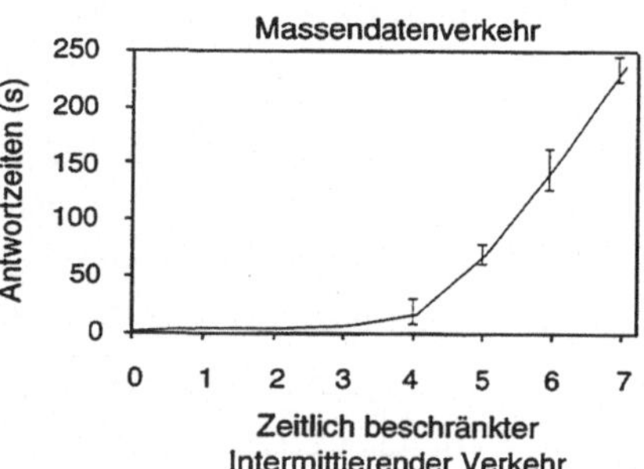

Abb. 5.28: Antwortzeiten (interaktiver Datenverkehr, Massendatentransfers)

Weitere Ergebnisse zur Übertragung von Datenpaketen lassen sich folgendermaßen zusammenfassen: Da für Datenpakete keine Laufzeitbeschränkungen bestehen, treten Paketverluste ausschließlich bei Pufferüberläufen auf. Dabei sind die folgenden beiden Situationen zu unterscheiden:

- Ein eintreffendes Datenpaket kann bei vollem Puffer nicht aufgenommen werden, da kein Videopaket niedriger Priorität im Puffer vorliegt, welches zur Bereitstellung des benötigten Speicherplatzes verworfen werden könnte. Dies wäre prinzipiell möglich, da diesen Paketen eine noch geringere Priorität zugeordnet ist.

- Ein Datenpaket wird beim Eintreffen eines Audiopakets oder eines hochprioren Video-pakets verworfen, da der Puffer voll ist und kein Videopaket mit niedriger Priorität im Puffer vorhanden ist.

Um die Anzahl der Paketverluste und somit die Reaktionszeiten zu reduzieren, ist der Einsatz effektiver Ratenkontrollverfahren vorzuziehen (s. XTP-Ratenkontrolle in Kapitel 3.2.4). Beim Einsatz solcher Verfahren wird in Überlastsituationen die Senderate der Datenquellen reduziert und dadurch die Wahrscheinlichkeit für Paketverluste reduziert.

5.3.8 Fazit

Zusammenfassend läßt sich über die hier vorgestellten Ergebnisse und die in [Mers92] und [Kara93] untersuchten Szenarien sagen:

- Der Einsatz von AMTP zur Fluß- und Überlastkontrolle reduziert die Durchsatzoszillation und die Unfairness herkömmlicher Timer-gesteuerter Verfahren und zeigt eine größere Robustheit gegenüber unkooperativen Teilnehmern. Dies ist vor allem darauf zurück-zuführen, daß es sich bei AMTP im Gegensatz zu reinen Transportprotokollen um ein Transferprotokoll handelt, das eine Bearbeitung von Ende-zu-Ende-Datenströmen auch in den Zwischensystemen nach den Vorgaben der Anwendung ermöglicht.

- Die Berücksichtigung der vierfachen Varianz der Umlaufzeit bei der Kalkulation des Quittungs-Timers und der Einsatz von Zeitstempeln zur Umlaufzeitbestimmung redu-zieren die Wahrscheinlichkeit von ungünstig eingestellten Quittungs-Timern.

- Beim Einsatz einer einzelnen *FCFS*-Warteschlange ist Audio/Video-Realzeitkommuni-kation nicht möglich.

- Der Einsatz der *HOL*- oder *LQF*-Strategien hat sich als ungeeignet erwiesen, da bei diesen Verfahren bei größeren Lasten und in Überlastsituationen unzumutbar lange Übertragungsverzögerungen für Audio- und Videopakete auftreten und somit Paketver-werfungen aufgrund von Laufzeitüberschreitungen erfolgen.

- Die Einteilung des Verkehrs in Klassen mit statischen Prioritäten (SP) ist für die Einhal-tung von Verzögerungsschranken unumgänglich. Bei Verzicht auf Prioritäten ergeben sich bereits bei mittleren Lasten, neben hohen Paketlaufzeiten, Paketverluste durch Laufzeitüberschreitungen und Pufferüberläufe.

- Die Verwendung von nach zeitlichen Kriterien geordneten Warteschlangen in Zwischen-knoten erweist sich als günstiger als der Einsatz von FCFS-Warteschlangen, da bei einer Sortierung nach Zeitstempeln ausgeschlossen werden kann, daß Pakete, die bereits ihre maximale Wartezeit überschritten haben, Pufferplatz blockieren und somit das Risiko von Paketverlusten aufgrund von Pufferüberläufen erhöhen könnten.

- Wird durch *Call-Blocking* ein Überschreiten einer gewissen mittleren zu erwartenden Last durch Audio- und Videodatenströme verhindert, läßt sich bei Verwendung geeigneter Bedienstrategien auch ohne Reservierungsmechanismen zuverlässig Audio/Video-Realzeitkommunikation durchführen. Dies gilt selbst dann, wenn extreme Überlasten durch mit Maximalrate sendende Datenquellen auftreten.

- Zusätzlich zum Einsatz von Bedienstrategien sollten Informationen über den mittleren Bandbreitenbedarf und über die Burstiness eines Datenstroms an die durchquerten Zwischenknoten übermittelt werden. Diese Erweiterung macht sich nicht nur auf verbindungsorientierten Netzen bezahlt, sondern ermöglicht es einem Zwischenknoten auch in verbindungslosen Netzen, eine *kurzfristige Reservierung* für den mit großer Wahrscheinlichkeit folgenden Datenstrom einzurichten. Der Router verläßt sich dabei auf eine Kontinuität der Routen und kann somit auch Daten mit Realzeitanforderungen unterstützen.

Sämtliche der hier gewonnenen Ergebnisse sollten nicht nur in das Design von Punkt-zu-Punkt-Kommunikationsmechanismen einfließen, sondern insbesondere bei der Architektur multicast-fähiger Protokolle berücksichtigt werden. Der Multicast-Bereich stellt aufgrund der Heterogenität der an einer Kommunikationssitzung beteiligten Stationen und unterliegenden Netze weit höhere Anforderungen an die zur Fluß- und Überlastkontrolle einzusetzenden Mechanismen.

5.4 Multicasting

Nachdem in Kapitel 3.1.8.5 der in XTP eingesetzte Fehlerkontroll-Mechanismus für Multicast-Verbindungen erläutert worden ist, der sich aus den drei Heuristiken Bucket-Algorithmus, Slotting und Damping zusammensetzt, folgt in diesem Kapitel eine Bewertung des XTP-Konzepts in lokalen Netzszenarien.

Ob es die gestellten Anforderungen in diesem Szenario erfüllt, soll das folgende Unterkapitel zeigen. Anschließend werden in Unterkapitel 5.4.2 Erweiterungen des XTP-Multicast-Verfahrens für den Einsatz in Weitverkehrsnetzen vorgestellt und zu einem großen Teil durch Simulationen verifiziert. Diese Erweiterungen werden in die Spezifikation des AMTP-Protokolls integriert.

5.4.1 XTP vs. TCP: Multicasting in Lokalen Netzen

Die im folgenden vorgestellten Meßergebnisse basieren auf der im Rahmen des *Research Affiliate*-Programms verfügbaren XTP-Implementierung [XTP 92b]. Das zugrundeliegende Meßszenario ist in Abbildung 5.29 skizziert. Die Untersuchungen blieben auf vier Stationen beschränkt, da dies der Anzahl der am Lehrstuhl verfügbaren SUN-Workstations entspricht.

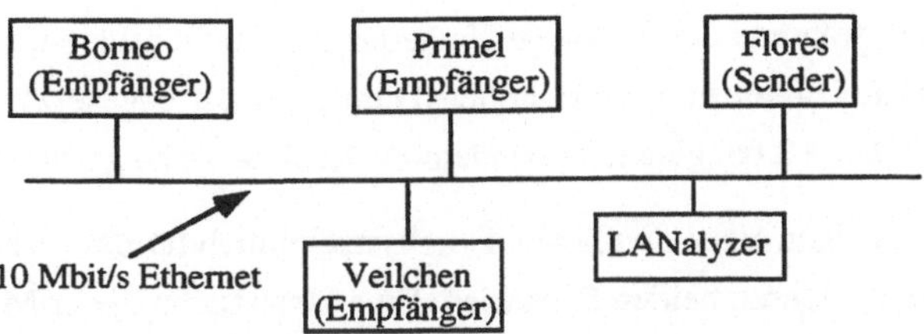

Abb. 5.29: Multicast-Meßszenario: Lokale Umgebung

Sämtliche Messungen wurden auf einem nahezu lastfreien Ethernetsegment und auf SUN-Workstations ohne künstliche Zusatzbelastung durchgeführt. Um den trotz der ineffizienten XTP-Implementierung (vgl. Kapitel 4) möglichen Leistungsgewinn aufgrund des Einsatzes eines Multicast-Verfahrens zu verdeutlichen, sind die XTP-Meßergebnisse u.a. mit entsprechenden Meßwerten, die bei der Emulation einer Multicastverbindung durch mehrere TCP/IP-Punkt-zu-Punkt-Verbindungen ermittelt wurden, verglichen worden. Jeder in den folgenden Abbildungen angegebene Meßpunkt ergibt sich aus der Mittelwertbildung über 25 Meßreihen. In den Fällen, in denen die berechneten 95%-Konfidenzintervalle aufgrund der nahezu konstanten Durchsatzwerte kleiner als 2% der Mittelwerte waren, sind sie in den entsprechenden Abbildungen nicht eingezeichnet.

Abbildung 5.30 zeigt die Durchsatzentwicklung für XTP-Sitzungen in Abhängigkeit von der gewählten Fenstergröße (8 KByte, 16 KByte, 32 KByte, 48 KByte und 51 KByte) für unterschiedliche Empfängeranzahlen bei einer Socketpuffergröße von 48 KByte.

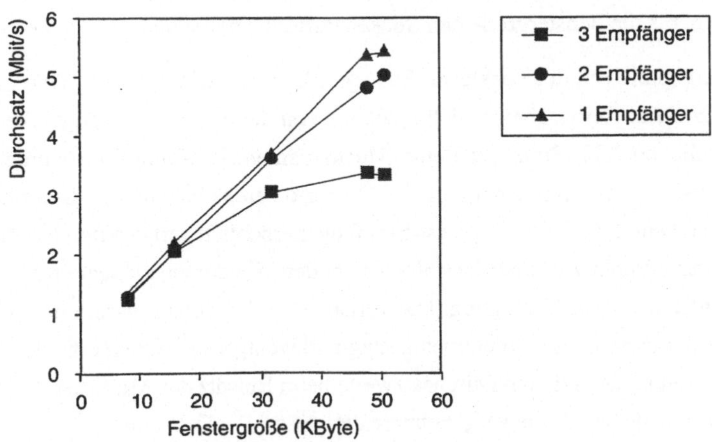

Abb. 5.30: Multicast-Durchsatz vs. Fenstergröße und # Empfänger

Beim "1-Empfänger-Szenario" wird, genau wie beim "2-Empfänger-" und "3-Empfänger-Szenario", der XTP-Multicast-Mechanismus eingesetzt, um eventuell vorhandene Leistungsdefizite im Vergleich zum XTP-Punkt-zu-Punkt-Verfahren aufzudecken. Der SREQS-Parameter wurde auf 2 gesetzt, während der für lokale Umgebungen möglichst klein zu wählende DROPS-Wert in Hinblick auf einen möglichst hohen Durchsatz auf 0 gesetzt wurde (vgl. Kapitel 3.1.8.5). Je größer DROPS bei gleichbleibendem Pufferplatz, desto geringer der Durchsatz.

Die Meßergebnisse zeigen einen deutlichen Durchsatzeinbruch für das "3-Empfänger-Szenario" im Vergleich zu den anderen beiden Szenarien. Eine Untersuchung der Meßergebnisse ergibt, daß dieser deutliche Durchsatzeinbruch nicht auf den gestiegenen Verarbeitungsaufwand des Senders zurückzuführen ist, sondern auf die Hinzunahme einer im Vergleich zu den beiden anderen Empfangsstationen langsameren Workstation. Wird diese Workstation bereits im "2-Empfänger-" bzw. "1-Empfänger-Szenario" eingesetzt, so reduziert sich auch dort der Durchsatz um 30 bis 40%.

Die relativ niedrigen Werte für alle drei Szenarien bei geringen Fenstergrößen ergeben sich, da der Multicast-Sender aufgrund der langsamen Empfänger nicht dazu in der Lage ist, den Übertragungspfad vollständig zu belasten. Daher kommt es auch bei für dieses lokale Ethernet-Szenario schon relativ hohen Fenstergrößen (16 KByte, 32 KByte) zu einem "Send & Wait"-Verhalten der Multicast-Verbindung.

Auffällig ist der Rückgang des Durchsatzes bzw. die Stagnation beim Übergang von einer Fenstergröße von 48 KByte auf eine Fenstergröße von 51 KByte beim "3-Empfänger-Szenario". Der Grund ergibt sich aus der Überschreitung des Socketpuffers durch die Fenstergröße (bei XTP sind Fenstergröße und Socket-Puffer im Gegensatz zu TCP/IP entkoppelt). Der Socketpuffer des langsamen Empfängers läuft über, und eine Vielzahl von Datenpaketen muß neu übertragen werden. Wird ein größerer Socket-Puffer gewählt, kann der Durchsatz so lange erhöht werden, bis die Fenstergröße den Socket-Puffer überschreitet.

Die in Abhängigkeit von der Fenstergröße angegebene Entwicklung des Durchsatzes im "1-Empfänger-Szenario" unterscheidet sich erheblich von der entsprechenden Kurve beim Einsatz der herkömmlichen XTP-Punkt-zu-Punkt-Mechanismen. In Kapitel 4.3 wurde gezeigt, daß XTP seine Leistungsspitzen in einem lokalen Szenario bereits bei einer Fenstergröße von ca. 21 KByte erreicht. Durch die beim Multicast-Empfänger erheblich verlängerten Bearbeitungszeiten im Vergleich zum Punkt-zu-Punkt-Verfahren steht dem Sender eine längere RTT und somit ein größeres Sendefenster zur Verfügung. Die verlängerten Bearbeitungszeiten ergeben sich hier vor allem aus der ineffizienten Implementierung und weniger aus einem erhöhten Protokollverarbeitungsaufwand. Die erzielten Durchsatzwerte beim Einsatz des Multicast-Algorithmus sind somit erheblich niedriger als die vergleichbaren Punkt-zu-Punkt-Werte.

Sollen mit Hilfe von TCP/IP n Empfänger erreicht werden, so müssen entsprechend viele Verbindungen aufgebaut werden. Der theoretisch mögliche Durchsatz ergibt sich in einem LAN als Quotient aus Netzkapazität und Empfängeranzahl. In Abbildung 5.31 ist der mittlere Durchsatz von TCP/IP im Vergleich zum mittleren XTP-Durchsatz für das "2-Empfänger-Szenario" aufgetragen.

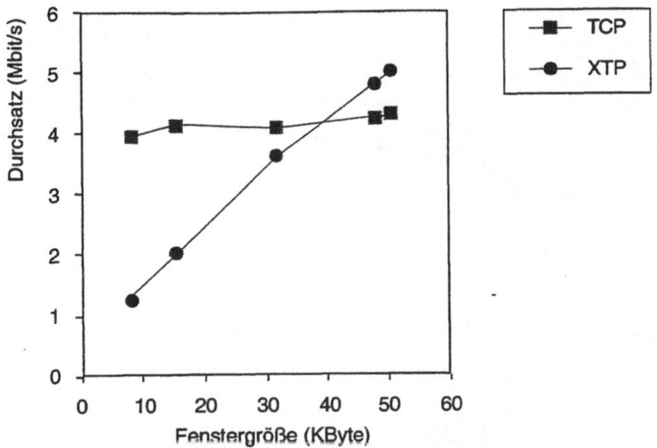

Abb. 5.31: TCP vs. XTP für jeweils zwei Empfänger

Wie erwartet, liegt der mittlere Durchsatz von TCP/IP deutlich unterhalb von 5 Mbit/s, da zwei Empfänger adressiert werden und sich somit zwei Verbindungen die verfügbare Bandbreite teilen müssen. TCP/IP erzielt jedoch bereits bei kleineren Fenstergrößen einen im Vergleich zu XTP hohen Durchsatz, da bei TCP/IP aufgrund weit schnellerer Empfänger kein "Send & Wait"-Verhalten auftritt. Ein Nachteil des TCP-Verfahrens ist die aufgrund der Sliding-Window-Strategie hohe Anzahl erzeugter Quittungspakete, die zu Kollisionen mit den vom Sender generierten Datenpaketen führt. Die beim Einsatz von XTP anfallende Anzahl von Quittungspaketen ist weitaus geringer, da nur bei Aufforderung durch den Sender, somit nach Ablauf eines SBTIMER-Intervalls, entsprechende Bestätigungen angefordert werden. Die Vorteile von XTP kommen aufgrund der ineffizienten Implementierung jedoch nicht zur Geltung; erst bei Fenstergrößen von 48 KByte und 51 KByte zeigen sich leichte Vorteile für XTP. Durch geeignete Parametrisierung mittels der Parameter SREQS und DROPS können jedoch die Vorteile von XTP besser herausgestellt werden.

Beispielsweise vergleicht Abbildung 5.32 die Auswirkungen der Parametereinstellung auf die Leistung des XTP-Multicast-Verfahrens. Dazu ist der mittlere Durchsatz im "3-Empfänger-Szenario" bei Variation von SREQS zwischen 1 und 5 für zwei verschiedene Fenstergrößen (32 und 48 KByte) aufgetragen.

Im Vergleich zum bisher eingesetzten SREQS-Wert von 2 ergibt eine Erhöhung dieses Wertes eine Durchsatzsteigerung von über 25%. Aufgrund des großen SREQS-Wertes wird die Frequenz der CNTL-Pakete erhöht. Der verfügbare Pufferplatz beim Sender wird schneller geleert und steht für die Übertragung neuer Daten zur Verfügung, da die Lebensdauer der Buckets verkürzt ist (vgl. Kapitel 3.1.8.5).

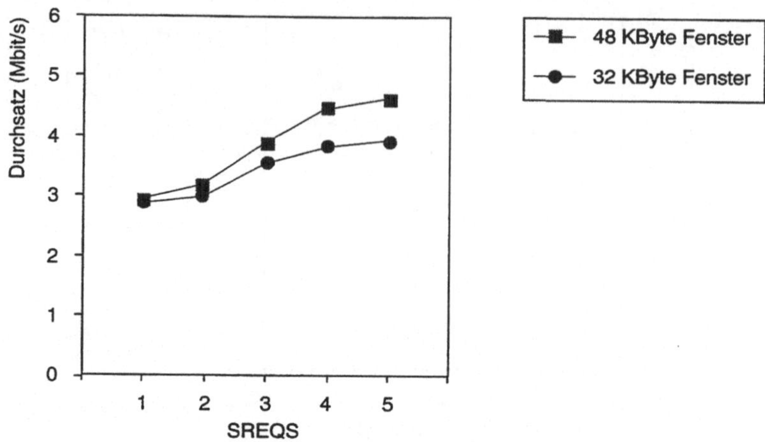

Abb. 5.32: XTP-Multicasting in Abhängigkeit von SREQS

Die skizzierten Meßergebnisse zeigen, daß das XTP-Multicast-Verfahren in der zugrundeliegenden Implementierung [XTP 92b] keinen entscheidenden Leistungssprung gegenüber der Emulation einer Multicast-Verbindung durch mehrere TCP-Punkt-zu-Punkt-Verbindungen darstellt.

Der Vorteil des XTP-Multicast-Verfahrens und generell von Multicast-Strategien zeigt sich jedoch, wenn mehr Empfänger in die Gruppe integriert werden, sowie vorzugsweise in Szenarien mit einer erhöhten Hintergrundlast. Da zur Bildung einer größeren Gruppe die Anzahl nötiger Workstations fehlt, soll das Verhalten von XTP bei erhöhter Hintergrundlast mit dem Verhalten von TCP verglichen werden. Dazu wurde das folgende Experiment durchgeführt: Mittels des LANalyzers wurde das Ethernet mit einer ca. 40%-igen Hintergrundlast (Ethernet-Rahmen einer Länge von jeweils 512 Bytes) belegt. Eine höhere Hintergrundlast ist mit dem verfügbaren LANalyzer nicht korrekt erzeugbar.

Es zeigt sich (vgl. Abbildung 5.33), daß TCP im "2-Empfänger-Szenario" erheblich unter vermehrt auftretenden Kollisionen auf dem unterliegenden Ethernet zu leiden hat, während die XTP-Multicast-Verbindung in etwa die bereits in Abbildung 5.31 angegebenen mittleren Durchsatzwerte erreicht. Die TCP-Durchsatzwerte sinken um ca. 25 bis 30%. Für die TCP-Messungen ergeben sich außerdem 95%-Konfidenzintervalle, die bis zu 10% der mittleren Meßwerte betragen.

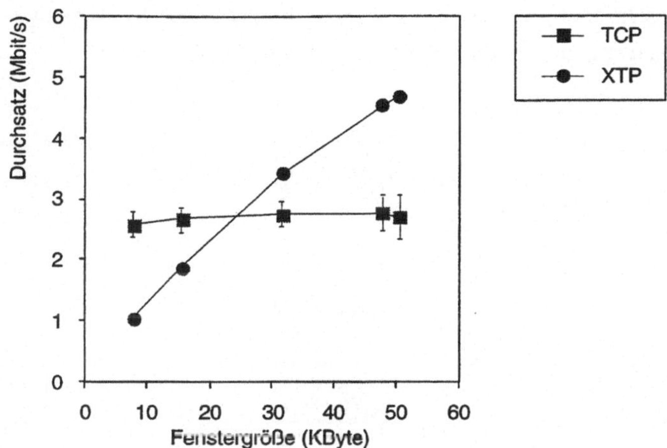

Abb. 5.33: TCP vs. XTP für jeweils zwei Empfänger bei 40%-iger Ethernet-Hintergrundlast

5.4.2 AMTP: Multicasting im Weitverkehrsbereich

In den folgenden Abschnitten werden Erweiterungen des in XTP eingesetzten Multicast-Algorithmus vorgestellt, die im Rahmen dieser Arbeit im Hinblick auf den Einsatz in Weitverkehrsszenarien untersucht worden sind [HeJC93, Caro93, Fich93]. Die Mehrzahl dieser Erweiterungen sind formal beschrieben und werden in die Spezifikation des neuen Multicast-Transport-Protokolls *AMTP* integriert.

Zur formalen Spezifikation wurde neben den Produktnetzen (vgl. Kapitel 4.5) SDL [CCIT87, CCIT89] eingesetzt. Gründe, die für den Einsatz von SDL als Beschreibungstechnik den Ausschlag gegeben haben, waren die Mächtigkeit dieser Spezifikationssprache bzgl. der Beschreibung von Daten, die Möglichkeit der formalen Beschreibung der Semantik, woraus sich weitergehende Analyseverfahren (Deadlock-Erkennung, Äquivalenz von Spezifikationen,...) ableiten lassen, sowie die Möglichkeit der graphischen Darstellung der Spezifikation. Zudem war die Verfügbarkeit des SDT-Tools [SDT 92] ein Beweggrund für den Einsatz von SDL. Das SDT-Tool ermöglicht die rechnerunterstützte Erstellung von SDL-Spezifikationen, wobei eine Vielzahl von Testmechanismen zur Überprüfung der syntaktischen und semantischen Korrektheit angeboten wird. Ist die Spezifikation gemäß SDT-Tool fehlerfrei, so kann sie in ein entsprechendes C-Programm übersetzt werden, das zur Simulation von Protokollmechanismen eingesetzt werden kann. Anstelle des in allen bisher beschriebenen Simulationen eingesetzten ATLAS-Werkzeugs wurde daher die Untersuchung des AMTP-Multicast-Verfahrens in Weitverkehrsnetzen mittels SDT durchgeführt.

5.4.2.1 Zugrundeliegende SDL-Spezifikation

Das Simulationprogramm wurde aus einer SDL-Spezifikation abgeleitet, die aus folgenden Bestandteilen zusammengesetzt ist: Das spezifizierte *System (abstrakte Maschine)* wird durch einen *Block* beschrieben, welcher die *Prozesse* innerhalb des Systems und deren Kommunikation miteinander genauer beschreibt (vgl. Abbildung 5.34).

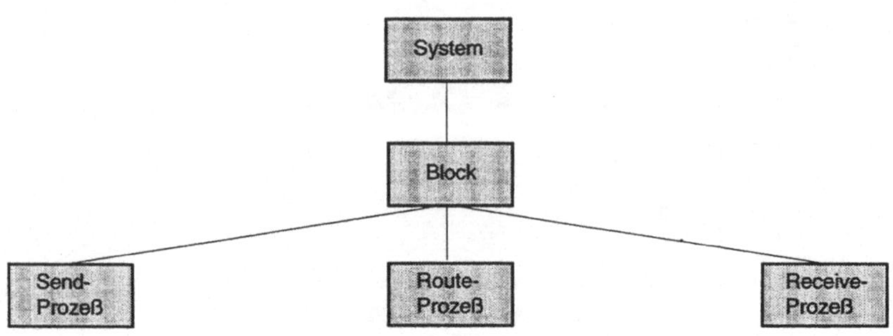

Abb. 5.34: Spezifikationsstruktur

Exemplarisch für die drei angegebenen Prozesse (Send, Receive, Route), die in der erstellten Spezifikation [Fich93] beschrieben wurden, wird im folgenden der Route-Prozeß kurz erläutert.

Die Topologie des zu untersuchenden Netzes ist frei wählbar, ebenso die Anzahl der Router und die der angeschlossenen Endsysteme. Routing-Entscheidungen werden gemäß einer statischen Routing-Tabelle getroffen. Als Parameter wird die Paketbearbeitungszeit im Router zu 1 ms angenommen [Rama93b]. Alle Router werden von einem Route-Prozeß realisiert. Jeder Router überprüft, an wen er ein an eine Gruppe adressiertes Paket weiterzuleiten hat. Hier sind mehrere Fälle denkbar: Der Router muß das Paket ausschließlich an einen benachbarten Router bzw. an ein Endsystem oder an mehrere Stationen weiterleiten. Dementsprechend oft wird das Paket dupliziert. Das folgende SDL-Diagramm (vgl. Abbildung 5.35) illustriert den vereinfachten Ablauf der Bedieneinheit des Route-Prozesses.

Jeder spezifizierte Router verfügt über eine statische Routing-Tabelle, die Informationen über benachbarte Router, über die Länge sowie über die Bandbreite der inzidenten Verbindungsstrecken enthält. Die Informationen über benachbarte Endsysteme sind gesondert abgelegt. Für die Simulation ist die Art der Routing-Entscheidung von untergeordneter Bedeutung. Die hier verwendete Routing-Strategie ermöglicht ein einfaches Routing, wobei die Multicasteigenschaft berücksichtigt wird.

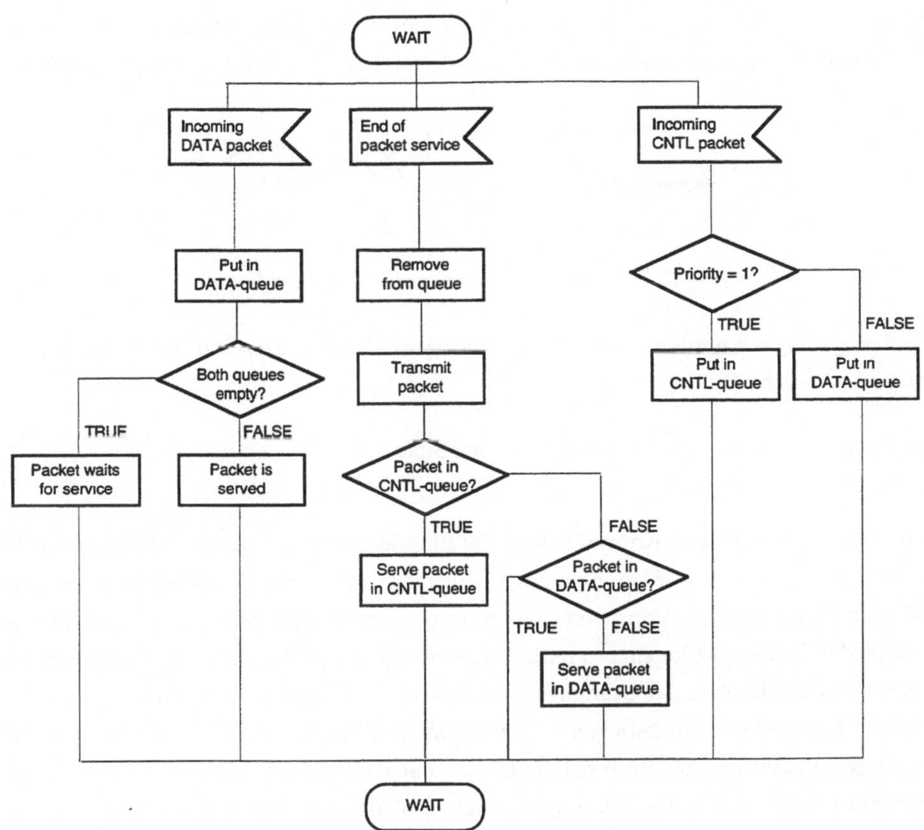

Abb. 5.35: Ausschnitt aus der SDL-Spezifikation des Route-Prozesses

5.4.2.2   Simulationsmodell

Das mittels des SDT-Tools konzipierte Simulationsmodell setzt sich aus drei Modellkomponenten zusammen (Endsysteme, Router, Übertragungssystem), die zusätzlich zu den mittels SDL spezifizierten Prozessen durch folgende Variablen, Parameter und Warteschlangenkonstrukte beschrieben werden.

Ein *Endsystem* (Sender, Empfänger) wird durch eine Anzahl von Kontexten repräsentiert. Ein Kontext enthält sämtliche für eine Punkt-zu-Punkt- oder Mehrpunktverbindung relevanten Variablen und Parameter. Jedes Endsystem kann mehrere Verbindungen sowohl als Sender als auch als Empfänger aufrechterhalten.

Ein *Router* wird durch zwei logische Eingangswarteschlangen und eine Ausgangswarteschlange je Ausgangslink realisiert. Eine der beiden Eingangswarteschlangen dient der Aufnahme von hochprioren Paketen, während die andere Eingangswarteschlange niedrigpriore Pakete enthält (vgl. Abbildung 5.36). Den im folgenden vorgestellten Untersuchungen wurde dieses im Vergleich zum komplexeren Zwischensystem-Modell zur Bewertung von Bedienstrategien (vgl. Kapitel 5.3) einfachere Warteschlangenmodell zugrundegelegt, da neben herkömmlichen Datenpaketen ausschließlich höherpriore Kontrollpakete erzeugt werden.

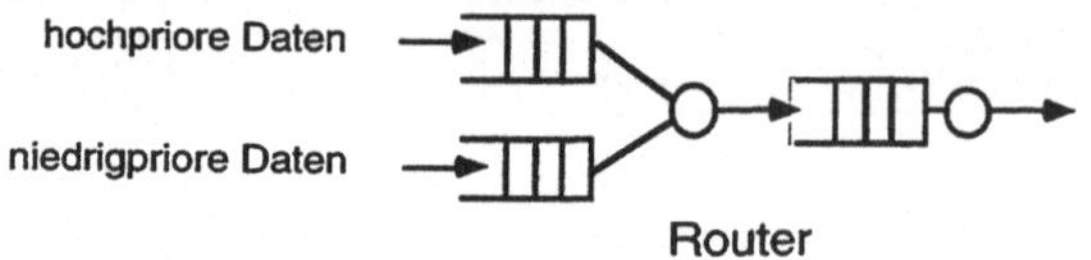

Abb. 5.36: Ausschnitt aus dem Modell eines Routers

Die Berechnung der mittleren Füllgrade sowie der mittleren Wartezeit in den Routern verläuft iterativ nach [Koba78]. Danach gilt:

Mittelwert $\qquad \bar{x}_i = \bar{x}_{i-1} + \dfrac{x_i - \bar{x}_{i-1}}{i}, i \geq 1 \qquad$ mit Startwert $\qquad \bar{x}_0 = 0.$

Eintreffende Datenpakete, Kontrollpakete der Empfänger (außer Quittungspakete) und Kontrollpakete vom Sender werden in die Daten-Eingangswarteschlange (niedrigprior) eingereiht und nach *FCFS* bedient. Priorisierte Quittungspakete der Empfänger werden an die letzte Position der Quittungs-Eingangswarteschlange (hochprior) positioniert. Zur Bearbeitung wird zunächst überprüft, ob in der Quittungs-Eingangswarteschlange ein Paket enthalten ist. Wenn ja, so wird es bearbeitet. Ist kein Paket in dieser Warteschlange, so wird als nächstes die Daten-Eingangswarteschlange überprüft und, falls vorhanden, ein Paket zur Bearbeitung entnommen. Trifft ein Paket in der Quittungs-Eingangswarteschlange ein, während ein Paket der Daten-Eingangswarteschlange bearbeitet wird, so wird diese Bearbeitung zunächst beendet, bevor die Bearbeitung des Quittungspakets beginnt. Die Bearbeitungszeit wird für beide Pakettypen gleichgesetzt. Alle Pakete werden über eine Ausgangswarteschlange auf den entsprechenden Ausgangslink gegeben.

Das *Übertragungsmedium* und der *Medienzugang* werden ähnlich wie im Kapitel 5.3 durch die Angabe der Länge der Verbindungsstrecken zwischen Sender und Router, Router und Router sowie Router und Empfänger, durch die Bandbreite und die Signalgeschwindigkeit beschrieben. Zugrundegelegt wird hier eine für zukünftige Weitverkehrsnetze mögliche Bandbreite von 100 Mbit/s. Für das Simulationsmodell kann eine beliebige Topologie gewählt werden.

Die Abbildungen 5.37 a und b zeigen vereinfachte Darstellungen der den folgenden Simulationen zugrundeliegenden Topologien. Testszenario 1 kann als Beispiel für eine Kommunikationsgruppe mit relativ gleichverteilten Endsystemen betrachtet werden, während Szenario 2 dazu dient, den Einfluß eines von den übrigen Gruppenmitgliedern sehr weit entfernten Endsystems (ES 1) auf das Verhalten der gesamten Verbindung zu untersuchen.

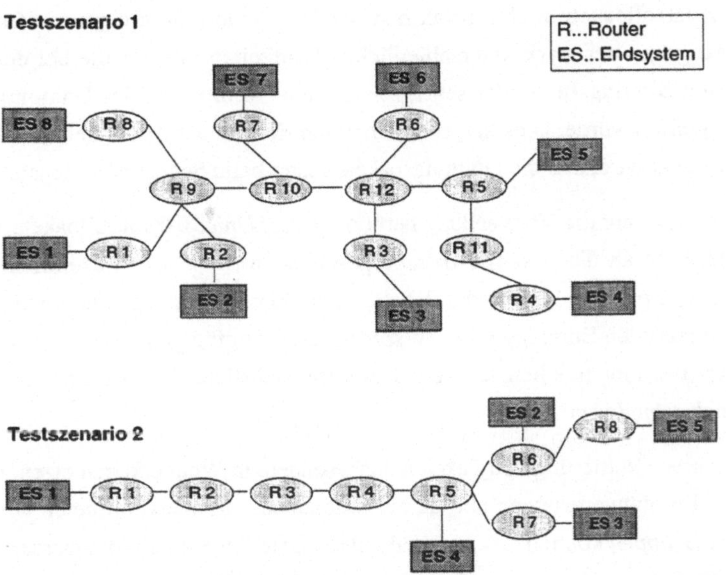

Abb. 5.37a,b: Testszenarien

Da die möglichst schnelle Übertragung großer Dateien von einem Sender an mehrere Empfänger untersucht werden soll, wird der jeweilige Sender als saturiert modelliert. Positiv bestätigte
Daten werden gemäß der AMTP-Protokoll-Spezifikation, die in diesem Fall mit der von XTP
übereinstimmt, am Ende der Lebensdauer des entsprechenden Buckets aus dem Sendepuffer
gelöscht, neue Daten werden in den Sendepuffer kopiert. Bei der Übertragung der Daten über
die Verbindungsstrecken wird von einer fehlerfreien Übertragung ausgegangen, was bei
Bitfehlerwahrscheinlichkeiten heutiger Glasfaserkabel auch durchaus gerechtfertigt ist (BER =
10^{-12}).

Für sämtliche der durchgeführten Untersuchungen gelten die folgenden Eingabeparameter:

- Gesamtmenge der je Verbindung übertragenen Daten: 3 MByte

- Konstante Paketlänge: 1024 Byte

- Sende- und Empfangspuffer: je 64 KByte

- Senderate eines Endsystems: 50 Mbit/s

- Bandbreite des Übertragungsmediums: 100 Mbit/s

- Paketbearbeitungszeit im Router: 1 ms

- Signalgeschwindigkeit: $2 \cdot 10^8$ m/s

- Abstände zwischen den Stationen: 1000 m

5.4.2.3   AMTP: Effiziente Quittierung

In globalen heterogenen Netzen ist der Nutzen von *Multicast*-Kontrollpaketen, wie sie in der
derzeitigen XTP-Protokollspezifikation vorgesehen sind, fraglich. Bei XTP werden die

Multicast-Kontrollpakete nicht nur an den Sender, sondern an die ganze Multicast-Gruppe gesandt. Aufgrund der stark unterschiedlichen Laufzeiten müssen die bei den Empfängern vorgesehenen Slotting-Intervalle sehr groß gewählt werden, da der Damping-Algorithmus sonst nicht greifen würde. Dies hat jedoch direkten Einfluß auf den erzielbaren Durchsatz, der dadurch gedrückt wird, daß die Quittungspakete später beim Sender ankommen.

AMTP setzt daher auf die Verwendung herkömmlicher *Unicast*-Kontrollpakete, die nur an den Sender und nicht an die gesamte Gruppe geschickt werden. Ein wesentlicher Vorteil von Unicast-Kontrollpaketen liegt darin, daß sie nicht durch Filterung anonymisiert werden und sich die quittierenden Empfänger bei entsprechend geringfügigen Änderungen des Protokolls dem Sender bekannt machen können. Der offensichtliche Nachteil ist die resultierende *Quittungspaket-Implosion*.

Zur effizienteren Quittierung von Paketen, insbesondere in Weitverkehrsnetzen, ist die Bildung von lokalen Empfängergruppen und darauf aufbauend von übergeordneten Gruppen vorteilhaft. *Lokale Gruppen* können z.B. von denjenigen Empfängern gebildet werden, die dem gleichen Lokalen Netz angehören oder deren Kontrollpakete den gleichen Zwischenknoten auf dem Weg zum Sender passieren müssen. Aus diesem Grund ist eine Filterung der Kontrollpakete in den benachbarten Zwischenknoten eine Alternative zum Slotting und Damping in Endsystemen. Die folgende Abbildung 5.38 zeigt einen Ausschnitt aus dem Kommunikationsablauf einer AMTP-Multicast-Verbindung basierend auf dem in Kapitel 3.1.8.5 skizzierten XTP-Bucket-Algorithmus-Beispiel (vgl. Abbildung 3.6).

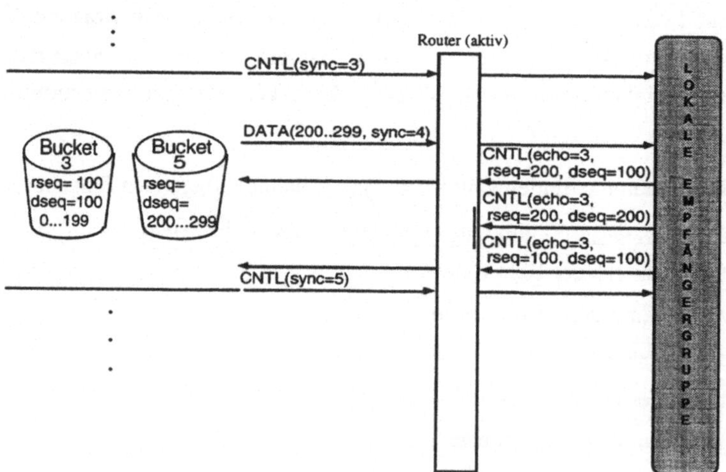

Abb. 5.38: AMTP mit aktiven Routern

Die von der lokalen Empfänger-Gruppe generierten Kontrollpakete werden im Router gefiltert. Im skizzierten Fall passiert zunächst das erste CNTL-Paket den Router auf dem Weg zum eigentlichen Sender. Es quittiert den korrekten Empfang der Datenmenge bis zur

Sequenznummer 200 (rseq=200) und außerdem deren komplette Verarbeitung durch die Transportebene bis zur Sequenznummer 100 (dseq=100). Das darauffolgende CNTL-Paket (rseq=200, dseq=200) wird nicht weitergeleitet, da diese Quittung bereits durch die vorhergehende abgedeckt ist. Hätte das zweite CNTL-Paket einen niedrigeren dseq- oder rseq-Wert, wäre es an den Sender weitergeleitet worden. Das dritte CNTL-Paket wird nicht gestoppt, da der rseq-Wert unterhalb des im ersten CNTL-Paket quittierten Werts liegt.

Bei dieser Vorgehensweise tritt ein Problem auf: Da AMTP genau wie XTP die CNTL-Pakete zur Abschätzung der "Worst Case RTT" einsetzt, muß zumindest das letzte innerhalb einer bestimmten Zeitspanne ankommende CNTL-Paket, auch wenn es allein aufgrund der angegebenen Sequenznummern nicht an den Sender geschickt werden müßte, zusätzlich an den Sender weitergeleitet werden. Alternativ zu dieser Vorgehensweise kann die "Worst-Case-" Information über alle Pakete über die gesamte Damping-Zeit gesammelt werden. So wird pro Damping-Intervall nur noch ein "kumuliertes" Kontrollpaket mit den gesammelten "Worst Case-" Informationen an den Sender geschickt. Die anderen Pakete entfallen. Der Sammel-zeitraum (Damping-Zeit) für die Quittungspakete kann zufällig ermittelt werden, er kann statisch oder dynamisch einstellbar sein.

Die zweite Alternative erscheint wesentlich sinnvoller, da dabei deutlich weniger Pakete über-tragen werden müssen. Das in der ersten Variante frühere Eintreffen der Informationen beim Sender bedeutet keinen Vorteil, solange die Quittungen auch bei der zweiten Variante rechtzeitig in den Buckets eintreffen. Kommen die Quittungen innerhalb eines Buckets früher an, so ist dies ohne Bedeutung; der eventuell übernommene techo-Wert beeinflußt jedoch die WTIMER-Berechnung beim Sender und kann zu kleineren RTT-Werten führen. Alternativ dazu bietet AMTP einen zusätzlichen Kontrollpakettyp an, der speziell zur RTT-Kalkulation eingesetzt wird und nicht von einer möglichen Filterung und somit einer künstlichen Verzögerung beeinflußt wird (vgl. Kapitel 5.4.2.9).

5.4.2.4   AMTP: Topologie-abhängige Filterzeiten

Um die Übertragungszeit nicht unnötig zu verlängern, darf die gesamte für die Quittungspakete erlaubte Damping-Zeit nicht wesentlich länger sein als die ursprünglich für einen Empfänger erlaubte Verzögerung. Andernfalls kann nicht gewährleistet werden, daß die Quittungspakete noch innerhalb der Lebensdauer der entsprechenden Buckets ankommen. Daraus resultiert jedoch eine derart geringe Damping-Zeit pro Router, daß die Wahrscheinlichkeit für das erfolg-reiche Filtern der Kontrollpakete sehr gering ist. Daraus folgt, daß eine Vergrößerung der Damping-Zeit bei einigen Routern und eine entsprechende Verkleinerung der Damping-Zeit bei anderen Routern bessere Ergebnisse liefern sollte. In [HeJa93] wurden längere Damping-Zeiten für diejenigen Router vorgesehen, die näher beim Sender liegen ("Staffellauf-Prinzip"). Diese Router warten länger auf Quittungspakete, damit die von den weiter entfernten Stationen gene-rierten Quittungspakete eine zeitgleiche Berücksichtigung bei der Aktualisierung der Bucket-

Kontrollinformationen finden. Weiter entfernte Router setzen daher nur sehr kurze Damping-Zeiten ein. Dieses Verfahren birgt jedoch zwei Nachteile:

- Router, die nahe beim Sender liegen, erreichen mit einem erfolgreichen Damping-Versuch nur eine Entlastung des Senders. Die allgemeine Belastung des Netzes ändert sich kaum.

- Die Damping-Zeit ist in [HeJa93] unabhängig von der Netzwerktopologie. Die Wahrscheinlichkeit eines erfolgreichen Dampings ist bei einem Router mit wenigen Nachbarroutern wesentlich geringer als bei einem Router mit vielen Nachbarn. Router, die beispielsweise hintereinander liegen (vgl. Abbildung 5.37b, Router 1 bis 5 im Testszenario 2), erhalten weniger Pakete und haben daher nur geringe Chancen auf ein erfolgreiches Damping. Damping in solchen Routern verlängert lediglich die Übertragungszeit.

Auf diesen Überlegungen basiert der in [Fich93] gemachte Vorschlag, die _Topologie des Netzes_ als wichtigen Faktor in der Berechnung der Damping-Zeit derart zu berücksichtigen, daß die Damping-Zeiten in solchen Routern erhöht werden, die aufgrund ihrer Position im Netz viele benachbarte Router in derselben Multicastverbindung besitzen. D.h., diese Router verfügen über einen hohen "Verzweigungsgrad". Entsprechend sollte in den Routern, die nur wenige Nachbarn besitzen, Damping nicht durchgeführt werden.

Da die Anzahl benachbarter Router hier als ein Maß für die Anzahl der Quittungspakete angenommen wird, ist dieses Verfahren nur dann sinnvoll, wenn die Quittungen per Unicast übertragen werden. Es ergibt sich die Frage, wie ein Router erkennen kann, daß er verhältnismäßig viele Nachbarn im Vergleich zu den anderen Routern in derselben Multicastverbindung hat:

- _Kenntnis der Netzwerktopologie:_

  Bei einer großen Zahl von Routingverfahren (z.B. bei allen _Link-State_-Verfahren) ist die gesamte Netztopologie jedem Router bekannt. Somit kennt jeder Router den minimalen und den maximalen Verzweigungsgrad einer Multicastverbindung.

- _Auswertung zusätzlicher Informationen durch AMTP-Kontrollpakete:_

  Bei Routingverfahren, in denen die Netzwerktopologie den Routern nicht bekannt ist (z.B. bei _Distance-Vector_-Verfahren), können die Informationen über den minimalen und den maximalen Verzweigungsgrad der Verbindung durch Kontrollpakete ermittelt werden. Zu diesem Zweck initialisiert der Sender in seinem Verbindungsaufbaupaket die beiden Felder _MinNoNeighbours_ und _MaxNoNeighbours_ mit Null, dann kann jeder Router diese Angaben aktualisieren. Besitzt der Router mehr Nachbarn als im _MaxNoNeighbours_-Feld angegeben, so aktualisiert er diesen Wert. Entsprechend wird _MinNoNeighbours_ aktualisiert, wenn der Wert aufgrund der Initialisierung Null ist oder aber die Anzahl der Nachbarrouter geringer ist als im Feld angegeben. Werden die so erhaltenen Werte von den Empfängern in die entsprechenden Felder des Quittungspakets kopiert, so werden die Router regelmäßig über die minimale und maximale Anzahl der

Nachbarrouter in dieser Verbindung informiert. Die so ermittelten Werte müssen nicht hundertprozentig korrekt sein (Änderungen können bei dynamischen Gruppen jederzeit erfolgen), zur Berechnung der Damping-Dauer genügen bereits ungefähre Zahlen.

Mithilfe dieses Verfahrens ist es für jeden Router möglich, unabhängig von der verwendeten Routing-Strategie den minimalen und maximalen Verzweigungsgrad der gesamten Multicast-verbindung zu ermitteln. Zusätzlich zu dieser Information sollte der Router zur Ableitung der Damping-Zeit in den einzelnen Routern die Lebenszeit eines Pakets einbeziehen: Falls der *ttl*-Wert eines in einem Router eintreffenden Pakets zu klein ist, sollte dieses Paket nicht verzögert werden, weil andernfalls dessen Lebensdauer überschritten würde. Wenn der *ttl*-Wert beim Senden eines SREQ auf den Wert des aktuellen WTIMERs gesetzt wird und der um die Damping-Zeit in den Routern reduzierte Wert auf Empfängerseite in das *ttl*-Feld des entsprechenden Quittungspakets kopiert wird, so ist hierdurch jeder Router über die verbleibende Lebenszeit dieser Pakete informiert. Somit sollte jeder Router zur Berechnung der Damping-Zeit die folgenden Größen beachten:

- den minimalen und maximalen Verzweigungsgrad einer Multicast-Verbindung,

- die Anzahl der eigenen Nachbarn,

- die verbliebene Lebenszeit des Quittungspakets.

Unter der Annahme, daß ein Router mit der minimalen Anzahl von Nachbarn ein Quittungspaket gar nicht verzögert, und ein Router mit der maximalen Anzahl Nachbarn dieses Paket mit einer maximalen Verzögerung von beispielsweise ttl/x weitersendet (wobei x geeignet zu wählen ist; denkbar wären hier natürlich auch andere Abhängigkeiten, etwa ttl/x^2), dann können die Verzögerungen für alle anderen Router linear berechnet werden.

Ein solcher Damping-Mechanismus ist auf einem Router, der verschiedenen Endsystemen eines lokalen Bereichs den Zugang zu anderen Netzen bereitstellt, effizient zu realisieren. Diese Alternative zum ursprünglichen XTP-Multicast-Quittierungsverfahren wird im folgenden als *"Unicast & Damping"* bezeichnet. Die Kapitel 5.4.2.5 und 5.4.2.6 vergleichen verschiedene Ansätze zur Einstellung der "Damping"-Zeiten in den Routern.

AMTP geht bei der Reduzierung der Quittungspaket-Anzahl noch einen Schritt weiter: Der dort eingesetzte *Verteilte Gruppenquittierungsalgorithmus* geht von der Annahme aus, daß die Stationen in einer lokalen Umgebung gleichermaßen von Paketverlusten betroffen sind (vgl. Kapitel 3.1.1). Daher bestätigt jeweils nur ein Empfänger einer lokalen Gruppe die Quittungs-paketanforderung des Senders, wodurch die zusätzliche Verzögerung in den Routern entfällt.

5.4.2.5 Unicast-Kontrollpakete und statische Damping-Zeiten

Bei den folgenden Untersuchungen wird die Damping-Zeit in den Routern als konstant festgelegt; sie besitzt in allen Zwischensystemen die gleiche Länge. Abbildung 5.39 zeigt die mittleren Übertragungsdauern einer Nachricht, die Endsystem 1 im Testszenario 1 (vgl. Abbildung 5.37a) an alle anderen Endsysteme geschickt hat. Dabei wird nach der Art des Übertragungsverfahrens für die Quittungspakete unterschieden. Es werden drei verschiedene Verfahren zur Quittungspaket-Übertragung verglichen:

- Multicast-Übertragung gemäß der XTP-Protokollspezifikation, allerdings ohne *Damping* und *Slotting* in den Endsystemen,

- AMTP-Unicast-Übertragung ohne *Slotting/Damping* sowie

- AMTP-Unicast-Übertragung mit *Filterung (Unicast & Damping)* in den Routern.

Die ermittelten 95%-Konfidenzintervalle sind in den Abbildungen nicht angegeben, da sie für sämtliche der Mittelwerte kleiner als 3% waren. Es zeigt sich, daß per Unicast übertragene Quittungen ohne Berücksichtigung von Damping-Zeiten zur kürzesten Übertragungsdauer für eine 4 MByte lange Nachricht führen. Die längste Verbindungsdauer ergibt sich - erwartungsgemäß - für die Übertragung mit einer *statischen Damping*-Zeit von 10 ms je Router. Diese Verzögerung tritt in jedem Router auf, so daß sich die Gesamtdauer der Verbindung deutlich erhöht. Die Damping-Zeit von 1 ms macht sich demgegenüber kaum bemerkbar; die Übertragungsdauer entspricht der des XTP-Multicasting ohne Damping. Ausschließlich aufgrund der Vervielfachung der Pakete in den Routern kommt es beim Multicasten ohne Damping und Slotting zu längeren Übertragungszeiten als bei einer Unicast-Quittierung.

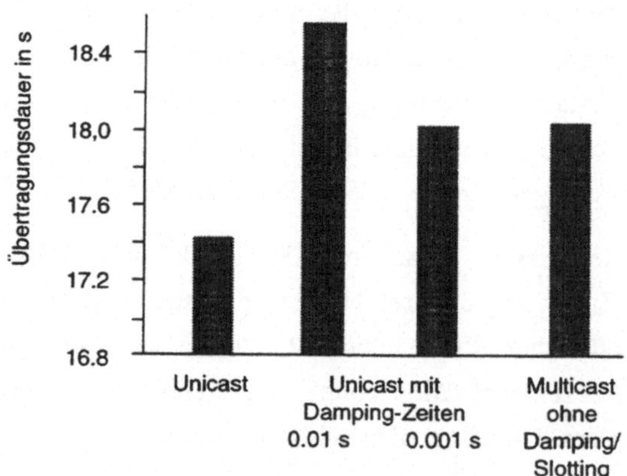

Abb. 5.39: Mittlere Übertragungsdauern für 4 MByte lange Nachrichten vs. Quittierungsverfahren

Den Einfluß des Dampings auf die Anzahl der beim Sender (Endsystem ES1 gemäß Abbildung 5.37a) eintreffenden Quittungspakete macht Abbildung 5.40 deutlich. Bei den angegebenen Anzahlen wird davon ausgegangen, daß sämtliche Kontrollpakete beim Sender innerhalb der maximal tolerierbaren Zeit ankommen.

Während die Anzahl der vom Sender übertragenen SREQs (Aufforderungen zur Quittierung) bei allen Verfahren fast identisch ist, unterscheidet sich die Gesamtzahl der beim Sender eintreffenden Quittungen erheblich. Für Unicast und Multicast ohne Damping ist diese Zahl der Quittungen identisch. Wird Damping in den Routern durchgeführt, so hängt der Erfolg von der Länge des verzögernden Zeitintervalls ab. Eine kurze Damping-Zeit von 1 ms reduziert die Anzahl der Kontrollpakete immerhin um ca. 10%, eine Damping-Zeit von 10 ms bewirkt sogar eine deutliche Reduzierung der beim Sender eintreffenden Anzahl von Quittungspaketen um fast 60% gegenüber Multicast ohne Damping/Slotting bzw. reiner Unicast-Übertragung.

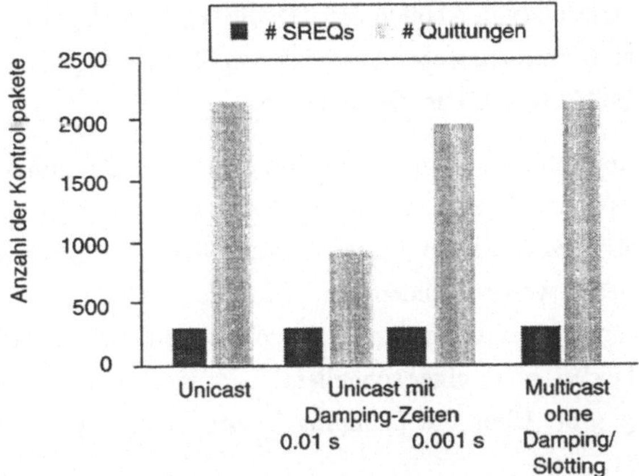

Abb. 5.40: Anzahl Kontrollpakete in Abhängigkeit vom Quittierungsverfahren

Im folgenden wird die Wartezeit bzw. der Füllgrad der Quittungspaket-Warteschlangen stellvertretend für alle Router durch die drei zentralen Router (die Router 9, 10 und 12) aus Testszenario 1 (vgl. Abbildung 5.37a) in den Abbildungen 5.41 und 5.42 dargestellt. Diese Router wurden gewählt, da sie das größte Paketaufkommen zu bewältigen haben, und somit der Effekt des in AMTP eingesetzten Router-Dampings am deutlichsten zu erkennen ist.

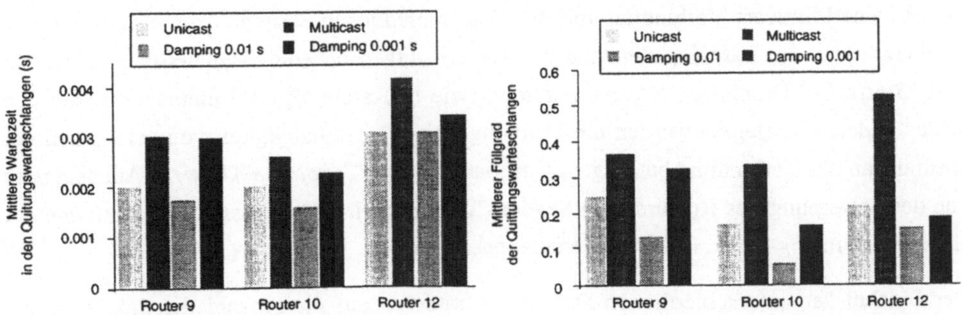

Abb. 5.41: MittlereVerweilzeiten in den zentralen Routern

Abb. 5.42: Mittlere Kundenzahl in den zentralen Routern

Es zeigt sich, daß bei einer Multicast-Übertragung der Quittungspakete ohne Damping in den Routern die höchste Belastung der Warteschlangen auftritt, da in diesem Fall jeder Router alle Quittungen erhält. Bei einer Damping-Zeit von 1 ms ergeben sich nur unwesentliche Unterschiede zu einer Multicast-Übertragung ohne Damping in den Routern. Diese Damping-Zeit ist zu kurz, um eine deutliche Reduzierung der übertragenen Quittungspakete zu erreichen (vgl. Abbildung 5.40). Deutlich wird der Effekt des Dampings bei einer Damping-Zeit von 10 ms.

Aufgrund einer starken Filterung in Router 12 reduzieren sich die mittleren Wartezeiten und Füllgrade in den Routern 9 und 10 deutlich. Es ergeben sich im Extremfall (Router 10) Verkürzungen der Wartezeit (vgl. Abbildung 5.41), die bei ca. 40% beim Einsatz von Damping mit 10 ms anstelle von Multicasting ohne Damping und Slotting liegen. Entsprechend reduziert sich der Füllgrad (Abbildung 5.42) um den Faktor 6.

Abschließend kann festgehalten werden, daß sich eine lange Damping-Zeit negativ auf die Übertragungszeit auswirkt, da sich die Gesamtübertragungszeit in jedem Router um die Damping-Zeit erhöht. Dies wirkt sich insbesondere in Routern negativ aus, die kaum durch Quittungsverkehr belastet werden. Andererseits wird hierdurch eine deutliche Entlastung der Quittungswarteschlangen einer Vielzahl von Routern erzielt. Der Anwender bzw. der Netzbetreiber muß entscheiden, ob er einer schnellen Übertragung oder einer geringeren Netzbelastung den Vorzug gibt. Über die Damping-Zeiten in den Routern lassen sich diese Alternativen einstellen.

5.4.2.6 AMTP: Unicast-Kontrollpakete und dynamische Damping-Zeiten

Wie das vorige Unterkapitel bereits zeigte, kann durch Damping in den Routern eine wesentliche Entlastung des Netzes erzielt werden. Dieses Ergebnis soll nun weiter verbessert werden. Gegenstand der Untersuchung in diesem Kapitel ist es herauszufinden, welche Damping-Zeit in welchem Router die günstigste ist (vgl. Kapitel 5.4.2.4). In den folgenden Simulationen werden die Quittungspakete im Unicast-Modus übertragen, da sich dies als effizientere Lösung im Vergleich zum Multicast-Modus erwiesen hat.

Es wird eine Multicast-Verbindung mit drei unterschiedlichen Strategien zur Ermittlung von möglichst optimalen Damping-Zeiten in den Routern aufgebaut. Zum einen wird für alle Router eine *"Statische"* Damping-Zeit angenommen (wie in Kapitel 5.4.2.5 untersucht). Bei den beiden anderen Strategien werden die Damping-Zeiten in Abhängigkeit von der Anzahl der ebenfalls an der Verbindung beteiligten Nachbar-Router (*"Topologie"*) bzw. in Abhängigkeit von der Entfernung des Routers vom Sender (*"Senderabstand"*) festgelegt. Die Summe der einzelnen Damping-Zeiten ist für alle Simulationen konstant.

Der Einfluß der unterschiedlichen Damping-Strategien auf die Anzahl der Pakete in den Quittungspaket-Warteschlangen der zentralen Router aus Testszenario 1 (Router 9, 10, und 12 in Abb. 5.37a) ist in Abbildung 5.43 dargestellt. Besitzen Router in Sendernähe die längsten Damping-Intervalle, so ergeben sich im Vergleich zur gleichmäßigen Damping-Zeit-Verteilung höhere Füllgrade für die Router 9 und 10, da die weiter entfernten Router nur geringfügig zur Reduzierung der Quittungspaket-Anzahl beitragen. Im Vergleich zu diesen beiden Strategien kann durch das topologie-abhängige Damping die Belastung der Quittungspaket-Warteschlangen in den Routern 9 und 10 nahezu halbiert werden.

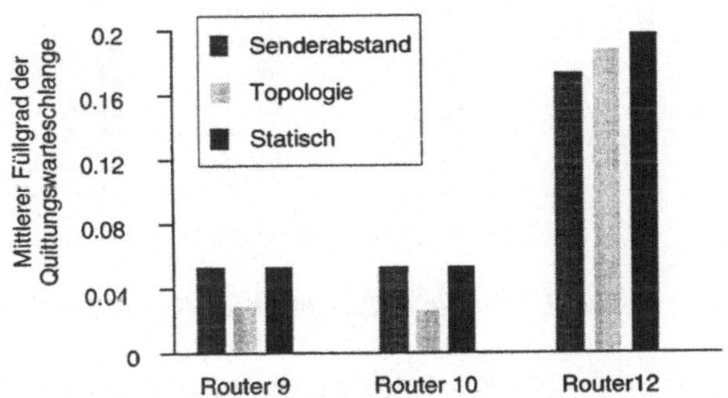

Abb. 5.43: Füllgrad der Kontrollpaket-Warteschlangen

Abbildung 5.43 zeigt weiterhin, daß der Füllgrad der Warteschlange des Routers 12 vom topologieabhängigen Damping nicht in gleichem Maße profitiert wie die Router 9 und 10. Dies ist einsichtig, da dieser Router die größte Anzahl Nachbarrouter vorzuweisen hat. Im Falle einer topologie-abhängigen Damping-Zeit ist in der Warteschlange des "zentralsten" Routers 12 die Anzahl von Kunden größer als bei einer Damping-Zeitwahl nach Senderabstand. Die zentrale Position des Routers erlaubt nach dem Topologie-Verfahren ein bedeutend längeres Damping-Intervall als in den beiden anderen Verfahren, was zu großen Damping-Erfolgen führt. Da das Damping der Pakete bereits im zentralen Teil der Netztopologie und nicht erst in Sendernähe erfolgt, können die auf dem Pfad zum Sender liegenden Router 9 und 10 profitieren.

Die Anzahl der gesendeten Kontrollpakete sowie der wieder bis zum Sender zurück übertragenen Quittungen (für die drei untersuchten Damping-Strategien) zeigt Abbildung 5.44. Während die Zahl der senderinitiierten Kontrollpakete (# SREQs) in allen Verfahren nahezu gleich ist, zeigen sich deutliche Vorteile für das topologie-abhängige Damping bzgl. der beim Sender eintreffenden Quittungspakete.

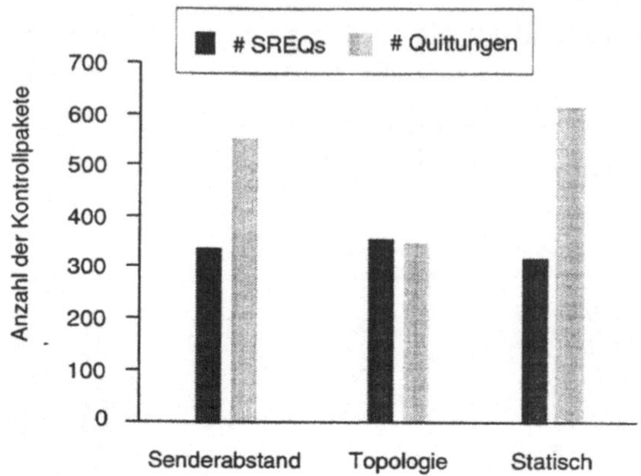

Abb. 5.44: Anzahl empfangener Quittungspakete

Im direkten Vergleich zwischen dem topologie-abhängigen Damping und einer statischen Verteilung der Damping-Zeiten ergibt sich eine Verringerung der Quittungspaket-Anzahl um etwa 40%. Verglichen mit dem "Senderabstand"-Verfahren beträgt diese Verringerung immerhin noch 30%. Dies gilt natürlich nur dann, wenn die Gesamt-Damping-Zeit über alle Router für die drei Strategien gleichgesetzt ist.

Abbildung 5.45 zeigt den Preis, der für die bisher beschriebenen Vorteile des topologie-abhängigen Dampings gezahlt werden muß. Im Vergleich der Übertragungsdauer der drei untersuchten Strategien zeigt sich, daß diese Variante im Vergleich zu den beiden anderen Verfahren zu einer etwa 7%-igen Verlängerung der Übertragungszeiten führt.

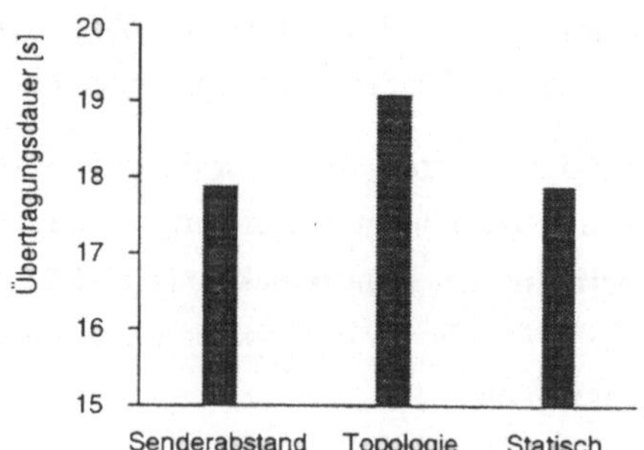

Abb. 5.45: Übertragungsdauern einer 4 MByte langen Nachricht abhängig von
unterschiedlichen Damping-Strategien

5.4.2.7   AMTP: Kontrollpaketformat für zuverlässiges Multicasting

Um ein vollständig- bzw. k-zuverlässiges Multicasting bei Einsatz der oben beschriebenen Zwischensystem-Mechanismen zu realisieren, muß gesichert sein, daß alle bzw. k Mitglieder der Gruppe die Daten zuverlässig erhalten. Weiterhin muß der Sender die verschiedenen Empfänger unterscheiden können. Dazu wird ein Feld in den Header von AMTP-Kontrollpaketen integriert, welches die individuellen Adressen der jeweiligen Empfänger enthält. Abbildung 5.46 zeigt den Aufbau des Adreßfeldes von AMTP-Quittungspaketen. Diesem Aufbau entsprechen sowohl die Gruppenquittungen als auch die Einzelquittungen.

Das Feld n_address gibt die Anzahl der im nachfolgenden addresses-Segment angegebenen Empfängeradressen an. Im AMTP-Header ist das address-Feld zweigeteilt. Da die Länge des addresses-Teils nicht deterministisch ist, wird dieser Teil des address-Feldes an das Ende des Headers positioniert, um die Bearbeitung des Paketes nicht zu verlangsamen. Das a_format-Feld beschreibt die Syntax der Netzwerkadresse. Dieses Feld entspricht dem gleichnamigen in XTP eingesetzten Feld. Dabei kann zwischen Internet- und OSI-konformen Adressen unterschieden werden. Um das Adreßfeld nicht zu komplex werden zu lassen, müssen sämtliche in einem Kontrollpaket angegebenen Empfänger das gleiche Adreßformat benutzen.

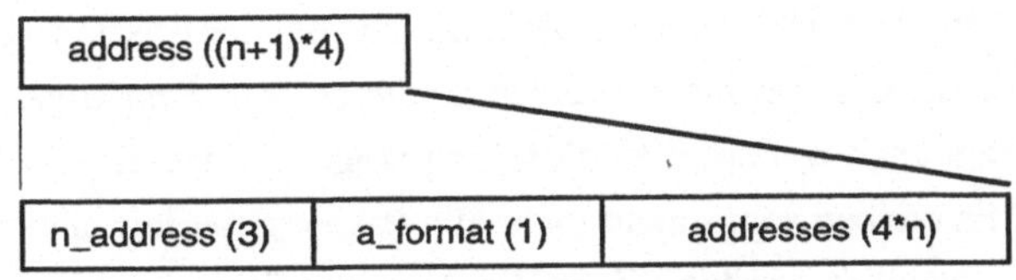

Abb. 5.46: AMTP-Adreß-Feld

Der Sender baut somit eine Verbindung mit der Gesamtgruppe auf und erhält von jeder lokalen Gruppe ein Kontrollpaket, das sämtliche Adressen der zu dieser Gruppe gehörenden Stationen enthält, die bis zum Absendezeitpunkt des kumulierten Kontrollpakets geantwortet haben. Weiterhin wird Management-Funktionalität benötigt, die sicherstellt, daß dem Multicast-Sender zu jeder Zeit alle Mitglieder der Multicastgruppe bekannt sind. An solchen Gruppen-Management-Protokollen wird derzeit von vielen Standardisierungsorganisationen und Arbeitsgruppen gearbeitet.

5.4.2.8   Weit entfernte Endsysteme und priorisierte Quittungen

Durch einzelne weit entfernte oder langsame Empfänger kann die Leistung einer Multicast-Verbindung deutlich gedrückt werden. Ist die vollständige Zuverlässigkeit einer Multicast-Verbindung nicht unbedingt erforderlich, so kann durch Nichtberücksichtigung *"langsamer"* Empfänger in der für die Leistung des XTP-Multicast-Verfahrens verantwortlichen RTT-Berechnung der Durchsatz erhöht werden.

Aufgrund unterschiedlicher Signallaufzeiten und Lastsituationen auf den genutzten Netzen ergeben sich beim Sender sehr unterschiedliche RTTs für die einzelnen Empfänger. Dadurch wird die Leistung der gesamten Multicast-Sitzung erheblich beeinträchtigt. AMTP setzt daher einen Schwellwert RTT_{max} (d.h., eine RTT, die den maximal akzeptablen RTT-Wert angibt) ein. Zu Beginn einer Sitzung wird ein von der jeweiligen Anwendung definierter Startwert bestimmt. Dieser Startwert basiert auf der Kalkulation der Lebensdauer eines Buckets zu

Beginn der Übertragung, die sich in Abhängigkeit vom beim Verbindungsaufbau kalkulierten WTIMER, der Anzahl der zu generierenden SREQs sowie der Fehlertoleranz DROPS berechnet (vgl. Kapitel 3.1.8.5).

Im Laufe der Sitzung wird RTT_{max} jeweils am Ende eines Bucket-Intervalls unter Benutzung der durchschnittlichen RTT (RTT_{mean}) und der während des Bucket-Intervalls gemessenen RTTs (RTT_{actual}) aktualisiert. Der entsprechende Quittungs-Timer wird nach [JaBB88] berechnet. Je kürzer die gemessene RTT, desto kürzer wird WTIMER und desto kürzer die Lebensdauer eines Buckets. Daraus resultiert ein schnelleres Verwerfen der Pakete aus dem Sendepuffer, aber auch ein Freiwerden von Speicherplatz für neu zu sendende Pakete.

Um jene Empfänger auszugrenzen, deren RTT_{actual} über dem Schwellwert RTT_{max} liegt, wird eine von der jeweiligen Anwendung abhängige Konstante k eingeführt, die die maximal akzeptable Anzahl von (zu stark) verzögerten Antworten eines Empfängers während einer Bucket-Lebenszeit angibt (k ist kleiner als SREQS). Obwohl der Ansatz eine Leistungsteigerung für die Mehrheit der Empfänger bietet, werden die *langsamen Empfänger* nicht diskriminiert: Der Sender überträgt auch weiterhin an diese Empfänger; er wartet jedoch nicht mehr auf *zu späte* Antworten. Es bleiben somit nicht mehr alle Pakete gepuffert, die unter Umständen für Neuübertragungen benötigt werden. Wenn die Antwortzeiten eines *langsamen Empfängers* kürzer werden (z.B. durch Nachlassen der Überlast in seiner Netzumgebung), wird er aus der vom Sender angelegten Liste der *langsamen Empfänger* gestrichen.

Der Algorithmus zur Erkennung von *langsamen Empfängern* ist durch den in der folgenden Abbildung 5.47 angegebenen Pseudo-C-Code skizziert.

```
if ( RTTactual ≥ RTTmax )
{    RTTmean wird nicht berechnet;
     if (# Registrierungen dieser Station als langsamer Empfänger ≥ k)
     {       RTTmax wird nicht berechnet;
             auf die Quittungen dieses Empfängers wird nicht mehr gewartet;
     }
     else
     {       if (nicht in der Liste der langsamen Empfänger)
                     einfügen dieser Station in die Liste der langsamen Empfänger;
             # Registrierungen dieser Station als langsamer Empfänger++;
             RTTmax = RTTmax + 1/8 (RTTactual - RTTmax);
     }
}
else
    if ( RTTactual > RTTmean )
    {       RTTmean = RTTmean + 1/8 (RTTactual - RTTmean);
            if ( RTTmax + 1/8 (RTTactual - RTTmax ) > Wtimer)
                RTTmax = RTTmax + 1/8 (RTTactual - RTTmax);
```

```
          else
                RTT_max = Wtimer;
    }
   else
          RTT_mean = RTT_mean + 1/8 (RTT_actual - RTT_mean);
}
```

Abb. 5.47: Pseudo-C-Code zur Registrierung "langsamer" Empfänger

Der Faktor $1/8$ in der Kalkulation der RTT wurde entsprechend dem in [Jaco88] gemachten Vorschlag gewählt. Dieser Faktor hat sich als geeignete Gewichtung des aktuell gemessenen Wertes bei der Kalkulation eines neuen Mittelwertes erwiesen.

Zur Verifikation der Aussage, daß entfernte Endsysteme die Leistung einer Multicast-Verbindung stark beeinflussen können, werden nun Simulationsergebnisse vorgestellt. Um die Vermutung simulativ zu verifizieren, wurde eine entsprechende Topologie (vgl. Testszenario 2 in Abbildung 5.37b) gewählt, in der ein Endsystem (Endsystem 1), verglichen mit allen anderen Gruppenmitgliedern, weit abgelegen ist. In der Untersuchung wurde eine Verbindung mit identischen Parametern, aber unterschiedlicher Funktion des abgelegenen Endsystems aufgebaut. Das weit abgelegene Endsystem übernimmt zum einen die Funktion des Senders einer Datenübertragung (*Sender*) und zum anderen die eines Empfängers (*Receiver*). In der dritten Übertragung ist das entfernte Endsystem kein Mitglied der Multicastgruppe (*NoMember*).

Nimmt das abgelegene Endsystem als Empfänger an der Multicastverbindung teil, so sollte sichergestellt sein, daß die Quittungen dieses Empfängers rechtzeitig im zugehörigen Bucket eintreffen. Die unterschiedlichen Übertragungszeiten (vgl. Abbildung 5.48) zwischen den Fällen "*NoMember*" und "*Receiver*" lassen erkennen, daß der Sender Quittungen des entfernten Endsystems erhalten hat.

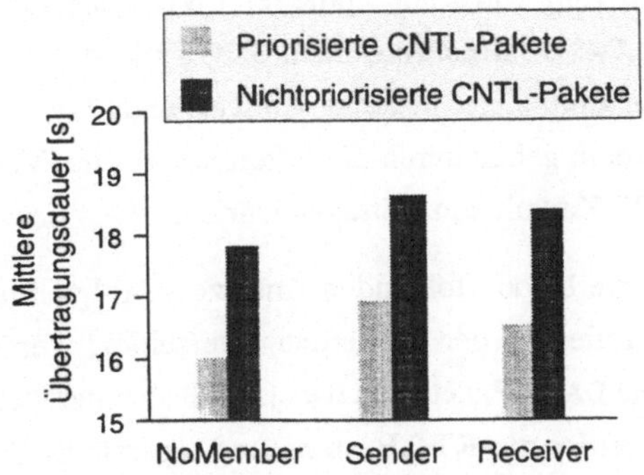

Abb. 5.48: Einfluß eines entfernten Endsystems

Das obige Diagramm zeigt, daß eine Verbindung mit einem weit abgelegenen Sender sowohl bei priorisierter als auch bei nicht priorisierter Übertragung der Quittungspakete schlechtere Resultate erbringt als die gleiche Verbindung mit dem entfernten Endsystem als Empfänger. Die kürzeste Übertragungsdauer ergibt sich erwartungsgemäß, wenn das entfernte Endsystem kein Gruppenmitglied ist, also nicht an der Verbindung teilnimmt.

Das Ergebnis läßt sich wie folgt erklären: Ist das entfernte Endgerät ein Empfänger, so treffen dessen Quittungen aufgrund der größeren Verzögerung durch die zwischen Sender und Empfänger liegende große Anzahl Router später ein als die Quittungen der anderen Gruppenmitglieder. Dies bewirkt, daß die RTT zunimmt. Der Sender berechnet somit ein längeres WTIMER-Intervall und entsprechend eine längere Lebensdauer der einzelnen Buckets. Damit wächst ebenfalls das Zeitintervall bis zur Übernahme der aktuellen Quittungsinformationen in den Senderkontext. Der Sender reagiert also auf erhaltene Quittungen später und verzögert somit die Übertragung neuer Pakete. Im Falle eines entfernten Senders müssen Quittungspakete der Empfänger durch alle Router bis zum entfernten Sender übertragen werden, wodurch sich der SBTIMER-Wert auf einen größeren Wert einstellt und daher weitaus seltener die aktuelle Situation der Multicast-Verbindung kontrolliert wird.

5.4.2.9   AMTP: Zusätzlicher Kontrollpaket-Typ

In [XTP 92a] sind zwei Typen von CNTL-Paketen spezifiziert:

- CNTL-Pakete, die vom Sender und dem/den Empfänger(n) gesendet werden sowie

- RCNTL-Pakete, die von Routern generiert werden.

Die Hauptaufgabe der senderinitiierten CNTL-Pakete ist die Aufforderung an die Empfänger, ihrerseits CNTL-Pakete zu senden, mit denen sie den Empfänger-Zustand an den Sender übermitteln und Zeitstempel zur Berechnung der aktuellen Umlaufzeit (RTT) bereitstellen. Würde ein Multicast-Sender die Quittungen auf seine CNTL-Pakete schneller erhalten, so könnte ein höherer Durchsatz erzielt werden. Beim derzeitigen XTP-Multicasting-Algorithmus könnte es dann jedoch bei Priorisierung von senderinitiierten CNTL-Paketen dazu kommen, daß die auf die gerade abgeschickten DATA-Pakete folgenden CNTL-Pakete die betreffenden DATA-Pakete überholen. Dann kann der Empfänger in seiner Antwort nicht über den relevanten Empfangszustand berichten. Außerdem gehen durch die Filtertechnik eine Vielzahl von CNTL-Paketen verloren, die u.U. zur RTT-Kalkulation beitragen würden.

In AMTP werden daher die beiden folgenden Ansätze verfolgt: Empfängerseitig generierte CNTL-Pakete, die zur Quittierung der Senderdaten verschickt werden, erhalten eine höhere Priorität als herkömmliche DATA-Pakete. Da dies jedoch zu einer Verzerrung der eigentlichen RTT-Kalkulation führt, werden zur RTT-Bestimmung separate CNTL-RTT-Pakete verschickt, die mit niedriger Priorität (entsprechend den DATA-Paketen) versehen sind. Zudem können DATA-Pakete Quittungsaufforderungen enthalten. Umfangreiche Untersuchungen zur Auswirkung dieser Strategien sind in [Caro93] durchgeführt worden und spiegeln die möglichen Leistungsgewinne wider.

Zur Umsetzung dieser Strategie wird ein weiterer Pakettyp-Bezeichner für CNTL-RTT-Pakete eingeführt; da genügend Code-Nummern im ptype-Feld des AMTP-Paket-Headers zur Verfügung stehen, stellt dies kein größeres Problem dar.

5.4.2.10 Reduzierung unnötiger Neuübertragungen

Verfahren zur Reduzierung der Anzahl von Neuübertragungen setzen sowohl bei der Einstellung unnötiger Wiederholungen im Falle fehlerfreier Übertragung als auch im Falle fehlerhafter Übertragung ein. Unnötige mehrfache Wiederholungen bei einer fehlerfreien Übertragung lassen sich ohne großen zusätzlichen Aufwand in den Bucket-Algorithmus integrieren. Nach jedem Ablauf des SBTIMERs werden nur diejenigen Datenbytes gesendet, deren Sequenznummern niedriger sind als das Byte mit der höchsten in diesem Bucket gesendeten Sequenznummer. Datenbytes, deren Sequenznummern diesen Wert übersteigen, werden ohnehin nach Ablauf des nächsten SBTIMERs gesendet. Es werden also im Gegensatz zur XTP-Spezifikation [XTP 92a] nicht sämtliche Bytes, die Sequenznummern $\geq$ rseq aufweisen, neu übertragen. Dieser Ansatz wird im folgenden "Retransmission Cut" genannt.

Ein wesentlicher Vorteil dieses Vorschlags liegt in der Tatsache, daß für seine Realisierung nur eine minimale Änderung am Bucket-Algorithmus vorgenommen werden muß. Zu dem ohnehin in den Kontext übernommenen niedrigsten *rseq*-Wert muß in diesem Verfahren zusätzlich noch die höchste Séquenznummer, die in diesem Bucket gesendet wurde, im Kontext vermerkt werden.

Alternativ zu diesem Verfahren lassen sich redundante Wiederholungen vermeiden, indem Datenbytes nur einmal innerhalb einer WTIMER-Periode wiederholt werden. Diese Methode wird im folgenden "WTIMER-Periode" genannt.

Abbildungen 5.49 und 5.50 zeigen Ausschnitte aus dem in Abbildung 3.6 (vgl. Kapitel 3.1.8.5) skizzierten Beispielszenario einer Multicast-Verbindung mittels XTP.

Dabei zeigt Abbildung 5.49 eine wiederholte Übertragung nach Ablauf eines SBTIMER-Intervalls, die anstelle der gemäß [XTP 92a] üblichen Neuübertragung der Daten mit den Sequenznummern 100 bis 399 im DATA-Paket mit sync-Wert 10 eine Neuübertragung gemäß "Retransmission Cut" vornimmt und somit ausschließlich die Daten mit den Sequenznummern von 100 bis 299 neu überträgt.

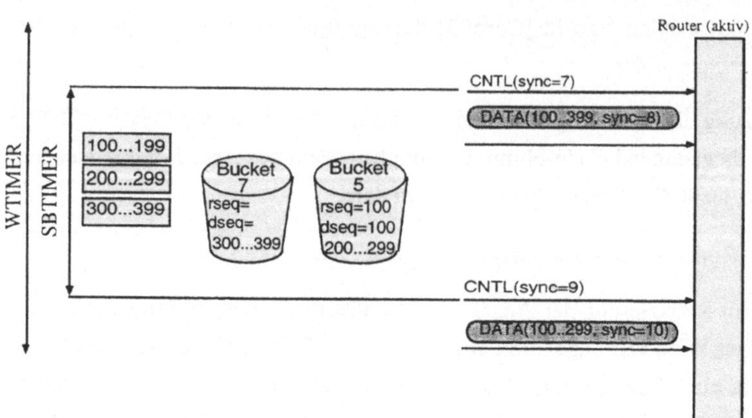

Abb. 5.49: Retransmission Cut-Methode zur Reduzierung unnötiger Neuübertragungen

Bei Einsatz der "WTIMER-Periode-" Methode fällt die Neuübertragung sogar ganz weg (vgl. Abbildung 5.50). Das in der XTP-Protokoll-Definition vorgeschlagene Fehlerkontrollverfahren ist äußerst ineffizient, da alle von irgendeinem Empfänger nicht oder fehlerhaft empfangenen Daten im Extremfall der maximalen Anzahl der Buckets entsprechend oft wiederholt werden.

Wird der Retransmission Cut-Algorithmus zur Vermeidung von unnötigen Wiederholungen im Fehlerfall eingesetzt, so beseitigt er jedoch nicht alle redundanten Wiederholungen. Ist in einem Bucket A ein Fehler aufgetreten und ist die *sync*-Nummer dieses Buckets größer als die *sync*-Nummer desjenigen Buckets, in dem die letzte Wiederholung stattgefunden hat, so wird eine (unnötige) erneute Wiederholung gestartet, da der Inhalt von Bucket A als aktuellste Information interpretiert wird. Diese Wiederholung ist redundant, da die entsprechenden Datenpakete bereits vorher auf Anfrage (evtl.) anderer Empfänger wiederholt wurden.

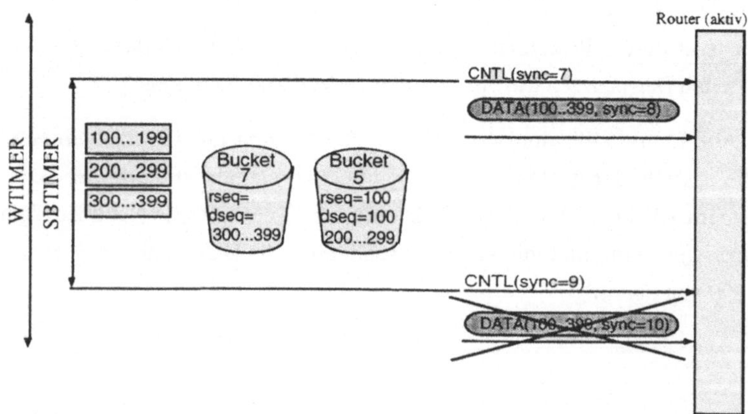

Abb. 5.50: WTIMER-Periode-Methode zur Reduzierung unnötiger Neuübertragungen

Der WTIMER-Periode-Mechanismus, bei dem eine erneute (zweite oder weitere) Wiederholung der Datenpakete nur nach Ablauf eines WTIMER-Intervalls gestattet ist, benötigt einen wesentlich geringeren Aufwand [Hein93c]. Damit wird die Wahrscheinlichkeit erhöht, daß ein Quittungspaket, welches eine erneute Wiederholung von Datenbytes anfordert, erst nach dem möglichen Erhalt der ersten Wiederholung generiert wird.

Der große Vorteil dieses Verfahrens ist seine einfache Realisierung, da zu jeder Wiederholung nur ein *Timer*-Wert, der frühestmögliche Zeitpunkt einer erneuten Wiederholung, abzuspeichern ist. Schwierigkeiten ergeben sich hier jedoch für negative Quittungen, da der Sender sie nach einer Wiederholung innerhalb des darauffolgenden WTIMER-Intervalls ignoriert. Die kritischste Situation ergibt sich mit DROPS=0. In diesem Fall ist die Lebensdauer des Buckets, in dem Quittungen bezüglich der wiederholten Daten akzeptiert werden, (SREQS+1)·SBTIMER lang. Für die Dauer von WTIMER=(SREQ+0,5)·SBTIMER werden aber keine negativen Quittungen vom Sender akzeptiert. Dies bedeutet, daß negative Quittungen bezüglich wiederholter Datenpakete genau ein halbes SBTIMER-Intervall Zeit haben, ihre Quittungen in die Buckets einzubringen. Erreichen die negativen Quittungen die Buckets früher, so werden sie ignoriert, treffen sie später ein, so ist der zugehörige Bucket aufgelöst und die Information wird verworfen. Dieses Problem läßt sich jedoch durch eine genügend große Anzahl von DROPS entschärfen, da sich dann die Lebensdauer eines Buckets zu (SREQS+1+DROPS)·SBTIMER berechnet.

Das Problem der unnötigen Wiederholungen kann sich für Empfänger, die eine *Selective-Repeat*-Strategie implementiert haben, wesentlich reduzieren. In diesem Fall kann sich der Empfänger den letzten *seq*-Wert eines Buckets merken. Es werden dann nur die innerhalb eines Buckets fehlenden Bytes wiederholt [Hein93c]. Neue Daten können ab der aktuellen *seq*-Nummer weiter übertragen werden. Es ist offensichtlich, daß eine effizient implementierte *Selective Repeat*-Option beim Bucket-Algorithms wesentliche Vorteile bietet.

5.4.2.11 AMTP-Ratenadaption

Zur Fehlerkontrolle bei Nichteinsatz eines Filteralgorithmus speichert der Sender u.a. die Anzahl während einer Bucket-Lebenszeit ankommenden negativen Quittungen. Am Ende dieser Zeit untersucht der Sender die angekommenen NACKs und reduziert die Rate, falls die Anzahl der negativen Quittungen (NACKs) einen bestimmten Wert überschreitet. Zusätzlich kann der Sender eine "redundante Strategie" einsetzen, um die Wahrscheinlichkeit einer Fehlerbehebung beim Empfänger zu erhöhen. Mittels einer redundanten Strategie werden zusätzlich zum Originalpaket XOR-Pakete (Forward Error Correction) gesendet. Das Ziel dieses Verfahrens ist es, die Wahrscheinlichkeit einer erfolgreichen Übertragung zu erhöhen. Falls der gewünschte QOS über mehrere aufeinanderfolgende Bucket-Lebenszeiten nicht eingehalten werden kann, wird nach Reduzierung der Rate auf das tolerierbare Minimum, die Verbindung abgebaut.

Da die Verzögerungen zu den einzelnen Empfängern und auch die Fehlerraten sehr unterschiedlich sein können, verfügt AMTP über Mechanismen, die verhindern sollen, daß der Sender zu schnell und oft unnötig auf NACKs, die ausschließlich an den Sender gerichtet sind, reagiert. In die Entscheidung, um wieviel die Rate abgesenkt wird, geht deshalb die Anzahl der bereits in der Bucket-Lebenszeit empfangenen NACKs ein. Ein AMTP-Multicast-Sender setzt eine der drei folgenden Regeln ein, um über die Reaktion auf die Anzahl der während einer Bucket-Lebenszeit ankommenden NACKs zu entscheiden:

- *konservativ:*

  Der Sender reduziert die Rate nur dann, wenn er von mehr als der Hälfte der Empfänger ein NACK erhalten hat. Er reagiert nicht, wenn nur einzelne Empfänger Probleme haben.

- *agressiv:*

  Hier reduziert der Sender bereits seine Senderate bei Erhalt eines NACKs.

- *flexibel:*

  Bei Einsatz dieses Verfahrens ändert der Sender seine Rate, wenn die Anzahl der NACKs einen bestimmten Prozentsatz übersteigt (im Vergleich zur Gruppengröße).

Diese drei Verfahren funktionieren ausschließlich dann, wenn dem AMTP-Sender ständig eine aktuelle Gruppensicht vorliegt. Dazu ist allerdings ein Gruppen-Management-Protokoll notwendig, das im Rahmen dieser Arbeit nicht entwickelt wurde. Das Vorgehen bei der Reduzierung der Datenrate ist noch nicht spezifiziert. Vorgeschlagen wird eine lineare Reduzierung der Datenrate in Abhängigkeit von der Anzahl NACKs, die ankommen. Der maximale Reduktionsfaktor wurde empirisch auf 5 % festgelegt.

5.4.3 Fazit

Die im Kapitel 5.4 und in [Fich93, Caro93, Wela93] vorgestellten Untersuchungen zu XTP´s und AMTP´s Multicast-Funktionalität lassen sich folgendermaßen zusammenfassen:

- Der Vorteil eines multicast-fähigen Protokolls im Vergleich zu einer Emulation durch mehrere Punkt-zu-Punkt-Verbindungen nimmt zu, je größer die Anzahl der Empfänger und je größer die Netzbelastung ist.

- Der in [XTP92a] für lokale Netzumgebungen entwickelte semi-zuverlässige Multicast-Algorithmus läßt sich als Basis für einen zuverlässigen Multicast-Dienst auf Weitverkehrsnetzen einsetzen.

- AMTP nutzt als Transferprotokoll die Fähigkeit von Routern zur Unterstützung von Multicast-Verfahren, so daß eine zuverlässige und effiziente Übertragung einer Nachricht an eine Gruppe von Empfängern möglich wird. Die Effizienz des Verfahrens zeigt sich in den vorgestellten Ergebnissen vor allem in der deutlichen Reduzierung der Quittungspaket-Implosion und der geringen Anzahl an Neuübertragungen.

6 AMTP-DIENSTKONZEPT

AMTP (*Adaptive Multicast Transfer Protocol*) ist das im Rahmen dieser Arbeit entwickelte und spezifizierte Transferprotokoll, dessen Hauptziel die Bereitstellung eines konfigurierbaren Multicast-Dienstes ist. Nachdem in Kapitel 5 bereits die von AMTP angebotenen Protokoll-mechanismen zur Realisierung der zentralen in dieser Arbeit behandelten Dienste, Fluß- und Überlastkontrolle sowie Multicasting, untersucht worden sind, konzentrieren sich die folgenden Ausführungen auf die Beschreibung des Dienstkonzeptes.

AMTP bietet aufgrund seiner Eigenschaft als Transferprotokoll im Gegensatz zu aktuellen nationalen Vorschlägen zur Standardisierung eines Transportprotokoll-Multicastdienstes ([ISO 92e, ISO 93d, ISO 93e, ISO 93g, ISO 93i]) die Möglichkeit, die auf dem Übertragungspfad befindlichen Zwischensysteme in die Diensterbringung einzubeziehen und damit die Garantie von Dienstqualitäten zu unterstützen. Im Gegensatz zu XTP [XTP 92a] verfügt AMTP über eine mittels höherer Petri-Netze und SDL erstellte formale Spezifikation [AMTP93] von Multicast-Diensten. Die definierten Dienste sind insbesondere für den Weitverkehrsbereich konzipiert worden.

Ein weiteres Charakteristikum von AMTP ist die Einteilung der Dienste in *Primär-* und *Sekun-därdienste* (vgl. Abbildung 6.1). Jedem Primärdienst ist eine vordefinierte Realisierung von Sekundärdiensten zugeordnet (vgl. Unterkapitel 6.2 und Kapitel 7). Das Zusammenwirken der Sekundärdienste realisiert die vom Primärdienst geforderte Semantik. Ein Primärdienst ist nicht auf die sonst übliche Semantik wie "verbindungslos" bzw. "verbindungsorientiert" beschränkt, sondern erhält seine Charakteristik aufgrund der Realisierung einzelner Sekundärdienste. Jedem Sekundärdienst ist ein bestimmter Protokollmechanismus zugeordnet, der bei Auswahl des übergeordneten Primärdienstes genau dann zum Einsatz kommt, falls der Anwender keine Rekonfigurierung wünscht. Zur Rekonfigurierung steht eine begrenzte Zahl alternativer Protokollmechanismen zur Verfügung. Die Auswahlmöglichkeiten sind eingeschränkt, da ansonsten die geforderte Dienstsemantik des Primärdienstes verloren gehen könnte. In den meisten Fällen läuft die Rekonfigurierungsmöglichkeit daher auf das Abschalten einzelner Protokollmechanismen hinaus. Dies kann ein AMTP-Anwender durch simple Parametrisierung des Protokoll-Headers erreichen.

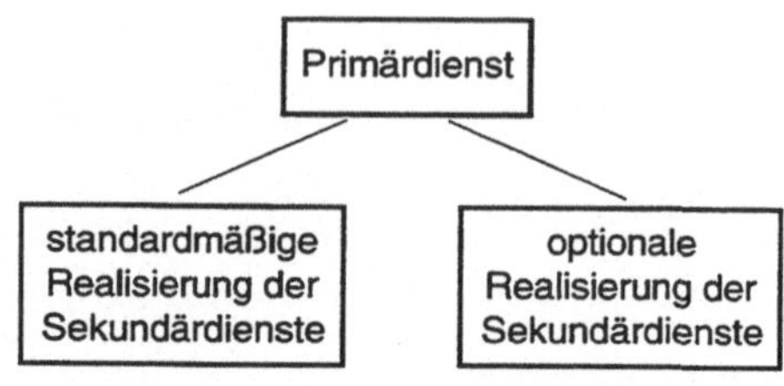

Abb. 6.1: AMTP-Dienstkonzept

Es sind acht Primärdienste definiert, jeweils vier Punkt-zu-Punkt- und vier Multicast-Transferdienste. Die Liste der einem Primärdienst standardmäßig zugeordneten Sekundärdienste wird als *Kontextmaske* bezeichnet, die jedem Endsystem und jedem an einer Punkt-zu-Punkt- bzw. Mehrpunkt-Kommunikationsverbindung beteiligten Zwischensystem bekannt sein muß.

Kontextmasken unterscheiden sich von den üblichen *aktiven Kontexten* dadurch, daß sie nicht den aktuellen Zustand einer aktiven Verbindung widerspiegeln, sondern die funktionalen Bestandteile der Primärdienste beschreiben. Diese in den lokalen Kontexten gespeicherte Zuordnung einer Liste von funktionalen Einheiten zu einem Primärdienst (Kontextmaske) beschleunigt die Diensterbringung gegenüber vollständig konfigurierbaren Ansätzen (vgl. Kapitel 7) und reduziert die Anzahl zu übertragender Kontrollinformationen je Protokolldateneinheit. Greift eine neue Verbindung auf eine der verfügbaren Kontextmasken zu, so wird diese Maske entsprechend repliziert, um für weitere Verbindungen zur Verfügung zu stehen. Der sogenannte *Kontextspeicher* enthält somit neben den üblichen Zustandsinformationen über jede aktive AMTP-Verbindung einer Station auch die Kontextmasken über die Standardrealisierungen der Primärdienste.

Im Gegensatz zu den meisten Transportsystemen verzichtet AMTP auf *Multiplexing/Demultiplexing* (vgl. Kapitel 2). Zum einen wird dadurch die im Hinblick auf die Übertragung von Multimedia-Daten dedizierte Unterstützung unterschiedlicher zu einem Dokument gehörender Daten ermöglicht, und zum anderen bietet das ATM bereits eine inhärente Multiplexing-Funktionalität, die auf Transferebene nicht repliziert werden sollte.

Ebenso verzichtet AMTP auf einen Sekundärdienst zum *Splitting/Recombining* (vgl. Kapitel 2), der eine Aufspaltung bzw. Sammlung einer Transportverbindung über verschiedene Netzwerkverbindungen erlauben würde. Auf diesen Dienst wird verzichtet, da der Aufspaltungsprozeß bereits auf höherer Ebene durchgeführt werden sollte. AMTP verläßt sich als zentraler Bestandteil der *DYCAT*-Architektur auf eine Aufspaltung des Datenstroms eines Multimedia-Dokuments durch das *Integrated Services Interface* (vgl. Kapitel 7) und stellt dementsprechend

für die unterschiedlichen Bestandteile eines Multimedia-Dokuments verschiedene Transferverbindungen zur Verfügung.

Die Realierung eines Protokollmechanismus zur *Intra-* und *Intermedia-Synchronisation* wird
nicht erbracht, da zum einen aufgrund des Splittings eines Multimedia-Datenstroms auf mehrere
AMTP-Transferverbindungen (bereits oberhalb des Transfersystems) Intermedia-Synchronisation nicht durchführbar ist und da zum anderen spezielle Protokolle wie RTP [ScCa93] zur
Lösung dieser Problematik auf AMTP aufsetzen können. Außerdem werden Synchronisations-
maßnahmen von den entsprechenden Codecs bereitgestellt.

6.1 Zugriff auf Kontextinformationen

Der in jedem AMTP-System vorhandene Kontextspeicher enthält die Kontextmasken zu den
Primärdiensten und Zustandsinformationen über jede aktive AMTP-Verbindung einer Station.
Die Semantik des Verbindungsaufbaus und des Verbindungs-Managements basiert auf der in
XTP eingeführten Schlüsselaustausch-Technik, durch die das lokale Abbilden von Informa-
tions- oder Kontrollsegmenten auf den betreffenden Kontext beschleunigt wird. Der eigentliche
Schlüsselaustausch wird in AMTP um eine *Service-Abbildung* erweitert, durch die beim
Verbindungsaufbau dem aktiven Kontext eine Kontextmaske mit eventuellen Modifikationen
zugeordnet wird. Der Austausch der Adreß- und Kontext-Informationen bei Punkt-zu-Punkt-
Verbindungen läuft nach den folgenden Mechanismen ab:

a) Schlüsselaustausch:

- key ist ein 4 Byte langes Feld im Header jedes AMTP-Pakets, das innerhalb einer Station
  eindeutig einem Kontext zugeordnet ist (*key$_S$* ist der vom Sender generierte *key*-Wert,
  bei dem das höchstwertige Bit MSB, <u>M</u>ost <u>S</u>ignificant <u>B</u>it, nicht gesetzt ist). Der *key$_S$*-
  Wert ist als Zeiger auf die lokale Kontext-Struktur zu verstehen. Dieser Wert setzt sich
  aus einem *relevance value* und einem *index value* zusammen (vgl. Abbildung 6.2).

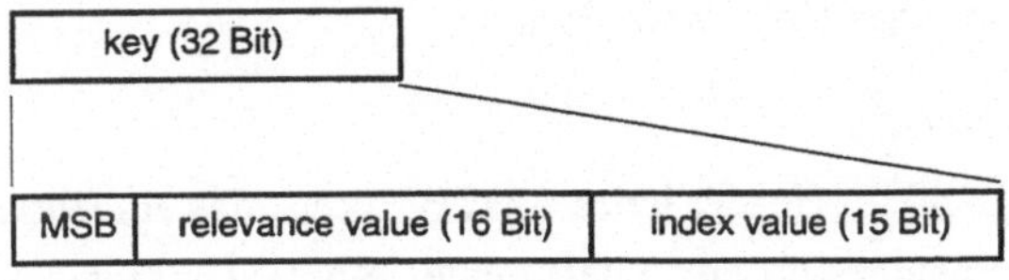

Abb. 6.2: key-Feld

Der Indexwert ist als der eigentliche Zeiger auf den Eintrag in einer Tabelle zu verstehen,
in welcher der entsprechende Kontext vermerkt ist. Durch Abfrage des Relevanzwerts
wird geprüft, ob der angegebene Indexwert noch aktiv ist, oder der zugehörige Kontext
bereits deaktiviert ist. Dies geschieht durch einfachen Vergleich des im key-Feld angegebenen Relevanzwerts mit dem entsprechenden Wert des Kontextes.

Die Kontexte werden nach Beendigung einer Kommunikationsverbindung nicht unmittelbar aufgelöst, sondern bleiben, falls kein Kontextengpaß aufgrund mangelnder Speicherkapazität auftritt, eine begrenzte Zeit bestehen. Diese Maßnahme beschleunigt einen eventuell wiederholten Verbindungsaufbau zwischen den beteiligten Stationen. Dies ist insbesondere dann der Fall, wenn bei der Realisierung der Sekundärdienste eine Vielzahl von optionalen Protokollmechanismen ausgewählt worden ist.

Durch Setzen des höchstwertigen Bits MSB im key-Feld wandelt der Empfänger des Verbindungsaufbau-Pakets (FIRST-Pakets, vgl. Kapitel 6.3) bei einem 2-Wege- bzw. 3-Wege-Handshake den Wert key_S in den zur Adressierung des Sender-Kontextes nötigen "*return-key*" $key_{S'}$ um. Demzufolge können die Stationen anhand des MSB erkennen, ob eine direkte Schlüsselabbildung möglich ist.

- Bei Empfang eines FIRST-Pakets ordnet der Empfänger dem neuen Kontext (der sich aus einer Kontextmaske, eventuellen Modifikationen derselben und quantitativen QOS-Anforderungen zusammensetzt) einen eigenen key-Wert key_R zu, der im xkey-Feld des ersten Bestätigungs-Pakets (CNTL-Paket, vgl. Kapitel 6.3) übertragen wird. Diesen Wert benutzt der Sender anschließend zur direkten Adressierung des Empfängerkontextes, indem er den empfangenen xkey-Wert als "*return key*" ins key-Feld der folgenden Pakete einsetzt.

Nach Abschluß dieses Schlüsselaustausches kennt jedes Endsystem den key-Wert des Kommunikationspartners und kann diesen zur Kontextadressierung einsetzen. Der key-Wert zusammen mit der *MAC*-Adresse reicht aber nicht in jedem Fall zur eindeutigen Identifikation des Zielkontextes aus. Die MAC-Adresse identifiziert den letzten Knoten, den das Paket auf dem Weg zum Empfänger durchlaufen hat. War dies ein Zwischensystem, so kann es sein, daß Pakete zweier unterschiedlicher Senderkontexte mit dem gleichen key und der gleichen MAC-Adresse beim Empfänger ankommen und daraufhin dem gleichen Empfangskontext zugeordnet werden. Zur eindeutigen Adressierung ist daher ein weiterer Wert notwendig. Der sogenannte route-Wert identifiziert dazu den Ausgangsport eines Hosts bzw. Switches.

b) Route-Wert-Austausch:

- route ist ein Feld im Header jedes AMTP-Pakets, das eindeutig den Ausgangsport eines Hosts bzw. Switches für einen bestimmten Kontext angibt ($route_A$ ist der von Host bzw. Switch A generierte route-Wert, wobei das höchstwertige Bit nicht gesetzt ist). Durch Setzen des höchstwertigen Bits wandelt der empfangende Host bzw. Switch den Wert $route_A$ in den zur Adressierung des von Host bzw. Switch A generierten Kontextes nötigen "*return route-*" Wert $route_{A'}$ um.

- Der Wert des route-Feldes gilt zwischen benachbarten Stationen und bleibt für die Dauer einer Verbindung bestehen.

- Jeder Empfangsknoten, ob Zwischensystem oder Endsystem, generiert bei Empfang eines FIRST-Pakets einen eigenen route-Wert, den er im xroute-Feld des ersten Bestätigungs-Pakets überträgt. Diesen Wert nutzen die in Gegenrichtung übertragenden Stationen zur direkten Adressierung der Host- bzw. Switch-Ports.

c) Zusätzliche Adreßinformationen:

- Als Eingabe für Routing-Entscheidungen besitzen das FIRST-Paket und die für Multicastverbindungen relevanten JOIN- und LEAVE-Pakete zusätzlich ein Adreßsegment innerhalb ihres Informationsfelds. Dieses Segment enthält weitere Informationen zur Identifikation von Sender und Empfänger. Das Adreßsegment dient vor allem der Adressierung der Zielmaschine und dem Auffinden des Rückweges (es ist z.B. die MAC-Adresse des Senders enthalten).

Das folgende Paket-Austausch-Diagramm (s. Abbildung 6.3) illustriert den notwendigen Adressenaustausch beim Verbindungsaufbau anhand einer Punkt-zu-Punkt-Verbindung:

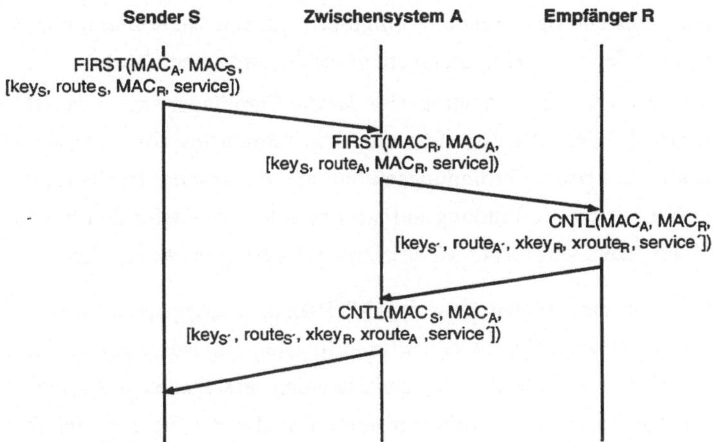

Abb. 6.3: AMTP-Verbindungsaufbau mit Dienstkonfiguration

Der Verbindungsaufbau bzw. das Verbindungsmanagement von Mehrpunkt-Verbindungen ist nicht mit dem normalen Schlüsselaustausch zu bewerkstelligen. Während die Empfänger bei Punkt-zu-Punkt-Verbindungen zum Verbindungsaufbau im xkey-Feld des CNTL-Pakets ihre eigenen Kontextpointer übertragen, die der Sender als *return key* zur Adressierung einsetzt, kann nicht davon ausgegangen werden, daß sich sämtliche Mitglieder einer Gruppe für den gleichen *xkey*-Wert entscheiden, den der Sender dann als *return key* benutzen könnte. Daher ist bei den Empfängern für jedes ankommende Paket eine vollständige Abbildung des *key*-Werts auf den gewählten Kontext durchzuführen. Ein Seiteneffekt des nicht möglichen Schlüsselaustausches beim Multicast ist, daß aufgrund des höchstwertigen Bits im key-Feld schnell erkannt wird, ob das entsprechende Paket vom Multicast-Sender oder von einem der Empfänger kommt.

6.2 AMTP-Primär- und Sekundärdienste

AMTP basiert auf einer Dienstspezifikation, die acht grundlegende Primärdienste definiert, die je nach Anwenderanforderungen ausgewählt werden können. Jedem dieser Dienste ist eine Abbildung auf bestimmte Funktionalitäten zugeordnet (Kontextmasken), die jedem an der Kommunikation beteiligten System bekannt sein muß. Jedes AMTP-Paket besitzt zur Identifizierung der dem Primärdienst zugeordneten Sekundärdienst-Realisierungen ein service-Feld, das neben der Kontextmaske ein chmod-Feld (*change mode*) enthält. Im chmod-Feld werden optionale Sekundärdienst-Realisierungen angegebenen, die zu einer alternativen Realisierung des gleichen Primärdienstes führen. Das chmod-Feld wird nur dann zur Konfigurierung eines Dienstes herangezogen, wenn einer der folgenden Fälle eintritt:

- Der Initiator einer Verbindung setzt das CM-Bit (chmod), da er nicht die Standard-Sekundärdienst-Realisierungen des Primärdienstes verlangt. Es wird hier der Begriff des "Initiators" anstelle des "Senders" eingesetzt, da eine Station durchaus als Sender und Empfänger in derselben Kommunikationsverbindung agieren kann.

- Die betroffenen Zwischensysteme oder der/die Empfänger setzen das CM-Bit und schlagen eine modifizierte Realisierung des Transferdienstes vor. Mittels 2- oder 3-Wege-Handshake wird beim Verbindungsaufbau die gewünschte Realisierung ausgehandelt. Wird ein impliziter Verbindungsaufbau gewählt, besteht für den bzw. die Empfänger keine Möglichkeit, sich an der Modifizierung des Dienstes zu beteiligen.

Abbildung 6.4 zeigt den Aufbau des im AMTP-Header integrierten service-Felds und die Zuordnung der Kontextmaske zu den Primärdiensten (in Hexadezimal-Darstellung). Die Kontextmasken sind derart gewählt, daß zwischen den verschiedenen Werten möglichst große *Hamming-Distanzen* (hier ≥ 3) eingehalten werden, so daß die Wahrscheinlichkeit von Zuordnungsfehlern aufgrund von Bitfehlern minimiert wird. Wie die in Abbildung 6.4 dargestellte Tabelle zeigt, existieren jeweils vier Punkt-zu-Punkt- und vier Mehrpunkt-Primärdienste, deren zugeordnete Sekundärdienste im folgenden beschrieben werden.

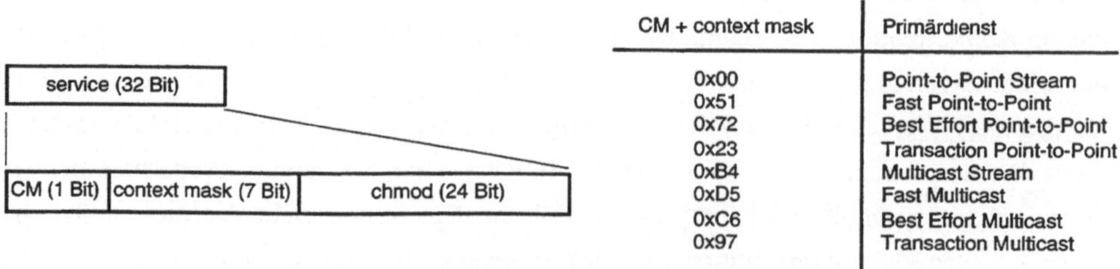

CM + context mask	Primärdienst
0x00	Point-to-Point Stream
0x51	Fast Point-to-Point
0x72	Best Effort Point-to-Point
0x23	Transaction Point-to-Point
0xB4	Multicast Stream
0xD5	Fast Multicast
0xC6	Best Effort Multicast
0x97	Transaction Multicast

Abb. 6.4: service-Feld und Primärdienst-Zuordnung

6.2.1 Punkt-zu-Punkt-Primärdienste

Die vier zur Punkt-zu-Punkt-Kommunikation eingesetzten Primärdienste unterscheiden sich aufgrund der unterschiedlichen Funktionalitäten, die ihnen anhand der Kontextmaske zugeordnet sind. Geringfügige Modifizierungen eines Dienstes sind erlaubt, sofern sie als optionale Realisierungen der Sekundärdienste vorgesehen sind. Bei der nun folgenden Auflistung von Diensten werden neben den Standard-Realisierungen der Sekundärdienste auch die möglichen Optionen angegeben. Dazu können die im chmod-Feld angegebenen "Flags" entsprechend gesetzt werden. Die in Abhängigkeit vom ausgewählten Dienst setzbaren Flags sind in der nachfolgenden Dienstübersicht angegeben.

- *Point-to-Point Stream Transfer Service (PPST)*, der einen den gestellten QOS-Anforderungen entsprechenden Duplex-Datenaustausch ermöglicht: Beim Verbindungsaufbau können sowohl eine einzelne Simplex-Datenverbindung mit Quittierung, als auch zwei Punkt-zu-Punkt-Streams aufgebaut werden, die jeweils eine garantierte Dienstqualität über einen gemeinsamen Übertragungspfad bereitstellen. Die zu unterstützenden quantitativen QOS-Parameter können ausgewählt werden. Neben der Übertragungsrate können die Verzögerung und die Fehlerraten spezifiziert werden. Die QOS-Semantik ist standardmäßig "verpflichtend", kann aber auch als "adaptiv" eingestellt werden (vgl. Kapitel 7). Im ersten Fall wird die Verbindung bei Nichteinhalten der ausgehandelten Dienstqualität abgebrochen, während die "adaptive" QOS-Semantik eine Neuverhandlung ermöglicht.

Standardmäßig wird eine *PPST*-Simplexverbindung mit den gemäß der folgenden Tabelle 6.1 zusammengesetzten Sekundärdiensten aufgebaut. Mögliche Modifikationen stellen die in der Spalte "Optionale Realisierungen" angegebenen Funktionalitäten dar.

Sekundärdienst	Standard-Realisierung	Optionale Realisierungen
Verbindungsaufbau	2-Wege-Handshake mit integriertem Schlüssel- und Service-Austausch (Simplex-Verbindung)	3-Wege-Handshake mit integriertem Schlüssel- und Service-Austausch (Duplex-Verbindung) (CONHS3)
Flußkontrolle	ratenbasiert mit überlagertem Fenstermechanismus	Deaktivierung des Fenstermechanismus (NOWND)
Überlastkontrolle	FF-Tri-S (inkl. Alarmverfahren)	Deaktivierung des FF-Tri-S-Verfahrens (NOFFTriS)
Fehlererkennung	Header- und Daten-Prüfsumme, Lücken im Empfangsstrom, timergesteuert (Empfänger)	Deaktivierung der Prüfsumme (NOCHECK), sendergesteuerte Quittungsaufforderung (NOSACK)
Fehlerbenach-richtigung	blockweise selektive Quittierung	Deaktivierung der selektiven Quittierung (NOSACK) -> positive Quittierung
Fehlerbehebung	blockselektive Neuübertragung	redundante Wiederholungen: Replikation (REPLICRET) oder XOR (XORRET), FEC-Verfahren: XOR (XORFEC)
Quantitative QOS-Parameter	Übertragungsrate [Segmentgröße, angeforderte Rate, minimale Rate] -> QOS1, Verzögerung [maximal] -> QOS2, Fehlerrate [akzeptable Verlustrate, # aufeinanderfolgender Verluste] -> QOS3	Deaktivierung des Fehlertoleranz-QOS-Parameters (NOQOS3)
QOS-Semantik	verpflichtend (mit QOS-Monitoring)	adaptiv (mit QOS-Monitoring) -> (QOSADAP)
QOS-Unterstützung	Static Priority-Bedienverfahren Deadline-Scheduling Call Blocking basierend auf "angeforderte Übertragungsrate"	Deaktivierung der Static-Priority-Bedienstrategie (NOSP), Deaktivierung der Call Blocking Strategie (NOCB)
Verbindungsabbau	implizit (timer-gesteuert)	3-Wege-Handshake (DISHS3)

Tab. 6.1: PPST-Sekundärdienste

Im Gegensatz zu dem in [ISO 93b] beschriebenen "Peer-to-Peer Enhanced Connection-Mode Transport Service" ermöglicht der *PPST*-Dienst die Aushandlung und Kontrolle der Dienstqualität nicht nur zwischen den Endsystemen, sondern auch in Absprache mit den involvierten Zwischensystemen. Erst durch diese Maßnahme kann eine Dienstqualität garantiert werden. Bei Nichteinhalten der ausgehandelten Dienstqualität kann je nach Vereinbarung ein Verbindungsabbruch oder eine Adaptierung der QOS-Parameter erfolgen. Abbildung 6.5 skizziert die beiden in AMTP angebotenen Stream-Services.

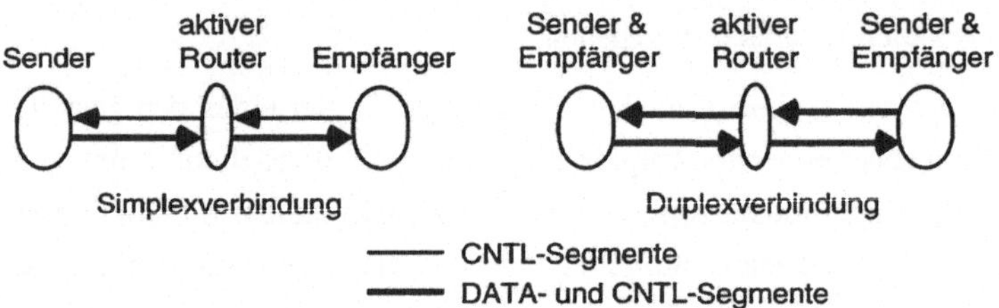

Abb. 6.5: PPST-Verbindungsarten

Der *PPST*-Dienst ist vor allem für Anwendungen geeignet, die über einen längeren Zeitraum eine Kommunikationsverbindung mit weitgehend garantierter Dienstqualität benötigen (z.B. Vollbild-Videoübertragung). Die Dienstqualität kann jedoch auch unterschritten werden, falls eine adaptive QOS-Semantik anstelle der verpflichtenden ausgewählt wird.

Vielfältig ist das Angebot der Fehlerbehandlungsroutinen. Neben der normal angebotenen selektiven Quittierung mit Neuübertragung und Prüfsummenkalkulation bietet der *PPST*-Dienst die Möglichkeit, die Prüfsumme abzuschalten (NOCHECK), die selektive Quittierung und Neuübertragung abzuschalten (NOSACK) und stattdessen eine positive Quittierungsstrategie, redundante Wiederholungsstrategien (XORRET, REPLICRET) oder eine "Forward Error Correction-" Strategie (XORFEC) nach [ShKe90] auszuwählen. Es ist nicht erlaubt, die Fehlerbehandlung durch die NOERR-Option komplett abzuschalten.

- *Fast Point-to-Point Transfer Service (FPPT)*, der einen verbindungsorientierten Simplex-Datenaustausch ohne Quittierungsmöglichkeit anbietet: Dieser Dienst gestattet nicht die Spezifikation der kompletten QOS-Parameterliste. Neben den funktionalen QOS-Parametern können ausschließlich eine maximale Ende-zu-Ende-Verzögerung und eine maximale Paketverlustrate vom Sender spezifiziert werden. Unterstützt werden diese Anforderungen sowohl von den Zwischensystemen als auch von den beteiligten Endsystemen. Bei "verpflichtender" Dienstsemantik führt das Nichteinhalten der gewünschten Dienstqualität unmittelbar zum Abbruch der Verbindung. Bei "adaptiver" Dienstsemantik (QOSADAP) kann der Sender seine Anforderungen dynamisch an ein verändertes Umfeld anpassen. Da eine geforderte Übertragungsrate vom unterliegenden Netz nicht garantiert wird, ist im Vergleich zum *PPST*-Dienst kein "Call Blocking" möglich. Somit sinkt die Wahrscheinlichkeit, eine "verpflichtende" Dienstqualität einhalten zu können.

Zur Fehlersicherung wird ein FEC- (Forward Error Correction) Mechanismus [ShKe90] basierend auf der redundanten Übertragung von Paketen eingesetzt. Zusätzliche Pakete ergeben sich durch XOR-Bildung einer bestimmten Zahl bereits gesendeter Pakete (XOR-Fenster, [AgHN94]). Diese XOR-Pakete erlauben dem Empfänger eine Rekonstruktion von verlorenen Paketen. Für den *FPPT*-Dienst ist eine FEC-Strategie zur Behebung von Paketverlusten notwendig, da Wiederholungsstrategien aufgrund der Simplex-Verbindungsart nicht zur Verfügung stehen. Wird keine fehlerfreie Übertragung gefordert, kann der FEC-Mechanismus abgeschaltet werden (NOXORFEC). Tabelle 6.2 zeigt die Standard-realisierungen der Sekundärdienste sowie die zur Verfügung stehenden Optionen.

Es gibt ein breites Spektrum von Anwendungen, die einen solchen Dienst benötigen: Angefangen bei zeitkritischen Alarmsignalen, die zuverlässig übertragen werden sollen, bis hin zu Audio- und Video-Übertragungen, die zeitsensitiv sind, aber keine zu hohen Durchsatzansprüche stellen, ist der *FPPT*-Dienst dem *PPST*-Dienst vorzuziehen.

Sekundärdienst	Standard-Realisierung	Optionale Realisierungen
Verbindungsaufbau	impliziter Verbindungsaufbau mit Timer-Überwachung durch den Empfänger	
Flußkontrolle	ratenbasiert	
Überlastkontrolle		
Fehlererkennung	Header- und Daten-Prüfsumme, Lücken im Empfangsstrom	Deaktivierung der Prüfsumme (NOCHECK)
Fehlerbenach-richtigung		
Fehlerbehebung	FEC-Verfahren: XOR	Deaktivierung der XOR-Strategie (NOXORFEC)
Quantitative QOS-Parameter	Verzögerung [maximal], Fehlerrate [akzeptable Verlustrate]	Deaktivierung der einzelnen QOS-Parameter (NOQOS2, NOQOS3)
QOS-Semäntik	verpflichtend (mit QOS-Monitoring)	adaptiv (mit QOS-Monitoring) -> (QOSADAP)
QOS-Unterstützung	Static Priority-Bedienverfahren Deadline Scheduling	Deaktivierung der Static-Priority-Bedienstrategie (NOSP)
Verbindungsabbau	implizit (timer-gesteuert)	

Tab. 6.2: FPPT-Sekundärdienste

Die Empfänger kontrollieren die Aktivität des Senders mittels eines Verbindungs-Timers. Läuft der Verbindungs-Timer ab, ohne daß in der Zwischenzeit Protokolldateneinheiten empfangen worden sind, so wird die Verbindung abgebrochen.

Die involvierten Router kontrollieren aktiv die Verzögerung der einzelnen Informations-einheiten und verwerfen sie, falls deren maximale Lebenszeit überschritten ist. Abbildung 6.6 zeigt den Simplex-Datenfluß des *FPPT*-Dienstes.

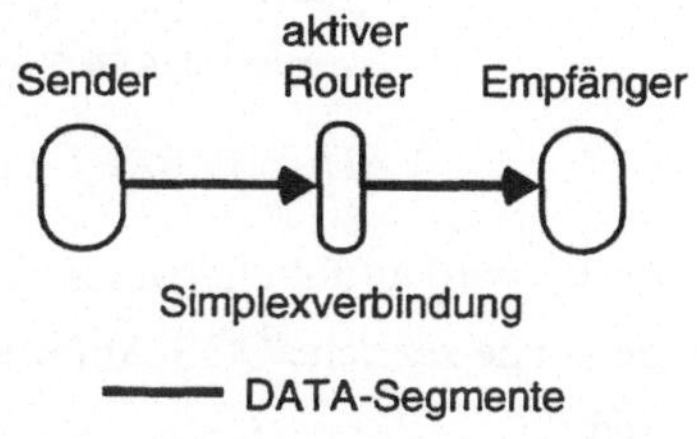

Abb. 6.6: FPPT-Verbindungsart

- *Best Effort Point-to-Point Transfer Service (BPPT)*, der einen verbindungslosen Simplex-Datenaustausch mit und ohne Quittierung ermöglicht: Dieser Dienst bedarf nicht der Unterstützung durch die beteiligten Zwischensysteme und garantiert keinerlei Dienstqualität. Um eine minimale Fehlerkontrolle zu ermöglichen, kann jedoch eine Quittierung durch den Empfänger optional verlangt werden (SACK). Sowohl Prüfsummen-Kalkulation als auch mögliche Fehlerkorrektur-Verfahren können vollständig abgeschaltet werden (NOERR). Optional bietet der *BPPT*-Dienst "2-Wege-Handshake-" Verfahren zum Verbindungsauf- und -abbau an, die es dem Empfänger gestatten, bei der Aushandlung der Übertragungsrate mitzuentscheiden. Alternativ zur ratengesteuerten Datenübertragung kann mittels der FFTriS-Option auf fensterbasierte Flußkontrolle umgeschaltet werden. Die folgende Tabelle 6.3 zeigt die Standardrealisierung der Sekundärdienste sowie die möglichen Optionen.

Sekundärdienst	Standard-Realisierung	Optionale Realisierungen
Verbindungsaufbau	impliziter Verbindungsaufbau ohne Überwachung	2-Wege-Handshake (CONHS2)
Flußkontrolle	ratenbasiert	Deaktivierung der Ratenkontrolle (NORATE)
Überlastkontrolle		timergesteuert: FF-Tri-S (FFTriS)
Fehlererkennung	Header- und Daten-Prüfsumme	Deaktivierung der Prüfsumme (NOCHECK), Lücken im Empfangsstrom (SACK)
Fehlerbenach-richtigung		blockweise selektive Quittierung (SACK) Deaktivierung der Fehlerbehandlung (NOERR)
Fehlerbehebung		blockselektive Neuübertragung (SACK)
Quantitative QOS-Parameter		
QOS-Semantik		
QOS-Unterstützung		
Verbindungsabbau	implizit (timer-gesteuert)	2-Wege-Handshake (DISHS2)

Tab. 6.3: BPPT-Sekundärdienste

Abbildung 6.7 verdeutlicht das Prinzip der zwei zur Auswahl stehenden *Best Effort Point-to-Point Transfer Services*.

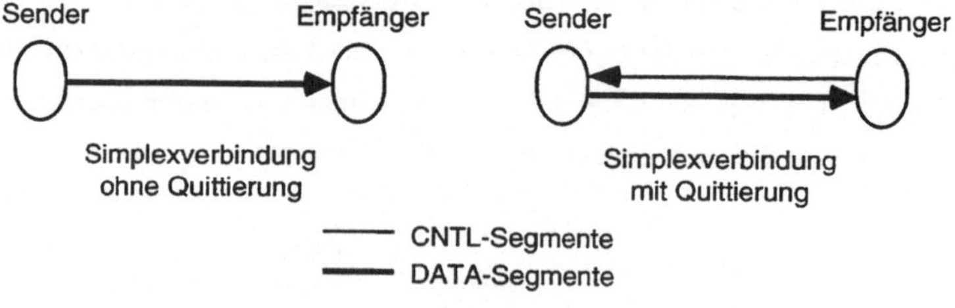

Abb. 6.7: BPPT-Verbindungsart

BPPT-ähnliche Dienste werden üblicherweise zur Unterstützung von Massendatentransfer-Anwendungen ohne zeitliche QOS-Anforderungen eingesetzt, die fehlersensitiv oder fehlertolerant sind.

- *Transaction Point-to-Point Transfer Service (TPPT)*, der einen Anfrage-/Antwort-Dienst, basierend auf dem *FPPT*-Dienst ermöglicht: Es werden zwei Simplex-Datenverbindungen aufgebaut, die nicht den gleichen Netzwerkpfad benutzen müssen. Die Dienstqualität der einzelnen Verbindungen wird sowohl getrennt (Ende-zu-Ende-Laufzeit, Fehlerrate, Zuverlässigkeit), als auch gemeinsam betrachtet. Neben den funktionalen QOS-Parametern können vom Sender eine maximale Antwortzeit und eine maximale Paketverlustrate spezifiziert werden. Zur Fehlererkennung benutzt der jeweilige Initiator einer Anfrage einen Timer, der kontrolliert, ob eine Antwort ausbleibt. Zur Fehlerbehebung wird der XOR-FEC- (Forward Error Correction) Mechanismus eingesetzt. Die folgende Tabelle 6.4 faßt die Standard-*TPPT*-Dienste und die entsprechenden Optionen zusammen. Genau wie beim *FPPT*-Dienst besteht keine Möglichkeit, eine Garantie für eine angeforderte Übertragungsrate zu erhalten, und somit auch "Call Blocking-" Unterstützung.

Sekundärdienst	Standard-Realisierung	Optionale Realisierungen
Verbindungsaufbau	impliziter quittierter Verbindungsaufbau durch Erhalt von Paketen der Gegenseite	
Flußkontrolle	ratenbasiert	Deaktivierung des Ratenkontrollmechanismus (NORATE)
Überlastkontrolle	FF-Tri-S (ohne Alarmverfahren)	Deaktivierung des FF-Tri-S-Verfahrens (NOFFTnS)
Fehlererkennung	Header- und Daten-Prüfsumme, timergesteuert (Sender & Empfänger)	Deaktivierung der Prüfsumme (NOCHECK)
Fehlerbenach-nchtigung	implizite Quittung durch Erhalt von Datenpaketen der Gegenseite	
Fehlerbehebung	FEC-Verfahren: XOR (beide Senderichtungen)	Deaktivierung der XOR-Strategie (NOXORFEC) Deaktivierung der Fehlerbehandlung (NOERR)
Quantitative QOS-Parameter	Verzögerung [maximal], Fehlerrate [akzeptable Verlustrate, # aufeinanderfolgender Verluste]	Deaktivierung der einzelnen QOS-Parameter (NOQOS2, NOQOS3)
QOS-Semantik	verpflichtend (mit QOS-Monitoring)	adaptiv (mit QOS-Monitoring) -> (QOSADAP)
QOS-Unterstützung	Static Priority-Bedienverfahren Deadline-Scheduling	Deaktivierung der Static-Priority-Bedienstrategie (NOSP)
Verbindungsabbau	impliziter quittierter Verbindungsabbau durch Erhalt von Paketen der Gegenseite	

Tab. 6.4: TPPT-Sekundärdienste

Die involvierten Router kontrollieren aktiv die Verzögerung der einzelnen zeitsensitiven Informationseinheiten und verwerfen sie, falls deren maximale Lebenszeit überschritten ist. Abbildung 6.8 skizziert den Datenfluß beim *Transaction Point-to-Point Transfer Service*:

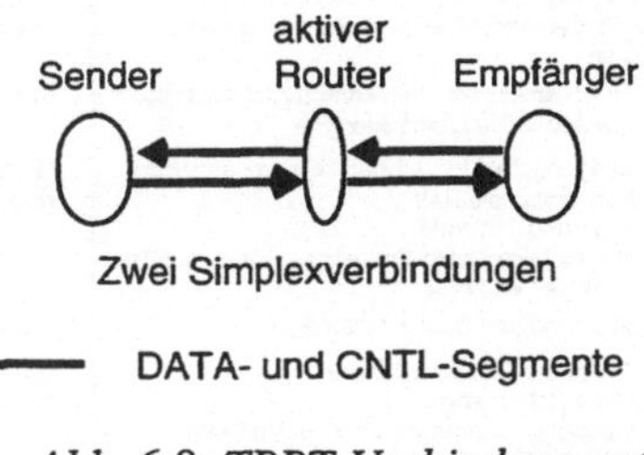

Abb. 6.8: TPPT-Verbindungsart

6.2.2 Multicast-Primärdienste

Die vier zur Multicast-Kommunikation spezifizierten Primärdienste basieren auf den im vorigen Abschnitt vorgestellten Punkt-zu-Punkt-Primärdiensten, wobei sich die Fehlerbehandlungs-Mechanismen aufgrund der Multicast-Semantik verändert haben.

AMTP bietet keine Vollduplex-Datenübertragung zwischen allen Stationen einer Gruppe. Ausschließlich der Initiator der Verbindung besitzt die Möglichkeit, eine Multicast-Verbindung aufzubauen und zu benutzen, während die restlichen Stationen die Daten zum Initiator per Unicast-Verbindung schicken. Es werden die folgenden vier Primärdienste unterschieden:

- *Multicast Stream Transfer Service (MST)*, der sowohl einen Simplex- als auch einen Duplex-Datenaustausch zwischen dem Initiator und den restlichen Mitgliedern einer Multicast-Gruppe unterstützt: Die Streams besitzen eine Dienstqualität, die mit Hilfe der involvierten Zwischensysteme ausgehandelt und kontrolliert wird. Zusätzlich helfen die Zwischensysteme bei der Reduzierung der Anzahl der Quittungspakete. Diese Option kann abgeschaltet werden und stattdessen wie bei XTP ein Filtern der Quittungen in den Endsystemen durchgeführt werden (XTPLIKE). Diese Option sollte allerdings ausschließlich in lokalen Szenarien gewählt werden, da der XTP-Bucket-Algorithmus im Weitverkehrsbereich nicht einsetzbar ist (vgl. Kapitel 5.4). Beim Duplex-Datenaustausch können alle beteiligten Stationen als Empfänger und Sender agieren. Von jedem Empfänger wird eine Unicast-Übertragung zum eigentlichen Initiator der Verbindung aufgebaut. Bei beiden Verbindungsarten werden Quittungen (falls gefordert) an den jeweiligen Sender per Punkt-zu-Punkt-Verbindungen zurückgeschickt. Tabelle 6.5 faßt die Sekundärdienste zusammen und zeigt die möglichen Optionen.

Sekundärdienst	Standard-Realisierung	Optionale Realisierungen
Verbindungsaufbau	2-Wege-Handshake mit integriertem Schlüssel- und Service-Austausch (Simplex-Verbindung)	3-Wege-Handshake mit integriertem Schlüssel- und Service-Austausch (Duplex-Verbindung) (CONHS3)
Flußkontrolle	ratenbasiert mit überlagertem zeitgesteuerten Fenstermechanismus (dynamisch), Ratenadaption basierend auf Quittungen	Deaktivierung des Fenstermechanismus (NOWND)
Überlastkontrolle	FF-Tri-S (inkl. Alarmverfahren)	Deaktivierung des FF-Tri-S-Verfahrens (NOFFTriS)
Fehlererkennung	Header- und Daten-Prüfsumme, Lücken im Empfangsstrom, sendergesteuert	Deaktivierung der Prüfsumme (NOCHECK), Deaktivierung der Sendersteuerung (XORFEC)
Fehlerbenach-richtigung	blockweise selektive Quittierung, hochpriore Quittungspakete	Deaktivierung der selektiven Quittierung (NOSACK) -> Positive Acknowledgement
Quittungspaket-Implosion	topologieabhängiges Filtern in den Routern, Empfänger identifizierbar -> Zuverlässigkeitsklassen	Endsystemdamping und Multicast-Quittungspakete (lokale Netze) -> (XTPLIKE)
Fehlerbehebung	zeitliche Fenster zur Quittierungs-Aufforderung, blockselektive Neuübertragung	FEC-Verfahren: XOR (XORFEC) Neuübertragung von Routern (ROUTRET)
Quantitative QOS-Parameter	Übertragungsrate [Segmentgröße, angeforderte Rate, minimale Rate], Verzögerung [maximal], Fehlerrate [akzeptable Verlustrate, # aufeinanderfolgender Verluste]	Deaktivierung des Fehlertoleranz-QOS-Parameter (NOQOS3)
QOS-Semantik	verpflichtend (mit QOS-Monitoring)	adaptiv (mit QOS-Monitoring) -> QOSADAP
QOS-Unterstützung	Static Priority-Bedienverfahren Deadline-Scheduling Call Blocking basierend auf "requested rate"	Deaktivierung der Static-Priority-Bedienstrategie (NOSP), Deaktivierung der Call Blocking Strategie (NOCB)
Verbindungsabbau	implizit (timer-gesteuert)	3-Wege-Handshake (DISHS3)

Tab. 6.5: MST-Sekundärdienste

Die Fehlerbehandlungsroutinen des *MST*-Dienstes sind ähnlich vielfältig wie die des entsprechenden Punkt-zu-Punkt-Dienstes, des *PPST*-Dienstes. Standardmäßig unterstützt der *MST*-Dienst die Kalkulation der Prüfsumme, eine sendergesteuerte Fehlerkontrolle, wobei die Empfänger durch den Initiator zur Generierung selektiver Quittungen aufgefordert werden und der Initiator anschließend eine kumulierte Neuübertragung startet. Optional bietet der *MST*-Dienst die Möglichkeit, anstelle des Initiators die Router zur Neuübertragung einzusetzen. Zu diesem Zweck generieren die beteiligten Empfänger Quittungspakete mit kurzer Lebenszeit, die ausschließlich vom benachbarten Router empfangen werden können. Dieser kann entsprechend reagieren, falls er über die nötige Speicherkapazität verfügt und eine Zwischenspeicherung der Daten der von ihm verwalteten aktiven Kontexte vorgenommen hat (ROUTRET). Anstelle der Wiederholungsstrategien kann alternativ auf "Forward Error Correction" umgeschaltet werden (XORFEC).

In der folgenden Abbildung 6.9 sind die standardmäßig eingesetzte Simplexverbindung und eine Duplexverbindung zwischen den beteiligten Stationen dargestellt.

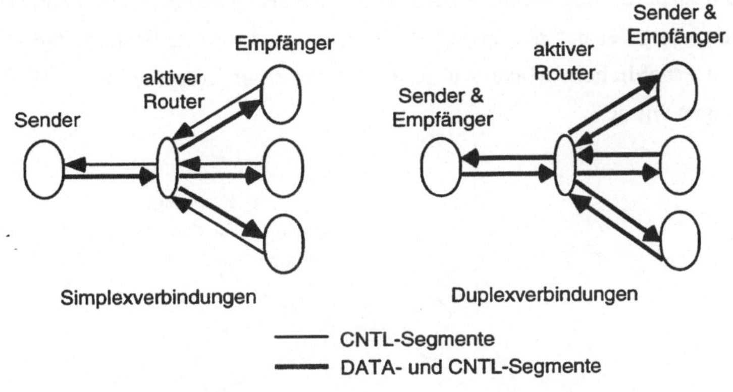

Abb. 6.9: MST-Verbindungsarten

- *Fast Multicast Transfer Service (FMT)*, der eine Simplex-Datenübertragung von einem Sender zu verschiedenen Empfängern ermöglicht: Wie beim *FPPT*-Dienst wird nur eine eingeschränkte Menge von QOS-Parametern unterstützt (vgl. Tabelle 6.6).

Aufgrund der Unidirektionalität der Verbindungen kann ausschließlich der implizite Aufbaumechanismus eingesetzt werden. Die involvierten Zwischensysteme versuchen zur Dienstrealisierung unterstützend beizutragen.

Sekundardienst	Standard-Realisierung	Optionale Realisierungen
Verbindungsaufbau	impliziter Verbindungsaufbau mit Timer-Überwachung durch den Empfänger	
Flußkontrolle	ratenbasiert	
Überlastkontrolle		
Fehlererkennung	Header- und Daten-Prüfsumme, Lücken im Empfangsstrom	Deaktivierung der Daten-Prüfsumme (NOCHECK)
Fehlerbenachrichtigung		
Quittungspaket-Implosion		
Fehlerbehebung	FEC-Verfahren: XOR	Deaktivierung der XOR-Strategie (NOXORFEC)
Quantitative QOS-Parameter	Verzögerung [maximal], Fehlerrate [akzeptable Verlustrate]	Deaktivierung der einzelnen QOS-Parameter (NOQOS2, NOQOS3)
QOS-Semantik	verpflichtend (mit QOS-Monitoring)	adaptiv (mit QOS-Monitoring) -> (QOSADAP)
QOS-Unterstützung	Static Priority-Bedienverfahren Deadline Scheduling	Deaktivierung der Static-Priority-Bedienstrategie (NOSP)
Verbindungsabbau	implizit (timer-gesteuert)	

Tab. 6.6: FMT-Sekundärdienste

Abbildung 6.10 skizziert den Datenfluß mit aktivem Router. Wie bereits beim *FPPT*-Dienst werden auch hier keine Quittungspakete von den Empfängern erwartet. Da dieser Dienst nicht die Angabe der Übertragungsrate als QOS-Parameter unterstützt, entfällt die Realisierung des auf der angeforderten Übertragungsrate basierenden "Call Blockings", das in erheblichem Maße zur Realisierung einer "verpflichtenden" Dienstsemantik beitragen würde.

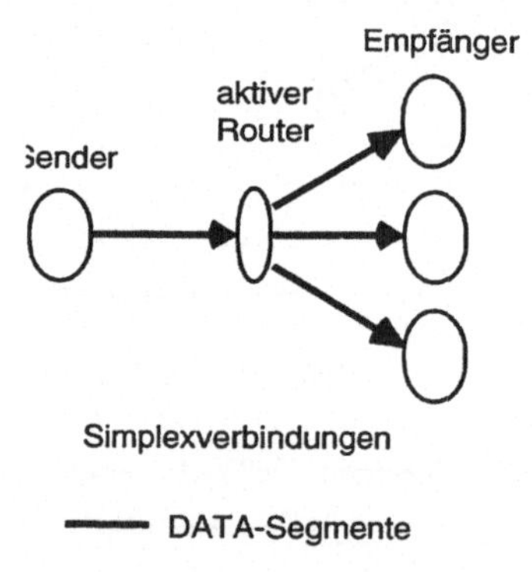

Abb. 6.10: FMT-Verbindungsarten

- *Best Effort Multicast Transfer Service (BMT)*, der keinerlei QOS-Unterstützung anbietet und Simplex-Verbindungen mit bzw. ohne Quittierung ermöglicht: Zwischensysteme unterstützen die eigentliche Datenübertragung nicht. Standardmäßig setzt der *BMT*-Dienst den sendergesteuerten "Verteilten" Quittierungsalgorithmus ein (vgl. Abbildung 3.2 in Kapitel 3.1), bei dem nur eine Quittung je lokalem Netz generiert wird und somit eine implizite Reduzierung der Quittungspaket-Anzahl erzielt wird. Diese Strategie ist nur dann einsetzbar, wenn nicht die Unterstützung der selektiven Neuübertragung angefordert wurde (SACK).

Sämtliche Quittungen der Empfänger werden per Unicast an den Sender geschickt. Zur Reduzierung der Quittungspaket-Implosion wird durch Setzen der XTPLIKE-Option in lokalen Szenarien das von XTP [XTP 92a] bekannte Damping und Slotting in den Endsystemen angewandt (vgl. Kapitel 3.1.8.5). Als weitere Alternative bleibt das komplette Abschalten sämtlicher Fehlerbehandlungsroutinen (NOERR). Tabelle 6.7 zeigt die vordefinierten Sekundärdienste und die Alternativ-Möglichkeiten.

Sekundärdienst	Standard-Realisierung	Optionale Realisierungen
Verbindungsaufbau	impliziter Verbindungsaufbau ohne Überwachung	2-Wege-Handshake (CONHS2)
Flußkontrolle	ratenbasiert	Deaktivierung der Ratenkontrolle (NORATE)
Überlastkontrolle		timergesteuert: FF-Tn-S (FFTriS)
Fehlererkennung	Header- und Daten-Prüfsumme	Deaktivierung der Prüfsumme (NOCHECK), Lücken im Empfangsstrom (SACK)
Fehlerbenach-richtigung	Verteilter Quittierungsalgorithmus	blockweise selektive Quittierung (SACK), Deaktivierung der Fehlerbehandlung (NOERR)
Quittungspaket-Implosion		Endsystemdamping und Multicast-Quittungspakete (LANs) -> XTPLIKE
Fehlerbehebung		zeitliche Fenster zur Quittierungsaufforderung (SACK) -> blockselektive Neuübertragung
Quantitative QOS-Parameter		
QOS-Semantik		
QOS-Unterstützung		
Verbindungsabbau	implizit (timer-gesteuert)	2-Wege-Handshake (DISHS2)

Tab. 6.7: BMT-Sekundärdienste

Abbildung 6.11 illustriert den Datenfluß beim *BMT*-Dienst. Die Multicast-Übertragung der Daten zu den Empfängern wird durch die Verzweigung des Datenübertragungspfades verdeutlicht. Die Quittungspakete werden per Unicast an den Sender geschickt. Der Einsatz des topologieabhängigen Filterns in den Routern ist beim *BMT*-Dienst nicht nötig, da die Anzahl der Quittungspakete bereits aufgrund des Einsatzes des "Verteilten" Quittierungsverfahrens erheblich reduziert wird. Alternativ zur für lokale Szenarien vorgesehenen XTP-Fehlerkontrolle kann die Fehlerkorrektur auch ganz abgeschaltet werden.

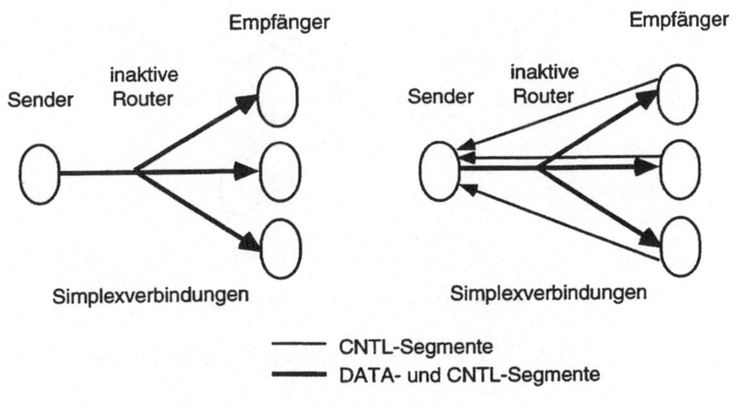

Abb. 6.11: BMT-Verbindungsarten

- *Transaction Multicast Transfer Service (TMT)*, der einen Anfrage-/Antwort-Dienst basierend auf dem *FMT*-Dienst ermöglicht: Die vom eigentlichen Initiator der Verbindung ausgehende Multicast-Anfrage wird von den verschiedenen Empfängern durch eine Unicast-Datenübertragung an den Sender beantwortet. Dazu nutzen die zu Sendern gewordenen Empfänger den *FPPT*-Dienst mit eingeschränkter QOS-Unterstützung. Tabelle 6.8 faßt die vordefinierten Sekundärdienste und entsprechende Optionen zusammen.

Sekundärdienst	Standard-Realisierung	Optionale Realisierungen
Verbindungsaufbau	impliziter quittierter Verbindungsaufbau durch Erhalt von Paketen der Gegenseite	
Flußkontrolle	ratenbasiert	Deaktivierung des Ratenkontrollmechanismus (NORATE)
Überlastkontrolle	FF-Tri-S (ohne Alarmverfahren)	Deaktivierung des FF-Tri-S-Verfahrens (NOFFTriS)
Fehlererkennung	Header- und Daten-Prüfsumme, timergesteuert	Deaktivierung der Prüfsumme (NOCHECK)
Fehlerbenachrichtigung	implizite Quittung durch Erhalt von Datenpaketen der Gegenseite	
Quittungspaket-Implosion		
Fehlerbehebung	FEC-Verfahren: XOR (beide Senderichtungen)	Deaktivierung der XOR-Strategie (NOXORFEC)
Quantitative QOS-Parameter	Verzögerung [maximal], Fehlerrate [akzeptable Verlustrate, # aufeinanderfolgender Verluste]	Deaktivierung der einzelnen QOS-Parameter (NOQOS2, NOQOS3)
QOS-Semantik	verpflichtend (mit QOS-Monitoring)	adaptiv (mit QOS-Monitoring) -> (QOSADAP)
QOS-Unterstützung	Static Priority-Bedienverfahren Deadline-Scheduling	Deaktivierung der Static-Priority-Bedienstrategie (NOSP)
Verbindungsabbau	impliziter quittierter Verbindungsabbau durch Erhalt von Paketen der Gegenseite	

Tab. 6.8: TMT-Sekundärdienste

Abbildung 6.12 skizziert den *TMT*-Dienst. Zu beachten ist, daß die Unicast-Quittungen der Empfänger nicht den gleichen Pfad wie die Multicast-Verbindung des Initiators benutzen müssen, sondern jeweils einen eigenen Pfad zum Initiator der Verbindung aufbauen können. Abbildung 6.12 skizziert somit nur einen Spezialfall.

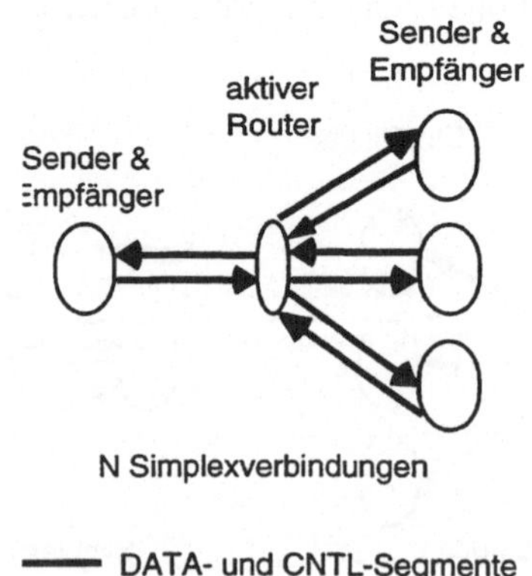

Abb. 6.12: Transaction Multicast Transfer Service

Zur Realisierung der unterschiedlichen Dienste benötigt AMTP die Unterstützung durch ein Protokoll zur Verwaltung von Gruppenadressen (wie z.B. CMAP) und von unterliegenden

Mechanismen zur Wegewahl und Reservierung von Ressourcen (bzw. effektive Bedienstrategien, die eine explizite Reservierung erübrigen, vgl. Kapitel 2 Abbildung 2.6).

6.3 AMTP-Syntax

Zur Konfigurierung der in Kapitel 6.2 beschriebenen Dienste benötigt AMTP ein Protokollformat, das die beschriebenen Auswahlmöglichkeiten in effizienter Weise zur Verfügung stellt. Daher ist beim Design des Headers und Trailers der AMTP-Protokolldateneinheiten (PDUs) darauf geachtet worden, daß das Generieren und Parsen von AMTP-PDUs eine "on the fly-" Bearbeitung gestattet.

6.3.1 AMTP Common Header

Im Gegensatz zu XTP und anderen neuentwickelten Protokollen setzt AMTP in Abhängigkeit vom ausgewählten Dienst unterschiedliche Headerformate ein. Der Paket-Header würde bei weitem zu umfangreich werden, falls die unterschiedlichen Kontrollinformationen sämtlicher acht Dienste in einem einzelnen Header zusammengefaßt wären. Den Beginn eines Headers bildet der AMTP Common Header, der die Felder enthält, die unabhängig vom ausgewählten Dienst in jedem Paket zur Verfügung stehen. Abbildung 6.13 zeigt einen Ausschnitt aus dem AMTP-Paketformat.

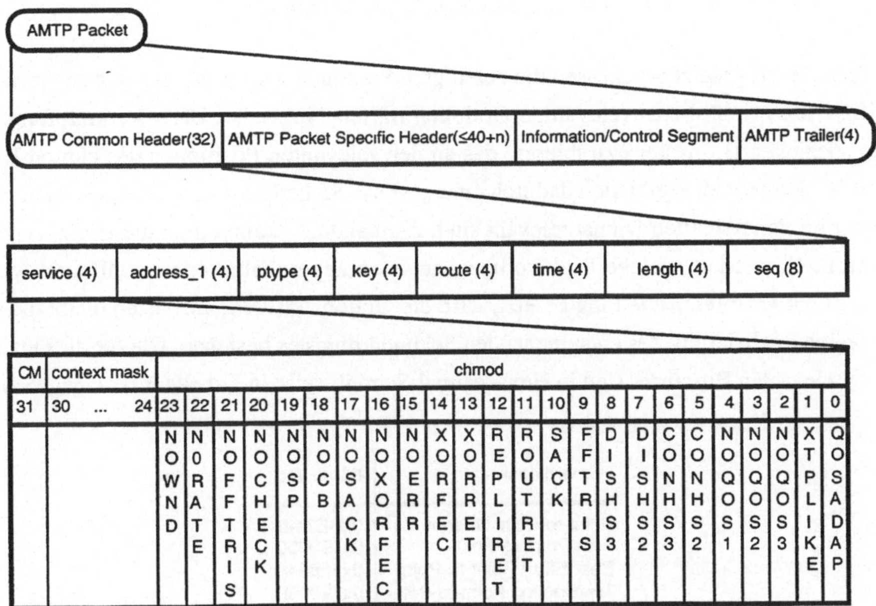

CM	context mask		chmod																							
31	30 ... 24	23	22	21	20	19	18	17	16	15	14	13	12	11	10	9	8	7	6	5	4	3	2	1	0
		NOWND	N0RATE	NOFFTRIS	NOCHECK	NOSP	NOCB	NOSACK	NOXORFEC	NOERR	XORFEC	XORRET	REPLIRET	ROUTRET	SACK	FFTRIS	DISHS3	DISHS2	CONHS3	CONHS2	NOQOS1	NOQOS2	NOQOS3	XTPLIKE	QOSADAP

Abb. 6.13: AMTP-Paketformat: chmod-Feld

Das Ende der AMTP-Pakete bildet die Prüfsumme, die gemäß [XTP 92a] kalkuliert werden soll. Sie wird generell über Header und Informations- bzw. Kontroll-Segment gebildet. Ist

NOCHECK gesetzt, wird die Prüfsumme ausschließlich über den Header kalkuliert. Der Einsatz zweier Prüfsummen, wie bei XTP, erübrigt sich somit. Während verschiedene Informationen einzelne Bitfehler kompensieren können, sollte der Paket-Header möglichst fehlerfrei sein. Durch Setzen der NOERR-Option wird die Prüfsummenberechnung komplett abgeschaltet.

Möchte eine der an einer Kommunikationsverbindung beteiligten Stationen bestimmte standardmäßige Realisierungen der Sekundärdienste modifizieren, so setzt sie das CM-Bit und wählt die in den Tabellen 6.1 - 6.8 angegebenen Optionen aus und belegt sie entsprechend.

Nicht jede End- und Zwischenstation, die an der Erbringung eines Dienstes beteiligt ist, ist jedoch auch berechtigt, das chmod-Feld im service-Feld zu modifizieren. Je nach ausgewähltem Dienst dürfen die in Tabelle 6.9 angegebenen Stationen das chmod-Feld verändern.

Primärdienst	Modifizierende Stationen
Point-to-Point Stream	Sender, Empfänger und Zwischenstationen
Fast Point-to-Point	Sender
Best Effort Point-to-Point	Sender und Empfänger
Transaction Point-to-Point	Sender, Empfänger und Zwischenstationen
Multicast Stream	Sender, Empfänger und Zwischenstationen
Fast Multicast	Sender
Best Effort Multicast	Sender und Empfänger
Transaction Multicast	Sender, Empfänger und Zwischenstationen

Tab. 6.9: Modifizierende Stationen

Falls das CM-Bit gesetzt ist, müssen die beteiligten Stationen die für den im context mask-Feld spezifizierten Primärdienst relevanten Optionen mittels "logischer UND-Verknüpfung" mit einem speziellen Bitmuster extrahieren, das an den relevanten Positionen des chmod-Feldes gesetzt ist. Zum einen ergibt sich dadurch eine gewisse Sicherheit gegenüber gesetzten Flags, die nicht für den aktuellen Dienst relevant sind. Zum anderen kann durch die UND-Verknüpfung ermittelt werden, welche Protokollmechanismen abgeschaltet oder modifiziert werden sollen. Ist das entsprechende Flag gesetzt, wird die Option aktiviert, ansonsten bleibt die standardmäßige Realisierung des entsprechenden Sekundärdienstes bestehen. Die für die einzelnen Dienste relevanten Bitmuster sind in Hexadezimal-Schreibweise in Tabelle 6.10 angegeben.

Primärdienst	Bitmuster
Point-to-Point Stream	0xBE7145
Fast Point-to-Point	0x19000D
Best Effort Point-to-Point	0x5086A0
Transaction Point-to-Point	0x79800D
Multicast Stream	0xBE4947
Fast Multicast	0x19000D
Best Effort Multicast	0x5086A2
Transaction Multicast	0x79000D

Tab. 6.10: Extrahieren der relevanten Optionsfelder

Das Ergebnis der "logischen UND-Verknüpfung" wird von den Stationen zur Konfigurierung ihres lokalen Kontextes eingesetzt. Entsprechend werden die geforderten funktionalen Eigenschaften des Primärdienstes realisiert.

Das address_1-Feld (vgl. Abbildung 5.46) im AMTP Common Header setzt sich aus der Anzahl (n_address) der im AMTP Service Specific Header angegebenen Adressen address_2 und einer Adreßformat-Angabe zusammen. Im a_format-Feld wird nach XTP-Vorbild zwischen verschiedenen Adreßformaten unterschieden. Bei AMTP wird die Auswahl allerdings auf zwei Möglichkeiten beschränkt: Internet sowie ISO Adressen sind die einzigen Kandidaten. Aufgrund des Einsatzes der Schlüssel- und Route-Austauschverfahren wird das eigentliche Adreßfeld address_2 ausschließlich im FIRST- bzw. in LEAVE- und JOIN-Pakete eingesetzt.

Das ptype-Feld (vgl. Abbildung 6.14) enthält sowohl die Kennzeichnung der eingesetzten AMTP Version, den Pakettypen, sowie eine Liste von paketspezifischen Optionsbits, die aus dem XTP-Protokoll übernommen wurden und in Abhängigkeit vom Pakettypen gesetzt werden.

pformat	Pakettyp
0x51	FIRST
0x72	DATA
0x23	CNTL
0xB4	CNTL_RTT
0xD5	JOIN
0xC6	LEAVE
0x97	XOR

Abb. 6.14: ptype-Feld des AMTP-Headers

Ist SREQ gesetzt, so wird der Empfänger des Pakets aufgefordert, unverzüglich vor der Bearbeitung weiterer DATA-Pakete ein Quittungspaket zu generieren oder mittels Piggybacking zu antworten. SREQ kann in allen Paketen gesetzt werden. Dies ist eine im Vergleich zu XTP wichtige Erweiterung, die insbesondere im Multicast-Bereich eine Vielzahl unnötiger Kontroll-Nachrichten einspart. Im Gegensatz zum SREQ fordert das DREQ den Empfänger auf, erst nach vollständiger Bearbeitung der bei der Ankunft des Pakets mit gesetztem DREQ in der Empfangswarteschlange vorhandenen Pakete, eine entsprechende Antwort zu generieren. DREQ kann in DATA- und XOR-Paketen gesetzt werden

Durch Setzen von RCLOSE, WLOSE und/oder END werden verschiedene aus der XTP-Spezifikation bekannte Verbindungsabbau-Mechanismen angestoßen, die unterschiedliche Zuverlässigkeitsstufen realisieren. Auf eine detaillierte Beschreibung dieser Verfahren wird hier verzichtet, da in [XTP 92a, AMTP93] genauere Spezifikationen dieser Verfahren angegeben sind.

Das PRIO-Feld dient der Unterscheidung der Wichtigkeit verschiedener Pakete und Daten. Je höher der Wert $(111)_{bin}$, desto niedriger die Priorität. Das PRIO-Feld wird genau dann ausgewertet, falls ein Dienst mit Unterstützung statischer Prioritäten ausgewählt wurde. Das NOSP-Flag im chmod-Feld des Headers darf nicht gesetzt sein.

Die restlichen Felder des AMTP Common Part dienen zum einen dem Schlüsselaustausch und Routenaustausch (vgl. Unterkapitel 6.1). Zum anderen wird das time-Feld zur Messung der RTT eingesetzt. Das seq-Feld, das zur Numerierung der Datenbytes eingesetzt wird, wurde auf 64-Bit gegenüber XTP vergrößert (32 Bit), um "Wrap-Around" der Sequenznummern auch auf Gigabitnetzen zu unterbinden. Das length-Feld entspricht dem in XTP eingesetzten dlen-Feld und gibt die Gesamtlänge der AMTP-PDU an.

6.3.2 AMTP Packet Specific Header

Das AMTP Packet Specific Header-Feld hat je nach ausgewähltem Dienst und Paket ein spezielles Format. Die folgende Abbildung 6.15 gibt einen Überblick über das Format der sieben unterschiedlichen Pakettypen in Abhängigkeit vom Dienst. Ist kein Dienst angegeben, so ist das angegebene Paketformat für alle Diensttypen gleich. Für den *BPPT*- und den *BMT*-Dienst existiert kein QOS-Feld

Wie die Abbildung zeigt, differiert die Länge des AMTP Packet Specific Headers beträchtlich. Bei sämtlichen DATA-Paketen, außer den bei den transaktionsbasierten Diensten generierten, kann auf Kontrollparameter verzichtet werden. In den FIRST-Paketen werden die QOS-Anforderungen an den Transferdienst gestellt. Die Parameter rate und burst zur Anforderung der gewünschten Übertragungsrate, minrate zur Spezifikation der minimal akzeptablen Rate, ttl für die maximal tolerierbare Verzögerung, sowie maxerr und conerr zur Spezifikation der maximalen Fehlerrate bzw. der maximal aufeinanderfolgenden Paketverluste, können in Abhängigkeit vom ausgewählten Dienst benutzt werden.

Beim *PPST*- und *MST*-Dienst sind zusätzlich im FIRST- und CNTL-Paket zusätzlich die zwei Felder minnnn und maxnn (<u>min</u>imum <u>n</u>umber of <u>n</u>eighbours sowie <u>max</u>imum <u>n</u>umber of <u>n</u>eighbours) angegeben, die zum Austausch von Informationen über den maximalen und minimalen Verzweigungsgrads der Multicast-Verbindung eingesetzt werden (vgl. Kapitel 5.4, topologie-abhängiges Filtern).

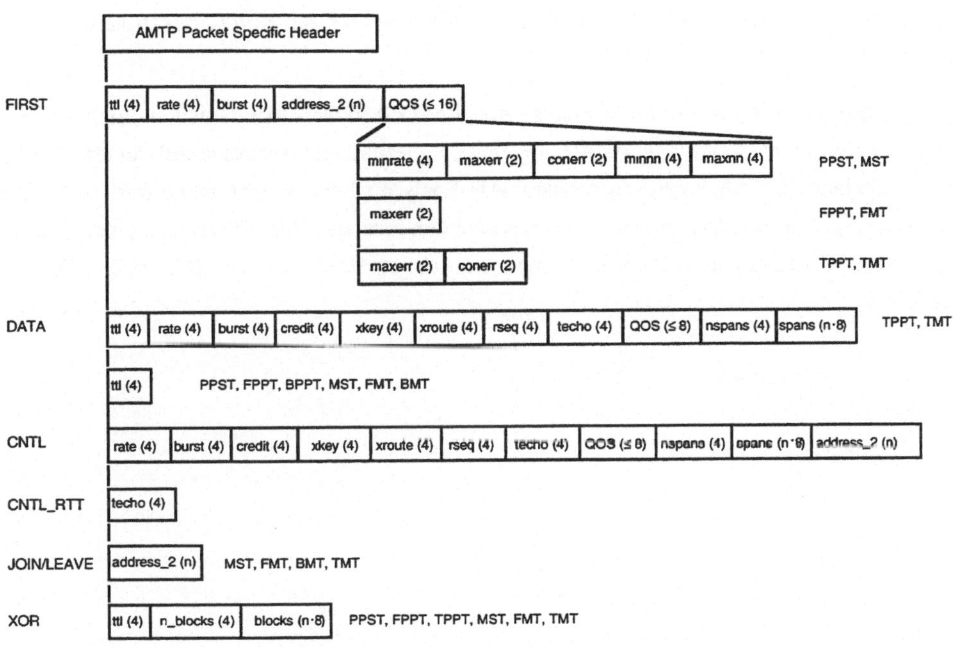

Abb. 6.15: AMTP Packet Specific Header

Die beim XOR-Paketheader auftretenden Felder n_blocks und blocks geben die Anzahl der im betreffenden XOR-Paket zusammengefaßten Datensegmente und die entsprechenden Sequenznummernbereiche an.

Alle übrigen in Abbildung 6.15 angegebenen Felder sind bereits in Rahmen der Arbeit erläutert worden und basieren zum großen Teil auf den beim XTP-Protokoll eingesetzten Header-Feldern [XTP 92a]. Auf eine weiterführende Beschreibung der AMTP-Syntax wird daher in dieser Arbeit verzichtet.

6.4 Fazit

Das in diesem Kapitel vorgestellte Primär-/Sekundär-Dienstkonzept ist mit dem Ziel einer effizienten Realisierung eines konfigurierbaren Protokolls entwickelt worden. Im Gegensatz zu den frei konfigurierbaren Ansätzen (vgl. Kapitel 7) spart ein auf diesem Dienstkonzept basierendes Protokoll erheblichen Aufwand bei der Konfigurierung des Systems ein.

Der Nutzen einer noch freieren Konfigurierung, als sie mit AMTP möglich ist, kann aufgrund der im Rahmen dieser Arbeit durchgeführten Dienstspezifikation bezweifelt werden. Anhand der Dienstspezifikation konnte festgestellt werden, daß die Anforderungen heutiger und auch zukünftiger Anwendungen durch eine relativ geringe Anzahl von Primärdiensten erfüllt werden kann. Die Offenheit für eine zukünftige Adaption der Diensttypen bietet AMTP durch eine große Anzahl möglicher Optionen. Zur Auswahl und Konfigurierung des für eine Anwendung geeigneten Diensttypen wird die in Kapitel 7 vorgestellte DYCAT-Kommunikationsarchitektur eingesetzt.

Inwiefern die bereits in Kapitel 5 analysierten AMTP-Protokollmechanismen auch als reale Implementierungen Leistungsvorteile gegenüber alternativen Ansätzen aufweisen, muß in einem nächsten Schritt bewiesen werden. Als Basis für bereits begonnene und zukünftige Implementierungsarbeiten kann auf die existierenden formalen Spezifikationen einer Vielzahl der vorgestellten Protokollmechanismen zurückgegriffen werden [Conr92, Hein93c, AMTP93].

7 *DyCAT* - Eine Adaptive Transportsystem-Architektur

Zusätzlich zu hoher Leistung (vgl. Kapitel 4 und 5) müssen zukünftige Transportsysteme über eine semantische Vielfalt verfügen, die eine optimale Unterstützung beliebiger Anwendungen oberhalb unterschiedlichster Netze erlaubt. Die dedizierte Unterstützung sieht aus den Augen eines Anwenders, unabhängig davon, ob es sich um Punkt-zu-Punkt- oder Mehrpunktverbindungen handelt, etwa folgendermaßen aus:

- keine Verzögerungen
- keine Fehler
- keine Reichweitenbeschränkung
- (• keine Kosten)

Um diesen Wünschen (zumindest den drei erstgenannten) möglichst nahe zu kommen, wird hier ein Architektur-Konzept vorgeschlagen, das

- hohe Leistung und
- Adaptivität,

basierend auf modularer Implementierung und modularem Protokoll-Design, erzielt. Das theoretische Konzept ist im Rahmen dieser Arbeit entwickelt worden [Hein93b, HeJM93, HeRe93] und wird im RACE-II-Projekt EUROBRIDGE [HJLR93] in eine Implementierung umgesetzt.

7.1 Adaptivität und hohe Leistung

Adaptivität einer Protokollarchitektur sei definiert als Anpassungsfähigkeit des Kommunikationssystems an Anforderungen unterschiedlicher Anwendungen und Dienste verschiedener Netze. Nur die wirklich für eine bestimmte Anwendung und zusätzlich zu einem vorhandenen Netzwerkdienst benötigten Protokollfunktionen werden dediziert ausgewählt.

Als Konsequenz ergibt sich die Notwendigkeit, daß zukünftige Protokollarchitekturen ein wesentlich breiteres Spektrum an Diensten bereitstellen müssen. Existierende Transportsysteme bieten lediglich eine feste, statisch konfigurierte Anzahl von Protokolldiensten an, die beim Booten des Betriebssystems festgelegt werden.

Um ein der Anwendung angepaßtes Transportsystem zu realisieren, können <u>einerseits</u> Protokolle eingesetzt werden, die ein vielfältiges Dienstangebot aufweisen und programmierbar sind (vgl. Kapitel 6, AMTP, oder Kapitel 7.3, XTP). Programmierbarkeit von Protokollen bedeutet, daß die benötigte Protokollfunktionalität anhand der Anforderungen der Anwendung und der Benutzer festgelegt werden kann. Ein weiteres Charakteristikum dieser Protokolle ist ihre erfolgsorientierte Semantik und das zugrundeliegende Konzept der "Lightweight-" Realisierung. <u>Andererseits</u> können effiziente Implementierungsstrategien eingesetzt werden, um eine höhere Leistungsfähigkeit (basierend auf parallelen Implementierungen) zu erzielen und die Flexibilität zu erhöhen. Die im Rahmen dieser Arbeit entwickelte Kommunikationsarchitektur basiert auf der Integration beider Ansätze.

Um ein solches Architekturkonzept zu realisieren, ist es nötig, die Protokollfunktionen in unabhängige Untereinheiten (atomare Blöcke) aufzuspalten, die selektiv ausgewählt und zusammengesetzt ein(e) der Anwendung optimal angepaßtes Protokoll oder Protokollarchitektur ergeben. Die *funktionale Dekomposition* der Protokolle wird im Rahmen dieser Arbeit mittels der in Kapitel 4.5 beschriebenen Produktnetzmaschine durchgeführt, die eine Verifikation der einzelnen atomaren Komponenten und der Kooperation der Komponenten erlaubt.

Die benötigten Protokollfunktionen können anhand von QOS-Parametern identifiziert werden. Es werden *qualitative* (funktionale) und *quantitative* (leistungsbezogene) OOS-Parameter unterschieden. Bei den qualitativen Parametern wird nach einem Ja/Nein-Schema angegeben, ob die möglichen Dienste erwünscht sind oder nicht benötigt werden. Als Beispiel kann die Anfrage, ob ein fehlertolerantes Verhalten akzeptabel ist, angeführt werden. Bei den quantitativen Parametern wie Durchsatz, Verzögerung usw. werden *default*-Werte für bestimmte Anwendungen (z.B. Audioübertragung) angegeben und können variiert werden. Diese Werte können aus den in Kapitel 5.2 vorgestellten Untersuchungen zur Lastcharakterisierung abgeleitet werden.

Die meisten existierenden Protokolle bieten nur ein sehr unzureichendes QOS-Konzept an. Aufgrund des strengen Abstraktionsprinzips kann ein Protokoll nicht von der Kenntnis über den Status einer unterliegenden Protokollschicht profitieren. Einer Protokollschicht ist es nicht möglich, anhand von Parametern (Netzwerklast) und dem Verhalten unterliegender Schichten, optimierte bzw. alternative Mechanismen einzusetzen.

Die folgende Abbildung 7.1 gibt einen Überblick über verschiedene qualitative und quantitave Dienstqualitäts-Anforderungen, die von den Anwendungen an das unterliegende Transportsystem gestellt werden können.

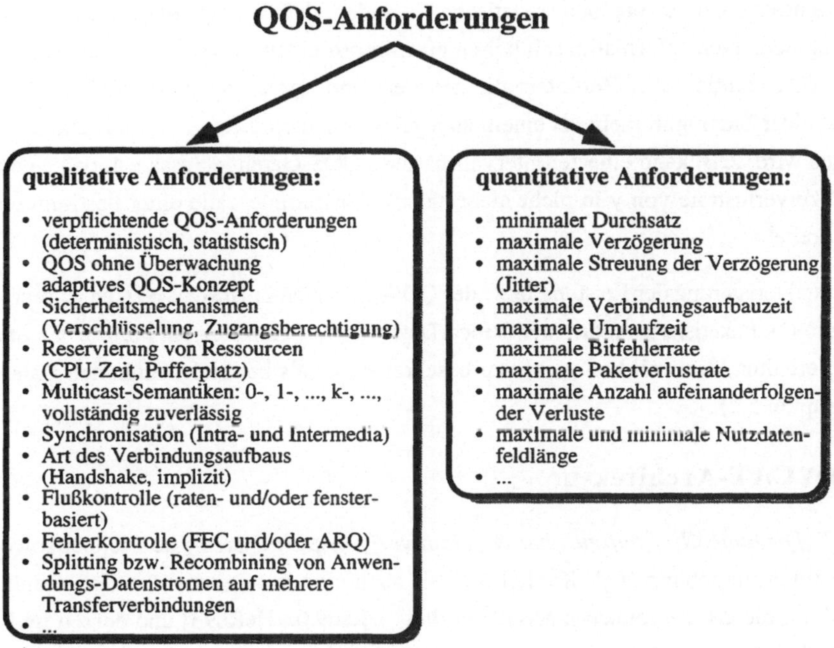

QOS-Anforderungen

qualitative Anforderungen:

- verpflichtende QOS-Anforderungen
  (deterministisch, statistisch)
- QOS ohne Überwachung
- adaptives QOS-Konzept
- Sicherheitsmechanismen
  (Verschlüsselung, Zugangsberechtigung)
- Reservierung von Ressourcen
  (CPU-Zeit, Pufferplatz)
- Multicast-Semantiken: 0-, 1-, ..., k-, ...,
  vollständig zuverlässig
- Synchronisation (Intra- und Intermedia)
- Art des Verbindungsaufbaus
  (Handshake, implizit)
- Flußkontrolle (raten- und/oder fenster-
  basiert)
- Fehlerkontrolle (FEC und/oder ARQ)
- Splitting bzw. Recombining von Anwen-
  dungs-Datenströmen auf mehrere
  Transferverbindungen
- ...

quantitative Anforderungen:

- minimaler Durchsatz
- maximale Verzögerung
- maximale Streuung der Verzögerung
  (Jitter)
- maximale Verbindungsaufbauzeit
- maximale Umlaufzeit
- maximale Bitfehlerrate
- maximale Paketverlustrate
- maximale Anzahl aufeinanderfolgender Verluste
- maximale und minimale Nutzdaten-
  feldlänge
- ...

Abb. 7.1: QOS-Anforderungen

In Übereinstimmung mit dem vom Esprit-Projekt OSI95 gemachten Vorschlag [ISO 93f] zur Klassifizierung von QOS-Parametern sollte ein Transportsystem die Semantik eines verpflichtenden (engl. compulsory) QOS anbieten, die eine Überwachung der Dienstqualität während laufender Verbindungen voraussetzt. Während beim Dienst ohne jegliche Überwachung (engl. best-effort) vom Transportsystem keine Aktivitäten zur Erbringung der geforderten Qualität unternommen werden, wird bei verpflichtender QOS-Semantik die Verbindung bei Nichteinhalten der geforderten Dienstqualität abgebrochen. Der hier vorgestellte Ansatz bietet zusätzlich die Möglichkeit, einen Dienst auszuwählen, der bei Erreichen eines spezifizierten QOS-Grenzwerts in eine Neuverhandlung der QOS-Werte tritt (adaptives QOS-Konzept) und das Dienstniveau entsprechend den Gegebenheiten anpaßt. Für diese Dienstform, wie für den verpflichtenden Dienst, werden spezielle Monitoring-Einheiten benötigt, die integraler Bestandteil der im folgenden Unterkapitel beschriebenen DYCAT-Architektur sind.

Es gibt unterschiedliche Möglichkeiten, eine angeforderte Dienstqualität zu garantien: z.B. kann die Dienstqualitäts-Unterstützung aufgrund der vom Netzbetreiber vergebenen Garantie unterschieden werden: *deterministisch* oder *statistisch*.

Im deterministischen Fall stellen die Garantien einen strikt einzuhaltenden Grenzwert für die allen Informationseinheiten (Zellen, Pakete) zukommende Leistung dar. Die Angaben beziehen sich dabei auf eine bestimmte Kommunikationssitzung (z.B. ist die Angabe, daß keine Zelle länger als t Zeiteinheiten verzögert werden darf, eine deterministische Garantieforderung).

Im Gegensatz dazu versprechen statistische Garantien, daß die Anzahl der mit unakzeptabler Leistung bedienten Informationseinheiten einen bestimmten Prozentsatz nicht überschreitet. Wenn die Garantien über Zeitintervalle definiert sind, spezifizieren sie, daß die Leistungsqualität einer Sitzung in mehr als einem angegebenen Anteil dieser Zeitintervalle nicht unterschritten wird. Z.B. kann eine zeitintervall-basierte QOS-Garantie aussagen, daß eine Sitzung eine Paketverlustrate von y in nicht mehr als x% der Zeitintervalle einer bestimmten Länge überschreitet.

Die Charakterisierung der Leistung bzw. der QOS-Garantien in BISDN-Netzen ist sehr schwierig [Kuro93]. Paketisierte Audio- und Video-Datenströme beinhalten ein korreliertes zeitabhängiges Verhalten, das weit komplexer zu beschreiben ist als bei herkömmlichen Datenströme (vgl. Kapitel 5.2).

7.2 DYCAT-Architektur

DYCAT (Dynamically Configurable & Adaptive Transport System) bezeichnet sowohl eine Entwicklungsumgebung (vgl. Kapitel 4.5) als auch eine konfigurierbare Kommunikationsarchitektur, die als theoretisches Modell vorliegt [Hein93b, HeRe93] und derzeit im Rahmen des RACE-II-Projekts EUROBRIDGE implementiert wird.

Diese Kommunikationsarchitektur ist so dynamisch ausgerichtet, daß sie ihre Parametrisierung nicht nur beim Verbindungsaufbau, sondern auch während der Verbindung zuläßt. Diese Fähigkeit unterscheidet DYCAT von herkömmlichen Kommunikationsarchitekturen, die als *statisch* oder *flexibel* bezeichnet werden müssen.

- *Statische* Kommunikationssysteme werden bereits beim Booten des Systems komplett konfiguriert. Sie übernehmen daher festgelegte Standardeinstellungen. Zu dieser Kategorie gehören die meisten der gängigen Transportsysteme.
- *Flexible* Transportsysteme erlauben die Konfigurierung beim Verbindungsaufbau. Die geeignete Protokollarchitektur wird zwischen den beteiligten Endsystemen ausgehandelt.
- *Adaptive* Transportsysteme gehen einen Schritt weiter. Sie erlauben die Rekonfigurierung der Protokollarchitektur während der aktiven Verbindung.

Es existiert eine große Zahl von Forschergruppen, die sich mit der Entwicklung flexibler und adaptiver Protokolle sowie Kommunikationsarchitekturen für Hochleistungs-Transportsysteme beschäftigt. Zusätzlich zu der im folgenden skizzierten DYCAT-Architektur existiert eine Vielzahl alternativer Arbeiten und Projekte, die ähnliche Ansätze verfolgen [Haas91, HuPe91, MaPe91b, PPVW92, ScBS92, Stil92, ZiST92, Hosc93].

Die folgende Abbildung 7.2 illustriert die Architektur von DYCAT und die Schnittstellen zur DYCE (*Dynamic Configuration Entity*), der zentralen Einheit des Modells.

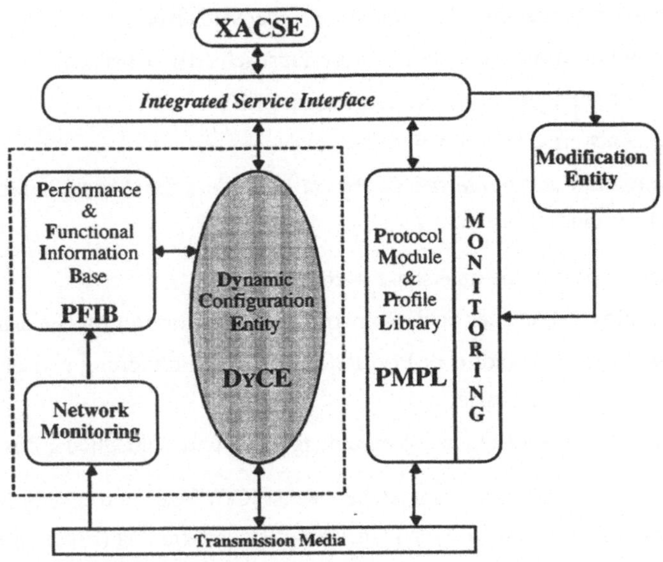

Abb. 7.2: DYCAT-Architektur

Keine derzeit genutzte Anwendung ist in der Lage, ihre QOS-Anforderungen zu spezifizieren und an das unterliegende Transportsystem weiterzugeben. Genausowenig sind existierende Netze dazu in der Lage, den aufsetzenden Transportsystemen die angebotene Dienstqualität zu beschreiben. Ein flexibles und adaptives Kommunikationssystem macht jedoch nur Sinn, wenn es detaillierte Informationen über die quantitativen und qualitativen Anforderungen der Anwendungen und über die Leistungsmetriken und funktionalen Charakteristika des unterliegenden Netzes erhält.

Die Zuordnung von QOS-Parametern zu bestimmten Anwendungen ist daher in EUROBRIDGE mittels des Konzepts der *QOS-Profile* [Glin93] durchgeführt worden. Basierend auf Befragungen von Anwendungsentwicklern und -anbietern sind mögliche Anwendungen in Gruppen mit zueinander ähnlichen quantitativen und qualitativen Dienstanforderungen eingeteilt worden. In Übereinstimmung mit [ISO 93f] wurde dabei nach Werten wie minimal akzeptabler Größe, erwartetem Maximalwert, erwartetem Mittelwert und/oder Varianz der Leistungsparameter gefragt. Zusätzlich wurden Informationen über funktionale Dienstanforderungen gesammelt [GlRe93].

Jede der Anwendungsgruppen ist ein *QOS-Profile-Identifier* zugeordnet worden, der als Zeiger auf eine Liste von QOS-Parametern fungiert, die sich in der PFIB (*Performance & Functional Information Base*) befindet. Der *QOS-Profile-Identifier* muß von den Anwendungen ausgewählt werden, um den XACSE- (eXtended ACSE) Dienst aufzurufen, der dann den Verbindungsaufbau gemäß der angeforderten Dienstqualität startet. Jedes QOS-Profil repräsentiert mehrere *generische* QOS-Parameterwerte. In EUROBRIDGE werden die folgenden generischen Leistungsparameter eingesetzt:

- maximal tolerierbarer Jitter (deterministisch oder statistisch),

- mittlerer und maximaler Durchsatz (deterministisch oder statistisch),

- maximale Verbindungsaufbauzeit (deterministisch),

- maximale Antwortzeit (deterministisch) sowie

- maximal tolerierbare Fehlerrate (wobei insbesondere die Anzahl aufeinanderfolgender Paketverluste einfließt).

Die qualitativen Parameter, die unterstützt werden, sind:

- die Auswahl verschiedener Fehlerkorrektur- und Flußkontroll-Mechanismen,

- die Auswahl unterschiedlicher Prioritäten zur Diskriminierung zwischen Daten unterschiedlicher Relevanz sowie

- die Unterstützung von Multicast-Verbindungen mit unterschiedlicher Zuverlässigkeit.

XACSE ist rückwärtskompatibel zum ACSE-Dienst [CCIT92a] und erlaubt die Übergabe des QOS-Profile-Identifiers (QOS-PID) und einer Empfänger-Kennung (Empfänger-ID) an das ISI (*Integrated Services Interface*, [Jeac93]). Zusätzlich bietet XACSE dem Anwender die Möglichkeit, mithilfe eines Modifikations-Primitivs die Aushandlung von alternativen QOS-Werten anzustoßen und somit zu einer Rekonfigurierung der Protokollarchitektur zu gelangen. Das ISI stellt zur Vereinfachung des Zugriffs auf die unterschiedlichen Protokolle und Protokollfunktionen eine einheitliche Dienstschnittstelle für sämtliche Anwendungsdienste zur Verfügung.

Beim Verbindungsaufbau greifen die Anwendungen über das ISI auf DYCE zu. DYCE reicht den QOS-PID und die Empfänger-ID an die PFIB weiter. DYCE ist verantwortlich für die Auswahl der geeigneten Protokollarchitektur beim Verbindungsaufbau. Durch Zugriff auf eine in PFIB festgelegte Abbildungsvorschrift wird zunächst der QOS-PID auf eine Liste von generischen QOS-Parameterwerten abgebildet (vgl. Abbildung 7.3). Bei dieser Abbildung kann durchaus eine Aufspaltung (splitting) eines Anwendungsdatenstroms auf mehrere Transferverbindungen vorgenommen werden, falls es sich um eine Multimedia-Datenübertragung mit qualitativ unterschiedlich zu unterstützenden Medien handelt.

DYCE vergleicht zur Auswahl der geeigneten Protokollkomponenten und zur Parametrisierung der Protokolleinheiten zunächst die von den Anwendungen geforderten generischen QOS-Parameterwerte mit den aktuellen Leistungskenngrößen des unterliegenden Netzes. Dies resultiert in einer ersten Adaption der Parameterwerte auf evtl. niedrigere Anforderungen.

Anschließend werden die adaptierten Werte mit Leistungskenngrößen der möglichen Transportsysteme verglichen, die durch Messung, Simulation und/oder Analyse bestimmt worden sind. Im folgenden Unterkapitel 7.3 werden Meßergebnisse vorgestellt, welche die Auswirkungen einer geeigneten Konfigurierung eines Protokolls auf dessen Leistung zeigen.

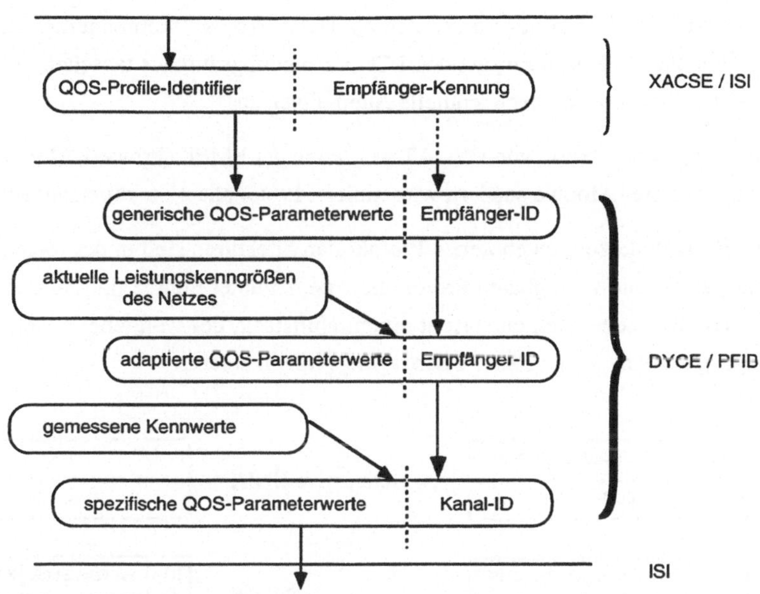

Abb. 7.3: Vereinfachte Abbildungs-Strategie

Durch den Vergleich der gemessenen Kennwerte mit den adaptierten QOS-Parameterwerten wird ein gemeinsames unteres Level gefunden, das als Senderanforderung zur Auswahl der geeigneten Protokollarchitektur herangezogen wird. Bei dieser letzten Abbildung wird zum einen ein Kanal-Identifier (Kanal-ID) bestimmt, der zur Adressierung der ausgewählten Protokollarchitektur durch das ISI eingesetzt wird. Zum anderen wird die Liste der adaptierten generischen Parameter auf die spezifischen qualitativen und quantitativen Parameter des ausgewählten Protokolls abgebildet. Da die eingesetzten Protokolle über unterschiedliche QOS-Parameter bzw. unterschiedliche Datenstrukturen zur Speicherung der QOS-Parameter verfügen, beinhaltet dieser letzte Abbildungsschritt eine Auswahl der tatsächlich eingesetzten Parameter und eine Konvertierung von Datenformaten.

Wurde AMTP als Transferprotokoll ausgewählt, so muß als qualitativer Parameter ausschließlich das service-Feld an ISI übergeben werden.

Bei der Entscheidung für eine der vorkonfigurierten Protokollarchitekturen spielt auch die mitgelieferte Empfänger-ID eine Rolle. Jede DYCAT-Station verfügt über einen lokalen Abfragedienst, der Informationen über verfügbare Protokollarchitekturen bei den am häufigsten adressierten Empfängern liefert. Dieser Teil der PFIB basiert auf dem X.500-Directory-Dienst [CCIT88b], dessen Informationen die Stationen mittels Caching regelmäßig abfragen. Somit kann eine Station lokal die geeignetste Protokollarchitektur auswählen, die dann auch vom Empfänger bereitgestellt werden kann. Dies reduziert den Aufwand und die Wahrscheinlichkeit des Scheiterns des Verbindungsaufbaus. Falls der gewünschte Empfänger nicht in der Datenbank enthalten ist, wird ein Verbindungsaufbau mittels TCP/IP durchgeführt. Dabei wird davon ausgegangen, daß sämtliche Stationen als Basis-Protokollkomponenten den TCP/IP-Protokollstack anbieten. Durch Einsatz des TCP-Verbindungsaufbaus tauschen die beteiligten Stationen dann Informationen über eventuelle Alternativen aus.

In der ersten Realisierungsstufe von DYCAT werden in der PMPL (Protocol Module & Profile Library) keine atomaren Module sondern vordefinierte Protokollarchitekturen angeboten.

Die in EUROBRIDGE derzeit angebotenen Protokollarchitekturen sind in der folgenden Abbildung 7.4 dargestellt. Die verfügbaren Protokolle arbeiten unter SunOS und Interactive UNIX. Der angegebene Realzeit-Stack entspricht einem Nullstack, der weitgehend leer ist und den direkten Zugang der Anwendung zum Übertragungssystem zuläßt.

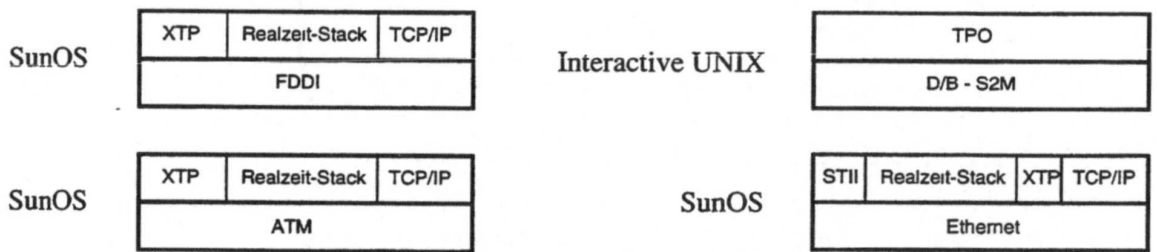

Abb. 7.4: Verfügbare Testszenarien

Die Konfigurierbarkeit beschränkt sich somit auf die Parametrisierung der einzelnen Protokolle. Ein solcher Ansatz erspart den für die ansonsten sehr aufwendige Konfigurierung zu erbringenden Aufwand. Untersuchungen in [Stil94, VPPW94] zeigen die im Vergleich zu der eigentlichen Übertragungszeit hohen Kosten für die dynamische Konfigurierung der Protokollarchitekturen.

Zur Überwachung der QOS-Parameterwerte verfügt DYCAT über sogenannte *"Network & Protocol Monitoring Entities"*. Eine Anwendung kann zur Beschreibung seiner QOS-Anforderungen einen festen gewünschten Wert angeben oder einen Bereich, in dem die betreffende Leistungskenngröße schwanken darf. Die *Network Monitoring Entity* kontrolliert den aktuellen Netzverkehr, der bei der Entscheidung über eine auszuwählende Protokollarchitektur mitberücksichtigt wird. Die *Protocol Monitoring Entities* kontrollieren die QOS-Werte spezifischer Protokolle beim Empfänger oder in Zwischensystemen. Sie initiieren zudem Protokollreaktionen, falls die geforderte Dienstqualität nicht erbracht wird. Diese Reaktionen resultieren in einer Neuverhandlung der bisherigen QOS-Parameter und damit auch in einer Neukonfigurierung des Transportsystems. Alternativ dazu kann der Anwender direkt informiert werden, der daraufhin mittels der *Modification Entity* und dem Einsatz eines MODIFY-Primitivs die Parametereinstellung der spezifischen Protokolle verändern kann.

Die folgende Abbildung 7.5 faßt noch einmal den Ablauf beim Verbindungsaufbau mittels DYCAT zusammen. Darin sind die wichtigsten Verarbeitungsschritte skizziert.

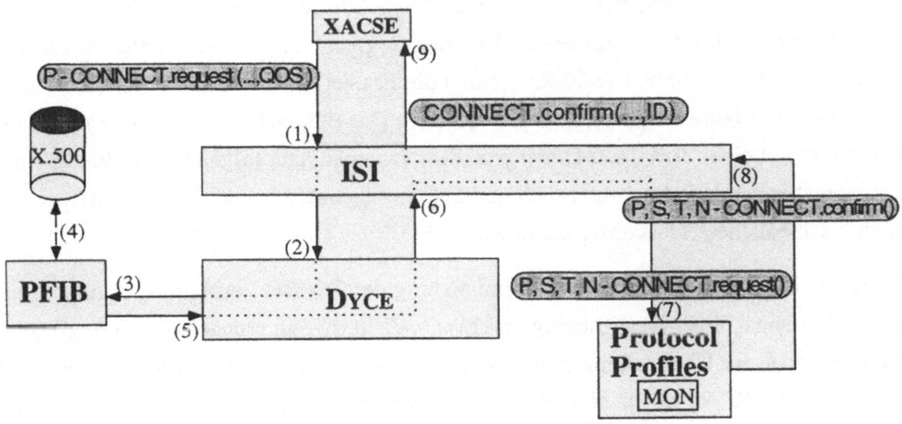

Abb. 7.5: DYCAT-Verbindungsaufbau

Im Schritt (1) wird das P_CONNECT.request, erweitert um den QOS-Profile-Identifier, vom XACSE an das ISI weitergeleitet. ISI wiederum aktiviert DYCE zur Auswahl der geeigneten Protokollarchitektur (2). Dazu greift DYCE auf die PFIB zu, mit deren Hilfe die Abbildung auf die optimale Protokollarchitektur durchgeführt wird (3-5). Da im ersten Stadium der DYCAT-Entwicklung in der PMPL ausschließlich vorkonfigurierte Protokollarchitekturen angeboten werden, reicht DYCE ausschließlich die Kanal-ID plus der spezifischen QOS-Werte an das ISI (6). Besitzt die PFIB keinerlei Information über den ausgewählten Empfänger, kann eine X.500-Abfrage erfolgen oder der Verbindungsaufbau mittels TCP/IP initiiert werden. ISI wählt mithilfe der Kanal-ID die gewünschte Protokollarchitektur aus und generiert die entsprechenden Dienstprimitive (P_CONNECT.request, S_CONNECT.request, T_CONNECT.request), je nach ausgewähltem Protokoll (7). In den Schritten (8) und (9) wird der Verbindungsaufbau bestätigt.

AMTP ist als zukünftiger zentraler Bestandteil der PMPL zu sehen. Das im Header sämtlicher AMTP-Pakettypen angebotene *configuration*-Feld (vgl. Kapitel 6) ermöglicht die Auswahl der gewünschten qualitativen Protokollfunktionen beim Verbindungsaufbau oder während laufender Verbindungen. Es ist nicht nötig, spezielle CNTL-Pakete zur Rekonfigurierung auszutauschen.

7.3 Konfigurierbarkeit und Leistung

Um zu zeigen, daß die Konfigurierbarkeit eines Protokolls zur Optimierung der Leistung für spezielle Anwendungen und Umgebungen beiträgt, wird im folgenden ein Vergleich zwischen XTP und TCP/IP skizziert. XTP ist u.a. dazu in der Lage, zwischen unterschiedlichen Fehlerkorrektur- und Flußkontrollmechanismen auszuwählen. Zur Auswahl der entsprechenden Mechanismen beinhaltet der XTP-Header ähnlich wie der AMTP-Header ein Options-Feld, das die Aktivierung bzw. Deaktivierung verschiedener Protokollmechanismen durch Setzen einzelner Flags ermöglicht.

Bei dem durchgeführten Experiment wurden 2 MByte künstliche Daten generiert und zwischen zwei SUN-Workstations, die am selben Ethernet-Segment angeschlossen waren, übertragen. Die Benutzerpuffergröße betrug 16 KByte und die Fenstergröße war auf 48 KByte eingestellt, um Paketverluste beim Empfänger zu provozieren. Das Ethernetsegment wurde mit Hilfe des LANalyzers mit einer 30%-igen Hintergrundlast versehen. Die folgende Abbildung 7.6 zeigt die entsprechenden Übertragungszeiten und Paketverlustraten für ein fensterbasiertes TCP/IP und unterschiedliche XTP-Konfigurationen.

Wie bereits in Kapitel 4 gezeigt, wird die Leistung der TCP/IP-Verbindung durch die uneindeutige Quittungs-Timer-Bestimmung und die Go-Back-N-Fehlerbehebungsstrategie geprägt. Vergleicht man die Übertragungszeiten von TCP/IP mit denen des ebenfalls fensterbasiert arbeitenden "XTP1", so zeigen sich bereits die Vorteile der selektiven Neuübertragung und der Unabhängigkeit vom Quittungs-Timer in einer um ca. 30% kürzeren Übertragungszeit. Durch Abschalten der fensterbasierten Flußkontrolle ("XTP2") werden die Daten unkontrolliert ohne Einhaltung irgendwelcher Fensterbeschränkungen übertragen. Dies führt trotz einer erheblichen Anzahl von Neuübertragungen zur weiteren Verkürzung der Übertragungszeit. Das Abschalten der Fehlerkontrolle ("XTP3") bzw. beider Mechanismen ("XTP4") resultiert allerdings in Fehlerraten, die für die Mehrzahl existierender Anwendungen nicht mehr tolerierbar sind.

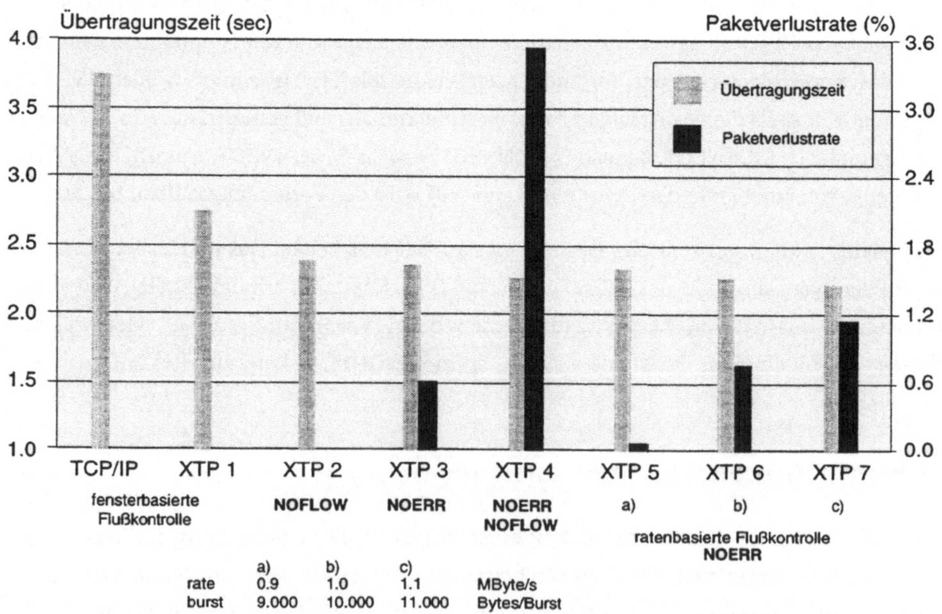

Abb. 7.6: Statisches TCP/IP vs. Konfigurierbares XTP

Die XTP-Konfigurationen 5 bis 7 setzen anstelle der fensterbasierten Flußkontrolle die ratenbasierte Steuerung der Übertragung ohne Fehlerkontrolle ein. Dabei wurden extrem hohe Übertragungsraten eingestellt, die nahe bei der maximal möglichen Übertragungskapazität liegen (7.2 Mbit/s, 8 Mbit/s sowie 8.8 Mbit/s). Aufgrund der zusätzlich generierten Hintergrundlast werden alle drei Verbindungen in ähnlichem Maße beeinträchtigt. Im Vergleich zur fensterbasierten und fehlerkorrigierenden Version "XTP2" liegt die Verkürzung der Übertragungszeit bei 20%. Die gemessenen Paketverlustraten befinden sich in einem Bereich, der von vielen Anwendungen akzeptiert werden kann. Für Anwendungen mit Realzeitanforderungen und gemäßigter Fehlersensitivität ist somit eine ratenbasiert arbeitende XTP-Konfiguration durchaus einsetzbar. Ein Vergleich zwischen "XTP5" und "XTP7" zeigt, daß bei den extrem hohen Übertragungsraten eine weitere geringfügige Erhöhung zu einem drastischen Anstieg der Pakerverluste führt.

7.4 Fazit

Der derzeitige Entwicklungsstand des im Rahmen dieser Arbeit konzipierten DYCAT-Kommunikationssystems zur flexiblen Konfigurierung von Protokollarchitekturen läßt nicht die Auswahl einzelner atomarer Protokollbausteine zu, sondern richtet sich nach den von den bereitgestellten Protokollen angebotenen Diensten. Mithilfe der in Kapitel 4.5 vorgestellten DYCAT-Entwicklungsumgebung lassen sich jedoch entsprechend modulare Protokollimplementierungen erzeugen.

Da XTP und AMTP als *programmierbare* Protokolle bereits vielseitige Auswahlmöglichkeiten bieten, werden diese beiden Protokolle als zentrale Bestandteile der PMPL betrachtet. XTP und AMTP bieten einen umfangreichen Bestand an qualitativen Auswahlmöglichkeiten. AMTP bietet zusätzlich die Möglichkeit, quantitative QOS-Parameter zu bestimmen, zu kontrollieren und garantieren, was von XTP nur sehr eingeschränkt angeboten wird.

Der Nutzen eines programmierbaren Protokolls wurde durch Leistungsvergleich zwischen XTP und TCP/IP verdeutlicht. XTP läßt sich aufgrund der Auswahlmöglichkeiten derart parametrisieren, daß leistungshemmende Fehlerkontrollmechanismen abgeschaltet werden können bzw. fensterbasierte durch ratenbasierte Flußkontrolle ersetzt werden kann.

8 ZUSAMMENFASSUNG UND AUSBLICK

Die vorliegende Arbeit beschäftigt sich mit der Entwicklung eines Transfersystems zur Hochleistungskommunikation. Der mit "hoher Geschwindigkeit" und "kurzen Verzögerungszeiten" assoziierte Begriff Hochleistung deckt nur einen kleinen Teil der Anforderungen ab, die von einem auch für zukünftige Netze und Anwendungen geeigneten Transfersystem erwartet werden. Abbildung 8.1 skizziert den Aufbau der vorliegenden Arbeit mit dem zentralen Thema "Transfersysteme", die als Bindeglied zwischen Anwendungen (hier durch Multimedia repräsentiert) und Hochgeschwindigkeitsnetzen entscheidenden Einfluß auf die Weiterentwicklung dieser beiden Technologien haben werden.

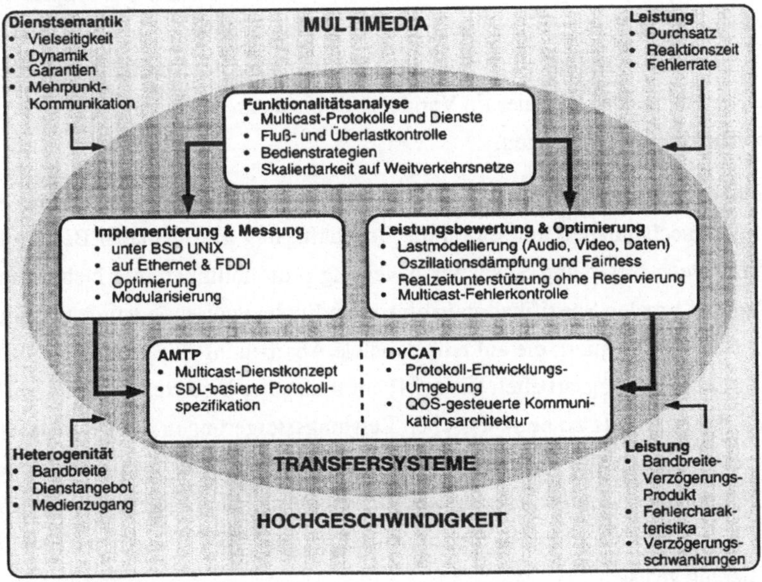

Abb. 8.1: Zwischen Multimedia und Hochgeschwindigkeit

Die Arbeit hat sich, wie in der obigen Abbildung gezeigt, im wesentlichen auf sechs Arbeits-schwerpunkte konzentriert. Vor der Beschäftigung mit den fünf zentralen Themen aus dem Bereich "Transfersysteme" stand eine umfangreiche *Anforderungsanalyse*, die ergeben hat, daß neben den herkömmlichen Leistungsanforderungen eine Vielzahl qualitativer Ansprüche an Transfersysteme gestellt werden. Insbesondere besteht ein großer Bedarf an Transferdiensten zur Realisierung unterschiedlicher Multicast-Semantiken und zur Bereitstellung einer konfigu-rierbaren Dienstqualität. Die Dienstqualität ist nicht mehr auf die Realisierung einer fehler- und verlustfreien Übertragung beschränkt, sondern erstreckt sich u.a. auf die Semantik des Dienstes (verpflichtend, adaptiv, best-effort), auf die Reservierung von Ressourcen zur Realzeitunterstützung und auf die Selektion verschiedener Mechanismen zur Realisierung des gleichen Basisdienstes.

Die *Funktionalitätsanalyse* existierender Transfersysteme hat ergeben, daß kaum eine Proto-kollarchitektur auch nur annähernd dazu in der Lage ist, die Vielzahl der qualitativen Anfor-derungen zu erfüllen. Dies hat den Anlaß zur *Leistungsbewertung und Optimierung* existie-render Protokolle gegeben und zur Entwicklung des im Mittelpunkt dieser Arbeit stehenden *AMTP*-Protokolls geführt.

Um eine realitätsnahe simulative Bewertung der Protokolle zu gewährleisten, sind umfang-reiche Untersuchungen zur Erstellung von Lastgeneratoren durchgeführt worden. Insbesondere ist zur Modellbildung eines Lastgenerators für Audio-Datenströme ein Sprachaktivitäts-Erken-nungssystem entwickelt worden [Kara93], das Erkenntnisse über die Verteilung von Ein-/Aus-Mustern während aktiver Sprachphasen liefert. Die ersten ermittelten Stichprobenwerte sind durch mathematische Verteilungen approximiert und deren Güte durch statistische Signifikanz-tests bestimmt worden. Dabei erwies sich die Approximation der Spurtlängen-Verteilung durch Lognormalverteilungen als genauer im Vergleich zu bis dahin angenommenen Approximationen mittels geometrischer Verteilungen.

Wesentlich beeinflußt wurde die Architektur von AMTP durch eine detaillierte Analyse der XTP-Protokollmechanismen und durch die Beschäftigung mit formalen Beschreibungstech-niken (höhere Petri-Netze und SDL) zur Ableitung protokollinhärenter Nebenläufigkeit. Zur Umsetzung der formalen Spezifikation in eine reale Implementierung wurde die Entwicklungs-umgebung *DYCAT* konzipiert, die auf eine parallele Abarbeitung des Protokolls abzielt. Weiter-führende Implementierungsarbeiten [Enge94] auf transputer-basierten Mehrprozessorsystemen zeigen, daß dieser Ansatz zu beträchtlichen Leistungssteigerungen der Protokollverarbeitung führt. Inwiefern sich die im Rahmen von AMTP entwickelten Konzepte und Ideen auch für sequentielle Implementierungen eignen, wird derzeit durch Integration verschiedener Protokoll-mechanismen in die am Lehrstuhl für Informatik IV der RWTH Aachen existierende XTP-Implementierung getestet.

Die auf Basis der Spezifikationstechniken erzeugte modulare Aufteilung von AMTP in atomare Bausteine hat einen wesentlichen Einfluß auf das AMTP-Dienstkonzept, das eine zweischichtige Diensthierarchie vorsieht. Die Trennung zwischen Primär- und Sekundärdiensten erlaubt eine im Vergleich zu frei konfigurierbaren Systemen schnellere Konfigurierung, die aber keineswegs die Dienstvielfalt einschränkt. AMTP besitzt neben dem in [ISO93i] vorgestellten Dienstkonzept die einzige zur Multicast-Unterstützung durch Transfersysteme existierende Spezifikation.

Zur Auswahl der von AMTP angebotenen Dienste und Optionen wird in einem weiteren Arbeitsschwerpunkt die *DYCAT*-Architektur vorgestellt. DYCAT bietet die Zuordnung von QOS-Parametern zu verschiedenen Anwendungen und deren Abbildung auf verschiedene Kommunikationssysteme. DYCAT befreit somit den Anwender von der Aufgabe der genauen Spezifikation seiner Anforderungen. Erst durch die Bereitstellung spezieller Abbildungsvorschriften kann ein konfigurierbares System oder Protokoll derart parametrisiert werden, daß es im Vergleich zu herkömmlichen statischen Systemen neben funktionalen Vorteilen auch mehr Leistung bringt. Leistungsvergleiche zwischen TCP und XTP im Kapitel *Implementierung und Messung* haben gezeigt, daß ein konfigurierbares Protokoll nur dann dem statischen überlegen ist, wenn die zur Verfügung stehenden Optionen ausgeschöpft werden.

Da es sich bei AMTP um ein Transferprotokoll handelt, können die angebotenen Dienste durch Mitwirken der involvierten Zwischensysteme (Router) besser unterstützt werden. Dies ermöglicht im Vergleich zu reinen Transportprotokollen eine zuverlässigere, effizientere und vor allem den Ansprüchen der Anwendung angepaßtere Übertragung von Nachrichten. Die Vorteile der Transfersemantik zeigen sich u.a. bei der Realisierung von Fehlerkontrollmechanismen für Multicast-Verbindungen (Reduzierung der Quittungspaket-Implosion) und bei der Unterstützung von Fluß- und Überlastkontrollverfahren.

Derzeit laufende Arbeiten am AMTP-Konzept beschäftigen sich mit der Eignung von AMTP als erweiterter ATM Adaptation Layer bzw. untersuchen die Interaktion von AMTP mit den existierenden AALs. Ob zellenbasierte Hochgeschwindigkeitsnetze wie ATM eine im Vergleich zu den üblichen lokalen Hochgeschwindigkeitsnetzen veränderte Funktionalität und Leistungsfähigkeit von den aufsetzenden Protokollen verlangen, ist eine interessante Fragestellung für zukünftige Protokollentwickler. Erste Untersuchungen im Bereich der ATM-Fehlerbehandlung [Keim94] zeigen, daß die von AAL3/4 und AAL5 angebotenen Dienste in Abhängigkeit von der geforderten Dienstqualität eine Modifikation von Ende-zu-Ende-Fehlerbehandlungsverfahren auf Transfer- bzw. Transportebene erfordern. Im Rahmen von Industrieprojekten werden derzeit am Lehrstuhl erste Erfahrungen mit der Implementierung von erweiterten XTP-Implementierungen auf ATM-Basis gesammelt. Die von AMTP gelieferten Funktionalitätserweiterungen und das neuartige Dienstkonzept fließen darin mit ein.

LITERATUR

[ABBY89]   H. Abu-Amara, T. Balraj, T. Barzilai, Y. Yemini: PSi: *A Silicon Compiler for Very Fast Protocol Processing*, Proc. IFIP Workshop "Protocols for High-Speed Networks, North-Holland, pp. 181-195, 1989

[AgHN94]   M Aghadavoodi-Jolfaei, B. Heinrichs, M.R. Nazeman: *Flexible Fehlerbehandlung mittels TCP in LAN/Satellit-Szenarien*, Arbeitstreffen "Architektur und Implementierung von Hochleistungs-Kommunikationssystemen", Karlsruhe, 17.-18. Januar, 1994

[Agui84]   L. Aguilar: *Datagram Routing for Internet Multicasting*, Proc. SIGCOMM´84, ACM 1984

[AMTP93]   *AMTP: Adaptive Multicast Transfer Protocol, Service Definition 1.0*, Interner Bericht, RWTH Aachen, Lehrstuhl fuer Informatik IV, Dezember 1993

[ArFM92]   S. Armstrong, A. Freier, K. Marzullo: *Multicast Transport Protocol*, Request for Comments RFC 1301, Xerox, Apple, Cornell University, February 1992

[Arms92]   S. Armstrong, A. Freier, K. Marzullo: *Multicast Transport Protocol*, Request for Comments RFC 1301, 1992

[As91]   H.R. van As et al.: *CRMA II: A Gbit/s MAC Protocol for Ring and Bus Networks with Immediate Access Capability*, Proc. EFOC/LAN´91, pp. 262-277, London, 1991

[As92]   H.R. van As et al.: Performance of CRMA-II: *A reservation-based fair media access protocol for Gbit/s LANs and MANs with buffer insertion*, Proc. EFOC/LAN´92, pp. 162-169, Paris, June 24-26, 1992

[BaCh89]   R. Ballart, Y.C. Ching: *SONET: Now it's the standard optical network*, IEEE Communications Magazine, pp. 8-15, March 1989

[BaPr93]   D. Banks, M. Prudence: *A High-Performance Network Architecture for a PA-RISC Workstation*, IEEE Journal on Selected Areas in Communications, vol.11, no.3, February 1993

[Baum90]   B. Baumgarten: *Petri-Netze - Grundlagen und Anwendungen*, BI-Wissenschaftsverlag, 1990

[BCFA92]   E. Biersack, C.J. Cotton, D.C. Feldmeier, A.J. McAuley, W.D. Sincoskie: *Gigabit Networking Research at Bellcore*, IEEE Network, vol.6, no.2, pp. 42-49, March 1992

[BeMa93]   M. Bever, E. Mayer: *Ein Multicast Synchronisationsprotokoll zur Unterstützung kooperativer Anwendungen*, GI/ITG Fachtagung "Kommunikation in Verteilten Systemen KiVS´93", München, März 1993

[Bier92]   E. Biersack: *A Simulation Study of Forward Error Correction in ATM Networks*, Computer Communication Review, vol.22, no.1, pp. 36-47, January 1992

[BiJo87]   K.P. Birman, T.A. Joseph: *Exploiting virtual synchrony in distributed systems*, Proc. 11th ACM Symposium on Operating Systems Principles, pp. 123-138, Austin, TX, Nov. 1987

[Brad65]   P. T. Brady: *A Technique for Investigating On-Off Patterns of Speech*, Bell System Technical Journal, Vol. 44, pp. 1-22, January 1965

[Brad68]   P. T. Brady: *A Statistical Analysis of On-Off Patterns in 16 Conversations*, Bell System Technical Journal, Vol. 47, pp. 73-91, 1968

[Brad69]   P. T. Brady: *A Model for Generating On-Off Speech Patterns in Two-Way Conversations*, Bell System Technical Journal, Vol. 48, pp. 2245-2472, 1969

[Brau93]   T. Braun: *Ein paralleles Transportsubsystem für zellenbasierte Hochgeschwindigkeitsnetze*, Fortschrittberichte VDI, Reihe 10: Informatik/Kommunikationstechnik, Nr. 264, 1993

[BrZa93]   R. Braudes, S. Zabele: *Requirements for Multicast Protocols*, Request for Comments RFC 1458, May 1993

[BrZi91]   T. Braun, M. Zitterbart: *A Parallel Implementation of XTP on Transputers*, Proc. 16th Annual Conference on Local Computer Networks, Minneapolis, USA, pp. 321-329, October 1991

[BuFr59]   K. Bullington, J. M. Fraser: *Engineering Aspects of TASI*, Bell System Technical Journal, Vol. 38, pp. 353-364, 1959

[BuOP89]   H.J. Burkhardt, P. Ochsenschläger, R. Prinoth: *Product Nets - A Formal Description Technique for Cooperating Systems*, GMD-Studien No. 165, Gesellschaft für Mathematik und Datenverarbeitung mbH Bonn, Dezember 1989

[Cáce92]   R. Cáceres: *Measurements of Wide Area Internet Traffic*, Technical Report, University of California, Berkeley, 1992

[CaDe92]   S. Casner, S. Deering: *First IETF Internet Audiocast*, ACM SIGCOMM Computer Communication Review, vol.22, no.3, pp. 92-97, 1992

[CGGP89]   H.S. Chin, J.W. Goodge, R. Griffiths, D.J: Parish: *Statistics of Video Signals for Viewphone-Type Pictures*, IEEE Journal on Selected Areas in Communications, vol.7, no.5, pp.826-832, June 1989

[Cher88]   D. Cheriton: *VMTP: Versatile Message Transaction Protocol Specification*, Preliminary Version 0.7, February 1988

[Ches88]   G. Chesson: *XTP-Protocol Engine VLSI for Real-Time LANs*, Proc. EFOC/LAN´88, pp. 435-438, July 1988

[CHHJ93]   J. Crowcroft, S. Hailes, M. Handley, A. Jena, D. Lewis, I. Wakeman: *Some Multimedia Traffic Characterisation and Measurement Results*, Proc. IFIP Conference on Computer Networks, Architecture and Applications, pp. 3-14, 1993

[ChWM89]   T.M. Chen, J. Walrand, D.G. Messerschmitt: *Dynamic Priority Protocols for Packet Voice*, IEEE Journal on Selected Areas in Communications, Vol. 7, Nr. 5, Juni 1989

[CiOf91]   I. Cidon, Y. Ofek: *Metaring: A Full-Duplex Ring with Fairness and Spatial Reuse*, Technical Report, T.J. Watson Research Center, Yorktown Heights, 1991

[CJRS89]   D.D. Clark, V. Jacobson, J. Romkey, H. Salwen: *An analysis of TCP processing overhead*, IEEE Communication Magazine, June 1989

[ClLZ87]   D.D. Clark, M.L. Lambert, L. Zhang: *NETBLT: A High Throughput Transport Protocol*, Proc. ACM SIGCOMM´87, pp. 353-359, August 1987

[Come91]   D.E. Comer: *Internetworking with TCP/IP Volume I; Principles, Protocols, And Architecture*, Second Edition, Prentice-Hall International Editions, 1991

[CoSt91]   D.E. Comer, D.L. Stevens: *Internetworking with TCP/IP Volume II: Design, Implementation, And Internals*, Prentice-Hall International Editions, 1991

[CRBT92]   J. Crowcroft, A. Ballardie, P. Tsuchiya: *Core Based Trees (CBT), Scalable Multicast Routing*, Internet Draft, September 1992

[Crow90]   Crowley et al.: *MMConf: An infrastructure for building shared multimedia applications*, Proc. Conference on Computer-Supported Cooperative Work, pp. 329-342, Los Angeles, October 1990

[CrPa88] J. Crowcroft, K. Paliwoda: *A Multicast Transport Protocol*, ACM SIGCOMM´88, Computer Communications Review, vol. 18, no. 4, pp. 247-256, August 1988

[CWWS92] J. Crowcroft, I. Wakeman, Z. Wang, D. Sirovica: *Is Layering harmful?*, IEEE Network Magazine, January 1992

[DaMe78] Y.K. Dalal, R. M. Metcalfe: *Reverse Path Forwarding of Broadcast Packets*, Communications of the ACM, vol.21, no.12, December 1978

[DaMS92] P. Davids, T. Meuser, O. Spaniol: *FDDI Performance: Measurements and Experiences of the FDDI network at Technical University Aachen*, Information Network and Data Communication IV, IFIP Transactions C-6, North-Holland, S. 439 - 450, 1992

[DaMS94] P. Davids, T. Meuser, O. Spaniol: *FDDI: status and perspectives*, Computer Networks and ISDN Systems, vol.26, no.6-9, March 1994

[Danz89] P.B. Danzig: *Finite Buffers and Fast Multicast*, Performance Evaluation Review, vol.17, pp. 108-117, May 1989

[Deer88] S. Deering: *Distance Vector Multicast Routing*, Request for Comments RFC 1075, 1988

[Deer89] S. Deering: *Host Extensions for IP Multicasting*, Request for Comments RFC 1112, August 1989

[Deer91] S. Deering: *Multicast Routing in a Datagram Internetwork*, Thesis Report No. STAN-CS-92-1415, December 1991

[DeGB92] J. DeHart, M. Gaddis, R. Bubenik: *Connection Management Access Protocol (CMAP) Specification Version 2.1.1*, May 7, 1992

[DeKS89] A. Demers, S. Keshav, S. Shenker: *Analysis and Simulation of a Fair Queueing Algorithm*, Computer Communication Review, vol.19, no.4, 1989

[Dijk92] N.M. van Dijk: *A note on monotonicity results in multicasting*, Operations Research Letters, no. 11, pp. 323-328, 1992

[DiRo91] C. Diot, V. Roca: *XTP/KRM Implementation on a Transputer Network*, Proc. IEEE Conference on Local Computer Network, Minnesota, Minneapolis, pp. 310-320, October 1991

[DJCM92] P.B. Danzig, S. Jamin, R. Cáceres, D.J. Mitzel, D. Estrin: *An Empirical Workload Model for Driving Wide-Area TCP/IP Network Simulations*, Technical Report, University of Southern California, 1992

[Doer90] W.A. Doeringer et al.: *A Survey of Light Weight Transport Protocols for High-Speed Networks*, IEEE Transactions on Communications, vol.38, no.11, November 1990

[DQDB90] *DQDB Metropolitan Area Network P.802.6_/D15*, IEEE, Feb. 7, 1990

[DWBC93] C. Dalton, G. Watson, D. Banks, C. Calamvokis, A. Edwards, J. Lumley: *Afterburner*, IEEE Network Magazine, vol.7, no.4, pp. 36-43, July 1993

[Eber93] J. Eberspächer: *Editorial Hochgeschwindigkeitsnetze*, Informationstechnik und Technische Informatik 35, S.3-8, August 1993

[Enge93] C. Engel: *Entwurf, Entwicklung und Implementierung von Hochleistungskommunikationsprotokollen auf einer parallelen Controller Architektur mittels Petri-Netzen*, ITG/GI-Fachtagung Kommunikation in Verteilten Systemen, S. 471-485, München, 3.-5. März 1993

[Enge94] C. Engel: *PENCIL/C: A Language for Concurrent Programming of High Speed Communication Protocols on a Petri Net based Multiprocessor Controller Architecture*, Reihe Aachener Informatik-Berichte, erscheint April 1994

[EnHe92a] C. Engel, B. Heinrichs: *Flexibles Design von Hochleistungsprotokollen mittels höherer Petri-Netze*, Proc. 12. GI/ITG-Fachtagung Architektur von Rechensystemen, Kiel, 23.-25. März 1992

[EnHe92b] C. Engel, B. Heinrichs: *PENCIL/C: A Petri Net based Approach to Concurrent Programming of High Speed Communication Protocols*, IEEE GLOBECOM´92, December 1992

[EsPa91]   J. Escobar, C. Partridge: *A Proposed Segmentation and Re-assembly (SAR) Protocol for Use with Asynchronous Transfer Mode (ATM)*, Proc. IFIP Workshop on Protocols for High-Speed Networks II, San Jose, North-Holland, pp. 353-368, 1991

[FaLX93]   C. Fan, T. Luckenbach, X. Xu: *Performance Comparison and Analysis of XTP and TCP/IP over the BERKOM Broadband ISDN Network*, Proc. INFOCOM´93, 1993

[FaSo92]   S.O. Falaki, S.A. Soerensen: *Traffic Measurements on a Local Area Computer Network*, Computer Communications, vol.15, no.3, pp. 192-197, April 1992

[Feld93]   D.C. Feldmeier: *A Framework of Architectural Concepts for High-Speed Communication Systems*, IEEE Journal on Selected Areas in Communications, vol.11, no.4, pp. 480-488, May 1993

[Ferr90]   D. Ferrari: *Real-Time Communication in Packet Switching Wide-Area Networks*, TR-89-022, Berkeley, 1989

[FDDI89]   *FDDI*, International Standard ISO 9314-1, 2, 3, 1989

[FlJa93]   S. Floyd, V. Jacobson: *Random Early Detection Gateways for Congestion Avoidance*, IEEE/ACM Transactions on Networking, vol.1, no.4, pp. 397-413, August 1993

[Ghan89]   M. Ghanbari: *Two-Layer Coding of Video Signals for VBR Networks*, IEEE Journal on Selected Areas in Communications, vol.7, no.5, pp.771-781, June 1989

[GiWe89]   O. Gihr, M. Weixler: *Messung der Datenverkehrsprofile in lokalen Netzen*, ITG/GI-Fachtagung Kommunikation in Verteilten Systemen, Stuttgart, Informatik-Fachbericht 205, S. 861-877, Februar 1989

[Glin93]   D. Mc Glinchey: *XACSE: Connection set-up for Broadband Services using Generic QOS Parameters*, Proc. 2nd International Conference on Broadband Islands, North-Holland (Ed. O. Spaniol, F. Williams), Athens, Greece, pp. 307-310, June 1993

[GlRe93]   D. Mc Glinchey, W. Reinhardt: *Requirements Analysis for the Protocol Selector*, CEC Deliverable EUROBRIDGE R2008/RWTH/ CT3/DS/I/026, 1993

[Gole90]   S.J. Golestani: *A Stop and Go Queueing Framework for Congestion Management*, Proc. ACM SIGCOMM´90, Philadelphia, pp. 8-18, September 1990

[GrLy93]   D.H. Greene, J.B. Lyles: *Reliability of Adaptation Layers*, Proc. Protocols for High-Speed Networks, III, Elsevier Science Publishers B.V. (North-Holland), pp. 185-200, 1993

[GrSt85]   J. G. Gruber, L Strawczynski: *Subjective Effects of Variable Delay and Speech Clipping in Dynamically Managed Voice Systems*, IEEE Transactions on Communications, Vol. 33, pp. 801-808, August 1985

[Grub82]   J. G. Gruber: *A Comparison of Measures and Calculated Speech Temporal Parameters Relevant to Speech Activity Detection*, IEEE Transaction on Communications, Vol. 30, No.4, pp. 728-738, April 1982

[Guse90]   R. Gusella: *A Measurement Study of Diskless Workstation Traffic on an Internet*, IEEE Transactions on Communications, vol.38, no.9, pp. 1557-1568, September 1990

[Haas91]   Z. Haas: *A Protocol Structure for High-Speed Communication over Broadband ISDN*, IEEE Network Magazine, pp. 64-70, January 1991

[Hart84]   J. Hartung: *Statistik: Lehr- und Handbuch der angewandten Statistik*, 2. Auflage, R. Oldenbourg Verlag München Wien, 1984

[Hedr88]   C.L. Hedrick: *Routing Information Protocol*, Request for Comments RFC 1058, June 1988

[Hein92a]   B. Heinrichs: *Versatile Protocol Processing for Multimedia Communications*, Proc. 4th IEEE ComSoc International Workshop on Multimedia Communications, pp.160-170, Monterey, California, April 1-4, 1992 und in ACM Computer Communication Review, vol.22, no.3, July 1992

[Hein92b]   B. Heinrichs: *XTP Specification and Parallel Implementation*, Proc. International Workshop on Advanced Communications and Applications for High Speed Networks, pp. 77-84, Munich, March 16-19, 1992

[Hein93a]   B. Heinrichs: *Modular Specification and Implementation of High-Speed Transfer Systems*, Tagungsband GI/ITG Arbeitstreffen "Verteilte Multimedia-Systeme", S. 18-32, Saur-Verlag, 18./19. Februar 1993

[Hein93b]   B. Heinrichs: *DYCAT: A Flexible Transport System Architecture*, Proc. IEEE International Conference on Communications ICC'93, pp. 1331-1335, Geneva/Switzerland, May 23-26, 1993

[Hein93c]   B. Heinrichs: *AMTP: Towards a High Performance and Configurable Multicast Transfer Service*, in Dagstuhl-Seminar: Editors: A. Danthine, W. Effelsberg, O. Spaniol: Architecture and Protocols for High-Speed Networks, Dagstuhl, Germany, August 30 - September 3, 1993

[HeJa93]   B. Heinrichs, K. Jakobs: *Timer Handling in High-Performance Transport Systems*, Proc. IFIP Conference on Integrated Broadband Communication Networks and Services, North-Holland, Copenhagen, Denmark, April 1993

[HeJC93]   B. Heinrichs, K. Jakobs, A. Carone: *High Performance Transfer Services to Support Multi-media Group Communications*, Computer Communications, Special Issue on Group Communications, vol.16, no.9, pp. 539-547, September 1993

[HeJM92]   B. Heinrichs, K. Jakobs, T. Meuser: *XTP, VMTP or TCP/IP?*, Proceedings of Silicon Valley Networking Conference '92, April 1992

[HeJM93]   B. Heinrichs, K. Jakobs, T. Meuser: *DYCAT - A Modular Approach to Specification and Implementation of High Speed Transfer Systems*, Proc. 2nd International Conference on "Broadband Services Systems and Networks", Brighton, UK, 3-5 November 1993

[HeKa93]   B. Heinrichs, R. Karabek: *Sprachübertragung über ISPNs: Messung und Modellierung*, Tagungsband GI/ITG-Fachtagung "Messung, Modellierung und Bewertung von Rechen- und Kommunikationssystemen MMB'93", S. 267-279, Springer-Verlag, Aachen, September 1993

[HeKM93]   B. Heinrichs, R. Karabek, W. Mers: *Optimierung von Transfersystemen*, Tagungsband GI/ITG-Fachtagung "Kommunikation in Verteilten Systemen KiVS'93", S. 369-383, Springer-Verlag, München, März 1993

[HeMS93]   B. Heinrichs, T. Meuser, O. Spaniol: *High Speed Interconnection of Workstations: Concepts, Problems and Experiences*, Proc. IFIP International Conference on Decentralized and Distributed Systems ICDDS'93, North-Holland, Palma de Mallorca, Spain, 13-17 September, 1993

[HeNe93]   B. Heinrichs, S. Neuhauser: Transfer Routing: *A QOS-driven Routing and Multicast Architecture*, 6th IEEE Workshop on LANs and MANs, San Diego, October, 1993

[HeRe93]   B. Heinrichs, W. Reinhardt: *Adaptive Quality of Service-driven Communication Architecture*, Tagungsband GI/ITG Informatik-Kongress Architektur von Rechensystemen, Springer-Verlag, 18.-19. Oktober 1993

[HeRu91]   B. Heinrichs, M. Rupprecht: *High Speed Communication with Standard Protocols*, IEEE Global Telecommunications Conference GLOBECOM'91, Phoenix, Arizona, December 2-5, 1991

[HeRu92]   B. Heinrichs, M. Rupprecht: *XTP - Efficient Parallel Software Implementation based on a Petri Net Specification Technique*, Proc. IFIP Conference on Broadband Communications, North-Holland, pp. 373-384, 1992

[HeSp92]   B. Heinrichs, O. Spaniol: *Report on XTP related Activities at RWTH*, XTP Forum Research Affiliate Annual Report 1992, pp. 93-103, December 1992

[HeSt89]   S. Heatley, D. Stokesberry: *Analysis of Transport Measurements over a Local Area Network*, IEEE Communications Magazine, pp. 16-22, June 1989

[HeTL91]   D. Heyman, A. Tabatabai, T.V. Lakshman: *Statistical Analysis and Simulation Study of Video Teleconference Traffic in ATM Networks*, IEEE Global Telecommunications Conference GLOBECOM'91, December 1991

[HIPP92]   *HIPPI-FP High Performance Parallel Interface - Framing Protocol*, Preliminary Draft Proposed American National Standard for Information Systems, February 14, 1992

[HJLR93]   B. Heinrichs, K. Jakobs, K. Lenßen, W. Reinhardt, A. Spinner: *EuroBridge: Communication Services for Multimedia Applications*, Electronics, Communication Engineering Journal, pp. 45-50, February 1993

[HoEf92]   B. Hofmann, W. Effelsberg: *Generating Parallel Code from Estelle Specifications*, Formale Beschreibungstechniken für verteilte Systeme, Springer-Verlag, 1992

[Hofm94]   B. Hofmann: *Parallität in Estelle-Spezifikationen*, 1. GI/ITG-Arbeitstreffen zur Architektur und Implementierung von Hochleistungs-Kommunikationssystemen, Januar 1994

[Hosc93]   P. Hoschka: *Towards tailoring protocols to application specific requirements*, Proc. INFOCOM´93, pp. 647-653, 1993

[Hugh89]   L. Hughes: *Multicast response handling taxonomy*, Computer Communications, vol. 12, no. 1, pp. 39-46, Februar 1989

[HuPe91]   N.C. Hutchinson, L.L. Peterson: *The x-Kernel: An Architecture for Implementing Network Protocols*, IEEE Transactions on Software Engineering, vol. 17, no. 1, pp. 64-76, January 1991

[IEEE92]   IEEE 802.2: *LLC Type 4 Proposal, Working Draft 1.3: High Performance Stream Transfer Service and Protocol*, January 7, 1992

[JaBB88]   V. Jacobsen, B. Braden, D. Borman: *Congestion Avoidance and Control*, Computer Communications Review, vol. 18, no. 4, 1988

[JaBB91]   V. Jacobson, R. Braden, D. Borman: *TCP Extensions for High Performance*, Internet Draft, Februar, 1991

[JaBr88]   V. Jacobson, R. Braden: *TCP Extensions for Long Delay Paths*, Request for Comments RFC 1072, Network Working Group, October 1988

[Jaco88]   V. Jacobson: *Congestion Avoidance and Control*, SIGCOMM ´88 SYMPOSIUM Communications Architectures & Protocols, Stanford, California, August 16-19, 1988

[Jain90a]   R. Jain: *Congestion Control in Computer Networks: Issues and Trends*, IEEE Network Magazine, May 1990

[Jain90b]   R. Jain: *Myths About Congestion Management in High-Speed Networks*, DEC-TR-726, Oktober 1990

[Jain91]   R. Jain: *The Art of Computer System Performance Analysis*, John Wiley & Sons, 1991

[Jako92]   K. Jakobs: *Point to Multipoint Communication in Interconnected High-Speed Networks*, Proc. International Workshop on Advanced Communications and Applications for High Speed Networks, pp. 433-440, Munich, March 16-19, 1992

[JaRo86]   R. Jain, S.A. Routhier: *Packet Trains - Measurements and a New Model for Computer Network Traffic*, IEEE Journal on Selected Areas in Communications, vol.4, no.6, pp. 986-995, September 1986

[Jaya92]   N. Jayant: *Signal Compression: Technology Targets and Research Directions*, IEEE Journal on Selected Areas in Communications, vol.10, no.5, pp. 796-818, June 1992

[Jeac93]   C. Jeacle: *Specification of the Integrated Services Interface*, CEC Deliverable EUROBRIDGE R2008/BRI/ CT3/DS/I/037, 1993

[KaCh88]   H. Kanakia, D.R. Cheriton: *The VMP Network Adapter Board (NAB): High-Performance Network Communication for Multiprocessors*, Proc. ACM SIGCOMM´88, Computer Communications Review, vol.18, no.4, pp. 175-187, August 1988

[KaPa87]   P. Karn, C. Partridge: *Improving Round-Trip Estimates in Reliable Transport Protocols*, Computer Communications Review, vol.17, no. 5, 1987

[KaTa91]   M.F. Kaashoek, A.S. Tanenbaum: *Fault Tolerance Using Group Communication*, ACM Operating System Overview, vol.25, no.2, pp. 71-74, April 1991

[KaVe89]   G. Karlson, M. Vetterli: *Packet Video and its Integration into the Network Architecture*, IEEE Journal on Selected Areas in Communications, vol.7, no.5, pp. 739-751, June 1989

[Klei75]   L. Kleinrock: *Queueing Systems Volume 1: Theory*, John Wiley & Sons, 1975

[Klei92]   L. Kleinrock: *The Latency/Bandwidth Tradeoff in Gigabit Networks*, IEEE Communications Magazine, vol. 30, no. 4, pp. 36-40, April 1992

[KMHY89]   F. Kishino, K. Manabe, Y. Hayashi, H. Yasuda: *Variable Bit-Rate Coding of Video Signals for ATM Networks*, IEEE Journal on Selected Areas in Communications, vol.7, no.5, pp. 801-806, June 1989

[Knut81]   D.E. Knuth: *The Art of Computer Programming Volume2: Seminumerical Algorithms*, Addison-Wesley Publishing Company, 1981

[Koba78]   H. Kobayashi: *Modeling and Analysis: An Introduction to System Performance Evaluation Methodology*, Addison-Wesley, 1978

[KöEG93]   H. König, W. Effelsberg, R. Gotzhein: *Ableitung parallel ausführbarer Protokollimplementierungen*, PIK Praxis der Informationsverarbeitung und Kommunikation, Oktober-Dezember Nr. 4, 1993

[KoMa91]   J. Koivisto, J. Malka: *OTSO: An Object-Oriented Approach to Distributed Computation*, Proc. USENIX C++ Conference, pp. 163-178, 1991

[KrSa89]   A.S. Krishnakumar, K. Sabnani: *VLSI Implemenations of Communication Protocols - A Survey*, IEEE Journal on Selected Areas in Communications, vol.7, no.7, pp. 1082-1090, September 1990

[KRST93]   M.F. Kaashoek, R. van Renesse, H. van Staveren, A.S. Tanenbaum: *FLIP: An Internetwork Protocol for Supporting Distributed Systems*, ACM Transactions on Computer Systems, vol. 11, no. 1, pp. 73-106, February 1993

[Kuro93]   J. Kurose: *Open Issues and Challenges in Providing Quality of Service Guarantees in High-Speed Networks*, ACM SIGCOMM Computer Communication Review, vol.23, no.1, pp. 6-15, January 1993

[LaBr91]   G.Le Lann, G. Bres: *Reliable Atomic Broadcast in Distributed Systems with Omission Faults*, ACM Operating System Overview, vol.25, no.2, pp. 80-86, April 1991

[LaEM92]   B. Lamparter, W. Effelsberg, N. Michl: *MTP - A Movie Transmission Protocol for Multimedia Applications*, Computer Communication Review, vol.22, no.4, September 1992

[LeGa91]   D. LeGall: *MPEG: A Video Compression Standard for Multimedia Applications*, Communications of the ACM, vol.34, no.4, pp. 305-313, April 1991

[LeUn86]   H. H. Lee, C. K. Un: *A Study of On-Off Characteristics of Conversational Speech*, IEEE Transactions on Communications, Vol. 34, No. 6, pp. 630-637, June 1986

[LKKQ90]   S.J. Leffler, M.K. McKusick, M.J. Karels, J.S. Quaterman: *The Design and Implementation of the 4.3BSD UNIX Operating System*, Addison Wesley Publishing Company, October 1990

[LyPM74]   E. Lyghounis, I. Poretti, G. Monti: *Speech Interpolation in Digital Transmission Systems*, IEEE Transactions on Communications, Vol. 22, No. 9, September 1974

[MaMe89]   F. Mattern, H. Mehl: *Diskrete Simulation - Prinzipien und Probleme der Effizienzsteigerung durch Parallelisierung*, Informatik-Spektrum, S.198-210, 1989

[MaMe90]   P. Martini, T. Meuser: *Service Integration in FDDI*, Proc. 15th Conference on Local Computer Networks, Minneapolis, Minnesota, September 30 - October 3, 1990

[MaPe90]   S.W. O'Malley, L.L. Peterson: *A Highly Layered Architecture for High-Speed Networks*, Proc. 2nd International Workshop on High-Speed Networks, Palo Alto, November 27-29, 1990

[MaPe91a] S. O'Malley, L. Peterson: *TCP Extensions Considered Harmful*, Request for Comments RFC 1263, October 1991

[MaPe91b] S.W. O'Malley, L.L. Peterson: *A Dynamic Network Architecture*, Technical Report, Department of Computer Science, University of Arizona, Tucson, October 1991

[Mart88]   P. Martini: *Leistungsbewertung von Medienzugangsprotokollen für lokale Hochgeschwindigkeitsnetze*, Dissertation, RWTH Aachen, Hüthig Verlag, 1988

[MASK88]   B. Maglaris, D. Anastassiou, P. Sen, G. Karlson: *Performance Models of Statistical Multiplexing in Packet Video Communications*, IEEE Transaction on Communications, vol.36, no.7, pp. 834-843, July 1988

[Maye92]   E. Mayer: *An Evaluation Framework for Multicast Ordering Protocols*, SIGCOMM´92, Baltimore, USA, August 1992

[MeSe92]   H.E. Meleis, D.N. Serpanos: *Designing Communication Subsystems for High-Speed Networks*, IEEE Network Magazine, vol. 6, no. 4, pp. 40-46, July 1992

[Meus93]   T. Meuser et al.: *Kopplung lokaler Kommunikationssysteme mit Satelliten*, Praxis der Informationsverarbeitung und Kommunikation, 1/93, S. 4 - 11, März 1993

[MiAn91]   P. Minet, E. Anceaume: *Atomic Broadcast in one Phase*, ACM Operating System Overview, vol.25, no.2, pp. 87-90, April 1991

[Mine89]   P. Minet: *Performance evaluation of GAM-T-103 Real-time transfer protocols*, Proc. IEEE INFOCOM´89, Ottawa, Canada, April 25-27, 1989

[Mino79]   D. Minoli: *Optimal Packet Length for Packet Voice Communication*, IEEE Transaction on Communication, Vol. 27, pp. 607-611, März 1979

[MiRe92]   I. Miloucheva, K. Rebensburg: *XTP Service Classes and Routing Strategies for an Integrated Services Broadband Environment*, Proc. International Workshop on Advanced Communications and Applications for High Speed Networks, pp. 231-240, März 1992

[MiSO91]   R.J. Mitchell, E.T. Saulnier, M.C. Orlovsky: *A Partitioned Implementation of the Xpress Transfer Protocol*, Proc. 16th Annual IEEE Conference on Local Computer Networks, Minneapolis, USA, pp. 301-309, October 1991

[MiST93]   P.P. Mishra, D Sanghi, S.K. Tripathi: *TCP Flow Control in Lossy Networks: Analysis and Enhancement*, Proc. Computer Networks, Architecture and Applications, North-Holland C-13, 1993

[Moy 91]   J. Moy: *OSPF Version 2*, Request for Comments RFC 1247, July 1991

[Moy93]   J. Moy: *Multicast Extension to OSPF*, Internet Draft, Proteon, Inc., Expiration date: January 1994, July 93

[Nagl84]   J. Nagle: *Congestion Control in IP/TCP Internetworks*, Request for Comments RFC 896, SRI Network Information Center, Menlo Park, CA, January 1984

[Nagl87]   J. Nagle: *On Packet Switches with Infinite Storage*, IEEE Transactions on Communications, vol.35, no.4, pp. 435-438, April 1987

[Neuh93]   S. Neuhauser: *Hopfield optimization techniques applied to routing in computer networks*, Workshop on Applications of Neural Networks to Telecommunications´93, Princeton, New Jersey, USA, October, 1993

[NoFO92]   M. Nomura, T. Fujii, N. Ohta: *Basic Characteristics of Variable Rate Video Coding in ATM Networks*, IEEE Journal on Selected Areas in Communications, vol.7, no.5, pp. 753-760, June 1989

[Ochs91]   P. Ochsenschläger: *Die Produktnetzmaschine*, GMD-Studien Nr. 505, Gesellschaft für Mathematik und Datenverarbeitung mbH Bonn, Januar 1991

[Pali88]   K. Paliwoda: *Transactions involving multicast*, Computer Communications Review, vol.11, no.6, pp.313-318, December 1988

[Palm93]   J. Palme: *Standards for Asynchronous Group Communication*, Computer Communications Special Issue on Group Communications, vol.16, no.9, pp. 532-538, September 1993

[PaPa93]   C. Papadopoulos, G.M. Parulkar: *Experimental Evaluation of SUNOS IPC and TCP/IP Protocol Implementation*, IEEE/ACM Transactions on Networking, vol.1, no.2, April 1993

[PaPi93]   C. Partridge, S. Pink: *A Faster UDP*, IEEE/ACM Transactions on Networking, vol.1, no.4, pp. 429-440, August 1993

[Part94]   C. Partridge: *Gigabit Networking*, Addision-Wesley Publishing Company, 1994

[Paru90]   G.M. Parulkar: *The Next Generation of Internetworking*, CCR, vol.20, no.1, 1990

[PaZa92]   P. Pancha, M. El Zarki: *Priorized Transmission of Variable Bit Rate MPEG Video*, IEEE Global Telecommunications Conference GLOBECOM´92, Orlando, Florida, pp. 1135-1139, December 1992

[PeMi93]   W.B. Pennebacker, J.L. Mitchell: *JPEG: Still Image Data Compression Standard*, Van Nostrand Reinhold New York, 1993

[Perl85]   R. Perlman: *An Algorithm for distributed computation of a spanning tree in an extended LAN*, Proc. 9th ACM/IEEE Data Communication Symposium, 1985

[Perl92]   R. Perlman: *Interconnections: Bridges and Routers*, Addision-Wesley Professional Computing Series, 1992

[PPVW92]   T. Plagemann, B. Plattner, M. Vogt, T. Walter: *A Model for Dynamic Configuration of Light-Weight Protocols*, Proc. IEEE 3rd Workshop on Future Trends of Distributed Systems, 1992

[PoSc91]   T.F. La Porta, M. Schwartz: *Architectures, Features, and Implementation of High-Speed Transport Protocols*, IEEE Network Magazine, pp. 14-22, Mai 1991

[PoSc93]   T.F. La Porta, M. Schwartz: *Performance Analysis of MSP: A Feature-Rich High-Speed Transport Protocol*, Proc. IEEE INFOCOM´93, 513-520, 1993

[Post81a]   J. Postel, editor: *Transmission Control Protocol Specification*, ARPANET Working Group Requests for Comments 793, DDN Network Information Center, SRI International, Menlo Park, CA, September 1981

[Post81b]   J. Postel, editor: *Internet Control Message Protocol*, ARPANET Working Group Requests for Comments 792, DDN Network Information Center, SRI International, Menlo Park, CA, September 1981

[Powe91]   D. Powell (Ed.): *Delta-4: A Generic Architecture for Dependable Distributed Computing*, Research Reports ESPRIT Project 818/2252 Delta-4, Volume1, Springer-Verlag, 1991

[Pryc91]   M. de Prycker: *Asynchronous Transfer Mode: Solution for Broadband ISDN*, Ellis Horwood, 1991

[Rama93a]   K.K. Ramakrishnan: *Performance Considerations in Designing Network Interfaces*, IEEE Journal on Selected Areas in Communications, vol.11, no.2, pp. 203-219, February 1993

[Rama93b]   K.K. Ramakrishnan: *Performance Issues in Designing Network Interfaces: A Case Study*, IFIP Transactions C-14: High Performance Networking IV, Editors: A. Danthine, O. Spaniol, pp. 299-314, 1993

[RaJa88]   K.K. Ramakrishnan, R. Jain: *A Binary Feedback Scheme for Congestion Avoidance in Computer Networks with a Connectionless Network Layer*, SIGCOMM´88 and Computer Communication Review, vol.18, no.4, 1988

[RaJa90]   K.K. Ramakrishnan, R. Jain: *A binary Feedback Scheme for Congestion Avoidance in Computer Networks*, ACM Transactions on Computer Systems, vol.8, no.2, pp. 158-181, 1990

[Reis86]   W. Reisig: *Petrinetze - Eine Einführung*, Springer-Verlag, 1986

[Rupp93]   M. Rupprecht: *Implementierung und parallele Verarbeitung von Kommunikationssoftware*, Dissertation an der RWTH Aachen, B.G. Teubner Verlagsgemeinschaft Leipzig 1993

[SaFd92]   H. Santoso, S. Fdida: *Transport Layer Multicast: An Enhancement for XTP Bucket Error Control*, Proc. 4th IFIP Conference on High Performance Networking ´92, Liège, 14-18 December, 1992

[SaMi92]   E.T. Saulnier, R.J. Mitchell: *Impact of Implementation on XTP Throughput Performance*, IEEE International Conference on Communications, ICC´92, Chicago, 14-18 June, 1992

[ScBS92]   D.C. Schmidt, D.F. Box, T. Suda: *ADAPTIVE: An Object-Oriented Framework for Flexible and Adaptive Communication Protocols*, Proc. 4th IFIP Conference on High Performance Networking, Liège, Belgium, 1992

[ScCa93]   H. Schulzrinne, S. Casner: *RTP: A Real-Time Transport Protocol*, Internet-Draft, July 1993

[Schu92]   H. Schulzrinne: *A Transport Protocol for Audio and Video Conferences and other Multiparticipant Real-Time Applications*, Internet Draft, October 27, 1992

[ScHu80]   J.F. Shoch, J.A. Hupp: *Measured Performance of an Ethernet Local Network*, Communications of the ACM, vol.23, no.12, pp. 711-721, December 1980

[SDT 92]   *SDT 2.2 Reference Manual Volume 1*, Telelogic, 1992

[ShKe90]   N. Shacham, P. McKenney: *Packet Recovery in High-Speed Networks Using Coding and Buffer Management*, Proc. IEEE INFOCOM'90, pp. 124-131, 1990

[SiWC90]   R. Simoncic, A.C. Weaver, M.A. Colvin: *Experience with the Xpress Transfer Protocol*, Proc. 15th Annual IEEE Conference on Local Computer Networks, Minneapolis, USA, pp. 123-131, September/October 1990

[SMRA89]   P. Sen, B. Maglaris, N.E. Rikli, D. Anastassiou: *Models for Packet Switching of Variable Bit-Rate Video Sources*, IEEE Journal on Selected Areas in Communications, vol.7, no.5, pp. 865-869, June 1989

[SpHM93]   O. Spaniol, B. Heinrichs, T. Meuser: *Kopplung von Workstations mittels (Hochgeschwindig-keits-) Netzen: Konzepte, Probleme und Erfahrungen*, 2. Workshop Workstations: Architekturen, Anwendungen und Entwicklungstrends, APS'93, Hagen, 24.-27. Mai 1993

[Span93]   O. Spaniol: *The Evolution of High Performance Networking: Driving Forces and Handicaps*, Proc. of Integrated Broadband Communication Networks and Services, Copenhagen, April 20-23, 1993; North-Holland 1993

[Stee93]   P.A. Steenkiste et al.: *A Host Interface Architecture for High-Speed Networks*, Proc. 4th IFIP Conference on High Performance Networking, Liège; North-Holland, 1993

[Stei93]   R. Steinmetz: *Multimedia-Technologie: Grundlagen, Komponenten und Systeme*, Springer-Verlag, September 1993

[StEn93]   R. Steinmetz, C. Engler: *Human Perception of Media Synchronization*, Technical Report 43.9310, IBM European Networking Center, 1993

[Stil92]   B. Stiller: *PROCOM: A Manager for an Efficient Transport System*, Proc. IEEE Workshop on the Architecture and Implementation of High Performance Communication Subsystems, February 1992

[Stil94]   B. Stiller: *FuKSS: Ein funktionsbasiertes Kommunikationssubsystem zur flexiblen Konfiguration von Kommunikationsprotokollen*, Arbeitstreffen "Architektur und Implementierung von Hochleistungs-Kommunikationssystemen", Karlsruhe, 17.-18. Januar, 1994

[Stor88]   R. Storm: *Wahrscheinlichkeitsrechnung, Mathematische Statistik und statistische Qualitäts-kontrolle*, VEB Fachbuchverlag Leipzig, 1988

[SuTa89]   J. Suzuki, M. Taka: *Missing Packet Recovery Techniques for Low-Bit-Rate Coded Speech*, IEEE Journal on Selected Areas in Communications, vol.7, no.5, pp.707-717, June 1989

[TaKB92]   A.S. Tanenbaum, M.F. Kaashoek, H.E. Bal: *Parallel programming using shared objects and broadcasting*, IEEE Computer, vol.25, no. 8, pp. 10-19, August 1992

[ThLe93]   A. Thekkath, H.M. Levy: *Limits to Low-Latency Communication on High-Speed Networks*, ACM Transactions on Computer Systems, vol.11, no.2, pp. 179-203, May 1993

[Topo90]   C. Topolcic: *Experimental Internet Stream Protocol, Version 2 (ST-II)*, Request for Comments RFC 1190, CIP Working Group, October 1990

[Tsch91]   Ch. Tschudin: *Flexible Protocol Stacks*, Proc. SIGCOMM'91 Conference Communications Architectures & Protocols, Zürich, Switzerland, September 3-6, 1991

[TTCP91]   TTCP-Benchmark Revision 1.9, October 1991

[Ullm93]   R. Ullmann: *TP/IX: The Next Internet*, Request for Comments RFC 1475, Network Working Group, June 1993

[Ulri93]   R. Ulrich: *Untersuchungen an einem OSI-Kommunikationswerk auf Transputer-Basis*, Arbeitsberichte des Instituts für Mathematische Maschinen und Datenverarbeitung (Informatik), Dissertation, September 1993

[Vaug93]   T. Vaughan: *Multimedia: Making It Work*; Osborne McGraw-Hill, 1993

[VePi89]   W. Verbiest, C. Pinnoo: *A Variable Bit Rate Codec for Asynchronous Transfer Mode Networks*, IEEE Journal on Selected Areas in Communications, vol.7, no.5, pp. 761-770, June 1989

[VMTP88]   *VMTP: Versatile Message Transaction Protocol*, Protocol Spec., Preliminary Version 0.7, Februar 1988

[VPPW94]   M. Vogt, T. Plagemann, B. Plattner, T. Walter: *Parallelitätsaspekte in DaCaPo*, Arbeitstreffen "Architektur und Implementierung von Hochleistungs-Kommunikationssystemen", Karlsruhe, 17.-18. Januar, 1994

[WaCr91]   Z. Wang, J. Crowcroft: *A New Congestion Control Scheme: Slow Start and Search (Tri-S)*, Computer Communication Review, vol.21, no.1, Januar 1991

[WaLC93]   I. Wakeman, D. Lewis, J. Crowcroft: *Traffic analysis of trans-Atlantic traffic*, Computer Communications, vol.16, no.6, pp. 376-388, June 1993

[WaMa87]   R.W. Watson, S.A. Mamrak: *Gaining Efficiency in transport services by appropriate design and implementation choices*, ACM Transactions on Computer Systems, vol. 5, 1987

[Weav92]   A.C. Weaver, *The Xpress Transfer Protocol*, Proc. International Workshop on Advanced Communications and Applications for High Speed Networks, pp. 253-259, Munich, Germany, March 16-19, 1992

[WoMo89]   C.M. Woodside, J.R. Montealegre: *The Effect of Buffering Strategies on Protocol Execution Performance*, IEEE Transactions on Communications, vol. 37, no.6, pp.545-554, June 1989

[XTP92a]   *XTP Protocol Definition*, Revision 3.6, Protocol Engine Incorporated, Januar 1992

[XTP92b]   *Kernel Reference Model (KRM) for XTP Revision 3.6*, KRM Version 1.7, May 1992

[Yats82]   Y. Yatsuzuka: *Highly Sensitive Speech Detector and High-Speed Voiceband Data Discriminator in DSI-ADPCM*, IEEE Transactions on Communications, Vol. 30, No. 4, pp. 739-750, April 1982

[Yong91]   M. Yong: *CELP Speech Coder Using Novel LPC Interpolation and Fast Codebook Search Methode*, IEEE Global Telecommunications Conference GLOBECOM´91, Phoenix, Arizona, December 1991

[ZDES93]   L. Zhang, S. Deering, D. Estrin, S. Shenker, D. Zappala: *RSVP: A New Resource ReSerVation Protocol*, IEEE Network, vol.7, no.5, pp. 8-18, September 1993

[Zhan86]   L. Zhang: *Why TCP Timers don´t work well*, Computer Communication Review, vol.16, no.4, 1986

[ZiST93]   M. Zitterbart, B. Stiller, A.N. Tantawy: *Application-Driven Flexible Protocol Configuration*, Proc. ITG/GI-Fachtagung "Kommunikation in Verteilten Systemen", 384-398, 1993

[Zitt91]   M. Zitterbart: *High-Speed Transport Components*, IEEE Network Magazine, pp. 54-63, January 1991

CCITT-Empfehlungen:

[CCIT84]   CCITT Recommendations X.400-X.430: *Data Communication Networks, Message Handling System*, 1984

[CCIT87]   CCITT Recommendation Z.100: *Specification and Description Language SDL*, Contribution Com X-R-15-E, 1987

[CCIT88a]   CCITT Recommendations X.400-X.430: *Data Communication Networks, Message Handling System*, 1988

[CCIT88b]   CCITT Recommendations X.500-X.521: *Data Communication Networks, Directory*, 1988

[CCIT88c]   CCITT Recommendation X.121: *International Numbering Plan for Public Data Networks*, 1988

[CCIT88d]   CCITT Recommendation G.711: *Pulse Code Modulation (PCM) of Voice Frequencies*, Melbourne, 1988

[CCIT88e]   CCITT Recommendation E.800: *Terms and Definitions Related to the Quality of Telecommunication Services*, 1988

[CCIT88f]   CCITT Recommendation I.350: *General Aspects of Quality of Service and Network Performance in Digital Networks, Including ISDN*, 1988

[CCIT88g]   CCITT Recommendation I.320: *ISDN Protocol Reference Model*, Melbourne 1988

[CCIT89]   CCITT Recommendation Z.100 Annex D: *SDL User Guidelines*, 1989

[CCIT90a]   CCITT Recommendation I.211: *B-ISDN Service Aspects*, Geneva Meeting, May 23-25, 1990

[CCIT90b]   CCITT Draft Recommendation I.150: *B-ISDN ATM Functional Characteristics*, Geneva, May 1990

[CCIT91]   CCITT Recommendation I.321: *B-ISDN Protocol Reference Model*, Geneva 1991

[CCIT92a]   CCITT Recommendation X.217 (1992) / ISO 8649 (1988), Information processing systems - Open Systems Interconnection - *Service definition for the Association Control Service Element*, 1992

[CCIT92b]   CCITT Recommendation I.361: *B-ISDN ATM Layer Specification*, Geneva 1992

[CCIT92c]   CCITT Recommendation I.362: *B-ISDN ATM Adaptation Layer (AAL) Functional Description*, Geneva, 1992

[CCIT92d]   CCITT Recommendation I.363: *B-ISDN ATM Adaptation Layer (AAL) Specification*, Geneva, 1992

[CCIT92e]   CCITT Recommendation I.150: *B-ISDN ATM Functional Characteristics*, Geneva, 1992

ISO-Empfehlungen:

[ISO 86]   ISO TC97/SC21/WG1: *A Tutorial on LOTOS*, 1986

[ISO 89a]   International Organisation for Standardisation: *Information Processing Systems - Open System Interconnection - Basic Reference Model, Part 3: Naming and Addressing*, ISO 7498-3, 1989

[ISO 89b]   International Organisation for Standardisation: *Estelle - A Formal Description Technique Based on an Extended State Model*, ISO IS 9074, 1989

[ISO 90a]   International Organisation for Standardisation: *Information Processing Systems - Open System Interconnection - Network Service Definition, Add. 2: Network Layer Addressing*, ISO 8348, 1990

[ISO 90b]   International Organisation for Standardisation: *Information Processing Systems - Open System Interconnection - OSI Routing Framework*, ISO TR 9575, 1990

[ISO 91a]   ISO/IEC JTC1/SC21 N6359 Information Retrieval, Transfer & Management for OSI: *Final Text of DIS 10164-4, Information Technology - Open Systems Interconnection - Systems Management - Part 4: Alarm Reporting Function*, 15.11.1991

[ISO 91b]   ISO/IEC JTC1: *Draft International Standard ISO/IEC DIS 8073, Information technology - Telecommunications and information exchange between systems - Connection oriented transport protocol specification [Revision of second edition 1988]*, 1991

[ISO 92a]   ISO/IEC JTC1/SC21 N7357: *Information Transfer, Retrieval and Management for Open Systems: DIS Text of the Revision of the OSI Basic Reference Model*, DIS 7498-1, 1993

[ISO 92b]   ISO/IEC JTC1/SC6/WG4 : *High Speed Transport Protocol (HSTP),Working Draft*, July 1992

[ISO 92c]   ISO/IEC JTC1: *Information Technology - Coding of Moving Pictures and Associated Audio for Digital Storage Media up to about 1.5 Mbit/s*; ISO/IEC DIS 11172, 1992

[ISO 92d]   ISO/IEC JTC1: *Information Technology - Digital Compression and Coding of Continuous-Tone still Images*; Draft International Standard ISO/IEC DIS 10918, 1992

[ISO 92e]   ISO/IEC JTC1/SC6/WG4 N806: *Proposed Draft Text for a High Speed Transport Service (HSTS) Definition*, December 1992

[ISO 92f]   ISO/IEC JTC1/SC6 N7788: *Second Working Draft on the Guidelines for Enhanced Transport Mechanisms*, 1992

[ISO 93a]   ISO/IEC JTC1/SC6 N7855: *Liaison Contribution from CCITT Study Group VII to ISO/IEC JTC1/SC6 Regarding "Multicast/Multipeer Work Program"*, 11 January 1993

[ISO 93b]   ISO/IEC JTC1/SC6/WG4 N822: *FOR INFORMATION - Enhanced Transport Service Definition (Informal Specification in English - Version 1)*, 19 April 1993

[ISO 93c]   ISO/IEC JTC1/SC6/WG4 N823: *FOR INFORMATION - The OSI95 Transport Service and the New Environment*, 29 April 1993

[ISO 93d]   ISO/IEC JTC1/SC6/WG4 N828: *Contribution to the Architecture of Multicast Transport*, 8/1993

[ISO 93e]   ISO/IEC JTC1/SC6/WG4 N829: *Multicast Extensions to class 4 procedure of the protocol for providing the connection-mode transport service (ISO/IEC 8073: 1992)*, 12 August 1993

[ISO 93f]   ISO/IEC JTC1/SC6/WG4 N827: *From Best Effort to Enhanced QOS*, 14 July 1993

[ISO 93g]   ISO/IEC JTC1/SC6 N8333: *Late U.S. National Body Response to SC6 N8008, "Request for National Body Comments on SC6 N7445, Proposed Addendum to ISO/IEC 8072 for Multipeer Data Transmission Transport Service"*, September 1993

[ISO 93h]   ISO/IEC JTC1/SC6 N7734: *Information technology - Telecommunications and information exchange between systems - Transport service definition for Open Systems Interconnections*, 1993

[ISO 93i]   ISO/IEC JTC1/SC6/WG4 N831: *Multimedia Communication Platform: Specification of the Enhanced Broadband Transport Service*, November 1993

Lokal zugängliche Literatur:

[Asaa92]   A. Asaad: *Formale Spezifikation und Optimierung der OSI-Darstellungsschicht*, Diplomarbeit, RWTH Aachen, Lehrstuhl für Informatik IV, November 1992

[Caro93]   A. Carone: *XTP: Performance Evaluations of the Multicast Service in Extended Environments*, Diploma Thesis, Politecnico di Milano/RWTH Aachen July 1993

[Conr92]   F. Conrads: *Formale Spezifikation und Analyse von XTP mittels Produktnetzen*, Diplomarbeit, RWTH Aachen, Lehrstuhl für Informatik IV, November 1992

[Davi92]   P. Davids: *ATLAS: Analysis Tool for Local Area Network Simulation*, Version 5.0, RWTH Aachen, Lehrstuhl für Informatik IV, Januar 1992

[Fich93]   M. Fichtner: *Effiziente Fehlerkontrolle für Multicastverbindungen auf Transferebene*, Diplomarbeit, RWTH Aachen, Lehrstuhl für Informatik IV, Oktober 1993

[Ghan93]   A. Ghanei: *Funktionalitätsanalyse der OSI-Kommunikationssteuerungsschicht*, Diplomarbeit, RWTH Aachen, Lehrstuhl für Informatik IV, Januar 1993

[Groc93]   R.M. Grochtmann: *Entwurf eines Compilers zur Parallelprogrammierung von Hochleistungsprotokollen*, Diplomarbeit, RWTH Aachen, Lehrstuhl für Informatik IV, November 1993

[Hein90]   B. Heinrichs: *Telefax in Lokalen Netzen*, Diplomarbeit, RWTH Aachen, Lehrstuhl für Informatik IV, April 1990

[Jona93]   R. Jonas: *Funktionale Analyse und Leistungsbewertung von XTP*, Diplomarbeit, RWTH Aachen, Lehrstuhl für Informatik IV, April 1993

[Kara93]   R. Karabek: *Audio/Video-Realzeitkommunikation in Paketvermittelnden Netzen*, Diplomarbeit, RWTH Aachen, Lehrstuhl für Informatik IV, Juli 1993

[Keim94]   K. Keimer: *Fehlerbehandlung in ATM-basierten Kommunikationssystemen*, Diplomarbeit, RWTH Aachen, Lehrstuhl für Informatik IV, Juli 1994

[Komn94]   S. Komninos: *Mathematische Analyse von Multicast-Mechanismen: Ein Wahrscheinlichkeitstheoretischer Ansatz*, Diplomarbeit, RWTH Aachen, Lehrstuhl für Informatik IV, Januar 1994

[Mers92]   W. Mers: *Ratenbasierte versus Fensterbasierte Lastkontrolle*, Diplomarbeit, RWTH Aachen, Lehrstuhl für Informatik IV, RWTH Aachen, 1992

[Wela93]   B. Welander: *XTP versus TCP: Evaluation of Flow Control & Multicast Heuristics*, Diplome Thesis, RWTH Aachen, Lehrstuhl für Informatik IV, September 1993

[Zinn94]   R. Zinnack: *Funktionale Erweiterung und Leistungsbewertung von VMTP-Multicast-Verfahren*, Diplomarbeit, RWTH Aachen, Lehrstuhl für Informatik IV, März 1994

ABKÜRZUNGEN

AAL	ATM Adaptation Layer
ACSE	Association Control Service Element
ADAPTIVE	A Dynamically Assembled Protocol Transformation, Integration, and Validation Emvironment
ADPCM	Adaptive Differential PCM
AFI	Authority and Format Identifier
AGI	Active Group Integrity
AMTP	Adaptive Multicast Transfer Protocol
ARQ	Automatic Request for Transmission
ATM	Asynchronous Transfer Mode
B-ISDN	Broadband-ISDN
BAU	Basic Adjustment Unit
BER	Bit Error Rate
BMT	Best Effort Multicast Transfer
BPPT	Best Effort Point-to-Point Transfer
CBR	Constant Bit Rate
CBT	Core Based Trees
CCITT	Comité Consultatif International Télégraphique et Téléphonique
CIM	Computer Integrated Manufacturing
CMAP	Connection Management Access Protocol
CRMA	Cyclic Reservation Multiple Access
CSCW	Computer Supported Cooperative Work

DAR	Deviation to Average Ratio
DAT	Digital Audio Tape
DPCM	Delta PCM
DQDB	Distributed Queue Dual Bus
DSI	Digital Speech Interpolation
DSP	Domain Specific Part
DVMR	Distance Vector Multicast Routing
DyCAT	Dynamically Configurable & Adaptive Transport System
DyCE	Dynamic Configuration Entity
ECFF	Enhanced Communication Functions and Facilities for OSI Lower Layers
F-CSS	Function-Based Communication Subsystem
FCFS	First Come First Serve
FDDI	Fiber Distributed Data Interface
FEC	Forward Error Correction
FF-Tri-S	Fast Fair Tri-S
FMT	Fast Multicast Transfer
FPPT	Fast Point-to-Point Transfer
GCC	Generic Conference Control
HDTV	High Definition TeleVision
HIPPI	High Performance Parallel Interface
HSTP	High Speed Transport Protocol
ICMP	Internet Control Message Protocol
IDI	Initial Domain Identifier
IDP	Initial Domain Part
IGMP	Internet Group Multicast Protocol
IPC	InterProcess Communication
ISDN	Integrated Services Digital Network
ISI	Integrated Services Interface
ISO	International Standards Organisation
JPEG	Joint Photographic Experts Group
KRM	Kernel Reference Model
LP	Linear Prediction

MAN	Metropolitan Area Network
MCS	Multipoint Communication Services
MGA	Multicast Group Authority
MIB	Management Information Base
MOSPF	Multicast Open Shortest Path First
MPDT	MultiPeer Data Transmission
MPEG	Moving Picture Experts Group
MRP	Modified Routing Protocol
MSB	Most Significant Bit
MST	Multicast Stream Transfer
MTA	Message Transfer Agents
MTP	Multicast Transfer Protocol
MTU	Maximum Transmission Unit
N-ISDN	Narrowband ISDN
NAB	Network Adapter Board
NCP	Network Control Protocol
NETBLT	Network Block Transfer Protocol
NSAP	Network Service Access Point
NTG	Normalized Throughput Gradient
NTP	Network Time Protocol
OSPF	Open Shortest Path First
PAR	Peak to Average Ratio
PATROCLOS	Parallel Transport System for Cell based High Speed Networks
PCM	Pulse Code Modulation
PENCIL/C	Perti Net based Communication Protocol Implementation Language
PFIB	Performance & Functional Information Base
PMD	Physical Medium Dependent
PMPL	Protocol Module & Profile Library
PPST	Point-to-Point Stream Transfer
QOS	Quality of Service
RAMP	Reliable Adaptive Multicast Protocol
RIFU	Relative Increase Factor Unit

RIP	Routing Information Protocol
RPC	Remote Procedure Call
RSVP	Resource ReSerVation Protocol
RTP	Real-Time Transport Protocol
RTT	Round Trip Time
SBTIMER	Switch Bucket Timer
SDH	Sychrone Digitale Hierarchie
SGs	Study Groups
SMT	Station Management
SREQ	Status REQest
SRTT	Smoothed RTT
ST-II	Internet Stream Protocol, Version II
STM	Synchronous Transfer Mode
SXOR	Stutter XOR
TASI	Time Assignment Speech Interpolation
TG	Throughput Gradient
THT	Token Holding Timer
TMT	Transaction Multicast Transfer
TPDU	Transport layer Protocol Data Unit
TPPT	Transaction Point-to-Point Transfer
Tri-S	Slow-Start and Search
TRT	Token Rotation Timer
TTCP	Test TCP
TTRT	Target Token Rotation Timer
UNI	User Network Interface
VBR	Variable Bit Rate
VCI	Virtual Channel Identifier
VMTP	Versatile Message Transaction Protocol
WTIMER	Wait Timer
XACSE	eXtended ACSE
XOR	eXclusive OR
XTP	Xpress Transfer Protocol

ANHANG

A Kolmogorov-Smirnov Perzentilen-Tabelle

						p					
n	0.00	0.01	0.05	0.10	0.20	0.50	0.80	0.90	0.95	0.99	0.995
1	0.0050	0.0100	0.0500	0.1000	0.2000	0.5000	0.8000	0.9000	0.9500	0.9900	0.9950
2	0.0067	0.0135	0.0673	0.1296	0.2416	0.5176	0.7818	0.9670	1.0980	1.2728	1.3142
3	0.0081	0.0162	0.0792	0.1471	0.2615	0.5147	0.8187	0.9783	1.1017	1.3589	1.4359
4	0.0093	0.0186	0.0879	0.1590	0.2726	0.5110	0.8248	0.9853	1.1304	1.3777	1.4685
5	0.0103	0.0207	0.0947	0.1675	0.2793	0.5245	0.8277	0.9995	1.1392	1.4024	1.4949
6	0.0113	0.0226	0.1002	0.1739	0.2834	0.5319	0.8343	1.0052	1.1463	1.4144	1.5104
7	0.0121	0.0243	0.1048	0.1787	0.2859	0.5364	0.8398	1.0093	1.1537	1.4246	1.5235
8	0.0130	0.0259	0.1086	0.1826	0.2874	0.5392	0.8431	1.0135	1.1586	1.4327	1.5324
9	0.0137	0.0275	0.1119	0.1856	0.2881	0.5411	0.8455	1.0173	1.1624	1.4388	1.5400
10	0.0145	0.0289	0.1147	0.1880	0.2884	0.5426	0.8477	1.0202	1.1658	1.4440	1.5461
11	0.0151	0.0303	0.1172	0.1900	0.2883	0.5439	0.8498	1.0225	1.1688	1.4484	1.5512
12	0.0158	0.0314	0.1193	0.1916	0.2879	0.5453	0.8519	1.0246	1.1714	1.4521	1.5555
13	0.0164	0.0324	0.1212	0.1929	0.2903	0.5468	0.8537	1.0265	1.1736	1.4553	1.5593
14	0.0171	0.0333	0.1229	0.1940	0.2925	0.5486	0.8551	1.0282	1.1755	1.4581	1.5626
15	0.0176	0.0342	0.1244	0.1948	0.2944	0.5500	0.8564	1.0298	1.1773	1.4606	1.5655
16	0.0182	0.0351	0.1257	0.1955	0.2961	0.5512	0.8576	1.0311	1.1789	1.4629	1.5681
17	0.0188	0.0359	0.1269	0.1961	0.2975	0.5523	0.8587	1.0324	1.1800	1.4649	1.5704
18	0.0193	0.0367	0.1280	0.1965	0.2987	0.5532	0.8597	1.0335	1.1816	1.4667	1.5725
19	0.0198	0.0374	0.1290	0.1968	0.2998	0.5540	0.8607	1.0346	1.1828	1.4683	1.5744
20	0.0203	0.0381	0.1298	0.1971	0.3007	0.5547	0.8616	1.0355	1.1839	1.4699	1.5761
21	0.0208	0.0387	0.1306	0.1973	0.3015	0.5554	0.8624	1.0365	1.1850	1.4712	1.5777
22	0.0213	0.0394	0.1313	0.1974	0.3023	0.5561	0.8631	1.0373	1.1859	1.4725	1.5792
23	0.0217	0.0400	0.1320	0.1974	0.3030	0.5567	0.8639	1.0381	1.1868	1.4737	1.5806
24	0.0221	0.0405	0.1326	0.1974	0.3035	0.5573	0.8645	1.0388	1.1876	1.4748	1.5816
25	0.0225	0.0411	0.1331	0.1974	0.3041	0.5579	0.8651	1.0395	1.1884	1.4758	1.5829
26	0.0228	0.0416	0.1336	0.1977	0.3046	0.5585	0.8657	1.0402	1.1891	1.4768	1.5840
27	0.0231	0.0421	0.1340	0.1985	0.3050	0.5590	0.8663	1.0408	1.1898	1.4777	1.5850
28	0.0235	0.0426	0.1344	0.1992	0.3054	0.5595	0.8668	1.0414	1.1905	1.4786	1.5860
29	0.0238	0.0431	0.1348	0.2000	0.3058	0.5600	0.8673	1.0419	1.1911	1.4794	1.5869
30	0.0241	0.0435	0.1351	0.2006	0.3062	0.5605	0.8678	1.0424	1.1916	1.4801	1.5878

$$\text{wobei für } n > 30 : y_p - \frac{1}{6\sqrt{n} + O(n)}$$

U.a. gilt für:

	$p = 0.01$:	$y_p = 0.07089$
	$p = 0.05$:	$y_p = 0.1601$
	$p = 0.5$:	$y_p = 0.5887$
	$p = 0.95$:	$y_p = 1.2239$
	$p = 0.99$:	$y_p = 1.5174$